Quarante ans de carrière
à l'École des Hautes Études
Commerciales

Ouvrages d'Esdras Minville
déjà parus en volumes

Histoire économique du Canada, Beauchemin, Montréal, 1934 (épuisé).

Invitation à l'étude, Montréal, Fides, 1945 (épuisé).

L'homme d'affaires, Montréal, Fides, 1945 (épuisé).

Le citoyen canadien-français, 2 volumes, Montréal, Fides, 1946, (épuisé).

Le chef d'entreprise, Étude n° 6, Montréal, Service de documentation économique, H.E.C., 1953.

Les affaires — L'homme — Les carrières, Montréal, Fides 1965.

Dans la présente collection des «Œuvres complètes»:

1- *L'économie du Québec et la science économique*, Fides et H.E.C., 1979.

2- *Systèmes et structures économiques*, Fides et H.E.C., 1980.

3- *Plan et aménagement (Les données fondamentales)*, Fides et H.E.C., 1981.

4- *Plan et aménagement (Les secteurs de base)*, Fides et H.E.C., 1981.

5- Le travail, Fides et H.E.C., 1982.

6- *Propos sur la conjoncture des années 1925-1938 (I)*, Fides et H.E.C., 1984.

7- *Propos sur la conjoncture des années 1925-1938 (II)*, Fides et H.E.C., 1985.

8- *Syndicalisme, législation ouvrière et régime social au Québec avant 1940*, Fides et H.E.C., 1987.

9- *Les étapes d'une carrière*, Fides et H.E.C., 1988.

10- *Visions d'histoire du Canada et du Canada français*, Fides et H.E.C., 1992.

11- *Quarante ans de carrière à l'École des Hautes Études Commerciales*, Fides et H.E.C., 1994.

12- *Le nationalisme canadien-français*, Fides et H.E.C., 1992.

13- *Propos sur l'éducation* (en préparation).

PAGES D'HISTOIRE 4

Esdras Minville

Quarante ans de carrière à l'École des Hautes Études Commerciales

Édition, préface, notes introductives et explicatives
de
François-Albert Angers

Les Presses H.E.C   Fides

Données de catalogage avant publication (Canada)

Minville, Esdras, 1896-1975.

Pages d'histoire

(Œuvres complètes; 8-11)

Comprend des réf. bibliogr. et un index.

CATA2 = Sommaire: 1. Syndicalisme, législation ouvrière et régime soical au Québec avant 1940 - 2. Les étapes d'une carrière, causeries autobiographiques et textes - 3. Visions d'histoire du Canada et du Canada français - 4. Quarante ans de carrière à l'École des hautes études commerciales.

Vol. 3 et 4 collab. avec: Fides.

ISBN 2-7621-1696-1 (v. 4)

1. Syndicalisme — Québec (Province) — Histoire. 2. Travail — Droit — Québec (Province) — Histoire. 3. Sécrutié sociale — Québec (Province) — Histoire. 4. Québec (Province) — Conditions sociales — 1867-   . 5. Minville, Esdras, 1896-1975. I. Angers, François-Albert, 1909-   . II. Titre. III. Collection: Minville, Esdras, 1896-1975. Œuvres compplètes; 8-11.

HD6529Q8M56 1987   331.8'09714   C87-007796-1

Dépôt légal: 2ᵉ trimestre 1994
Bibliothèque nationale du Québec
© Éditions Fides, 1994.

Préface

Pour l'histoire de l'École, le témoignage des écrits d'Esdras Minville est d'une importance exceptionnelle. Toute sa vie a été associée à l'École où il a occupé une place privilégiée. Quand il y arrive comme étudiant, en 1919, il n'y a pas dix ans qu'elle a ouvert ses portes. Il va être un témoin de ses débuts, témoin direct ou par ouï-dire immédiat des hommes qui l'ont fondée. Outre le premier directeur de Bray, qui avait déjà quitté l'établissement à ce moment-là, il a connu sans doute toutes les personnes engagées dans la fondation de l'École. Dans les fonctions qu'il y a occupées, il a entendu et même recueilli, systématiquement en certains cas, leurs témoignages sur les divers aspects et incidents de cette fondation. Très peu d'années après la fin de ses études, en effet, il revient à l'École comme professeur, publiciste, directeur de sa revue, *L'Actualité économique*; puis comme directeur général de l'École même pendant tout près de vingt-cinq ans. La vie de l'École est finalement une partie intime de sa vie à lui pendant un premier demi-siècle.

Tout ce qu'il va nous dire de l'École des Hautes Études sera donc fait d'observations directes, complétées par les recherches nécessaires à l'exercice de ses fonctions d'abord de publicitaire et de propagandiste attitré de l'École; puis de ses réflexions poursuivies en tant que responsable de l'orientation de l'École.

En particulier, il est là en 1925 quand l'École, après les premières initiatives, appuyées surtout sur l'imitation des modèles étrangers, commence à s'orienter selon sa personnalité propre d'institution implantée au Québec et soucieuse de s'adapter aux conditions du milieu. En même temps qu'institution pionnière, elle prend la direction d'une évolution vers des temps nouveaux. De 1925 à 1938, année de son arrivée à la direction générale de l'École, M. Minville occupe un poste clé pour l'évolution des idées: la direction de la revue *L'Actualité économique*. Sa personnalité à lui s'affirme en même temps que celle de l'École. Il fait finalement figure de réformateur face aux idées du directeur en place, le Belge, Henry Laureys. Et c'est lui qui lui succède en 1938. Pour l'histoire de l'École, c'est donc un témoin privilégié.

La qualité du témoin est amplifiée par l'importance même du document pour l'histoire générale du Québec. L'École des Hautes Études Commerciales n'est pas une institution parmi d'autres, dont il est toujours intéressant de connaître l'histoire. Il est au contraire indispensable de bien connaître l'histoire de l'École pour bien comprendre l'histoire du développement économique des Canadiens-Français. L'eût-elle mieux été qu'auraient forcément été évitées les exagérations de certaines interprétations du phénomène de l'infériorité économique des Canadiens-Français. Exagérations qui ont créé la conviction d'un manque total de préoccupations économiques dans un Canada français complètement replié sur une conception «agriculturiste» de son développement.

Minville, dans ses écrits, fait bien la part des choses. Nous verrons avec lui que l'École des Hautes Études Commerciales a été précisément l'instrument grâce auquel des hommes d'affaires canadiens-français — donc il y en avait, et dès 1880 — ont espéré accélérer le mouvement de l'histoire économique des Canadiens-Français pour rattraper le temps perdu dans la suite des événements du siècle précédent. Et non seulement rattraper le temps perdu, mais assurer la préparation de générations d'hommes d'affaires capables de faire face aux rapides et profondes transformations dont on prévoyait l'avènement pour le XXe siècle.

* *
*

La première partie de ce volume sera composée d'un long texte qui nous relate, en bref, l'histoire externe et interne de la création de l'École: événements qui ont conduit à sa fondation et événements qui ont marqué sa marche vers la réalisation projetée d'un établissement de niveau vraiment universitaire. La caractéristique formelle de ce texte, c'est que, même s'il a été entièrement écrit par M. Minville (sauf dans les très rares cas où l'on a ajouté des mots entre crochets pour rendre les transitions plus cohérentes), il ne se trouve nulle part, tel quel, dans toute sa longueur.

Cela est dû au fait que Minville a écrit un nombre considérable de textes sur l'École, dans les circonstances diverses qu'ont commandées ses fonctions, soit de publiciste, soit de directeur, le tout sur une période de près de quarante-cinq ans. Tous ces textes étaient généralement très courts ou moyennement longs: articles dans des revues, relations de nouvelles dans un bulletin de l'École, pages d'introduction aux annuaires de l'École à partir de 1950, interventions à la radio, mémoires sur divers problèmes de l'École adressés au Secrétariat de la Province, pages publicitaires, conférences dans des collèges ou courts discours à des banquets d'associations, etc. Tous ces textes visent à faire connaître l'École dans tous les milieux. Ils redisent les mêmes choses avec des variations de formules appropriées aux circonstances, mais chacun d'eux comporte des informations ou considérations nouvelles ou complémentaires selon l'inspiration ou les besoins du moment: parfois un détail en passant, d'autres fois l'ajoût d'un paragraphe ou d'une section. L'intérêt qu'il pouvait y avoir à recombiner tout cela tient à l'importance du témoin et, par suite, à l'intérêt de recueillir, pour l'histoire, toutes les informations de première main contenues dans l'ensemble de ces écrits.

Cela a été un travail assez considérable parce qu'il a exigé beaucoup de minutie. Sauf que, étant donné les similitudes d'un texte à l'autre, il a été facile de les agencer sans avoir besoin de retoucher les originaux ni de faire des reconstitions pour éviter les redites. Au surplus, la tâche s'est trouvée facilitée par le fait qu'en 1960, à l'occasion du cinquantenaire de l'ouverture des cours, Minville publia, dans l'annuaire de l'École de 1960-1961, une sorte de synthèse de tous ces écrits en quelque soixante pages. C'est ce texte que j'ai pris comme base fondamentale de la réorganisation de l'ensemble. On le retrouve presque totalement intact à travers ce qui suit.

De plus, également à l'occasion de ce cinquantenaire, Minville prononça, le 24 octobre 1960, un discours à la séance plénière des journées d'étude organisées dans le cadre de la célébration. Ce discours se rapprochait beaucoup du texte publié dans l'annuaire de cette année-là, mais avec certaines différences. Il semble évident que celui-ci, déjà prêt pour l'impression de l'annuaire au printemps 1960, a été simplement repris pour rédiger le discours selon une autre orientation. Le premier s'en tenait plus rigoureusement au style «renseignements utiles», alors que l'autre, destiné à un auditoire de circonstance, rappelait davantage de souvenirs aux anciens de l'École.

C'est donc l'intégration du discours à l'exposé dans l'annuaire qui forme finalement la base du développement offert dans ce volume, intégration qui était encore ici facile car il était évident que les deux exposés étaient de la même venue. Pour fins d'identification éventuelle, toutefois, les parties qui sont exclusives au discours sont indiquées par des notes en bas de pages. Par ailleurs dans l'annuaire concerné, la partie retenue de l'exposé était précédée d'une première partie intitulée «Les carrières des affaires», qui était extraite, sans modifications sensibles, des annuaires antérieurs de l'École (où ils avaient pris plus ou moins d'extension d'une année à l'autre); et finalement du volume *L'homme d'affaires*, qui en fut l'aboutissement, publié en 1945 chez Fides et dont la dernière édition (1965) apparaît dans le présent volume. Toutefois, le texte de base ne sera abordé qu'après une introduction constituée de deux textes qui servent de préliminaires et dont les références accompagneront la présentation.

C'est dans ce composé initial que sont introduites ensuite toutes les variantes ou nouveautés des nombreux autres écrits, dont certains d'ailleurs sont des manuscrits qui n'ont pas été publiés. Des notes infrapaginales indiquent la provenance de ces apports. Une partie importante de ces variantes et des nouveautés proviennent en particulier du bulletin mensuel publicitaire *Les Nouvelles de l'École des hautes études commerciales*, dont Minville fut le seul rédacteur de 1927 à 1936. Il s'agira soit de mots ou de parties de phrases intégrés directement au texte de base qu'elles complètent, soit de phrases, de paragraphes ou de passages complets intercalés.

Il est possible que le lecteur trouve dans le résultat final de cette construction un peu de flottement, de redondance, etc. C'est évidemment un texte sur lequel on ne peut se fier pour juger l'habileté de Minville à organiser sa pensée. Bien certainement, s'il avait entrepris lui-même, et pour les mêmes fins, la même refonte, la version finale aurait sûrement été bien différente dans sa forme. Tout en conservant la totalité de l'information, il aurait repris entièrement et rédigé autrement certains passages, etc. C'est justement ce que je n'étais pas autorisé à faire. Le résultat qui importait dans cet exercice, c'était que toute l'information sur l'École incluse dans les différents écrits nous soit transmise. Le résultat m'est apparu satisfaisant, dans les circonstances; mais les faiblesses de présentation et d'exposé qu'on y pourra trouver doivent être attribuées au procédé et non à l'auteur Minville.

De quelle importance ont été les apports des documents supplémentaires aux deux textes de base? Le texte de l'Annuaire 1960-1961 couvrait 55 pages; il est passé ici à quelque 200 pages.

* *
*

La deuxième partie du volume, en plusieurs sections, est composée de documents rappelant les débuts de l'École. Ils proviennent du bulletin de type publicitaire mentionné précédemment.

La troisième partie contient les textes de Minville sur l'École et ses problèmes alors qu'il en était devenu le directeur.

Enfin, l'ouvrage se termine sur la réédition de l'ouvrage de Minville intitulé d'abord *L'homme d'affaires* (Fides, 1945) et réédité plus tard, sous le titre de *Les affaires — L'homme — Les carrières* (Fides, 1965), alors en combinaison avec une étude sur le chef d'entreprise qui avait fait l'objet de l'Étude n° 6 dans la collection du Service de documentation de l'École des H.E.C.

Comme pour les précédents volumes, j'ai pu mener ce travail d'édition à terme grâce à la collaboration efficace de Mme Diane Élie Grenier, dont la tâche n'a pas toujours été facile.

François-Albert Angers

L'École des Hautes Études Commerciales et la préparation aux carrières des affaires (de la fondation en 1907 à 1960)

Introduction

[...][1].

Bien qu'elle exist[ait] depuis plus d'une quinzaine d'années [en 1927] et qu'elle [avait] déjà beaucoup fait parler d'elle, il était encore, dans la province de Québec, dans la région de Montréal, que disons-nous? dans la ville même de Montréal où elle a son siège, des gens qui ignor[aient] totalement l'École des Hautes Études Commerciales. Il en [était] d'autres — et ceux-ci constitu[aient] une portion notable de la population — qui, s'ils n'ignor[aient] pas tout à fait l'existence de cette grande école, n'[avaient] pourtant qu'une idée bien confuse de la fin qu'elle se propose, des services qu'elle rend, des multiples avantages qu'elle offre aux jeunes gens de toute catégorie, aux hommes d'affaires, au public en général[2].

---

1. Ce texte est extrait de *Les Nouvelles de l'École des Hautes Études Commerciales,* vol. 1, n° 1, février 1927.

2. Nous avons actualisé ce premier paragraphe en le mettant à l'imparfait. La suite reste semblable à l'original de 1927.

C'est évidemment un très grand mal — non pas tant pour
l'École elle-même — elle se classe parmi les institutions d'enseignement les mieux assises et les plus nécessaires du pays —
que pour cette partie de notre population qui l'ignore ou la
connaît imparfaitement. Confessons ici un de nos défauts les
plus enracinés. Nous n'avons d'attention que pour ce qui nous
vient de l'extérieur, d'applaudissements que pour ce qu'accomplit le voisin. Nous ne regardons pas assez autour de nous, ne
cherchons pas suffisamment à nous connaître nous-mêmes, à
connaître nos propres institutions. Peut-on s'étonner ensuite, si
nous doutons un peu de nos forces? Nous n'avons pas pris le
temps d'en faire un inventaire sérieux, un essai loyal.

C'est à ce mal que nous voulons remédier en partie. Nous
entreprenons donc de faire connaître au public, au grand public
— celui qui habite les villes comme celui qui habite les campagnes jusqu'aux confins de la province — une de nos institutions
les plus florissantes en même temps que les plus indispensables:
l'École des Hautes Études Commerciales. Nous voulons la révéler telle qu'elle est, avec sa merveilleuse organisation, son incomparable corps professoral, ses cours variés et minutieusement appropriés aux besoins de notre époque. Chaque mois —
peut-être plus souvent — notre petite feuille apportera à ses
lecteurs des études et des chroniques qui le renseigneront à fond
et impartialement sur cette institution, le travail qui s'y effectue,
l'influence de plus en plus large qu'elle exerce, les services
nombreux qu'elle rend et ne demande pas mieux que de rendre
encore, en les multipliant. Lorsqu'il saura mieux, le public
appréciera davantage. Ce sera pour lui, en tout cas, un vif sujet
de fierté de savoir qu'il existe chez nous une grande école
française — la plus grande et la mieux outillée du genre en
Amérique, comparable à tout point de vue aux meilleures écoles
similaires d'Europe[3], qui prépare aux carrières du haut com-

---

3.   Le lecteur d'aujourd'hui pourra être surpris du fait qu'en 1927 Minville paraisse
      ignorer ou dédaigner l'expérience américaine qui, à nos yeux, apparaît — et
      peut-être l'est-elle effectivement aujourd'hui — bien plus avancée que l'expé-
      rience européenne en la matière. Mais Minville savait — comme nous le verrons
      plus loin — que c'est en Europe qu'ont été mises sur pied les premières écoles de
      préparation aux affaires. Que c'est en Europe que les Américains eux-mêmes sont
      allés chercher leurs premières inspirations à ce sujet.

merce, de la haute finance et de la grande industrie, ouvrant ainsi à nos jeunes gens les carrières les plus rémunératrices en même temps que les plus utiles. Et lorsqu'il connaîtra parfaitement cette institution, le rôle prépondérant qu'elle est appelée à tenir dans notre province, l'étendue des services qu'elle peut lui rendre, le public comprendra sans doute qu'il est très possible de se préparer au Canada une existence satisfaite et fructueuse, que les moyens ne nous manquent pas et que, si nous sommes faibles, c'est un peu beaucoup parce que nous ignorons nos propres forces.

L'École des Hautes Études Commerciales a, en effet, accompli dans notre milieu une œuvre de pionnier, dont les fruits commencent à mûrir, et dont l'importance apparaîtra de plus en plus évidente à quiconque désormais voudra dégager les causes profondes de notre évolution économique et sociale. Elle a exercé une grande influence sur l'évolution économique du Canada français. Elle a été le centre de pensée et d'action dont sont sorties la plupart des grandes initiatives qui ont marqué en ces dernières années le renouveau économique de la population canadienne-française de la province de Québec[4].

* *
*

[...][5].

Qu'était-ce que le Canada, en 1910, c'est-à-dire au moment où l'École des Hautes Études accueille ses premiers étudiants? Un petit pays dont la population, d'un peu plus de sept millions d'hommes, est dispersée sur toute l'étendue de son immense territoire. Au point de vue politique, il est un Dominion, c'est-à-dire une colonie parvenue à l'adolescence dans la famille nombreuse et puissante de l'Empire britannique, dont la suprématie universelle est incontestée. Au point de vue écono-

---

4. Ce paragraphe provient de *Commerce*, octobre 1958.

5. Extrait du manuscrit d'une allocution prononcée par M. Minville à l'Université de Sherbrooke le 12 juin 1959, à l'occasion de la remise du doctorat *honoris causa* qui lui fut alors décerné. Œuvres complètes d'Esdras Minville, Archives de la Bibliothèque Patrick Allen, École des H.E.C., Cahiers des manuscrits.

mique, il en est à la toute première phase de son organisation. La grande industrie, dont nous connaissons aujourd'hui l'essor, établit ses toutes premières positions, et encore s'en tient-elle à l'exploitation primaire des richesses naturelles.

Quant au Canada français, issu d'une histoire difficile, il compte environ deux millions d'hommes, groupés surtout dans la province de Québec, et voués dans la proportion de 60 à 70 % à l'exploitation du sol et aux fonctions rurales. Rien dans ses traditions religieuses, sociales ou intellectuelles ne l'oriente vers les affaires, vers la conquête des richesses, conçue comme une tâche nécessaire à la préservation de son identité nationale.

Il fallait donc à l'époque beaucoup de courage et de vision pour créer une école dont la population et les chefs sociaux eux-mêmes ne discernaient pas nettement les objectifs, n'éprouvaient même pas le besoin[6]. Et cela se comprend sans longues explications. Il s'agissait d'une nouveauté, d'une institution d'enseignement dont on ne voyait pas très bien l'opportunité. On admettait volontiers la nécessité de l'instruction supérieure pour ceux qui se destinaient aux professions libérales. Mais le commerce, la finance, l'industrie? On croyait ces carrières faciles, sans complexité et donc sans beaucoup d'exigences. Il a fallu éclairer les esprits, redresser les idées. Travail nécessairement lent, car il ne suppose pas seulement des oppositions à surmonter, mais surtout de l'apathie à vaincre.

L'École des H.E.C. a dû [ainsi] pour s'établir et développer son enseignement se faire accepter: d'une part, par ce monde de l'enseignement où elle recrutait ses propres étudiants et qui lui reprochait de rompre avec la tradition religieuse, intellectuelle et sociale de notre milieu; d'autre part, avec le monde des affaires, qui hésitait à utiliser les services de ses propres diplômés[7].

---

6.   Sauf cette première phrase, le reste du paragraphe se trouve dans *L'Action universitaire*, juin 1945. Aussi *Les Nouvelles, etc., op. cit.*, juin à septembre 1935, p. 1.

7.   Ce paragraphe provient d'un mémoire écrit en 1958 à l'occasion du rajustement de l'échelle de traitements des professeurs. Œuvres complètes d'Esdras Minville, Archives de la Bibliothèque Patrick Allen, École des H.E.C., Cahiers des manuscrits.

Aussi, depuis qu'elle existe, l'École des Hautes Études Commerciales a-t-elle dû agir simultanément sur deux plans. À *l'intérieur*, pour mettre son enseignement en marche, élaborer ses programmes, constituer son personnel, ajuster d'une étape à l'autre ses standards au niveau intellectuel de ses étudiants d'une part; [et] aux exigences sans cesse croissantes du milieu professionnel à desservir d'autre part. À *l'extérieur*, pour renouveler l'atmosphère du milieu, afin d'éclairer le monde des affaires, celui de l'enseignement, le public en général sur l'importance et l'intérêt, pour l'individu et la société, des carrières économiques; afin [aussi] de rectifier certaines idées, dissiper certaines illusions et peu à peu provoquer la formation d'une pensée économique et sociale mieux en accord avec les exigences du temps; sur la nécessité [enfin], pour un peuple comme le nôtre, de s'assurer une participation raisonnable à la vie économique du pays et, à cette fin, de former des hommes qui puissent devenir les artisans de cette conquête[8]. Il s'agissait pour elle non seulement, comme c'est le cas dans les autres pays, d'assurer la formation des équipes que le milieu social oriente spontanément vers les affaires, d'une génération à l'autre, mais d'éveiller une population que les circonstances avaient forcée depuis un siècle et demi à vivre en milieu rural[9].

Et c'est ce qui explique tout d'abord la lenteur avec laquelle elle a démarré[10]; [et aussi] que, depuis ses débuts, l'École des Hautes Études Commerciales ait été, de toutes nos institutions supérieures d'enseignement, la plus habituellement présente à la vie sociale de notre milieu, la plus intimement

---

8. Aussi *Les fêtes du cinquantenaire de l'École*, texte du discours prononcé par Esdras Minville, directeur de l'École, à la séance plénière des journées d'études tenues à l'hôtel Reine Élizabeth, le lundi 24 octobre 1960. Manuscrit, p. 4-5. Œuvres complètes d'Esdras Minville, Archives de la Bibliothèque Patrick Allen, École des H.E.C., Cahiers des manuscrits.

9. Ce paragraphe intègre des passages provenant d'une conférence prononcée à Paris, à l'occasion du soixante-quinzième anniversaire de l'École des H.E.C. de Paris. Manuscrit. Œuvres complètes d'Esdras Minville, Archives de la Bibliothèque Patrick Allen, École des H.E.C., Cahiers des manuscrits, *La formation de l'homme d'affaires au Canada*.

10. *Cf.* ci-dessus, n° 7, p. 16.

mêlée à toutes ses manifestations. C'est parce que ce travail d'éducation du public, de déracinement de vieux préjugés et de réinterprétation de la pensée traditionnelle a été accompli avec persévérance qu'en 1938 la Faculté de commerce de Québec et, en 1950, l'École supérieure de commerce de Sherbrooke ont pu être créées comme une réponse à un besoin désormais senti par la population et être accueillies par tout [le Québec] comme un progrès.

Or ces trois institutions: [l'] École de commerce [de Sherbrooke], celle de Québec et celle de Montréal[11], sont vouées à une même œuvre à laquelle elles doivent travailler en étroite collaboration. Il s'agit de recruter et de former des générations successives d'hommes assez doués et assez forts pour assumer comme individus la direction des entreprises et, comme groupe professionnel, la direction de la vie économique de la province et du pays.

[Certes], depuis bientôt cinquante ans beaucoup de chemin a été parcouru. L'enseignement s'est diversifié et le niveau en a été considérablement relevé; l'intérêt pour les carrières des affaires s'est répandu dans tous les milieux et le nombre des jeunes qui, d'une génération à l'autre, les choisissent ne cesse de croître.

[Aujourd'hui], quiconque se fait une idée juste de la fonction économique dans la société contemporaine apprécie dans la même mesure la tâche qui est ainsi dévolue [à ces institutions]. Les temps sont définitivement passés où l'homme d'affaires se considérait lui-même et était généralement considéré comme un homme de métier, qui attendait et devait attendre sa formation d'abord et avant tout de la pratique. L'homme d'affaires d'aujourd'hui, le dirigeant d'entreprise, comme la personnalité s'en est dégagée de l'économie technique-scientifique à mesure que lui-même la bâtissait de ses mains, est un type professionnel et

---

11. Comme ce texte date de 1959, il n'est évidemment pas question de l'Université du Québec, alors inexistante.

social nouveau, dont les responsabilités et l'influence ne cessent de grandir. [...][12].

Former de tels hommes, tel est l'objet de nos écoles supérieures de commerce. La tâche n'est pas facile: après [des années] d'expérience, je suis de plus en plus convaincu que, de tous les enseignements supérieurs, celui qui se propose de former de futurs administrateurs est le plus difficile. C'est à un effort de recherche, de réflexion en profondeur qu'il nous convie. Et c'est à la condition d'accepter cet effort et de s'y soumettre que nos écoles rempliront efficacement leur rôle. C'est à la même condition qu'elles renoueront, en l'adaptant à notre époque, la vieille tradition d'humanisme chrétien qui est la donnée fondamentale de l'héritage culturel de notre peuple, et dont le renouveau s'impose à la société moderne comme une condition de salut.

$$* \quad *$$
$$*$$

Les remarques sur la personnalité et le rôle de l'homme d'affaires contemporain[13] indiquent clairement quels doivent être le niveau intellectuel et le contenu de sa formation professionnelle: seule une solide formation universitaire, appuyée elle-même sur une large culture générale, peut répondre aux exigences de sa fonction. La plupart des grands problèmes de direction [en effet], ceux qui sont le plus importants pour l'entreprise libre, sont des problèmes de relations humaines qui relèvent d'une pensée, donc d'une culture plutôt que des techniques. Le candidat à la carrière des affaires a donc besoin d'une bonne

---

12. La partie de ce manuscrit supprimée ici fait double emploi avec des propos ressemblants ou même similaires, mais plus élaborés sur la personnalité de l'homme d'affaires, contenus dans le volume *Les affaires — L'homme — Les carrières*, Éditions Fides, 1965 et déjà inclus dans la présente série des Œuvres complètes d'Esdras Minville, Archives de la Bibliothèque Patrick Allen, École des H.E.C., Cahiers des manuscrits. *Cf.* ci-après, p. 478.

13. Dans le texte de M. Minville de 1960, mentionné dans la préface et que nous abordons ici, ce début renvoyait à une section préliminaire de son développement sur l'École. Il avait exposé sommairement ces «remarques» dans l'allocution de Sherbrooke. *Cf.* ci-dessus, n° 5, p. 15.

formation technique, car, étant donné les exigences de la pratique, c'est la condition de son entrée et de son avancement dans
les affaires. Mais il a surtout besoin d'une solide formation
économique et d'une initiation aussi poussée que possible aux
problèmes sociaux qui naissent de la pratique quotidienne des
affaires[14].

Les remarques [précédentes] sur l'attitude historique des
Canadiens-français[15] à l'égard des carrières des affaires [indi-
quent], du même coup, les conditions dans lesquelles l'École a
dû s'établir et l'effort qu'elle a dû fournir pour réaliser son
œuvre[16].

Aux termes de sa loi organique, l'École des Hautes Études
Commerciales a pour objet de donner aux jeunes gens qui sor-
tent des écoles élémentaires, des écoles commerciales et des
collèges les connaissances nécessaires à la direction des affaires
de la banque, du haut commerce et de l'industrie. En un mot,
elle a pour mission de former des hommes d'affaires instruits.

L'orientation de son enseignement, autant dire de toute son
œuvre, dépend donc en grande partie de la façon dont on interprète cet objet. S'agit-il simplement de préparer des jeunes gens
aux situations de comptable, de secrétaire, etc., dans les entreprises industrielles, commerciales ou financières, le fonctionnarisme intérieur ou extérieur. Une telle interprétation paraîtrait
bien mesquine. Il y a plutôt lieu de croire que les fondateurs
avaient des vues plus hautes et plus larges. Dans leur pensée,
dans la pensée de ceux qui depuis sa fondation l'ont dirigée,
l'École des Hautes Études Commerciales a pour premier objet
de préparer des équipes de jeunes gens qui, pourvus de plus
d'instruction que la moyenne des employés de commerce ou

---

14. Aussi *Annuaire de l'École, 1952-1953*, p. 20.

15. Dans cet ouvrage, on trouvera le mot ou les mots associés «canadien» et «français»
    diversement orthographiés. C'est volontairement que nous n'avons pas uniformisé
    cette orthographie parce qu'elle correspond, chez Minville, à une évolution de la
    pensée dont nous avons indiqué le sens ailleurs dans cette collection. *Cf.* notam-
    ment vol. 12, p. 148-149, n° 2.

16. *Fêtes, etc., op. cit.*, p. 1.

d'industrie, aspireront à devenir à leur tour des initiateurs, des fondateurs, des créateurs d'entreprises et qui, tout en servant ainsi leurs intérêts particuliers, contribueront au redressement et à la prospérité économiques de la province et du pays.

[En fait], la carrière des affaires a toujours eu, et elle a plus que jamais, des exigences auxquelles ce serait une grave illusion de croire que l'instruction seule, même la plus poussée, peut répondre. Dans toutes les professions, dans les affaires surtout, ce qui compte d'abord, c'est la personnalité, c'est-à-dire cet ensemble de dispositions du tempérament et du caractère, de qualités et de forces, qui donne à l'homme sa physionomie morale propre et lui permet de tirer des richesses mêmes de son intelligence le maximum de ce qu'elles peuvent rendre. Le savoir ne se conçoit pas sans que la personnalité qui le porte en assure la fructification. On rencontre encore aujourd'hui presque à chaque détour de chemin des hommes qui ont très bien réussi dans une branche ou dans l'autre des affaires, sans instruction, du moins sans instruction acquise à [un type d'institution comme] l'École [des Hautes Études Commerciales]. Mais on est encore à en chercher un seul qui ait obtenu de grands succès sans la force de caractère, la vigueur de la personnalité. Donc, affaire d'éducation, d'éducation au premier chef, d'éducation commencée dans la famille, continuée à l'École et autant dire tout au long de la carrière. Une institution d'enseignement commercial supérieur ne peut pas, il va sans dire, ignorer un aspect si important de sa mission[17].

* *

*

[D'une façon plus générale donc], l'École des Hautes Études Commerciales a pour mission de préparer la jeunesse aux carrières du commerce, de la finance et de l'industrie, c'est-à-dire assurer la formation professionnelle nécessaire [à ceux] qui,

---

17. Les trois paragraphes qui précèdent proviennent de *Culture*, décembre 1940, «L'École des Hautes Études Commerciales de Montréal», p. 458-459.

doués des qualités [appropriées], aspirent à exercer dans les affaires une fonction de direction ou une fonction spécialisée[18].

Les affaires modernes, dans leur extraordinaire et d'ailleurs croissante complexité, ressortissant autant dire à toutes les branches du savoir humain, le programme d'une école de hautes études commerciales doit s'étendre à un ensemble de matières nombreuses et variées[19]. [Il importe de] cultiver, en même temps que les autres qualités de l'homme d'affaires, le jugement, l'observation, l'initiative.

Il [faut] cependant se garder de la surcharge à laquelle expose la diversité même des matières. Faire sa part à l'enseignement théorique mais aussi au travail personnel méthodique et persévérant, le seul formateur parce que seul, par l'effort de synthèse qu'il suppose, il met en œuvre toutes les puissances de l'esprit. En effet, se former, quelque fin qu'on ait en vue, ce n'est pas se garnir le cerveau d'une multitude de notions plus ou moins liées: c'est cultiver, affiner toutes ses facultés et, en premier lieu, se mettre en état de juger et de juger sainement. Or, cela s'obtient par l'effort de réflexion, non par l'effort de mémoire auquel les programmes trop lourds ou trop touffus obligent en quelque sorte à s'en tenir.

L'étudiant qui suit avec succès les cours de l'École acquiert une instruction supérieure grâce à laquelle, une fois en possession de l'expérience pratique indispensable, il pourra prendre place parmi les dirigeants ou les techniciens des affaires. Un enseignement semblable, cela se conçoit, doit être à la fois théorique et pratique et mener de front la formation professionnelle et la culture générale.

Pour réaliser cet objet [par] l'ensemble des matières nombreuses et variées, [leur agencement] doit porter sur [les sujets] qui se rapportent directement ou indirectement au commerce, à

---

18. Divers manuscrits catalogués «Histoire de l'École» dans les Œuvres complètes d'Esdras Minville, Archives de la Bibliothèque Patrick Allen, École des H.E.C., Cahiers des manuscrits.

19. *Culture, op. cit.*, p. 460. Tout le texte qui suit, jusqu'à la fin de la page 23 est une intégration de textes provenant de la revue *Culture* et des divers manuscrits cités dans la note précédente.

la finance ou à l'industrie, [et aux matières de] culture générale [qui] mettent en état d'aborder les problèmes économiques avec la largeur de vue nécessaire.

[Au moment où cette partie du texte est rédigée, soit à l'occasion du cinquantième anniversaire de l'ouverture des cours, on peut dire qu']avec son enseignement régulier de niveau collégial et universitaire [ainsi conçu, plus les développements ultérieurs de] ses cours techniques et professionnels du soir, ses cours de perfectionnement en administration des affaires, sa bibliothèque publique, son service de recherche, sa revue, ses publications diverses, l'École des H.E.C est [devenue] l'une de nos institutions d'enseignement supérieur les plus complexes, les plus débordantes d'activités, dont la présence au milieu social et à la vie commune est la plus constante et la plus agissante[20].

---

20. *Fêtes, etc., op. cit.*, p. 1-2.

LE DÉVELOPPEMENT DE L'ÉCOLE

—A—

Les origines[21]

Le rôle de la Chambre de commerce de Montréal

[Nous l'avons vu], pour en arriver à la création, [au Québec], d'une institution d'enseignement d'un type aussi nouveau que l'était, au début du siècle, l'École des Hautes Études Commerciales, il a fallu préparer les esprits: convaincre d'abord les hommes d'affaires eux-mêmes qu'il leur faudrait désormais plus d'instruction qu'il n'était possible d'en acquérir par l'apprentissage — seule méthode en usage jusque-là pour former les relèves d'une génération à l'autre; convaincre aussi le public que les carrières des affaires offrent assez d'intérêt, et pour l'individu et pour la société, pour que la jeunesse s'y laisse attirer et consente à s'y préparer[22].

Un tel travail de formation de l'opinion publique ne pouvait être l'œuvre d'un seul ou de quelques individus agissant isolément, mais de tout ce que le milieu comptait d'hommes

---

21. Sur les origines de l'École, *cf.* aussi vol. 9, *Les étapes d'une carrière (Causeries autobiographiques et textes connexes)*, IV et V, p. 37-48.

22. À ce sujet, voir ci-après le texte intitulé «À quoi mène le haut enseignement commercial?», p. 213.

influents, rendus conscients, par l'expérience quotidienne, de la nature exacte du problème et de son importance — et agissant avec méthode et persévérance dans un cadre permanent. Ce fut le mérite de la Chambre de commerce de Montréal de servir à ces hommes et de cadre et d'interprète. Elle comprendra la première la nécessité d'assurer à notre jeunesse — celle qui se dirige vers les carrières économiques — une formation intellectuelle suffisante pour lui permettre de résoudre les difficultés de toute nature que suscitent les affaires modernes[23]. Avec le concours d'un homme aussi éclairé que Sir Lomer Gouin[24], [elle]

---

23. Aussi *Les Nouvelles, etc., op. cit.*, vol. 1, n° 1, mars 1927.

24. À l'occasion du décès de Sir Lomer Gouin, Minville écrivait la note suivante dans le bulletin *Les Nouvelles de l'École des Hautes Études Commerciales* (vol. 3, n° 3, avril 1929), sur le rôle de celui-ci dans le lancement de l'École:
«En Sir Lomer Gouin, l'École des Hautes Études Commerciales perd son fondateur et son bienfaiteur de tous les instants. Le deuil dans lequel son brusque décès plonge la population de notre province et du pays tout entier nous atteint donc doublement. Et l'on comprendra qu'au moment où cet homme d'État trop tôt disparu, mais qui survivra dans ses œuvres, prend place dans l'histoire, nous voulions suspendre nos rubriques habituelles pour rendre à sa mémoire un ultime hommage. C'est avec une profonde reconnaissance que nous nous rappelons, en cette circonstance pénible, les éminents services qu'il a rendus à son pays dans toutes les sphères où ses hautes qualités de cœur et d'esprit l'ont conduit à servir, que nous nous rappelons en particulier la vive impulsion qu'il a donnée à l'enseignement supérieur dans la province de Québec. «C'est en effet à sa clairvoyance, à son patriotisme agissant, à sa haute intelligence des besoins de notre province que nous devons de posséder aujourd'hui des institutions d'enseignement spécial fortement organisées, en plein épanouissement, et dont la renommée dépasse déjà même les limites du pays. Au premier rang de ces institutions, il faut mentionner l'École des Hautes Études Commerciales que Sir Lomer Gouin a fondée, au succès de laquelle il n'a jamais cessé de s'intéresser, et dont il aimait à dire qu'elle était "sa fille préférée". Un des premiers chez nous, et mieux que tous autres, il a aperçu dans toute son étendue l'importance du problème économique, ses répercussions possibles dans la vie collective et la nécessité de travailler sans retard à le résoudre. Chef lui-même d'un prestige mérité, et homme d'affaires d'une compétence partout reconnue, il a compris que le moyen le plus sûr, nous dirions même unique, d'assurer éventuellement à notre province la prédominance économique, sauvegarde du progrès social et fondement de la puissance politique, était de préparer, pour toutes les branches du commerce, de l'industrie et de la finance, des hommes éclairés, au jugement sûr, clairvoyants et entreprenants, mais d'une clairvoyance appuyée sur une solide formation intellectuelle, en un mot, des chefs capables de comprendre et de résoudre les problèmes multiples et complexes qui surgissent du déroulement quotidien des affaires. Afin de réaliser cette haute visée, il a mis sur pied l'École des Hautes Études Commerciales et, nonobstant les critiques, n'a

n'a rien négligé pour réaliser son idée. Il lui faudra vingt ans pour [la] faire accepter. Il en faudra quinze autres à l'École elle-même pour se faire accepter de son propre milieu[25].

Dès 1888, on [avait] commencé à sentir la nécessité pour les hommes d'affaires d'une culture intellectuelle plus étendue et plus approfondie. Ce besoin, la Chambre de commerce, tantôt par ses propres organes, tantôt par tel ou tel de ses dirigeants, de ses membres les plus en vue, ne cesse de le souligner et d'en marquer l'urgence. Elle l'étudie dans ses comités et dans ses assemblées générales et multiplie les initiatives en vue d'en assurer la satisfaction: préparation de nombreux mémoires, dé-marches auprès des pouvoirs publics, collaboration avec les collèges, etc.

On songe d'abord à améliorer l'enseignement commercial traditionnel, mais on se rend vite compte, tellement les progrès économiques sont rapides, et profonde la transformation des affaires, qu'à moins d'un sérieux dépassement des niveaux, les efforts demeureront à peu près vains. D'ailleurs, d'autres pays: Allemagne, France, Belgique, etc., ont déjà vécu la même expé-rience et ont en définitive créé des écoles supérieures de com-merce dont le Canada peut s'inspirer. Depuis plusieurs années déjà, le haut enseignement commercial fleurissait chez eux et y produisait les meilleurs résultats. Mais, en ce domaine comme en bien d'autres, il [allait] appartenir à la province de Québec d'ouvrir la voie aux autres provinces canadiennes[26].

En 1902, M. J.-X. Perrault, qui paraît avoir été l'un des pionniers et l'un des principaux animateurs du mouvement, publie dans le *Bulletin de la Chambre de commerce* un article

---

cessé de veiller sur elle, de s'intéresser à son progrès. Le succès que remporte aujourd'hui notre grande école de commerce, le rayonnement sans cesse agrandi de son influence, les services de plus en plus nombreux qu'elle rend à la collectivité prouvent assez jusqu'à quel point il a eu raison de tenir à son idée et de travailler à la réaliser. Entre tant d'œuvres qui perpétueront la mémoire de Sir Lomer Gouin, l'École des Hautes Études Commerciales demeure une des plus importantes, des plus fécondes.»

25. *Fêtes, etc., op. cit.*, p. 2.

26. Aussi *Les Nouvelles, etc., op. cit.*, vol. 1, n° 2, mars 1927, p. 1.

dans lequel il demande la création d'une école des hautes études commerciales, qui dispenserait un enseignement de niveau universitaire — dont le prestige, disait-il, manquait aux collèges commerciaux alors répandus [au Québec]. Comme le rappelait Georges Gonthier dans un discours prononcé à l'occasion d'un doctorat *honoris causa* qui lui était décerné [en 1934][27]:

> Avant cette date, comme je le faisais remarquer dans une lettre adressée en décembre 1900 à la Chambre de commerce du District de Montréal, seuls, à quelques rares exceptions près, les premiers éléments de la science commerciale étaient enseignés dans les écoles de notre province, alors que l'Europe donnait une importance toujours grandissante à ces études et que l'Amérique les perfectionnait, en fondant à New York, en octobre de cette année, l'École de commerce, de comptabilité et de finance, affiliée à l'Université de cette ville.

Ce projet, la Chambre le fait sien et, à partir de ce moment, ses efforts, avec le concours des hommes qui de l'intérieur ou de l'extérieur collaborent à son œuvre, tendent à en assurer la réalisation. Un courant d'opinion publique va sans cesse grandissant et fait prévoir, comme l'a dit Mgr Camille Roy, «qu'une aurore de vie intellectuelle se lève pour la nation»[28].

Il faudra cependant encore cinq ans avant que [la Chambre] ne parvienne [passer à l'action][29]. En décembre 1906, une délégation rencontre Sir Lomer Gouin, alors premier ministre [du Québec], et lui soumet diverses propositions en vue de la création à Montréal d'une école supérieure de commerce. Le premier ministre accueille cette requête avec la plus grande sympathie. Chef politique, mêlé lui-même aux grandes affaires, il est mieux en état que quiconque de comprendre l'importance de l'évolution économique en cours et d'en deviner les répercussions sur la vie collective. Il s'intéresse d'ailleurs vivement à l'enseignement supérieur sous toutes ses formes, qu'il consi-

---

27. *Les Nouvelles, etc., op. cit.*, vol. 8, nos 11-12, décembre 1934 - janvier 1935, p. 2. Georges Gonthier fut à la Chambre de commerce de Montréal, avec J.-X. Perrault, mentionné précédemment, un promoteur actif du projet de l'École des H.E.C.

28. *Idem.*

29. *Les Nouvelles, etc., op. cit.*, juin à septembre 1935, p. 1.

dère particulièrement nécessaire au progrès de la population canadienne-française. Son concours éclairé va ainsi assurer la réalisation du projet débattu déjà depuis plus de vingt ans.

Les paragraphes qui précèdent attribuent à la Chambre de commerce les initiatives diverses dont l'ensemble forme ce que l'on pourrait appeler la préhistoire de l'École des Hautes Études Commerciales. Mais les chambres de commerce sont des personnes morales qui n'ont de pensée et d'action que par les hommes dont elles sont composées ou qui de l'extérieur collaborent à leurs travaux. Outre M. J.-X. Perrault dont nous avons déjà dit qu'il semble avoir été un des pionniers du mouvement visant à la création [au Québec] d'un enseignement commercial supérieur, bien d'autres personnalités éminentes du monde des affaires, des professions et de la politique ont, à l'époque, apporté leur concours. Il ne peut malheureusement être question dans ces très brèves notes d'étudier le rôle et le mérite, pas même d'évoquer le nom de chacun. Qu'il nous suffise, à cinquante ans d'intervalle, de leur exprimer la profonde reconnaissance des générations qui ont bénéficié de leur œuvre.

Nonobstant certaines oppositions[30], le 14 mars 1907, l'École est fondée. Le Parlement [du Québec] vote la loi constituant la Corporation de l'École des Hautes Études Commerciales de Montréal (1-Édouard VII, chap. 23). L'École acquiert ainsi l'existence juridique. Elle est la première du genre au Canada. Reste à en faire une réalité sociologique, une institution vivante, capable d'atteindre les fins pour lesquelles elle a été créée.

Faute d'une pensée économique et sociale déjà formée et adaptée aux exigences du moment; faute aussi d'une expérience industrielle et commerciale propre à la communauté canadienne-française, dont elle pourrait partir pour bâtir son enseignement, l'École des H.E.C. doit à ses débuts s'inspirer entièrement de l'expérience étrangère, surtout européenne[31]. Elle sera

---

30. Pour quelques raisons et circonstances de ces oppositions, *cf.* vol. 9 de la présente collection, *Les étapes d'une carrière*, p. 37 et suiv., «Pourquoi une École des Hautes Études Commerciales au Québec?».

31. *Fêtes, etc., op. cit.*, p. 3.

organisée sur le modèle [et avec le nom][32] de l'École des Hautes
Études Commerciales de Paris. Mais cela ne pouvait évidemment pas suffire. Le milieu économique canadien-français est
conditionné par la pratique américaine des affaires. Pour répondre aux besoins de ce milieu, il faut donc que l'École repense
l'expérience pédagogique européenne dont elle s'inspire en
fonction de la pratique professionnelle américaine, et celle-ci en
fonction de la tradition culturelle du Canada français: langue,

---

32. De Minville, dans *Les Nouvelles, etc., op. cit.*, vol. 2, n° 1, février 1928, p. 1:
«Dieu merci, [ce sera une] des malchances et même des malheurs de l'École des
Hautes Études Commerciales [...] [que] d'avoir été créée et ouverte au public par
le gouvernement [du Québec] au moment même où celui-ci organisait, dans les
principaux centres industriels, des écoles techniques. Certes! entre une école
technique et une école supérieure de commerce, la nuance est marquée. Mais aussi
la foule est bien incapable de subtilité. Longtemps elle a tout confondu. En certains
milieux, ne confond-elle pas encore?

«Une autre malchance de notre grande école de commerce fut tout simplement
d'avoir reçu le nom qu'elle porte. En tout autre pays que le nôtre, ce nom, d'ailleurs
parfaitement intelligible, ne prête à aucune ambiguïté. À preuve: l'École des
Hautes Études Commerciales de Paris. Mais [au Québec], ce fut une autre affaire!
Il y a le *high school* là, tout à côté. Et dans l'esprit du public, frotté d'anglais, mais
surtout féru d'anglicismes et peu enclin à chercher derrière les mots, Hautes
Études, *high school*, c'est si peu différent qu'il semble, à la vérité, que c'est la
même chose.

«Eh bien! non, école technique, *high school* et Hautes Études Commerciales, ce
n'est pas la même chose, cela ne se ressemble même pas du tout! Les deux
premières appartiennent à la catégorie des écoles primaires. L'école technique est
une école spéciale, de formation professionnelle. Elle a pour objet de former des
ouvriers experts, des contremaîtres, des chefs d'atelier. Elle enseigne la théorie et
la pratique des métiers, recrute ses élèves dans tous les milieux, n'exigeant d'eux
qu'une préparation élémentaire. Elle vise en quelque sorte à créer une élite ouvrière.

«Le *high school* correspond à peu près à notre école élémentaire du degré supérieur. Ce n'est pas une école de formation professionnelle, mais de formation
générale, préparatoire aux études secondaires, lesquelles préparent à leur tour aux
études universitaires.

«Il en est autrement de l'École des Hautes Études Commerciales, qui, elle, est
essentiellement une école de formation professionnelle du degré universitaire. Son
objet, c'est de former des hommes d'affaires instruits, une élite commerciale. Pour
suivre ses cours il faut posséder déjà un degré d'instruction assez élevé. Elle
décerne le diplôme de licencié en sciences commerciales ou en sciences comptables et peut décerner le doctorat en sciences commerciales. On voit tout de suite
qu'elle se classe bien au-dessus des deux types d'écoles avec lesquelles le public
tend à la confondre. Elle est d'ailleurs affiliée à l'Université de Montréal dont elle
constitue en réalité la faculté de commerce.»

sens général de la vie, grandes traditions juridiques et sociales. Un tel effort de réflexion en profondeur ne s'accomplit pas du jour au lendemain — surtout dans un milieu qui en ressent à peine la nécessité et qui, au surplus, mal fixé sur les données maîtresses de sa culture, accueille avec méfiance tout ce qui a l'air de s'en écarter, fût-ce pour un renouveau ou un dépassement. Enfin, quatre ans à peine après l'inauguration de l'enseignement, éclate la première grande guerre. Le climat social et politique que ce grave événement entretient durant des années, et les profondes transformations économiques et sociales qu'il provoque ne sont guère propices au renouveau de la pensée sur lequel l'École doit compter pour prendre sa place dans le régime de l'enseignement du Québec[33].

Depuis 1910, d'autres provinces canadiennes ont suivi l'exemple de la province de Québec[34]. Et les résultats obtenus ont assez prouvé que les protagonistes de l'idée avaient raison: le pays a continué de progresser et, au surplus, la guerre a passé [...][35]; la technique industrielle et commerciale a enregistré chaque jour de nouveaux progrès; [et de] plus en plus, le maniement des affaires a exigé une sérieuse préparation.

Mais d'entrée de jeu et à un demi-siècle de distance, on peut voir que ce demi-siècle d'histoire [de] l'École [pourra] être divisé en deux grandes phases plus ou moins caractérisées: celle de l'établissement et de l'intégration au régime général de l'enseignement [du Québec]; celle de l'expansion régulière, de la diversification des services et du rayonnement[36].

* *
*

Le milieu où s'implante l'École

Dans quel milieu et en quelles circonstances historiques l'École s'établit-elle? Dès le début de son enseignement, M. Édouard

---

33. *Fêtes, etc., op. cit.*, p. 3-4.

34. *Les Nouvelles, etc., op. cit.*, vol. 9, n°s 5-6-7-8, juin à septembre 1935, p. 1.

35. La partie supprimée répétait en substance la fin du paragraphe précédent.

36. *Les Fêtes, etc., op. cit.*, p. 2.

Montpetit — qui d'ailleurs l'emprunte à Errol Bouchette — formule la pensée dont a procédé la création même de l'École, et qui au long des années va inspirer son œuvre: former des hommes capables d'accéder à la direction des affaires et d'assurer graduellement la restauration économique du Canada français — contribuant du même coup au progrès du Canada tout entier. La fondation d'une école supérieure de commerce répond donc à la fois à une situation de fait et à une idée.

Tout justifiait donc cette initiative. D'une part, le Canada entre à ce moment-là dans l'ère d'expansion économique qui va, en une cinquantaine d'années, en faire une grande puissance commerciale et industrielle. Il traversait une période d'intense prospérité et se hissait très rapidement au rang des principaux pays producteurs du monde. Le besoin se faisait vivement sentir d'une élite commerciale capable d'imprimer à nos progrès une orientation sûre, d'en maintenir et d'en accélérer la marche, capable en même temps de faire face aux problèmes de tous ordres que posait ce rapide développement économique[37].

En revanche, le Canada français que l'école a pour fin principale de servir, au lieu d'avancer au rythme des autres parties du pays et des autres éléments de la population, traverse une des phases inquiétantes de son histoire — qui risque, si ne s'opère un vigoureux redressement, de compromettre jusqu'aux libertés acquises sur le plan politique. Comment cette situation paradoxale s'est-elle créée?

Pour expliquer convenablement l'effort fourni par le Canada français pour créer un enseignement supérieur de préparation aux affaires, il faudrait nous placer dans les perspectives de l'histoire. Contentons-nous de rappeler que dans la vie du Canada français est survenu, il y a bientôt deux siècles, un événement d'importance majeure dont les conséquences se font encore durement sentir: c'est la conquête. La plus grave de ces conséquences fut la ruine de la population, et surtout son retranchement, non seulement de l'économie organisée de l'époque, mais de celle qui allait s'organiser subséquemment. Les Canadiens

---

37. Aussi *Les Nouvelles, etc., op. cit.,* vol. 1, n° 2, mars 1927, p. 1.

français ont perdu à ce moment-là l'initiative de leur vie économique, et malgré les progrès réalisés par ailleurs, sur le plan social et sur le plan politique par exemple, ils n'ont pas encore réussi à la reconquérir entièrement. Même dans la province de Québec où ils forment la majorité de la population, l'organisation économique demeure en bonne partie aux mains de la minorité anglo-canadienne.

Et c'est dans l'espoir de redresser cette situation désavantageuse que la Chambre de commerce de Montréal a pris l'initiative, longtemps avant qu'il n'en fût question au Canada anglais et vingt-cinq ans seulement après celle de Paris, de provoquer l'organisation d'un enseignement supérieur de préparation aux affaires. On voulait ainsi former des équipes d'hommes d'affaires assez forts pour participer aux progrès généraux du pays et pour réaliser en même temps l'émancipation économique du groupe canadien-français[38].

Nous ne pouvons évidemment refaire ici au long l'histoire économique et sociale [du] Québec et de la communauté canadienne-française. Rappelons seulement que, durant la dernière moitié du XIXe siècle, une série d'événements se sont produits (construction des chemins de fer, aménagement du fleuve et des ports, réforme constitutionnelle de 1867, peuplement de l'Ouest, émancipation douanière et mise en œuvre d'une politique de protectionnisme modéré) qui, conjugués avec les rapides progrès de la technologie, déterminent bientôt l'essor de l'industrie et celui des villes — l'un portant l'autre.

Entre 1870 et 1880, Montréal qui par sa situation géographique appartient, comme tête de pont, à l'économie du haut Saint-Laurent (la plus avantagée de l'est du Canada), voit s'accélérer son rythme de croissance. Des industries diverses s'y établissent pour profiter des avantages du port et de la navigation au long cours, d'un marché en expansion et aussi (à cause de l'instabilité chronique de la population rurale) de la présence sans cesse renouvelée d'une main-d'œuvre nombreuse et bon marché. En effet, une partie de l'excédent de population des

---

38. Pour les deux paragraphes qui précèdent, *cf.* ci-dessus, n° 9, p. 17.

campagnes, que l'émigration drainait depuis soixante ans vers les États-Unis et vers l'Ouest, prend désormais le chemin des villes.

Ainsi commence la période d'urbanisation, la plus récente dans l'évolution sociologique [du] Québec — et qui est d'ailleurs encore loin d'être close. [...][39].

L'avènement rapide des formes nouvelles de l'économie, loin de contribuer à l'affranchissement de la communauté canadienne-française, tend plutôt à aggraver l'état d'infériorité dans laquelle elle a été placée par la conquête un siècle et demi plus tôt. D'où les tâtonnements, les hésitations, la confusion des esprits. D'une part, une volonté persistante d'émancipation, mais qui tend plutôt à agir sur le plan politique; d'autre part, une conscience plutôt vague de l'importance du phénomène économique en cours, et une sorte d'impuissance à en deviner l'incidence sur la vie sociale et sur la vie nationale elle-même.

C'est dans cette conjoncture à la fois complexe et inquiétante que se fonde l'École des Hautes Études Commerciales, car — les dirigeants de l'époque l'ont compris — l'économie est d'abord œuvre d'hommes, et toute communauté qui veut régir elle-même selon son esprit cette grande fonction de la vie collective, doit commencer par former des hommes qui en assumeront la responsabilité. Or, avec l'avènement des techniques scientifiques de la production, des transports et des communications d'une part, avec le mouvement d'intégration sociale qu'entraînent les formes nouvelles de l'économie d'autre part, il est bien évident que l'apprentissage ne peut plus assurer seul, d'une génération à l'autre, la relève des créateurs et des chefs. Former des équipes d'hommes d'affaires assez bien outillés intellectuellement pour répondre aux exigences de la conjoncture économico-sociale: telle est l'œuvre à réaliser en tout premier lieu.

---

39. La suite de l'analyse des événements de la période supprimée ici avait été reprise à peu près mot à mot du texte autobiographique du volume 9, p. 38. *Cf.* à la huitième ligne de cette page 38 la suite de la même phrase que la précédente jusqu'au bas de la page.

Cette institution, dont le besoin est si urgent, ne reçoit cependant pas, loin de là, un accueil unanime dans tous les milieux. La Chambre de commerce et les plus éclairés parmi les hommes d'affaires et les hommes de profession en avaient avec insistance demandé la création. Mais les autres milieux sociaux n'en sentent pas aussi vivement la nécessité. Aussi est-elle accueillie par le public en général avec indifférence, voire en certains quartiers avec suspicion. Bien que répondant à un grand et urgent besoin, elle donne aux yeux de plusieurs l'impression d'une initiative fortuite, sans relation avec la tradition intellectuelle et sociale du milieu. D'où l'indifférence de la jeunesse et la lenteur du recrutement. On lui oppose même de nombreuses objections[40] que l'École aura de longue main à surmonter[41].

Pour s'expliquer le climat sinon hostile du moins peu favorable dans lequel l'École s'établit, il faut de nouveau évoquer les circonstances historiques. Elle survient comme centre de préparation aux affaires dans un milieu que les circonstances historiques ont privé depuis longtemps de la maîtrise de sa vie économique et qui, par suite, est à peu près complètement étranger au mouvement dans lequel, depuis un demi-siècle et plus, l'économie des pays de l'Occident est entraînée. Un peuple n'est pas pendant plus de cent cinquante ans retranché de la haute direction de sa propre vie économique sans en perdre le sens; il n'est pas tenu de se replier de génération en génération sur des formes élémentaires d'organisation, ordonnées strictement à la sécurité personnelle, sans perdre le goût du risque, de la grande aventure que constitue de nos jours l'entreprise industrielle et commerciale[42].

L'École s'installe dans un milieu où il n'existe pas de grandes traditions d'affaires. Comme école d'économie appliquée, elle s'insère dans un monde où ne l'a précédée aucune forme d'enseignement systématique des sciences économiques

---

40. Aussi *Fêtes, etc., op. cit.*, p. 3.

41. Sur certaines de ces objections, voir au volume 9 de la présente collection, *Les étapes d'une carrière*, la quatrième causerie autobiographique, p. 37 et suiv.

42. Aussi *Fêtes, etc., op. cit.*, p. 2.

et sociales; et bien que ce ne fût pas sa fin propre, elle a dû suppléer à cette carence: d'où l'espèce d'équivoque qui a existé à son sujet tant que les facultés de sciences économiques et sociales ne se sont pas organisées, et que leur présence pose aujourd'hui en termes différents[43]. Ce qui existe, [à l'époque], de pensée économique et sociale procède entièrement de la tradition et, par conséquent, n'a plus grand rapport avec le monde économique et social qui, sous l'influence des découvertes scientifiques et de leur application technique, est en voie d'édification au pays comme à l'étranger. [Et pourtant, cette pensée traditionnelle] est tenue pour vitale aux fins nationales de la communauté. Au surplus, à ce moment, le type professionnel et social de l'homme d'affaires, comme nous le connaissons aujourd'hui [et qui] s'est peu à peu dégagé de l'économie scientifique et technique à mesure que lui-même la façonnait, en est encore, si l'on peut dire, à ses premières esquisses. Ses représentants, assez nombreux dans les pays où la révolution industrielle est en marche déjà depuis plus d'un siècle, le sont beaucoup moins au Canada où cette révolution commence à peine, et [sont] pratiquement inexistants au Canada français qu'elle touche de l'extérieur, mais qui n'y participe pas[44].

Aucune de nos autres institutions d'enseignement n'a assumé de plus lourde mission en des conditions aussi difficiles. Ces institutions se sont en effet organisées, chacune à son moment, dans la ligne même de la tradition intellectuelle et sociale du milieu: théologie, philosophie, lettres, droit, médecine, pharmacie, etc. Elles répondaient à des fins précises, connues et appréciées du public. Dans chaque cas, il s'agissait d'initiatives qui, bien loin de faire choc dans la conscience commune, étaient désirées d'avance comme un progrès.

Tel n'est pas le cas de l'École des Hautes Études Commerciales. Bien que répondant à un grand et urgent besoin, elle donne l'impression sinon d'une rupture avec le passé, du moins d'une inquiétante déviation. Pour mettre son œuvre en marche et la développer, il lui faut d'abord instruire son milieu et s'en

---

43. *Cf.* aussi le document cité ci-dessus, note 7, p. 16.

44. Aussi *Fêtes, etc., op. cit.*, p. 2-3.

faire accepter. Il en sera ainsi durant de nombreuses années. Et c'est probablement ce qui explique les flottements, voire les paradoxes apparents de son régime académique durant les premières phases de son évolution[45]. [Cette adaptation fut d'ail-

---

45. On lui reprochera même son objectif, comme d'une prétention, de préparer à la haute direction des entreprises. Encore en 1925, *L'Information financière* écrivait de l'École (21 février): «Pendant les trois ou quatre années que durent les cours des Hautes Études Commerciales, ne fait-on pas un peu trop croire à ces élèves qu'ils seront demain des capitaines d'industrie, des leaders financiers, etc.? Ne leur meuble-t-on pas un peu trop le cerveau de cette idée au détriment peut-être d'idées moins belles mais partant plus pratiques? «Sans doute ces jeunes gens, avec les connaissances acquises sur les bancs de nos grandes institutions commerciales sont appelés, un jour ou l'autre, grâce justement à ces études qu'ils ont faites, à cette gymnastique intellectuelle à laquelle ils se sont habitués, à devenir quelqu'un. Il ne faudrait tout de même pas qu'ils s'illusionnent au point de croire qu'en sortant de l'École des Hautes Études avec leur diplôme en poche qu'ils vont déplacer celui-ci ou celui-là, qui n'a pas passé par l'École mais dont les capacités sont reconnues, qu'ils vont, du jour au lendemain, devenir des chefs d'usines ou de commerce dont on les a entretenus. Comme tous les autres ils doivent commencer au premier échelon. Ils monteront sans doute plus vite que d'autres mais ils devront commencer au bas de l'échelle, c'est-à-dire avec des salaires qui ne seront pas ceux de gérant de l'établissement où ils sont employés.»

Sous un pseudonyme (Julius), quelqu'un (peut-être Laureys, le directeur de l'École lui-même — car le «correspondant» de Minville a tous les arguments bien en bouche) envoie une réponse au «secrétaire de *L'Actualité économique*» (Minville) qui publie son premier numéro (avril 1925). La lettre qui apparaît en «Tribune libre» dans ce premier numéro est précédée du commentaire suivant de Minville:

«Nous publions ailleurs la lettre que nous adresse un correspondant, en marge de la récente discussion au sujet de l'École des Hautes Études Commerciales de Montréal. L'auteur répond aux critiques faites récemment dans quelques journaux. Nous avons relevé ici certains de ses arguments, dont la justesse nous a frappés particulièrement.

«Le diplômé frais émoulu de l'École, dit-il, ne prétend nullement déplacer qui que ce soit, lorsqu'il sollicite un emploi; il ne demande pas à monter immédiatement au premier rang; encore moins entend-il dicter ses conditions. Et c'est très vrai, car ce n'est pas cette déplorable tournure d'esprit que l'on s'est efforcé de lui donner. Comme notre correspondant le souligne très justement, tout ce qu'il désire, c'est qu'on lui confie un travail approprié à ses aptitudes et qu'on le rémunère raisonnablement. À sa sortie de l'École, il n'est pas apte à remplir toutes les fonctions indifféremment. Il lui faut passer par un apprentissage nécessaire. Il le sait et se plie à cette exigence, d'autant mieux qu'on lui facilite la chose. Si quelques-uns se sont conduits autrement, et c'est chose possible, il faudrait bien ne pas conclure à la règle générale.

«Notre correspondant relève également un billet du soir paru récemment dans un quotidien*, où l'on semblait conclure que l'École des Hautes Études Commerciales n'avait pas rempli sa mission et qu'elle était un luxe inutile. Comment pareille

leurs encore compliquée par la nécessité mentionnée précédemment de transposer un programme d'inspiration européenne en
fonction des réalités américaines][46].

Pour toutes ces raisons, les débuts sont laborieux et lents.
En septembre 1910, l'École [n']accueille [que] 32 étudiants de
divers niveaux académiques; en septembre 1912, alors que les
trois années du cours régulier fonctionnent, elle [ne] compte au
total [que] 56 étudiants. Avec de faibles variations d'une année
à l'autre, le recrutement se maintient à ce niveau durant une
dizaine d'années. En fait, on peut dire qu'à ce point de vue
l'École prend son véritable départ au lendemain de la guerre
alors que ses effectifs étudiants passent de 60 en 1918 à 118 en
1919 et que les cours du soir accueillent la même année 222
étudiants. Les inscriptions vont, avec des fluctuations plus ou
moins marquées, continuer de croître: en 1922, 121 étudiants
aux cours du jour et 300 aux cours du soir; en 1924, 132 et 166
dans les deux sections respectivement. Comme nous [venons de
le] faire remarquer, la guerre a entraîné de profonds changements dans l'organisation économique et sociale et même dans
la conception générale de la vie. Elle a notamment accéléré le
transfert de la population des campagnes vers les villes et, du
même coup, modifié profondément les modes de vie. L'École
elle-même, du fait qu'elle existe et commence à rayonner, peut

---

chose peut-elle être avancée devant l'œuvre accomplie? Pour en saisir toute la
portée, il faut se rappeler dans quel milieu elle s'est réalisée. Dans les affaires, plus
que dans n'importe quel autre domaine, on nourrissait le culte de la *pratique*, qui
seule permettait l'accès des situations supérieures. En outre, on croyait que la
langue anglaise seule était indispensable. C'est contre ce double préjugé que
l'École eut à lutter. Petit à petit, le nombre de ses élèves a augmenté, et son
programme s'est modifié, en s'adaptant aux nécessités de la vie économique. À ses
cours du jour et du soir est venu s'ajouter un enseignement par correspondance.
Elle possède une bibliothèque et un musée comme il n'en existe nulle part ailleurs
au Canada.

«Les attaques faites contre l'École des Hautes Études Commerciales de Montréal
sont regrettables. L'École travaille à développer une saine mentalité chez les
jeunes. Elle réussira à étendre sa sphère d'influence si on ne cherche pas à entraver
son œuvre par des critiques maladroites.»

* Il s'agissait d'un billet d'«Actualité», dans *Le Devoir* du 23 février 1925.

46.   Il y a ici simplification d'un passage qui reprenait le texte de la page 31, dernier
      paragraphe.

être considérée comme l'une des causes du changement qui survient dans l'esprit de la population à l'égard des carrières économiques[47].

Tout de suite, [au départ donc], l'École a dû organiser son action simultanément sur deux fronts, [ainsi que nous l'avons signalé précédemment], à *l'intérieur* et à *l'extérieur*[48]. Il lui faut travailler dans le monde même des affaires, et convaincre les chefs d'entreprise de collaborer à son œuvre, en particulier en retenant les services de ses diplômés, leur fournissant ainsi l'occasion d'accéder à la carrière de leur choix; il lui faut travailler aussi dans le monde de l'enseignement en vue d'éclairer la jeunesse sur ce qu'on appelait les carrières nouvelles (bien qu'elles soient aussi anciennes que le monde), de l'amener à prendre conscience de ses aptitudes à cet égard, et de l'étendue du service que, tout en réalisant elle-même sa vie, elle rendrait à la société en s'y engageant. Il lui faut enfin s'adresser au public en général, rectifier certaines idées, dissiper certaines illusions, et peu à peu, provoquer la formation d'une pensée économique et sociale mieux adaptée aux temps présents.

Cette œuvre de conquête de son propre milieu ou, si on le préfère, d'intégration d'elle-même dans le milieu qu'elle a pour objet de servir, l'École l'accomplit d'abord par son enseignement, mais aussi par son activité extérieure: publications diverses (revues, brochures, ouvrages), bibliothèque publique, musée commercial et industriel, participation de ses professeurs à la vie professionnelle des affaires (chambres de commerce, groupements de patrons), et aux mouvements divers de pensée et d'action économique et sociale qui se développent [au Québec] et dont, bien souvent, l'idée est venue de l'École elle-même ou de son personnel. En fait, peu d'institutions d'enseignement ont eu, au cours des cinquante dernières années, une présence aussi constante et aussi agissante à la vie commune.

---

47. *Fêtes, etc., op. cit.*, p. 11.

48. Passage simplifié pour élimination de répétitions. *Cf.* précédemment, p. 17.

* *
*

La construction de l'École

Quelques mois [après le vote de la loi fondatrice], le gouvernement [du Québec] nomme le premier conseil d'administration.
Une double tâche s'impose immédiatement: 1) loger l'École,
donc construire un immeuble; 2) constituer un personnel enseignant[49].

[La construction est réalisée] à l'angle de l'avenue Viger et
de la rue Saint-Hubert, face au carré Viger, vis-à-vis de la gare
du Canadien Pacifique. L'École des Hautes Études Commerciales est, au point de vue architectural, un des plus beaux monu-
ments de la ville de Montréal. L'intérieur répond à l'extérieur.
L'enseignement de certaines matières exigeant un matériel spécial, des salles ont été aménagées pour répondre à cette nécessité. Pas de luxe, pas de richesses: rien cependant n'a été négligé
pour doter l'École de tout le matériel dont elle a besoin pour
assurer l'efficacité de son enseignement.

Le hall d'entrée, les bureaux de l'administration et la salle
réservée aux professeurs occupent tout le rez-de-chaussée. Rue
Saint-Hubert, l'entrée des étudiants donne sur une salle qui leur
sert à la fois de vestiaire et de fumoir. Au premier étage, donnant
sur la même rue, s'alignent successivement le grand amphithéâtre, le laboratoire du professeur de chimie et celui des élèves, le
laboratoire d'essais et d'analyses, celui-ci formant l'angle de la
rue Saint-Hubert et de l'avenue Viger; puis, sur la façade principale, le grand salon de réception, le laboratoire de physique;
enfin, une vaste salle qui occupe l'aile ouest de l'École.

Au deuxième étage et dans le même ordre que ci-dessus: la
bibliothèque et la salle des périodiques, celle-ci donnant à la
fois sur la rue Saint-Hubert et l'avenue Viger; puis, de chaque
côté d'un corridor qui règne parallèlement à la façade, des salles
de cours, dont celle des sciences géographiques, tapissée de

---

49. Les quatre paragraphes qui suivent proviennent de *Les Nouvelles, etc., op. cit.*,
    vol. 1, n° 3, avril 1927.

cartes de tous les pays à toutes les époques de l'histoire, et celle de la dactylographie. Le bureau commercial occupe, sur cet étage, toute l'aile ouest de l'immeuble. Au troisième étage, des salles de cours parmi lesquelles nous signalons celle des sciences économiques et juridiques et celle de la publicité. Le plafond et les murs de celle-là sont couverts de graphiques et de diagrammes, etc., tandis que celle-ci est tapissée des modèles d'annonces les plus divers.

Parmi toutes ces salles, outre celles que nous venons de signaler d'un mot, il en est quelques-unes sur lesquelles nous désirons attirer l'attention d'une façon particulière. Et d'abord le grand amphithéâtre. Installé de la façon la plus moderne, il peut être regardé comme un modèle du genre. Il contient trois cents places assises, disposées en gradins, une table d'expériences munie de conduites pour l'eau, le gaz, l'air comprimé, le courant électrique; un appareil cinématographique et, pour l'illustration de certains cours, notamment de géographie et de technologie, un appareil de projections par transparence (au moyen de clichés positifs) et par réflexion (au moyen de cartes, gravures, dessins, etc.)[50].

[En 1910, il était innovateur dans l'enseignement] d'utiliser l'image comme [moyen] d'éclairer et fixer les idées; de dérouler devant les élèves, en le commentant, un film cinématographique qui leur fait parcourir le pays étudié, leur montre les principaux centres de production, les jetant ainsi en quelque sorte en pleine réalité. De même pour les cours de technologie: l'élève suit sur l'écran les différentes phases de la fabrication d'un produit, voit l'application des procédés industriels expliqués précédemment au point de vue théorique. C'est un appel à l'observation qui, outre d'aider la mémoire, précise les idées et les éclaire[51].

L'amphithéâtre donne d'un côté sur les laboratoires de chimie — celui du professeur et celui des élèves — et de l'autre sur le musée commercial. Le professeur de chimie a ainsi sous la main tous les appareils dont il a besoin pour ses expériences, tandis que les professeurs de géographie physique, de géographie économique et de technologie, de géologie et de minéralogie peuvent illustrer leurs cours au moyen de projections, ou encore en étalant devant leur auditoire les différentes catégories de roches ou de produits étudiés, ou enfin en conduisant leurs élèves au musée, pour y faire l'examen des collections qui les intéressent plus particulièrement. Ayant ainsi constamment le fait concret, la réalité sous les yeux, l'étudiant ne risque pas de se perdre dans l'ensemble des données théoriques qu'il absorbe au jour le jour[52].

[Important aussi était] le bureau commercial. Une vaste salle est aménagée qui renferme tout l'ameublement d'un bu-

---

50. Aussi *Les Nouvelles, etc., op. cit.,* vol. 1, n° 10, janvier 1928.

51. [Dans le même esprit innovateur], l'École des H.E.C. a adopté, [en 1938], la méthode linguaphone pour ses cours par correspondance de langues étrangères: anglais, espagnol, italien, allemand. *Cf. Les Nouvelles, etc., op. cit.,* vol. 7, n°s 11-12, décembre 1933 et janvier 1934.

52. Ce paragraphe provient de *Les Nouvelles, etc., op. cit.,* vol. 1, n° 10, janvier 1928, p. 1.

reau d'affaires moderne: machines à écrire, à calculer, à comptabiliser, dictaphone, multiplicateurs, machines à adresser, classeurs de toute nature. Le bureau se divise en services multiples: exportations, importations, affrètement, intérieur, courtage, douane, publicité, etc., qui tous se centralisent au service général de la comptabilité et de la banque. Les élèves de troisième année agissent en qualité de chefs de service; ceux de deuxième année sont leurs employés, tandis que les élèves de première année correspondent avec le bureau et en sont les clients et les fournisseurs. Le professeur prend ici figure de gérant; il dirige et coordonne les mouvements des divers services. Des opérations d'affaires simulées donnent lieu à de la correspondance, à la préparation de documents de toute espèce, à des démarches, contrats, qui fournissent à l'élève l'occasion d'appliquer ses connaissances du droit, de la correspondance, de l'anglais, de la comptabilité, des opérations de banque et d'assurance, de l'économie politique, de la géographie économique, de la statistique, de la législation douanière, des mathématiques.

À côté de l'entreprise principale, avec ses services de comptabilité, d'achats, de ventes, fleurissent de nombreuses entreprises indépendantes: banques, maisons de courtage en marchandises, en valeurs, en assurances, en douanes, agences de renseignements et de publicité, sociétés de fiducie et de prêts. Toutes ces entreprises sont clientes les unes des autres, de sorte que, quels que soient le poste qu'il occupe et l'entreprise qui retient ses services, l'étudiant a souvent l'occasion de voir de près le maniement des affaires les plus diverses et d'y participer à titre de client ou d'employé[53].

Bien que des salles spéciales soient affectées à la plupart des cours, un grand nombre de leçons se donnent dans l'amphithéâtre.

---

53. Les deux paragraphes précédents proviennent de *Les Nouvelles, etc., op. cit.*, vol. 2, n° 3, avril 1928.

— B —

Le régime administratif[54]

Une organisation rationnelle, un programme judicieusement agencé ne suffisent pourtant pas. Une école, c'est d'abord un personnel enseignant et, un personnel enseignant, c'est avant tout un personnel compétent et consciencieux. Et quand nous parlons de compétence, nous entendons compétence pédagogique d'abord, c'est-à-dire aptitude à communiquer le savoir, à agir sur les esprits pour les former.

[Ainsi, dès sa première réunion], le conseil envoie M. Édouard Montpetit, jeune professeur d'économie politique à

---

54. Cette partie de l'exposé est le résultat de la fusion de deux textes: le texte de base de l'Annuaire de l'École 1960-1961 et un chapitre d'un mémoire préparé à l'intention du secrétaire de la Province (ministre responsable de l'École à l'époque) sur les besoins d'agrandissement de l'École (ou d'un nouvel immeuble) et de réforme de son régime administratif. En fait, il y a plusieurs versions dudit mémoire, car le problème a été discuté sous divers aspects pendant aussi bien dire vingt ans, à partir de la fin des années quarante, avant qu'il soit définitivement (supposément) réglé. Le régime administratif actuel ne sera établi qu'en 1957; et le déménagement de l'École, de la rue Viger à la rue Decelles, sur le campus de l'Université de Montréal, n'aura lieu qu'en 1970. Les diverses ébauches ou versions de ce document se trouvent au fonds d'archives des Œuvres complètes d'Esdras Minville, Archives de la Bibliothèque Patrick Allen, École des H.E.C., Cahiers des manuscrits.

la Faculté de droit de Montréal, poursuivre ses études à Paris, en vue de l'enseignement des sciences économiques à l'École des Hautes Études Commerciales. M. Montpetit devait faire une grande carrière à l'École même et dans les milieux universitaires canadiens; et tout au long de [cette] carrière, il sera le témoin de la plus authentique culture française[55].

Mais il faut aussi faire appel à un certain nombre de spécialistes étrangers, originaires de pays où depuis assez longtemps existe un enseignement commercial supérieur. En novembre 1907, sur recommandation du conseil d'administration de l'École, le gouvernement [du Québec] nomme directeur des études (et membre ex-officio du conseil) M. Auguste-Joseph de Bray, licencié du degré supérieur en sciences commerciales et consulaires de Louvain, docteur ès sciences politiques et diplomatiques, professeur honoraire de l'Athénée royal de Namur. M. de Bray fera œuvre de pionnier, s'inspirant dans l'organisation de l'École de Montréal des écoles supérieures de Louvain, Anvers, Paris, etc.

On se plaira à répéter par la suite que notre grande école de commerce possède [dès le début] un corps professoral d'une rare valeur. Et l'on a [eu] raison. Peu d'institutions d'enseignement [ont] compté parmi leurs professeurs des personnalités aussi marquantes, [se sont] appuyées sur un corps professoral aussi homogène, aussi bien qualifié. Chaque professeur est un spécialiste, une autorité en sa matière, mais un spécialiste dont la formation repose sur une forte culture générale. Il sait à fond ce qu'il enseigne et n'ignore pas les matières dont ses collègues sont chargés[56].

L'enseignement supérieur est une affaire de collaboration. Si tel professeur ne comprend pas qu'il participe à une œuvre collective, si par vanité de spécialiste il veut prendre plus de place qu'il ne lui en revient, ou si par défaut de conscience professionnelle il ne donne pas complètement et spontanément tout l'effort qu'il doit donner, l'ensemble en souffre. Cela est

---

55. *Cf.* ci-dessus, n° 9, p. 17.

56. De *Les Nouvelles, etc., op. cit.*, vol. 2, n° 7, octobre 1928.

encore plus vrai d'une école supérieure de commerce que de n'importe quel autre type d'école, à cause de l'extrême diversité du programme et de la tendance — assez naturelle cependant — du professeur spécialisé à considérer sa matière comme finale, au risque de s'écarter de l'objectif même de l'École. Une discipline est donc nécessaire — ce qui suppose une autorité agissante, donc capable d'agir. Mais dans une école, surtout dans une école supérieure, la discipline seule, même appliquée le plus rigoureusement, ne produit pas grand-chose, si chaque professeur n'est animé du désir de faire toute sa part, d'améliorer sans cesse son enseignement, en un mot d'accomplir une œuvre. Question de conscience professionnelle qui, chez le professeur, prend la forme d'un constant souci de perfectionnement et de dépassement personnel.

[À cet égard, le régime administratif d'une institution d'enseignement universitaire n'est pas indifférent au climat qui s'y installe.] Depuis sa fondation, l'École des Hautes Études Commerciales a été régie par quatre lois successives, de modalités et de tendances assez différentes: celle de 1907 — loi constituant la Corporation de l'École des Hautes Études Commerciales de Montréal; celle de 1926 — loi relative à certaines écoles techniques ou professionnelles; celle de 1941 — loi de l'enseignement spécialisé; et enfin celle de 1957 — loi constituant la Corporation de l'École des Hautes Études Commerciales de Montréal. [À travers ces divers régimes], il y a eu lieu [à certains moments] de craindre que le régime auquel elle était soumise ne tende à aggraver plutôt qu'à corriger les lacunes et les faiblesses du personnel enseignant.

De sa fondation à 1926, l'École était administrée par une corporation investie de la pleine autorité. Le directeur et les professeurs étaient engagés par cette corporation (nominations ratifiées par arrêtés ministériels) et relevaient d'elle. Dans les questions d'ordre intérieur, administratif, disciplinaire et pédagogique, elle pouvait intervenir d'autorité à tout moment. La présence permanente de cette autorité au nom de qui le directeur lui-même agissait était en soi facteur de discipline et d'ordre. Le fait pour le professeur de relever directement d'une autorité toujours présente et chargée elle-même de responsabilités vis-à-vis de ses mandants était une incitation à l'ordre et à l'effort.

En 1926, la première loi organique de l'École est abrogée, la corporation administrative supprimée et une nouvelle corporation, connue sous le nom de Corporation des écoles techniques et professionnelles, et dont l'autorité s'étendait aux diverses écoles du Secrétariat de la Province, mise sur pied (16 Geo. V, chap. 49). Cette nouvelle corporation disposait de tous les pouvoirs de l'ancienne, mais par le fait qu'elle avait juridiction sur plusieurs écoles, elle devenait en quelque sorte moins personnelle à chacune d'entre elles, son autorité se faisait déjà plus lointaine. Or, nommée pour trois ans, la nouvelle corporation, qui d'ailleurs ne s'était réunie que rarement, n'a pas été renouvelée à l'expiration de son terme d'office. À partir de 1929, le régime juridique des écoles est donc faux. Les écoles appartiennent à une corporation inexistante. En fait, le Secrétariat de la Province a repris tous les pouvoirs et il administre et dirige par l'intermédiaire des directeurs. Mais en cas de litige, il doit se substituer à l'autorité légale mise en cause.

Néanmoins, comme le directeur du temps [Laureys] avait été nommé par la première corporation longtemps avant qu'elle ne disparût, que son autorité avait été bien établie dès le début et qu'il jouissait de la confiance entière et maintes fois déclarée en public du secrétaire de la Province, ces diverses modifications au régime juridique de l'École passèrent autant dire inaperçues. Et cela d'autant plus aisément que l'École était en pleine organisation et que les conséquences définitives des actes que l'on posait tant dans l'administration que dans l'organisation pédagogique n'avaient pas encore commencé de se produire. Il n'en reste pas moins qu'en fait le directeur était devenu un employé du Secrétariat, représentant direct du ministre dont il engageait la responsabilité.

Tout alla de façon satisfaisante jusqu'en 1936. Mais à l'occasion du changement de gouvernement, apparut la faiblesse du régime qui s'était ainsi institué. Le directeur qui jusque-là avait pu se reposer entièrement sur un ministre dont, répétons-le, il avait la confiance entière, se trouva du jour au lendemain en face d'un supérieur qui lui marchandait sinon lui refusait sa confiance. Aussitôt son autorité fut atteinte à l'École même. Professeurs et étudiants discutaient couramment ce qu'ils appelaient son «cas» — et d'autant plus librement que la rumeur voulait qu'il fût d'un moment à l'autre remplacé à la direction de l'École — et justifiaient d'avance ce renvoi par cent raisons toutes plus étonnantes les unes que les autres. On l'admettra, il n'est pas sain que la situation d'un directeur d'école soit discutée dans la rue et parmi son personnel.

Au même moment, et comme manifestation pratique du peu de confiance qu'il accordait, le Secrétariat commença à centraliser l'administration au Ministère, restreignant tantôt sur un point et tantôt sur un autre la latitude du directeur. Finalement, en août 1938, l'ancien directeur était mis à sa retraite et le directeur actuel nommé[57]. Mais les mauvais effets du régime avaient commencé de se produire.

---

57. Il s'agissait de Minville. C'est sans ménagement que Maurice Duplessis se «débarrasse» cavalièrement de Laureys. Comme celui-ci était au mieux avec le secrétaire de la Province, Athanase David — ce qui contribua à atténuer les effets politiques des changements de 1926 sur le fonctionnement de l'École ainsi que Minville l'indique —. Duplessis, lui, le considérait comme une créature partisane. Pendant la campagne électorale, il ne s'était pas gêné pour dire assez vulgairement que, s'il arrivait au pouvoir, Henry Laureys et le Dr Couillard, directeur du Sanatorium du lac Édouard seraient les premières victimes des exécutions sommaires de la vindicte politique.
Minville était, à ce moment-là, en bons termes avec Duplessis, de par la collaboration qu'il avait accordée au parti de l'Action libérale nationale de Paul Gouin (voir vol. 9 de la présente collection *Les étapes d'une carrière*, p. 284 spécifiquement, et l'ensemble des pages 307-315 et 281-284). Après avoir refusé une candidature aux élections de 1936, le poste éventuel de ministre du Commerce, puis le poste de sous-ministre au même ministère, il acceptait d'en devenir le conseiller économique et de mettre en train l'une de ses propositions de réforme: l'inventaire des ressources naturelles. Il s'y employa en Gaspésie, tout cet été-là, pendant que bouillonnaient les rumeurs dont il parle sur le renvoi de Laureys, effectué finalement sous forme polie de mise à la retraite, que Duplessis n'envisageait même pas au départ. Minville intervint auprès du ministre responsable, le secrétaire de la Province, Albiny Paquette, dans une lettre datée du 15 juillet 1937, pour que Laureys soit traité avec les égards qui s'imposaient. Voici la partie de cette lettre qui concerne Laureys:
«Ainsi que j'avais eu l'occasion de le dire à l'honorable M. Bilodeau, secrétaire de la Province durant votre absence, et que je vous l'ai répété, le remplacement du directeur de l'École des Hautes Études Commerciales, dont la rumeur a parlé tout l'hiver dernier, doit être envisagé sous trois aspects: 1) l'homme, 2) l'institution, 3) le successeur.

«1) Quoi qu'on puisse penser par ailleurs du directeur actuel de l'École des Hautes Études Commerciales, de ses idées, de sa façon même de diriger et d'administrer l'École, il reste que, durant ses vingt ou vingt-deux ans de directorat, il n'a rien négligé pour faire un succès de son œuvre. Il a beaucoup travaillé et l'on peut dire qu'il a aimé son École. Même quand en certains cas il a fait des démarches, posé des actes, esquissé des gestes que certaines personnes, pour une raison ou pour une autre, jugeaient déplaisants, on peut dire qu'il agissait dans ce qu'il croyait être le meilleur intérêt de l'École.

«Un tel homme et qui a rendu de pareils services ne peut donc pas être traité comme le premier venu, comme un fonctionnaire de cinq ou sixième rang qu'on congédie à un mois d'avis. Il mérite des égards proportionnés à l'œuvre qu'il a accomplie et aux services qu'il a rendus.

«2) Depuis vingt-cinq ans qu'elle existe, l'École des Hautes Études a toujours eu à souffrir de la présence latente de la politique. Non pas que je prétende que les gouvernants soient jamais intervenus directement dans sa direction, dans l'élaboration des programmes, le choix des professeurs, etc. Mais le seul fait qu'elle relève directement d'un ministère la place déjà, vis-à-vis des maîtres du pouvoir, dans une situation délicate, qui peut aller jusqu'à nuire à l'objectivité de son enseignement. On comprend que certains professeurs préfèrent parfois ne pas se prononcer sur tel problème frôlant la politique, de crainte de heurter l'opinion des chefs du gouvernement dont ils dépendent. Il s'ensuit dans l'enseignement une sorte de flou, un certain manque d'objectivité peu désirable.

«Il ne faudrait donc pas que, dans un cas comme celui qui nous occupe, une décision insuffisamment mûrie vienne aggraver cette situation. La politique dans l'enseignement, c'est la dernière des choses. Il importe souverainement que la direction de l'École ne prenne jamais l'allure d'un poste politique offert à toutes les convoitises. Car c'en serait fait des services que cette institution est censée rendre à notre population.

«3) Celui qui remplacera M. Laureys voudra sans doute — les idées depuis vingt-cinq ans ont changé — effectuer certaines réformes. Il aura besoin par conséquent de se sentir libre, de ne pas avoir à tout moment à se demander ce qu'en pensent les gouvernants actuels, ou le chef de l'opposition susceptible de devenir éventuellement gouvernant à son tour. Il importe donc que sa nomination n'affecte en rien l'allure d'une nomination politique et qu'il puisse compter sur un minimum de stabilité, quels que soient les événements politiques qui pourraient se produire durant son terme d'office.

«Je ne désire nullement intervenir dans vos décisions à ce sujet. Mais les rumeurs qui ont circulé tout l'hiver et qui semblent très largement répandues exigent, me semble-t-il, qu'une décision dans un sens ou dans l'autre soit prise le plus tôt possible. Il serait déplorable pour l'École, sa discipline intérieure et son prestige extérieur, que les rumeurs ci-dessus se perpétuent au cours de la prochaine année scolaire.»

L'année suivante, après le renvoi, le gouvernement octroie à M. Laureys une pension de 3 000 $. M. Minville s'interpose dans une lettre adressée au même ministre et datée, du 19 septembre 1938, pour que ce montant soit révisé. Son intervention fut cependant vaine. La pension de M. Laureys fut révisée et augmentée à 5 000 $, mais le 1er juillet 1940, après la défaite de M. Duplessis et le retour au pouvoir des libéraux sous Adélard Godbout.

Le nouveau directeur jouissant évidemment de la confiance du ministre qui venait de le désigner à son poste, la discipline qui à l'École, depuis deux ans, s'était désagrégée se rétablit quelque peu. Mais dès l'année suivante un nouveau changement de gouvernement plaçait le directeur actuel dans une situation comparable à celle dans laquelle l'ancien s'était trouvé de 1936 à 1938. Et de nouveau les rumeurs et potins — et les intrigues — qui avaient tant nui à l'autorité de l'ancien directeur réapparurent, refleurirent à foison. Une campagne s'amorça même pour faire réinstaller l'ancien directeur. Il n'y eut pas de nouveau changement. Mais nous faisons remarquer encore une fois qu'un statut aussi précaire prive le directeur d'une école qui compte une quarantaine de professeurs, une vingtaine d'employés et que fréquentent des centaines d'étudiants, des moyens dont il doit disposer pour maintenir la discipline et obtenir de son personnel un rendement satisfaisant[58].

---

58. Dans la deuxième partie de la lettre citée dans la note précédente, M. Minville suggérait au gouvernement un mode institutionnalisé de nomination du directeur. Il écrivait:

Régime des directeurs des grandes écoles.

Ce qui va suivre s'applique aussi bien à l'École polytechnique, aux écoles techniques qu'à l'École des Hautes Études Commerciales, mais je prendrai, puisque les circonstances s'y prêtent, celle-ci comme exemple.

Si, pour des raisons que je n'ai pas besoin de connaître, le gouvernement décide de mettre le directeur actuel de l'École des Hautes Études à sa retraite, je suggère qu'il profite de l'occasion pour changer le régime du directeur.

D'une part, à la tête d'une institution comme celle-là, un homme donne son meilleur en dix ans au maximum. Après quoi, il risque de piétiner sur place — ils sont si rares les hommes qui se renouvellent passé la cinquantaine. D'autre part, il n'est pas bon qu'un homme, quels que soient ses mérites, s'incruste, et cela, pour son propre bien et pour le bien de ses collaborateurs.

Cela étant admis, voici pour ma part ce que je crois utile de proposer.

1) Que le successeur de M. Laureys compte au moins douze ans d'expérience dans l'enseignement commercial supérieur, et qu'il soit nommé pour cinq ans seulement avec mandat renouvelable pour cinq autres années. Mais qu'en aucun cas la durée de son mandat d'office ne dépasse dix ans.

2) Qu'à l'expiration de son mandat le directeur redevienne professeur avec le salaire maximum du professeur.

3) Que pour le renouvellement de son contrat à l'expiration des cinq premières années, et pour le choix de son successeur à l'expiration de son deuxième mandat, le Conseil des professeurs soit consulté. Toutefois le voeu des professeurs ne liera pas nécessairement le gouvernement qui pourra ou bien renouveler le contrat ou bien désigner un successeur autre que celui en faveur de qui les professeurs se

Enfin, en 1941, le gouvernement de la province faisait adopter la loi de l'enseignement spécialisé (5 Geo. VI, chap. 48). Cette loi légalise la situation de fait qui s'était créée depuis la disparition de la Corporation des écoles techniques et professionnelles. Elle consacre donc le principe de l'administration directe par le Secrétariat et supprime définitivement toute autorité entre la direction de l'École et le Ministère. Aux termes de cette loi, le directeur, les professeurs et les employés sont des fonctionnaires du service extérieur. Les restrictions apportées antérieurement à la latitude du directeur quant à l'administration sont poussées à l'extrême. L'administration entière est cen-

---

seront prononcés, pourvu que dans un cas comme dans l'autre il soit d'accord avec la chancellerie de l'Université.

Un tel régime présente plusieurs avantages:

a) Il maintient à la tête de l'École un homme en pleine vigueur intellectuelle, ni trop jeune, donc exposé à des excès d'enthousiasme, ni trop âgé, donc exposé à s'installer dans ses propres idées. Il assure ainsi l'évolution normale et sans à-coups de l'École.

b) Il atténue dans une bonne mesure le caractère politique de la nomination. En effet, supposons que dans quatre ans un nouveau gouvernement accède au pouvoir et que l'homme qui dirigera l'École des Hautes Études à ce moment-là ne lui convienne pas. Au lieu d'intervenir directement, il laissera tout simplement expirer le contrat. Personne n'aura rien à dire, pas même le directeur, puisqu'il n'était en place que pour cinq ans. Le choix du directeur reste ainsi nomination du gouvernement, sans affecter le caractère politique qu'il prendrait forcément si le gouvernement dénonçait un contrat de plus longue durée.

c) Le directeur redevenant professeur, la question de la retraite se trouve du coup écartée, puisque l'ex-directeur continuera de gagner un salaire suffisant jusqu'à l'âge réglementaire de sa pension.

d) La perspective de pouvoir accéder éventuellement à la direction constituera pour les jeunes professeurs un stimulant. S'ils travaillent bien, s'ils font leur marque, ils auront la chance après douze années d'enseignement d'accéder au plus haut poste. Ce qui n'est pas le cas avec le régime actuel.

e) En redevenant professeur l'ex-directeur qui a acquis pendant son directorat une précieuse expérience met celle-ci au service de son successeur, de sorte que l'École bénéficie de son concours sans risquer de voir sa direction s'attarder à des formules dépassées. Cela se fait sans heurt et sans aigreur.

De telles modifications ne pourraient se faire, je suppose, que par amendement de la loi organique de l'École. Le nouveau régime ne s'appliquera d'ailleurs intégralement qu'au nouveau directeur et à ses successeurs. Vous comprenez aisément que M. Laureys ayant dirigé l'École depuis vingt-deux ans de sa pleine autorité pourrait difficilement redevenir simple professeur. Il aurait trop de peine à se plier aux ordres de son successeur pour qui il risquerait d'être un embarras.

tralisée à Québec: achats, salaires, etc. et l'École devient un simple service administratif du Secrétariat[59].

Au point de vue pédagogique, la loi de l'enseignement spécialisé crée le Conseil supérieur de l'enseignement technique dont font partie toutes les écoles du Secrétariat: écoles techniques, École du meuble, Écoles des beaux-arts, École des Hautes Études Commerciales. Ce Conseil n'a aucun pouvoir administratif, mais est investi des mêmes prérogatives générales et non définies que l'ancienne Corporation des écoles techniques et professionnelles. C'est un organisme consultatif.

Or l'École des Hautes Études Commerciales, étant affiliée à l'Université de Montréal depuis 1915, se trouve ainsi partagée entre deux autorités pédagogiques: l'Université d'une part, de qui elle relève naturellement par son affiliation et en sa qualité d'école supérieure; le nouveau conseil d'autre part. Laquelle de ces deux autorités a la priorité?

La nouvelle loi maintient également les conseils de perfectionnement créés par l'ancienne. Ces conseils de perfectionnement n'ont pas de pouvoirs définis non plus. Ils s'interposent entre l'Université et le Conseil de l'enseignement technique d'une part, et l'École d'autre part.

En résumé, l'autorité pédagogique de l'École se hiérarchise alors de la façon suivante:

1) La Commission des études que préside le directeur. Formée des professeurs titulaires, cette commission est un organisme interne, non prévu par la loi, mais qui est nécessaire à la coordination de l'enseignement.

2) Le Conseil de perfectionnement, composé du surintendant de l'instruction publique, du directeur de l'enseignement technique, d'un représentant de l'Université, du directeur de l'École et de trois hommes d'affaires nommés par le Secrétariat.

---

59. L'analyse qui suit quant à la situation créée par la nouvelle loi et ses conséquences intégrera une communication de M. Minville au comité «qui s'apprêtait à présenter à Québec un projet de loi visant à assurer à l'École des H.E.C. un régime juridique et administratif mieux adapté à ses besoins». *Cf. Œuvres complètes d'Esdras Minville*, Archives de la Bibliothèque Patrick Allen, École des H.E.C., Cahiers des manuscrits.

Simple organisme consultatif dont l'objet est de conseiller le directeur.

3) Le Conseil supérieur de l'enseignement technique d'une part, l'Université d'autre part.

Donc véritable étagement d'organismes sans autorité spécifique. La seule autorité, c'est le directeur qui la représente. Ce régime est faux en principe parce qu'il confond les ordres; qu'il assujettit, à l'administration publique visant des fins générales d'ordre politique, une institution sociale visant des fins particulières d'ordre social. Par son statut, le directeur relève directement du ministre, agit en son nom et par le fait même engage sa responsabilité. Il en résulte que les décisions administratives peuvent être prises en fonction de critères parfaitement étrangers aux fins propres de l'École. À moins que le ministre ne lui donne carte blanche, il lui faut obtenir l'autorisation chaque fois que se présente une question sortant des affaires courantes. Or il n'y a pas lieu de croire qu'un ministre conférera jamais une autorité définie et complète à un employé qui par son statut engage sa responsabilité de ministre. En fait, nous l'avons vu, loin de définir et de raffermir l'autorité du directeur, la tendance [sous ce régime] a été de la restreindre tant au point de vue administratif que disciplinaire.

En pratique, [ce] régime administratif peut être envisagé sous trois aspects particuliers, posant chacun des problèmes plus ou moins sérieux selon leur incidence plus ou moins directe sur la fonction pédagogique:

a) Les approvisionnements. À ce point de vue, l'École, comme tous les services de l'administration provinciale, relève du Service des achats. Toute commande doit être approuvée par le Service des achats du Ministère et pourvoyeur général à Québec. Il s'ensuit un volume énorme de paperasse et des lenteurs extrêmement embarrassantes en certains cas. Il faut en moyenne un mois et demi pour effectuer une opération courante: acheter et payer, par exemple, un lot de papier ou une livraison d'huile à chauffage.

Cette procédure et ces lenteurs n'affectent cependant que le directeur et le comptable. Ce sont eux qui doivent se débrouiller avec cela et subir les pressions si les choses n'avancent pas au rythme voulu. Dans l'ensemble, on finit par s'adapter, et je ne pense pas qu'à ce point de vue le régime ait causé des préjudices sérieux.

b) Le recrutement et la régie du personnel d'entretien et d'administration. Le directeur n'a pas la latitude même de recommander les employés dont l'École a besoin; il accepte ceux qu'on lui envoie. L'École ne pouvait engager un employé qui n'ait été présenté par le bureau du ministre. Cette procédure a causé des ennuis graves. [Il a fallu] tolérer, dans le bureau, des employés dont nous n'avions pas demandé la nomination et dont nous ne pouvions d'aucune manière utiliser les services, ou encore qui recevaient de l'autorité dont ils dépendaient le conseil de ne pas s'occuper des observations du directeur. De même, [il a fallu se] contenter à l'entretien des laissés-pour-compte de la clientèle électorale, et [s']exposer à voir revenir, avec un engagement permanent, un employé qu'[il avait été] jugé nécessaire de congédier. [Mais le directeur] aurait-il l'autorité d'appliquer des sanctions, de les congédier? Le cas ne s'est pas présenté. Mais certains employés se comportaient volontiers comme s'il ne l'avait pas. Le moindre balayeur n'hésitait pas à se réclamer de son député, à se vanter de ses influences politiques. Dans ces conditions, la discipline et le rendement sont difficiles à maintenir.

Ce qui a sauvé la situation, c'est la présence au bureau et au service de l'entretien d'un certain nombre d'employés compétents et dévoués qui malgré tout assuraient le fonctionnement des services.

Depuis un an (1955), les choses ont changé. L'École est considérée comme un service du Département de l'instruction publique plutôt que du Secrétariat, et [elle] peut maintenant recruter [elle]-même [son] personnel selon [ses] besoins.

Le cas des professeurs est sensiblement le même, avec certaines circonstances aggravantes cependant. Comme nous venons de le voir, ils sont désormais considérés comme des fonctionnaires du service extérieur, payés directement par le trésorier de la Province. Autrefois, ils étaient engagés par la Corporation administrative avec ratification du gouvernement. Lorsque la Corporation est disparue, les engagements se sont faits par arrêtés ministériels sur la recommandation du directeur.

La majorité de ceux qui faisaient alors partie du personnel n'avaient guère besoin qu'une autorité spécifique ne les surveille et ne les commande. Ils ont fait de leur mieux, par conscience professionnelle. Malheureusement, il faut bien l'admettre, quelques-uns ont analysé et interprété le régime à leur profit. Or, ce régime, il ne tient pas simplement au statut juridique des professeurs, mais aussi au régime administratif de l'École, avec l'espèce de sécurité que celui-ci assure automatiquement après un certain nombre d'années de service.

[Toute] cette procédure affecte d'abord l'administration, mais aussi dans une large mesure le fonctionnement général de l'École et par suite l'enseignement. Pour que l'enseignement fonctionne bien, il faut que tous les services soient efficaces.

Dans l'ensemble cependant, en y mettant de la patience et du doigté, on finit par s'en tirer plus ou moins. Inévitablement toutefois, à un coût plus élevé. Même si les salaires sont bas, il en coûte plus cher de mettre deux hommes là où généralement il suffirait d'un, même mieux rémunéré.

c) Les traitements. [Ce fut] l'aspect le plus désastreux [de ce] régime. L'impossibilité où nous avons longtemps été d'ajuster les traitements aux conditions économiques et au niveau des traitements offerts dans le monde des affaires pour des fonctions correspondantes a empêché de recruter à temps le personnel [nécessaire], et a fait perdre d'excellents professeurs.

En 1931, en effet, une échelle de traitements a été mise en vigueur. La première échelle prévoyait des traitements allant de 1 800 à 6 000 $, avec augmentation annuelle de 100 $, puis de 200 $ pendant vingt-neuf ans. En 1939, afin de favoriser un peu les jeunes professeurs dont les conditions de vie s'amélioraient trop lentement, l'échelle de traitements a été modifiée. Le minimum est porté à 2 000 $, avec huit augmentations annuelles de 100 $ et onze de 200 $; soit un maximum de 5 000 $. Un professeur atteint [alors] son maximum vers l'âge de quarante-sept ou quarante-huit ans, au lieu de cinquante-six ou cinquante-sept ans autrefois[60].

---

60. Pour obtenir des améliorations, il avait fallu négocier la hausse du minimum et l'accélération de la montée dans l'échelle contre la baisse du maximum. Il était calculé qu'il y avait un gain net pour l'ensemble de la carrière.

L'échelle de traitements prévoit trois catégories de professeurs: *a*) les professeurs plein-temps qui touchent les traitements indiqués ci-dessus; *b*) les professeurs demi-temps qui reçoivent la moitié de ces traitements; *c*) les professeurs payés à l'heure.

Un tel régime est avantageux. Il permet à celui que l'enseignement intéresse de se faire une carrière et d'évaluer d'avance les avantages matériels minimaux sur lesquels il pourra compter. Il donne à la carrière du professeur le caractère de sécurité nécessaire à quiconque veut faire du travail intellectuel. Un fonds de pension institué en 1927 garantit au surplus à chaque professeur une retraite suffisante.

Du point de vue de l'École, ce régime comporte cependant des inconvénients. Le plus grave paraît être de permettre à certains professeurs de s'installer dans la routine sans encourir de risques trop graves. Ceux d'entre eux que leur carrière intéresse véritablement et qui sont satisfaits des conditions de vie que l'échelle de traitements leur assure ne songent guère à se soustraire aux exigences de leur contrat d'engagement. Ils donnent tout leur temps et se consacrent avec une application satisfaisante à l'amélioration de leur enseignement.

Mais il en est quelques autres pour qui le traitement de l'École est un point de départ, une sorte de fonds initial qu'il s'agit d'enrichir le plus possible. Dès le début l'usage s'est établi des augmentations automatiques — et cela d'autant plus facilement que le régime, étant nouveau, n'avait pas encore commencé à produire ses effets et que personne n'osait prendre de risques. Néanmoins, dès le nouveau régime établi, la tendance s'est affirmée très nette chez les plus anciens professeurs, et d'abord chez les professeurs de la catégorie des demi-temps, à se faire alléger d'une partie de leurs cours, ne conservant que le minimum indispensable. Une façon comme une autre de tirer le meilleur parti possible d'un régime dont les virtualités sont déterminées et connues d'avance.

[Il vint un moment où] plusieurs professeurs avaient atteint le maximum depuis quelques années déjà ou [allaient] l'atteindre prochainement. La tendance signalée [a alors] commencé à se manifester chez certains professeurs de la catégorie des plein temps. Comme le nombre de cours exigé de chacun ne peut plus être diminué, on se rattrape en s'absentant de l'École pour une raison ou pour une autre, sous prétexte en particulier que le travail d'un professeur est d'une qualité à part, qu'il ne s'évalue pas au volume, etc. La raison vraie de cette tendance à l'évasion, c'est que quelques-uns acceptent à l'extérieur des besognes supplémentaires grâce auxquelles ils s'assurent un supplément de revenus; ou se livrent à des travaux dont ils attendent des bénéfices personnels.

Il leur suffit, en effet, comme nous le disions il y a un instant, d'interpréter exactement le régime général de l'École. Ils ont atteint le maximum ou l'atteindront bientôt, donc rien à risquer de ce côté. D'ailleurs, pareil risque, s'il existait, serait minime, car, nous l'avons noté, l'usage s'est établi dès le début des augmentations automatiques. Ils ont vingt ou vingt-cinq ans de service; ils en concluent qu'ils ne sauraient être exposés à des sanctions quelque peu sérieuses, à moins d'un très grave relâchement ou d'accrocs sérieux à la discipline. Surtout [que sous ce régime] aucune autorité n'existe dans l'École, en dehors du directeur qui lui-même engage le ministre. Le directeur n'agirait donc qu'avec l'autorisation expresse de ce dernier. Or le ministre, occupé à cent autres besognes, n'a guère le temps d'étudier par le détail le fonctionnement de chaque école, encore moins le cas de tel ou tel professeur dont le défaut est de ne donner qu'un rendement minimum. Bien plus, en cas d'indiscipline grave, le ministre hésiterait avant d'appliquer des sanctions, car il s'exposerait à l'accusation de mêler la politique à l'enseignement. Donc sécurité à peu près complète. Il suffit de ne pas dépasser certaines limites extrêmes, de sauver autant que possible la face.

Or, l'exemple de ceux qui agissent ainsi risque de démoraliser les plus jeunes. Si pareil régime est maintenu, le niveau de l'École, au lieu de tendre vers un maximum, tendra, par la force des choses, vers un minimum.

Le second défaut du régime des traitements, c'est sa rigidité. Pour les professeurs de matières générales, mettons l'anglais, le français, les sciences, l'économie politique, les mathématiques, les traitements payés par l'École sont très raisonnables — probablement parmi les plus élevés qui se payent dans les institutions d'enseignement de langue française à l'époque. Mais pour les professeurs de matières professionnelles: comptabilité et pratique des affaires, ces traitements sont insuffisants en ceci qu'ils ne se comparent pas aux revenus que ces spécialistes pourraient s'assurer dans la pratique des affaires. Par le fait même, ils n'intéressent pas les meilleurs ou ne les intéressent qu'à titre d'appoints, comme professeurs demi-temps. Or les matières en question sont précisément les matières centrales, ordonnatrices de tout le programme. En aucune autre branche de son enseignement, l'École n'a plus grand intérêt à se constituer un groupe solide de professeurs de carrière.

Jusqu'ici la constitution d'un pareil groupe de professeurs de carrière a été impossible. Le premier professeur de comptabilité de l'École, M. Sugar, l'a quittée il y a déjà plus de vingt-cinq ans. Il a été remplacé comme professeur de comptabilité et de pratique des affaires par M. Victor Doré. M. Doré était professeur demi-temps. Le professeur actuel, M. Favreau, est professeur plein-temps; il est au service de l'École depuis 1919 et est aujourd'hui âgé de cinquante-cinq ans. Comme professeur plein-temps vient immédiatement après lui M. Gilles Murray, à l'École depuis 1959 et âgé de moins de trente ans. Entre les deux, depuis une vingtaine d'années, sont passés plusieurs professeurs engagés comme plein-temps mais qui ont quitté après quelques années: MM. Herménégilde Huot, Georges Lafrance, Jules Derome, Aurélien Noël. M. Noël est cependant resté attaché à l'École comme professeur demi-temps. L'enseignement de la pratique des affaires est aujourd'hui confié à M. Deligny Labbé qui est à l'emploi de l'École depuis 1931. Vient après lui M. Roger Charbonneau, à l'emploi de l'École depuis deux ans seulement. Les autres professeurs, MM. Maheu, Gauthier, Dufresne, sont de la catégorie des demi-temps. Or nous savons que les jeunes professeurs plein-temps actuels sont bien tentés à leur tour d'essayer leur chance dans les affaires où leurs anciens camarades de classe touchent aujourd'hui des traitements plus élevés que les leurs. Si un jour, pour une raison ou pour une autre, MM. Favreau et Labbé disparaissaient, l'École se trouverait sans un seul professeur de carrière dans la partie la plus importante de son enseignement, sauf deux jeunes hommes de moins de trente ans — s'ils ne quittent pas eux-mêmes[61]. Des démarches faites il y a deux ou trois ans pour inciter à revenir certains professeurs ne produisirent aucun résultat. Les affaires les rémunèrent davantage.

[Dans tout cela], l'École étant considérée comme un service de l'administration publique, la norme d'après laquelle les décisions sont prises à Québec, c'est le niveau des traitements dans le fonctionnarisme. Pour obtenir, comme cela s'est produit le printemps dernier, des ajustements de traitement, il faut prouver en quelque sorte que la catastrophe nous guette, et encore n'obtient-on qu'une parcelle de ce qui conviendrait, et selon un mode inadmissible[62] dans une administration désireuse d'assurer, d'une part, le contentement et la sécurité de son personnel, d'autre part, l'efficacité de ses services.

d) J'ai parlé de l'administration sous trois aspects particuliers, mais n'ai pas fait allusion à son aspect plus général, *le budget*, et par conséquent les moyens financiers de prendre les initiatives qui s'imposent à un moment donné. C'est que nous n'avons autant dire jamais été limités à ce point de vue. On vote généralement à très peu près le budget que nous demandons. Ainsi l'année dernière, nos prévisions budgétaires s'établissaient à 406 000 $; il nous a été voté 390 000 $. Mais c'est sur l'usage à faire des fonds votés que le contrôle s'exerce, princi-

---

61. Effectivement, peu après ce rapport, et Gilles Murray et Roger Charbonneau ont quitté leur poste à plein temps pour ne plus travailler qu'à temps partiel. En comptabilité, ont succédé Yves-Aubert Côté et Raymond Morcel, puis Hervé Belzile, qui ont aussi successivement quitté l'École. (Yves-Aubert Côté y revient quelques années plus tard, une fois la crise réglée.) Vint Jean-Jacques St-Pierre autour de qui s'est cristallisée la crise et qui aurait lui aussi quitté l'établissement si les ajustements dont il est question à la note 62 n'avaient pas été effectués. Du côté de l'administration, Jean Deschamps a succédé à Roger Charbonneau, puis il est parti pour aller aux Artisans. Pour illustrer concrètement la situation, prenons le cas de Hervé Belzile, qui commençait à l'École et qui gagnait, après deux ans, moins de 2 500 $: il se voyait offrir 8 000 $ par l'Alliance nationale.

62. Seuls les jeunes professeurs plus vivement sollicités par la concurrence recevaient une augmentation réelle de traitement. Les autres recevaient un droit à un maximum plus élevé, mais qui n'était atteint, à longueur d'années, que par les augmentations régulières annuelles de 100 $ ou de 200 $.

palement en ce qui concerne les traitements. Ainsi l'année dernière, nous avions prévu un montant global d'une quarantaine de mille dollars pour l'ajustement des traitements du personnel enseignant. Ce montant a été voté, mais comme les traitements n'ont pas été ajustés, il est retombé en fin d'exercice dans les fonds consolidés.

En résumé, c'est donc d'abord et surtout la faculté de réorienter elle-même et à ses conditions son personnel enseignant et son personnel administratif que l'École doit obtenir. Car c'est à cette condition qu'elle pourra non seulement fonctionner de façon satisfaisante dans le présent, mais assurer la continuité et le développement de son œuvre. Une équipe de professeurs ne se forme pas du jour au lendemain. Il faut prévoir les départs et préparer assez longtemps d'avance les nouvelles initiatives. Par conséquent, il faut être en état d'engager aujourd'hui le personnel qui sera nécessaire dans deux ou trois ans à venir. Du fait que cette faculté, à cause du bas niveau des salaires, nous a été refusée, le recrutement du personnel s'est effectué de façon irrégulière. À l'heure actuelle, sur vingt-cinq professeurs de carrière, cinq ou six sont âgés de soixante ans, donc arrivés à la fin prochaine de leur carrière. Dans la pyramide des âges, on devrait rencontrer immédiatement après un certain nombre de professeurs âgés de quarante-cinq ou quarante-huit ans. Or, nous n'en comptons qu'un seul de cet âge, ceux que nous avons recrutés à l'époque correspondante ayant quitté l'enseignement. Nous retombons, immédiatement au-dessous, à une équipe dans la trentaine, et parfois au début de la trentaine. Cette équipe est pleine de mérites, mais elle manque de l'expérience dont elle aurait besoin pour assumer du jour au lendemain les fonctions de direction si les circonstances l'exigeaient.

e) Si l'École a eu à se dépêtrer dans une procédure embarrassante au point de vue administratif, en revanche elle a joui *au point de vue académique de la plus complète liberté*. À ce point de vue, il faut rendre au gouvernement et à ses divers ministres, dont l'École depuis trente-cinq ans a relevé le témoignage qu'en aucune circonstance il n'est intervenu dans son action, ni en ce qui concerne le choix et la qualité des professeurs, ni en ce qui concerne l'élaboration et l'aménagement des programmes, les structures et l'agencement des cours, l'inspiration et l'orientation générale de l'enseignement, le rayonnement de l'École à l'extérieur par sa revue, ses publications et l'activité de son personnel, ni en ce qui concerne ses relations avec les collèges, les universités, le monde des affaires, les groupements sociaux, etc. L'École a toujours joui de la plus complète liberté académique, et chacun de ceux qui participent à sa vie a pu prendre, tant à l'intérieur qu'à l'extérieur, les attitudes que lui dictait sa conscience et son désir de servir[63].

Et c'est à cause de cela que, en dépit des difficultés administratives dont nous avons parlé plus haut, l'École a pu réaliser une œuvre qui demeure dans l'ensemble extrêmement importante, et exercer dans notre milieu une influence dont elle peut avoir la fierté.

Cette liberté de penser et d'agir, j'en ai bénéficié moi-même au temps de mon prédécesseur. Je l'ai assurée pleine et entière à tous et chacun de mes collaborateurs depuis mon arrivée à mon poste actuel. J'entends maintenir et défendre cette tradition.

[Pour terminer cette partie], notons simplement que les trois premières lois marquaient une tendance de plus en plus accentuée au contrôle de l'État, cependant que la dernière [1957] a renversé complètement cette tendance et conféré à l'École sa pleine autonomie administrative et pédagogique.

---

63. Cela n'a pas toujours été exact du régime politique sous la direction de Laureys. Il a été dit qu'au moment du choix d'un professeur de droit, Maximilien Caron, parce que d'allégeance libérale, fut choisi alors que c'était Roger Brossard, futur juge, devenu libéral entre-temps, mais alors conservateur, qui avait été d'abord considéré. Sous la direction de Minville, il faut enregistrer que c'est grâce à sa fermeté que la liberté académique fut toujours respectée, car il était intraitable sur ce sujet. Dans le cas du soussigné, il y eut un moment où on força quelque peu la main de M. Minville en l'amenant au moins à me transmettre une remarque du sous-ministre. Il ne m'a pas raconté ce qui s'était passé. Il m'a simplement dit qu'on l'avait chargé d'un message à mon endroit, à savoir de me demander si je n'avais pas exagéré dans certaines critiques faites dans *L'Actualité économique* sur la politique financière du gouvernement. Comme j'ai répondu que je ne croyais vraiment pas avoir exagéré, la question en est restée là. Message transmis sans commentaires! Point!

En effet, en vertu de la loi en cours, la Corporation de l'École des Hautes Études Commerciales est investie de la pleine autorité. Elle a pour objet de «donner l'enseignement et de promouvoir la recherche dans les domaines économiques, financiers et commerciaux et de préparer aux carrières qui s'y rapportent». Elle est formée de neuf membres: le directeur des études, une personne désignée par le Conseil des gouverneurs de l'Université de Montréal, une personne désignée par le gouvernement [du Québec] et six diplômés de l'École des H.E.C., nommés deux par l'Association des diplômés, deux par la Chambre de commerce de Montréal et deux par le Conseil des ministres.

Au point de vue administratif, la Corporation a les pouvoirs accordés aux institutions de ce genre par la seconde partie de la loi des compagnies et par la loi des pouvoirs spéciaux de certaines corporations — sauf incompatibilité avec sa propre loi organique. Elle peut acquérir et posséder des biens, les hypothéquer et les aliéner et faire à leur égard tous actes de propriétaires; elle peut recevoir, détenir et administrer en fidéicommis des biens meubles ou immeubles pour des fins relevant de son propre objet: elle peut recevoir des donations, mobilières ou immobilières, de toute personne ou corps public, et organiser des campagnes de souscription.

Elle a le pouvoir de faire des règlements concernant les conditions d'engagement du directeur, des membres du personnel enseignant et des autres préposés et engagés; la conduite des étudiants et l'établissement des frais de scolarité et autres rémunérations payables à ces derniers; la conduite de ses propres affaires et la tenue des assemblées. Elle doit chaque année remettre au surintendant de l'Instruction publique[64] le relevé de ses opérations financières de l'exercice précédent ainsi qu'un état de son actif et de son passif.

Bref, sous l'empire de sa loi actuelle, l'École jouit d'une complète autonomie. Elle est libre de se donner à elle-même, à mesure qu'évoluent ses structures et que se diversifient ses

---

64. C'était le cas en 1960 avant la création du ministère de l'Éducation.

services, le régime qu'elle juge le mieux adapté à ses fins. Dès l'entrée en vigueur de sa nouvelle loi organique, elle a renouvelé avec l'Université de Montréal son contrat d'affiliation selon des modalités en accord avec les exigences actuelles de son enseignement. C'est donc sous un régime d'initiative et de liberté qu'elle a entrepris son deuxième demi-siècle d'existence[65].

---

65. Toutes les démarches entreprises pour soustraire l'École à l'ingérence gouvernementale n'avaient pas été sans susciter commentaires et rumeurs. Au début du texte utilisé précédemment, préparé pour cette rencontre avec les promoteurs du nouveau projet de loi, Minville faisait la mise au point suivante:
«Contrairement à ce qui s'est dit en certains milieux depuis quelque temps, l'École n'est pas en régression mais en pleine expansion, tant par le nombre de ses étudiants que par la conformité de ses structures aux fins de l'enseignement commercial, le niveau intellectuel et professionnel de son corps professoral, la qualité de son enseignement et l'efficacité de ses services auxiliaires.»

— C —

L'évolution pédagogique pendant le premier quart de siècle

Il a fallu trois années pour former le premier noyau du corps professoral, tout en construisant l'immeuble. Au mois d'octobre 1910, bien que l'immeuble ne soit pas encore tout à fait achevé, l'enseignement est mis en marche. M. Édouard Montpetit donne la première leçon. Les premiers diplômes seront décernés en 1913. C'est le tout début d'une œuvre qui depuis lors n'a cessé de grandir et de rayonner.

Une école se définit par son objet: arts, sciences, droit, commerce, etc. et le niveau de son enseignement, par les conditions d'admission, les programmes et méthodes, les diplômes. Partant de là, essayons de retracer les principales étapes de l'évolution pédagogique de l'École des Hautes Études Commerciales depuis sa fondation.

Dans ses premiers annuaires, elle se donne elle-même pour objet «de procurer un enseignement universitaire aux jeunes qui se destinent aux affaires. Cet enseignement, continue-t-elle, est de nature à donner un ensemble de connaissances qui doit forcément conduire ceux qui les possèdent aux situations supérieures dans les multiples carrières du commerce, de l'industrie, de la finance, voire même de l'administration et de l'enseignement».

À cinquante ans d'intervalle, nous reprenons la même idée, sinon tout à fait les mêmes mots. Depuis un demi-siècle en effet, les affaires ont encore beaucoup évolué et se sont diversifiées; les exigences professionnelles des diverses fonctions n'ont cessé d'augmenter. Surtout, le type professionnel de l'homme d'affaires s'est précisé, ainsi que celui des spécialistes des grandes fonctions techniques. L'objet des écoles de préparation aux affaires apparaissant plus clairement, les modalités de l'enseignement peuvent être définies avec plus de rigueur. Nous disons aujourd'hui que l'École des Hautes Études Commerciales a pour objet la formation de futurs administrateurs d'entreprise et de futurs praticiens des fonctions professionnelles des affaires. Nous n'irons cependant pas jusqu'à affirmer que «les connaissances acquises à l'École doivent forcément conduire aux situations supérieures dans les multiples carrières des affaires»[66]. Nous savons en effet que, si élevé que soit maintenant le niveau des connaissances requises par la pratique des affaires, seul cependant réussit celui qui possède les qualités psychologiques et morales qui caractérisent l'homme d'affaires et le rendent apte à utiliser sa formation intellectuelle aux fins de son métier. Nous insistons à la fois sur les aptitudes professionnelles et sur la formation intellectuelle.

Dans les conditions où l'École des Hautes Études Commerciales s'établit au début du siècle, l'enseignement universitaire au sens rigoureux du mot ne peut être pour elle qu'un objectif à plus ou moins longue échéance. D'après nos critères [d'aujourd'hui], son enseignement [de l'époque] correspond plutôt à la partie de l'enseignement des collèges qu'on qualifie aujourd'hui d'universitaire, voire, au tout début, à l'enseignement dit de nos jours secondaire. Il ne pouvait en être autrement.

[Néanmoins], dès le début, elle décide par règlement de conférer les grades de licencié et de docteur en sciences commerciales — signifiant ainsi son intention d'en arriver le plus

---

66. Cette partie du texte, écrite après 1940, comme d'ailleurs la section précédente, prend un tour moins détaché du sujet parce que Minville est alors directeur de l'École, donc engagé directement dans son orientation. Ce sera le cas de plusieurs passages subséquents.

tôt possible, selon le vœu de ses fondateurs, à dispenser un véritable enseignement universitaire[67].

[Mais] un enseignement universitaire ne s'improvise ni ne se bâtit du jour au lendemain. Il faut un personnel qualifié, un recrutement homogène et d'un niveau intellectuel suffisant, des méthodes et des programmes bien au point, un outillage et principalement une bibliothèque appropriés. Il faut surtout une tradition intellectuelle, c'est-à-dire une intelligence commune à tous les membres du personnel des objectifs de l'École et des moyens à mettre en œuvre pour les atteindre. Tout cela s'édifie lentement. L'École des Hautes Études Commerciales n'échappe pas à la règle commune et elle a dû elle aussi procéder par étapes, formant son personnel et révisant d'une étape à l'autre ses programmes, ses méthodes, ses conditions d'admission, ses structures, etc.

Comme nous l'avons dit précédemment, au moment où l'École des Hautes Études Commerciales s'organise, le type professionnel de l'homme d'affaires chef d'entreprise et des grands spécialistes des fonctions techniques des affaires n'est pas aussi dégagé qu'il l'est de nos jours; par suite, l'objectif propre de l'enseignement commercial supérieur est plus difficile à définir[68].

Les écoles de préparation aux affaires un peu partout dans le monde cherchent [aussi] plus ou moins leur formule. De l'une à l'autre dans le même pays et d'un pays à l'autre, de profondes différences de programmes, de méthodes, de structures et de niveaux peuvent être observées. L'École des H.E.C. s'établissant dans un milieu très particularisé ne peut elle non plus, il va sans dire, trouver du premier coup le régime le plus valable. Il lui faut elle aussi chercher sa formule.

Les fondateurs avaient dans l'esprit la création d'une école professionnelle, accessible aux diplômés de l'enseignement primaire et des collèges commerciaux de l'époque, ainsi qu'aux bacheliers des collèges classiques désireux de s'orienter vers les

---

67. *Cf.* aussi *Fêtes, etc., op. cit.*, p. 5.

68. *Idem*, p. 6.

affaires. L'objet de cette école était la formation d'auxiliaires du commerce, de l'industrie et de la finance pourvus d'une bonne formation technique et d'une culture assez étendue pour pratiquer avec intelligence les techniques des affaires.

En 1915, l'École est affiliée à l'Université Laval de Montréal, moins pour en relever le niveau académique que pour mettre fin aux appréhensions qu'une école d'État faisait naître à l'époque dans l'esprit d'un certain public. En 1922 cependant, on décide d'élever l'enseignement de l'École au niveau universitaire et d'exiger à l'admission le baccalauréat ès arts ou l'équivalent. Pareille mesure ne suffit pas à donner à un enseignement valeur et portée universitaire. Certaines matières au programme de l'École sont techniques de leur nature et le demeurent, si loin qu'on en pousse l'étude. Le cours est de trois ans et le programme très diversifié. Si, en une période si brève et pour un programme si lourd, une place suffisante doit être faite à l'enseignement purement professionnel, les matières de culture, comme l'économie politique et le droit, doivent être réduites au minimum.

Ainsi, l'enseignement de l'École, surtout technique et professionnel, correspondait aux besoins des affaires, les chefs d'entreprise étant surtout préoccupés alors de problèmes techniques et cherchant comme auxiliaires moins des jeunes gens de culture que des employés aptes à s'initier rapidement à la pratique. C'est ainsi, par exemple, que l'École, par un enseignement poussé de la comptabilité, a assuré à ses étudiants l'accès à une profession autrefois autant dire fermée aux Canadiens-français et qu'elle a formé nombre d'administrateurs qui occupent aujourd'hui des postes à la direction d'entreprises importantes[69].

[Avec les années trente] toutefois, les conditions des affaires ont changé et les problèmes qui [ont] préoccupé le plus les chefs d'entreprise [n'ont pas été] d'ordre technique: ils sont [devenus] d'origine et d'ordre sociologiques. On peut les clas-

---

69. Les trois paragraphes qui précèdent proviennent d'un rapport adressé en 1948, au Secrétaire de la Province, alors M. Omer Côté. *Cf.* Œuvres complètes d'Esdras Minville, Archives de la Bibliothèque Patrick Allen, École des H.E.C., Cahiers des manuscrits.

ser sous deux chefs principaux. 1) Les problèmes d'origine purement économique: l'instabilité et l'évolution rapide du complexe économique, sous la dépendance duquel toute entreprise commerciale se développe désormais. Des problèmes surgissent, dont la cause première peut être retracée bien loin hors de l'entreprise, hors de la branche d'activité à laquelle elle appartient, hors du milieu où elle est établie. 2) Les problèmes d'origine sociale: *a*) relations des hommes d'affaires entre eux au sein des associations professionnelles en vue de définir une politique des affaires pour telle ou telle branche de l'industrie ou du commerce; *b*) relations des hommes d'affaires avec le consommateur — car le client qui devait naguère subir le prix établi par l'offre et la demande prend de plus en plus conscience de son rôle dans la vie économique et s'organise pour s'assurer un traitement équitable; *c*) relations avec le personnel administratif ou ouvrier — inutile d'insister sur la nature et la gravité des problèmes qui se posent à cette occasion; d) relations avec les pouvoirs publics — car les gouvernements interviennent désormais dans les affaires et il s'agit de savoir jusqu'où pourra aller pareille intervention sans que soit compromise l'entreprise privée[70].

[À partir de là], l'École des Hautes Études Commerciales est [devenue en 1960] l'une des institutions d'enseignement supérieur les plus complexes [du Québec]. Son enseignement se divise en deux grandes branches: 1) l'enseignement régulier, lui-même divisé en deux cycles de niveau différent: baccalauréat et licence; 2) l'extension de l'enseignement comprenant: les cours du soir et les cours de perfectionnement en administration des affaires. Elle comporte en outre deux services auxiliaires créés pour les fins de l'enseignement mais répondant aussi aux besoins du public: 1) une bibliothèque économique; 2) un service de recherches économiques — l'Institut d'économie appliquée.

* *

*

---

70. *Cf.* page précédente, n° 69, *op. cit.*, p. 8.

Organisation de l'enseignement

C'est [donc] au long des années que se sont édifiées les structures [de l'École]. À ses débuts, [elle] doit s'appliquer d'abord à son objet premier: l'organisation de l'enseignement — de cette partie de son enseignement devenue aujourd'hui le cycle supérieur du cours régulier. Son effort pédagogique tend tout de suite et continuera jusqu'à nos jours de tendre à deux objectifs différents — voire, d'une certaine manière, contradictoires:

1) mettre l'enseignement à la portée du plus grand nombre possible;
2) l'adapter aux exigences professionnelles sans cesse croissantes de la pratique des affaires.

L'École des H.E.C. a [ainsi] ajusté son organisation aux structures générales de l'enseignement [au] Québec. Il faut [rappeler] que l'enseignement du second degré y était divisé en deux branches: l'une traditionnelle et propre au milieu: l'enseignement classique, régi par les universités (huit années d'études post-élémentaires, conduisant au baccalauréat ès arts, et par celui-ci à l'enseignement universitaire); l'autre, [qui se] calquera sur le régime anglo-canadien (quatre années d'études post-élémentaires suivies de quatre autres années, soit dans les collèges classiques, soit dans la section secondaire des écoles supérieures: facultés des sciences, de génie, etc.). La section secondaire des grandes écoles correspond ainsi au *College* des universités anglo-canadiennes[71].

La recherche de ces deux objectifs l'amène non seulement à reviser périodiquement ses programmes et ses méthodes, mais à prendre des initiatives parallèles et à diversifier ses structures. C'est ainsi que pour augmenter son recrutement au cours régulier et maintenir en même temps son enseignement au niveau des exigences professionnelles des affaires, l'École créait dès 1914 une section préparatoire devenue depuis le premier cycle de l'enseignement régulier. C'est ainsi aussi que dès 1917 elle crée les cours du soir, pour répondre aux besoins de cette partie

---

71. *Cf.* ci-dessus, n° 9, p. 17.

de la jeunesse que les affaires attirent, mais [...][72] qui ne peut suivre l'enseignement régulier; c'est ainsi enfin qu'en 1958 sont créés les cours de perfectionnement en administration pour les chefs d'entreprise et le personnel supérieur des affaires.

C'est dans la première phase de son évolution, soit de 1910 à 1925 environ qu'elle prend la plupart des mesures dont vont avec le temps se dégager à peu près complètement les structures [envisagées]; deux cours de niveau différent, selon le degré de préparation des jeunes gens qui s'y inscrivent: un cours universitaire conduisant à la licence en sciences commerciales et accessible aux détenteurs du baccalauréat classique ou d'un diplôme équivalent; un cours du second degré, accessible aux diplômés des écoles primaires supérieures, et conduisant au baccalauréat en sciences commerciales[73]. [Mais il faudra y mettre le temps.] École professionnelle du second degré au début, [l'École des H.E.C.] a peu à peu mis ses programmes au point et relevé le niveau de son enseignement — tout en s'efforçant de le rendre accessible au plus grand nombre[74].

a) *Les diplômes*

Dès les débuts, [nous l'avons signalé], l'École décide par règlements de conférer les grades de *licencié* et de *docteur* en sciences commerciales et maritimes: elle s'établit donc par des diplômes aux plus hauts degrés de l'échelle académique. En 1913, l'École décernait ses premiers diplômes: huit *licenciés en sciences commerciales et maritimes*. En 1921-1922 (dixième promotion), l'École décernait dix-sept diplômes. Si l'on veut bien reconnaître qu'à une institution comme celle-là, née en des circonstances plutôt difficiles, il faut au moins vingt-cinq ans pour s'imposer et produire tous ses résultats, on admettra que les débuts de notre grande école de commerce furent tout de même assez brillants. En dix ans elle avait à peu près quadruplé le nombre de ses élèves. Mais comme il ne s'agissait pas seule-

---

72. Élimination d'une répétition que l'on retrouve à la page 84.

73. *Cf.* ci-dessus, n° 9, p. 17.

74. *Op. cit., cf.* ci-dessus, n° 17, p. 21.

ment de peupler ses salles et d'émettre des certificats mais de former réellement les jeunes hommes qui s'inscrivaient à ses cours, elle n'avait que doublé le nombre de ses diplômes. Autant dire que tout de suite elle a procédé à une rigoureuse sélection. [Lors] de la promotion de 1935, [soit au vingt-cinquième anniversaire], le nombre [total] des diplômés avait été porté à 342[75].

Entre-temps, elle avait rajusté ses programmes, perfectionné son enseignement. En 1915, [elle avait] précisé son statut académique, [mais surtout, rappelons-le, songé à] rassurer le public quant à l'orthodoxie de sa pensée inspiratrice, [en] s'affiliant à l'Université Laval de Montréal. La mention «sciences maritimes» est abandonnée et désormais le diplôme confère le grade de *licencié en sciences commerciales*: c'est encore [en 1960][76] le diplôme qui couronne les trois années d'études du cycle supérieur. Le contrat d'affiliation sera renouvelé en 1926 quand l'Université de Montréal aura obtenu son indépendance. En vertu de ce contrat d'affiliation, les règlements et les programmes doivent être approuvés par l'Université, mais l'École continue d'émettre ses propres diplômes qui sont contresignés par le recteur et le secrétaire général de l'Université[77].

En 1917 est créé le *baccalauréat en sciences commerciales* destiné aux étudiants ayant terminé avec succès la deuxième année. Ce diplôme [fut ensuite] décerné aux finissants du premier cycle de l'enseignement régulier[78]. Toutes les modifications n'ont eu qu'un objet: assurer à l'étudiant une bonne formation à la fois théorique et pratique, une formation professionnelle appuyée sur une solide culture générale afin de le mettre en état d'aborder avec intelligence les multiples problèmes économiques, politiques et sociaux que soulèvent les affaires ou dont elles sont périodiquement traversées. On peut dire qu'elles y ont largement réussi. Une des dernières initiatives [de

---

75. *Les Nouvelles, etc., op. cit.*, vol. 9, n°s 5-6-7-8, juin à septembre 1935, p. 2.

76. Depuis ce temps, à la suite du Rapport Parent, un baccalauréat en administration des affaires s'est substitué à la licence en sciences commerciales.

77. *Fêtes, etc., op. cit.*, p. 9.

78. *Cf.* ci-dessus, n° 69, p. 70. L'application du Rapport Parent a conduit à la suppression de ce diplôme dont le niveau est maintenant couvert par les nouveaux cégep (collèges d'enseignement général et professionnel).

l'époque] en ce domaine a été l'introduction de la méthode dite des «cas» comme on l'applique à la Business School de Harvard et au Centre de préparation aux affaires de Paris[79].

La même année sont créés le *baccalauréat* et la *licence en sciences comptables* — et cela pour donner suite à un amendement apporté à la loi organique de l'École, et en vertu duquel les diplômes de comptabilité décernés par celle-ci, aux conditions prévues par la loi, confèrent aux détenteurs le droit de faire partie, sans subir les examens généralement exigés, de l'Association des comptables de Montréal et de l'Institut des comptables et auditeurs de la province de Québec. La première licence en sciences comptables fut décernée en 1918. Depuis lors, chaque année, des diplômés de l'École ont subi ces examens de licence et ont été admis dans les associations[80].

Dès 1918 cependant, la loi de l'École est de nouveau amendée, le baccalauréat en sciences comptables est aboli; seule désormais la *licence en sciences comptables*, que l'École crée, confère le privilège de faire partie des associations professionnelles de comptables. Cette initiative va assurer à la jeunesse canadienne-française l'accès à la profession comptable et lui permettre de s'y tailler un domaine important[81]. Il en est encore ainsi à l'égard de l'Institut des comptables agréés.

En vertu d'une loi [du Québec] de 1927, tout comptable qui désormais désirera faire partie de l'une des grandes associations de comptables-vérificateurs devra produire un certificat d'études émanant de l'École des Hautes Études Commerciales, pour les candidats de langue française, ou de l'Université McGill, pour les candidats de langue anglaise, et, en outre, avoir accompli un stage d'une durée déterminée dans un bureau de comptables-vérificateurs. Pour répondre à cette disposition de la loi, l'École des Hautes Études Commerciales ajoute cette année-là une *Section comptable* à ses cours du soir[82].

---

79. *Les Nouvelles, etc., op. cit.*, vol. 9, n°s 5-6-7-8, juin à septembre 1935, p. 2.

80. *Ibid.*

81. *Fêtes, etc., op. cit.*, p. 10.

82. *Les Nouvelles, etc., op. cit.*, vol. 1, n° 6, septembre 1927.

En 1924, l'École créa une *licence spéciale d'enseignement commercial* pour les jeunes gens, religieux ou laïques, qui se destinent à l'enseignement commercial dans les écoles secondaires. Enfin, en 1928, elle organisait un cours spécial pour les avocats, les notaires et les ingénieurs, conduisant, après deux années d'études, à la *licence en sciences commerciales*. Elle leur permettait ainsi de combler une lacune de leur formation trop spécialisée, en les initiant aux problèmes économiques auxquels ils ont si souvent à faire face dans leurs professions respectives[83].

b) *Conditions d'admission et premiers programmes*

Mais les diplômes sont un aboutissement. Le niveau de l'enseignement dépend d'abord du degré de formation intellectuelle des élèves au moment de l'inscription, puis des programmes, des méthodes d'enseignement, etc.

Pour promouvoir son recrutement et s'efforcer de mettre son enseignement à la portée du plus grand nombre possible[84], l'École doit, à ses débuts, étant donné l'état d'urgence et l'idée qu'on se fait généralement des carrières des affaires et de leurs exigences intellectuelles[85], s'en tenir aux conditions d'admission les plus larges. C'est ainsi que le prospectus de 1910 et des années qui suivent immédiatement portent que, pour être admis, il faut:

a)   être âgé d'au moins quinze ans;

b)   être porteur d'un diplôme jugé satisfaisant;

c)   à défaut, subir un examen d'admission sur certaines matières fondamentales: langue française, arithmétique, histoire, géographie — équivalant à peu près au programme de 8e année à l'époque.

Dès 1914 est créée une section préparatoire — première mesure visant, sans restreindre le recrutement en nombre, à en améliorer la qualité et à en accroître l'homogénéité. Pour être

---

83. *Les Nouvelles, etc.*, *op. cit.*, vol. 9, nos 5-6-7-8, juin à septembre 1935.

84. *Fêtes, etc.*, *op. cit.*, p. 6.

85. *Ibid.*

admis en préparatoire, il faut être âgé d'au moins quinze ans. En 1916, on définit ce qu'il faut entendre par diplôme «satisfaisant»: «Seront seuls admis en première année sans examen les porteurs d'un diplôme d'humanités complètes (baccalauréat ès arts, baccalauréat ès sciences, baccalauréat ès lettres) ou d'un diplôme commercial attestant que le candidat a subi avec succès un examen sur toutes les matières de la section préparatoire.» Sont aussi admis sans condition les diplômés de 8e année (académique) des écoles du Département de l'instruction publique. Les diplômés de 7e année doivent s'inscrire en préparatoire.

Sous ce régime, les diplômés de 8e année sont donc, aux fins de l'École, placés sur le pied des bacheliers classiques. Ils peuvent en trois années obtenir la *licence en sciences commerciales*. Selon les critères d'aujourd'hui, cela paraît assez paradoxal. Il faut cependant se rappeler qu'à l'époque les études élémentaires sont précédées d'une préparatoire; les diplômés de 8e année ont en réalité fait neuf années d'études. Au surplus, l'enseignement élémentaire, moins dispersé qu'aujourd'hui, approfondit davantage les matières fondamentales notamment la langue française et les mathématiques. Moins instruits peut-être, les enfants sont en fait mieux formés, mieux en état d'aborder des études plus avancées.

Durant la première phase de son existence, l'École soumet donc à un même régime d'études des jeunes gens de formation très variée et fort inégale. Or, ce qui manque aux élèves les moins avancés, c'est la formation générale, c'est-à-dire une maturité intellectuelle les mettant en état d'aborder de haut l'enseignement qui leur est proposé. Le programme régulier doit donc, dans la mesure du possible, suppléer à cette carence. D'où la présence de nombreuses matières n'ayant de relations qu'indirectes avec les disciplines commerciales et les exigences proprement professionnelles des affaires: langues française et anglaise, sciences, géographie générale, histoire, philosophie, etc.[86] [Aux États-Unis], les écoles mettent [plutôt] l'accent sur les matières proprement commerciales; [alors que] les écoles

---

86. Aussi *Fêtes, etc., op. cit.*, p. 7.

européennes font, au contraire, la place large au droit, à la géographie, à l'histoire, etc. [L'École doit] elle aussi chercher la formule.

D'une façon générale à l'époque, surtout en Europe, les écoles supérieures de préparation aux affaires dispensent un enseignement qui vise moins à définir et à former un type professionnel qu'à assurer à l'élève une formation assez générale pour lui permettre, en cours d'apprentissage, de s'adapter aux circonstances particulières auxquelles il aura à faire face. Les programmes sont composés d'un ensemble de matières extrêmement variées, servies à doses plus ou moins massives selon l'importance de chacune dans la pratique des affaires — matières que les prospectus regroupent selon leurs affinités propres plutôt que selon un plan organique conçu en vue d'un objectif nettement défini: matières linguistiques et littéraires, matières scientifiques, matières économiques, matières juridiques, etc. À l'École des H.E.C., les sciences proprement commerciales représentent à peu près le tiers, les sciences économiques, environ le sixième du programme de l'année. L'autre moitié est partagée entre le droit, les mathématiques, les sciences physiques et naturelles, théoriques et appliquées, les langues et l'histoire. Quant à la synthèse de ces différentes matières dans l'esprit de l'étudiant, on compte, pour la réaliser, sur les travaux pratiques organisés à l'École même durant les études, surtout sur l'apprentissage.

La création en 1914 d'une section préparatoire et l'abandon en 1916 de la licence en sciences maritimes entraînent des modifications au programme régulier. D'autres surviendront au long des années. C'est en effet par des réformes périodiques de sa section préparatoire que l'École parviendra avec le temps à dégager les critères d'admission en première année du cours régulier, tout en répondant au besoin des jeunes gens qui, sortant des collèges commerciaux ou des écoles du Département de l'instruction publique à mesure que celles-ci évoluent, n'ont pas la formation intellectuelle nécessaire à des études commerciales supérieures[87]. La tendance est de déplacer vers la section prépa-

---

87. *Fêtes, etc., op. cit.*, p. 9.

ratoire les matières dont l'objet est surtout d'assurer aux élèves les moins avancés un complément de culture générale — de façon à renforcer l'enseignement des matières professionnelles sans trop ajouter à l'ensemble du programme[88].

Conditions d'admission et structures des programmes sont [donc] dans la dépendance l'un de l'autre. C'est par une série d'ajustements portant tantôt sur l'un tantôt sur l'autre que l'École s'emploie d'une année à l'autre à réaliser ses deux objectifs: mettre son enseignement à la portée du plus grand nombre possible et en même temps augmenter son recrutement, en relever le niveau intellectuel et en améliorer l'homogénéité[89].

* *
*

La réforme de 1925

Le régime [précédemment décrit] va, sans autres modifications importantes, durer une quinzaine d'années. L'attrait pour les carrières des affaires commence alors à se répandre et par suite le recrutement croît à un rythme satisfaisant. L'École a atteint un nombre et un degré de stabilité suffisants pour lui permettre de définir avec plus de rigueur ses conditions d'admission et son régime d'enseignement[90]. Elle décide donc en 1925 de procéder à une révision sérieuse et de ses conditions d'admission et de ses programmes.

La première année du cours régulier devient la première année A. Seuls y sont admis, sans examen préalable, les déten-

---

88. Notons cependant qu'au début le programme de la section préparatoire comportait lui-même certaines matières professionnelles: initiation à la comptabilité, à la pratique des affaires, introduction à l'économie politique et à la géographie économique, arithmétique commerciale. Cette formule est cependant très tôt abandonnée — la préparatoire étant conçue essentiellement comme un stage de formation générale: langues française et anglaise, mathématiques, histoire, géographie physique et politique, sciences, philosophie. (Note de l'auteur).

89. *Fêtes, etc., op. cit.*, p. 8.

90. *Fêtes, etc., op. cit.*, p. 11.

teurs du baccalauréat ès arts ou du diplôme scientifique du Mont-Saint-Louis et de l'Académie commerciale de Québec. Une première année B [ou deuxième préparatoire] est organisée: peuvent s'y inscrire sans examen les bacheliers ès lettres ou ès sciences (c'est-à-dire, selon la classification de l'époque, les diplômés des collèges classiques qui, sans être refusés, n'avaient cependant pas obtenu les notes exigées pour le baccalauréat ès arts), les élèves des collèges classiques ayant terminé au moins leur rhétorique et les diplômés de la 12e année des écoles de la Commission des écoles catholiques de Montréal qui, à l'examen final, ont conservé au moins 80 % de moyenne générale, et 70 % en français et en mathématiques: ces jeunes gens font quatre années d'études[91].

Sont désormais admis en [première] préparatoire les diplômés des collèges commerciaux et de la 12e année des écoles de la Commission des écoles catholiques de Montréal. Ces jeunes gens doivent faire cinq années d'études.

Le nouveau régime définit donc le baccalauréat ès arts comme critère d'admission au cours régulier, [plus] les porteurs du diplôme scientifique du Mont-Saint-Louis ou d'un diplôme équivalent, [dont celui de l'Académie commerciale de Québec][92]. [Cela] place l'École des Hautes Études Commerciales, à cet égard, sur le pied des autres écoles et facultés universitaires. On peut se demander cependant si les conditions imposées aux diplômés des collèges commerciaux et des écoles primaires établissent avec le baccalauréat classique une équivalence satisfaisante — étant donné la durée des études dans l'un et l'autre cas.

Le relèvement des conditions d'admission et le renforcement de la section préparatoire (la première année B équivaut à l'addition d'une année à cette section) permettent de donner plus de consistance au programme régulier. Dès 1922, la préparation d'une thèse portant sur des sujets qui font partie de l'enseignement de l'École [avait été] imposée aux candidats à la

---

91. *L'Action universitaire*, mai 1941.

92. *Idem.*

licence. La création d'une première B avait permis de libérer le programme régulier des matières de formation générale qui y figuraient jusque-là et de renforcer l'enseignement des matières de formation professionnelle: sciences économiques, comptabilité, mathématiques financières, théorie et pratique des affaires, etc. Tant par ses conditions d'admission que par les exigences globales de ses programmes d'études, l'École atteint alors le niveau qu'impliquent ses diplômes et son statut universitaire.

La réforme de 1925 marque la fin de la période de l'établissement. Jusque-là, dans le régime d'enseignement [du Québec], l'École des H.E.C. était plus ou moins hors cadre. Désormais, elle y est articulée; par ses conditions d'admission et ses programmes, elle prend place dans la catégorie des écoles professionnelles de niveau universitaire. Les pièces principales sont en place. Il suffira de les parachever et de les ajuster selon les exigences du milieu professionnel et les besoins du milieu social pour en arriver aux structures à la fois diversifiées et intégrées de l'heure présente.

Tout, cependant, ne s'est pas accompli aussi simplement qu'on peut aujourd'hui en évoquer le souvenir. En 1925, la prospérité règne partout dans le monde occidental; le Canada traverse une phase de rapide expansion et assimile, en les dépassant, les transformations provoquées par la guerre [de 1914]. L'heure est à l'optimisme; on croit en la permanence de la paix internationale, au triomphe définitif de la liberté, à la prospérité sans relâche. Tout cela est évidemment de nature à stimuler l'intérêt pour les carrières des affaires. Mais en 1930, avec la crise, commence la série des années sombres qui devaient conduire à la deuxième guerre. Et c'est alors le phénomène inverse de la perte de foi dans les institutions établies et d'une nouvelle hésitation devant des carrières dont on ne nie pas l'intérêt, mais dont on redoute les risques et critique volontiers et les modes et même l'inspiration — du moins dans la forme où on a pu les observer jusque-là. Puis, avec la guerre [de 1939], c'est de nouveau la mobilisation des ressources et des énergies, suivie de l'après-guerre avec ses incertitudes. Nous évoquons ce passé récent non pas pour faire de l'histoire mais pour rappeler le climat dans lequel l'École des H.E.C., comme d'ailleurs toutes les grandes institutions sociales ont dû travailler[93].

Si importante qu'elle fût, la réforme pédagogique de 1925 n'était pas et ne pouvait pas être définitive. Au contraire, les exigences intellectuelles de la pratique des affaires ne cessant d'augmenter, de nouvelles révisions s'imposent périodiquement. [Aussi] la tendance spontanée est-elle sans cesse à la surcharge des programmes: développement des matières existantes, addition de nouvelles matières et augmentation corrélative des heures de cours.

[Dès] septembre 1933, une troisième préparatoire était ajoutée. La section préparatoire comporte donc [alors] trois années d'études désignées de la façon suivante: première, deuxième et troisième préparatoires. Sont [maintenant] admis dans cette première préparatoire les diplômés des collèges commerciaux [du Québec], ainsi que les jeunes gens qui ont fait des études jugées satisfaisantes par la direction. [Dans la deuxième préparatoire], les diplômés de 11e année de la Commission des écoles catholiques de Montréal ou les porteurs d'un diplôme équivalent sont admis sans examen. Ceux qui ne détiennent aucun diplôme doivent subir un examen d'admission. Les élèves admis en deuxième préparatoire doivent faire cinq années d'études pour obtenir le diplôme de l'École. En troisième préparatoire, sont admis les bacheliers ès lettres ou ès sciences, les candidats qui ont terminé au moins leur rhétorique ou qui détiennent un diplôme jugé satisfaisant par la direction. Dans tous les autres cas, les candidats doivent subir un examen. Pour obtenir le diplôme de l'École, ces étudiants doivent faire quatre années d'études.

[À ce moment], on le voit, le programme de la section préparatoire constitue déjà en soi un cours d'études très intéressant et assez avancé. Il vise naturellement à la formation générale de l'élève. Le jeune homme qui, travailleur consciencieux, assimile les diverses matières figurant au programme, les comprend dans leur ensemble ainsi que dans leurs relations récipro-

---

93. *Fêtes, etc., op. cit.*, p. 12-14.

ques, s'assure une formation qui le place d'emblée, sinon sur le même plan que le bachelier ès arts ou le diplômé des études scientifiques, du moins sur un pied d'égalité avec eux. Il a tout ce qu'il faut pour aborder avec intelligence le cours régulier de l'École et en tirer le maximum de profit. Nous pourrions citer nombre d'exemples de jeunes hommes sortis de la section préparatoire et qui, au cours régulier, l'ont emporté haut la main sur leurs concurrents de toute catégorie.

En instituant sa section préparatoire, l'École des Hautes Études n'a pas eu l'intention de se substituer à l'enseignement secondaire ou primaire supérieur. Elle a simplement voulu fournir à ceux qui, pour une raison ou pour une autre, sont empêchés de poursuivre des études classiques ou scientifiques le moyen de parfaire quand même leur formation, et faciliter aux diplômés des collèges commerciaux et des écoles primaires supérieures la poursuite de leurs études.

[Aussi], en 1938, la troisième préparatoire, n'ayant pas obtenu le succès désiré, a été abolie. Une analyse des statistiques de la deuxième préparatoire ayant révélé qu'elle fonctionnait elle aussi autant dire à vide — un nombre infime des élèves de cette année réussissant à entrer au cours régulier, et un nombre plus faible encore parvenant jusqu'au diplôme —, elle [sera] supprimée en 1944. La section ne comportait [donc] plus qu'une année d'études. De 1944-1945 à 1948, y ont été admis les porteurs du diplôme de deuxième année scientifique des écoles primaires supérieures. L'expérience a révélé qu'environ un tiers seulement des élèves admis réussissaient — sur 60 élèves, 20 ou 22 passant au cours régulier. Pour éviter la perte de temps et d'argent que représentait pour les familles l'échec de deux élèves sur trois, [il fut décidé] en août [1948] — imitant en cela l'École polytechnique, l'Institut agricole d'Oka et la Faculté des sciences — de soumettre tous les candidats (diplômés de deuxième scientifique ou commerciale, finissants de rhétorique ou des écoles primaires) à un examen d'admission. Sur 54 candidats, 28 ont été admis — et encore pour en recevoir une telle proportion il a fallu interpréter très largement les règlements d'examens.

Il convient de faire remarquer [qu'à partir de ce moment] les étudiants de préparatoire, après avoir représenté de 35 à 40 % des inscriptions totales aux cours du jour, n'en représentent plus que 9 %[94].

*   *

*

Les cours du soir

[L'ensemble de cours dits] «du jour» [a] constitué la principale raison d'être de [la] grande école de commerce H.E.C. Ce sont ces cours, formant un tout complet, homogène, soigneusement ajusté, qui [ont] donné [au Québec] l'élite commerciale, industrielle et financière dont elle a besoin. Malheureusement, seule une petite minorité pouvait [à l'époque] s'en assurer les bénéfices. Pour une raison ou pour une autre, le plus grand nombre [était] empêché de les fréquenter.

Afin de remédier en partie à cet inévitable état de choses et de mettre son enseignement à la portée du plus grand nombre possible, l'École des Hautes Études créa [en 1917] des cours du soir, ou cours techniques et professionnels, ouverts au public[95].

L'École répondait [ainsi] aux besoins des jeunes gens qui, au sortir des écoles secondaires ou élémentaires, ne peuvent, pour une raison ou pour une autre, entreprendre, au régime du jour, des études plus avancées, mais désirent néanmoins assurer un fondement rationnel à leur apprentissage de la vente, de la tenue de livres ou autres fonctions des affaires[96].

Ces cours se limitaient d'abord aux langues étrangères: anglais, italien, espagnol, allemand. Dès 1919, cependant, de nouvelles matières sont inscrites au programme: comptabilité, mathématiques, correspondance commerciale anglaise et fran-

---

94. Les renseignements sur la troisième préparatoire, à partir de la page 83, proviennent de *Les Nouvelles, etc., op. cit*, vol. 8, n°s 9-10, octobre-novembre 1934; et du rapport déjà cité à la note 69, p. 70.

95. *Les Nouvelles, etc., op. cit.*, vol. 1, n° 6, septembre 1927, p. 2 et *Fêtes, etc., op. cit.*, p. 23.

96. *Fêtes, etc., op. cit.*, p. 10.

çaise, etc. — soit un ensemble de matières choisies de façon à procurer à l'élève une formation commerciale qui, sans se comparer à celle des étudiants inscrits aux cours du jour, est tout de même assez avancée. Libres (on pouvait à son choix s'inscrire à une seule ou à plusieurs matières) et ouverts au public (il n'était pas besoin pour s'inscrire de préparation particulière), ces cours furent tout de suite très fréquentés. Dès 1917, on compte 52 inscriptions, en 1919-1920, 222, en 1922-1923, 300, en 1927-1928, 477, en 1931-1932, 554. Depuis lors, à cause de la crise, le nombre des inscriptions a légèrement fléchi. [En 1935], il se maintenait cependant autour de 400.

Le programme, il va sans dire, a été plusieurs fois modifié. Il comportera bientôt un ensemble considérable de matières[97].

Il s'étendra finalement assez vite à la plupart des matières ressortissant au programme d'une école de préparation aux affaires. Vint même un moment où, pour faciliter l'accès des cours professionnels aux candidats qui ne possédaient pas une préparation suffisante, l'École mit à son programme des cours de langues française et anglaise (grammaire et composition), d'arithmétique et d'algèbre, d'histoire, de géographie, etc.

Mais les inscriptions croissant rapidement d'une année à l'autre, il fallut bientôt réserver à l'enseignement proprement professionnel l'espace disponible. Les cours de préparation sont donc graduellement abandonnés — les candidats qui n'ont pas la formation requise étant invités à l'acquérir dans les autres institutions avant de se présenter à l'École.

Le programme des cours du soir s'étend [alors] à toutes les matières nécessaires à un employé de commerce ou à quiconque désire s'assurer une bonne formation commerciale: comptabilité théorique et pratique, mathématiques financières, correspondance commerciale française et anglaise, opérations de banque, droit public, notions de droit civil, droit commercial, économie politique, politique commerciale des principaux États, finances publiques, géographie économique, assurance, publicité, lan-

---

97. Les trois paragraphes précédents proviennent de *Les Nouvelles, etc.*, *op. cit.*, vol. 9, nos 5-6-7-8, juin à septembre 1935, p. 3.

gues étrangères: italien, espagnol, allemand. Toutes ces matières ne sont pas obligatoires. L'étudiant qui désire suivre le cours
régulier et obtenir le *diplôme d'études commerciales* doit cependant s'inscrire pour la comptabilité théorique et pratique, la
correspondance commerciale française et anglaise et les mathématiques financières, plus un certain nombre d'autres matières
de son choix, à des conditions arrêtées par la direction de
l'École.

Le cours régulier dure trois ans, à raison de vingt semaines
par année. L'étudiant qui aspire à l'obtention du *diplôme d'études commerciales* doit être âgé d'au moins seize ans, subir un
examen d'admission sur l'arithmétique, la tenue de livres, le
français et l'anglais, ou être porteur d'un certificat d'études
antérieures jugé satisfaisant par la direction de l'École. L'élève
libre, c'est-à-dire celui qui ne s'inscrit que pour une ou deux
matières à son choix, n'est soumis qu'à la condition d'âge. Il
peut, s'il réussit son examen, obtenir un certificat d'études pour
la matière suivie[98].

C'est ainsi par exemple qu'on peut suivre le cours régulier
du soir qui donne droit à un diplôme commercial, ou les cours
de la section comptable qui conduisent, tout comme les cours du
jour, à l'admission dans les associations de comptables, ou les
cours de la section scientifique qui donnent droit à un certificat
d'études scientifiques, ou enfin les cours de mathématiques de
l'actuariat qui conduisent à l'admission dans les grandes associations américaines d'actuaires[99].

* *
*

La création des services auxiliaires

C'est aussi durant cette phase de son évolution que sont prises
les mesures dont devaient sortir les grands services auxiliaires

---

98. Les deux précédents paragraphes proviennent de *Les Nouvelles, etc., op. cit.,*
vol. 1, n° 6, septembre 1927, p. 2.

99. *Les Nouvelles, etc., op. cit.,* vol. 9, n°s 5-6-7-8, juin à septembre 1935, p. 3.

d'aujourd'hui: la bibliothèque et le service de recherches. L'organisation de la bibliothèque commence en 1916. Elle est alors la seule du genre au Canada. Au début, elle est installée dans une modeste salle de classe, aucun local n'ayant été prévu pour son aménagement. Mais l'effort d'organisation est énergique et persévérant. D'une année à l'autre, les rayons se garnissent, des collections sont mises en marche, un fonds de documentation publique se constitue. Dès 1927, il faut installer la bibliothèque dans un immeuble attenant à l'École et acquis à cette fin. [C'est] l'ancien immeuble du Club canadien, au n° 350 est de la rue Lagauchetière, acquis grâce à la munificence du gouvernement [du Québec][100].

En 1911 est fondée la *Revue économique canadienne*, première revue économique en langue française au Canada — dont l'objet est de contribuer au renouvellement de la pensée économique du milieu et ainsi de faire mieux comprendre l'École elle-même et ses fins. Si à la portée qu'elle fût de tous les esprits, cette revue ne réussit cependant pas à recruter un public assez nombreux pour en assurer la permanence[101].

En 1927 cependant, l'*Actualité économique* (fondée deux années plus tôt par Gérard Parizeau[102] et un groupe de diplômés) devient l'organe officiel de l'École. C'est à partir de la revue et autour d'elle que s'est développé, dans le temps, le service de recherches économiques.

Signalons, en passant, deux autres initiatives remontant à la même époque, mais dont les fruits, ne répondant pas aux espérances des initiateurs, ont depuis lors été abandonnées ou sont continuées sous une forme moins ambitieuse: le musée commercial et les cours par correspondance[103]. Les fondateurs de l'École des Hautes Études Commerciales de Montréal voulaient que cette institution [...] fût pourvue de tout le matériel

---

100. *Idem*, vol. 1, n° 9, décembre 1927, p. 1.

101. *Fêtes, etc., op. cit.*, p. 8-9.

102. *Idem*, p. 13. Minville nous donne le nom des autres fondateurs dans ses causeries autobiographiques. *Cf.* vol. 9, p. 96.

103. *Idem*, p. 10.

nécessaire à son enseignement; en même temps qu'ils créaient l'École, ils commençaient l'organisation du musée commercial et industriel[104]. Ce musée n'a [d'abord] cessé de s'enrichir au point de devenir le plus complet du genre au Canada et l'un des mieux aménagés en Amérique. En quelques heures [on] pouvait y prendre connaissance de la géographie économique du monde entier, ainsi que des procédés industriels par lesquels l'infinie diversité des produits qui, de nos jours, alimentent les échanges, sont obtenus. Dans les vitrines [du musée] sont groupés des échantillons de tous les produits bruts et manufacturés de l'univers. À côté des matières premières, se trouvent, autant que possible, des spécimens de chaque produit aux différentes phases de la fabrication. Des étiquettes bilingues (français et anglais) fournissent des renseignements sommaires sur les objets exposés: procédés d'extraction ou de fabrication, mode de culture, propriétés et usages, succédanés et falsifications. Des planisphères indiquent les lieux de provenance et de fabrication de toutes les marchandises.

Le musée a compté près de quinze mille quatre cents échantillons de produits divers tels que minéraux (fer, cuivre, zinc, plomb, aluminium, amiante, feldspath, mica, etc.), caoutchouc, gommes, résines, huiles, graisses, textiles divers (végétaux et animaux), fourrures, cacao, épices, thés, cafés, sucres, céréales de toutes catégories, etc. Il a possédé, en outre, une cinquantaine de collections complètes de technologie et, dans la section de la métallurgie, plusieurs modèles réduits d'usines, notamment une installation complète de haut fourneau avec récupérateur Cowper, un convertisseur Bessemer, un four Martin-Siemens et un four à réverbère, un four Héroult, plusieurs fours à porcelaine, un modèle de verrerie, un modèle d'usine à acide sulfurique, un broyeur à boulets, etc.

Chaque année, le musée [était] enrichi de nouvelles collections, de nouveaux produits, de nouveaux modèles de machines et d'usines de toutes sortes et de tous les pays, les grandes entreprises du monde entier tenant à y figurer comme exposants.

---

104. *Les Nouvelles, etc., op. cit.*, vol. 1, n° 7, octobre 1927, p. 1; et n° 8, novembre 1927, p. 1.

[En 1926], les gouvernements de la Rhodésie, de Sierra Leone, de l'Australie, la Chambre de commerce de Georgetown, en Guyane anglaise, etc., et nombre de grandes entreprises des quatre coins de la terre y ont envoyé des produits à exposer[105].

La forme d'enseignement des cours par correspondance comporte de nombreux avantages. C'est «l'école chez soi», l'école, même la plus avancée, mise à la portée de quiconque veut étudier, quels que soient son éloignement et ses occupations habituelles. [Bien] pratiqué, l'enseignement par correspondance produit d'excellents résultats, comparables, à tout point de vue, à ceux qu'un élève retire de l'enseignement oral. [Aux États-Unis], la plupart des grandes universités ont leur section d'enseignement par correspondance qui étend leur rayonnement à tout le pays et même bien loin à l'extérieur. [Au Québec], des centaines de personnes suivaient des cours par correspondance. [Mais] à côté des écoles sérieuses, désireuses véritablement d'aider le public à s'instruire, nombre d'exploiteurs avaient surgi qui ont voulu tout simplement s'enrichir, en soutirant à droite et à gauche. Il y avait lieu d'envisager la question sous [cet] angle. L'École des Hautes Études Commerciales, *fondée et subventionnée par le gouvernement de la province de Québec, et affiliée à l'Université de Montréal* [...], n'a pas organisé des cours par correspondance dans le but de s'assurer des revenus alléchants, mais bien pour répandre son enseignement, en faire bénéficier le grand public, d'un confin à l'autre [du Québec][106].

* *
*

---

105. Le musée, selon sa conception initiale, fut abandonné après 1940, parce qu'il aurait fallu y renouveler, à trop grands frais, tous les modèles techniques complètement obsolètes. *Cf.* ci-après, p. 149.

106. *Les Nouvelles, etc.*, *op. cit.*, vol. 1, n° 10, janvier 1928, p. 2. L'École a continué à donner ces cours jusqu'à ce qu'ils soient pris en charge par l'Office des cours par correspondance du gouvernement du Québec.

Les cours publics[107]

Enfin, l'École a inauguré des cours publics. Depuis 1926, c'est-à-dire depuis la fondation de l'Institut scientifique franco-canadien, plusieurs grandes figures du monde universitaire de France se sont succédé à [la] tribune [de l'École des Hautes Études Commerciales]. Les plus anciens d'entre nous se rappellent avec une persistante admiration le premier d'entre eux: M. Jean Brunhes, homme de haut savoir et de grande éloquence, que l'on présentait à l'époque éloignée comme le créateur, du moins comme le rénovateur de la géographie humaine. Plus tard sont venus périodiquement: Raoul Blanchard, géographe du Canada français, en géographie de l'industrie et plus tard en géographie régionale — il a donné tant de sa vie au Canada français, et lui a consacré l'un de ses plus importants ouvrages —; Lucien Romier, cherchant à interpréter une époque toute récente, mais que les événements survenus depuis font paraître assez lointaine — [il a été] un remarquable observateur des événements du temps, [et ses] ouvrages sur les phénomènes politiques et sociaux de son époque [ont] obtenu partout et surtout [au Québec], un retentissant succès; le vénérable et savant M. Truchy sur le commerce international; [Joseph] Wilbois, spécialiste de l'organisation scientifique du travail, qui dès lors commençait à entraîner de si profondes transformations dans l'industrie; MM. [Louis] Baudin, Hornbostel et Guyot. [Plus tard], Roger Picard — [professeur en] sciences et législation économiques et sociales, [adjoignant à l'enseignement] une participation constante aux affaires publiques, comme membre et rapporteur de grands comités consultatifs officiels; André Journaux, géographe, professeur à l'Université de Caen; Henri Guitton, [fondateur du] Centre d'économétrie de la Faculté de droit et de sciences économiques de Paris, membre de la section

---

107. Les détails sur les cours publics proviennent de trois manuscrits d'allocutions prononcées à l'occasion de l'ouverture de cours de professeurs étrangers: Allocution du 20 mars 1944, M. Roger Picard; Allocution du 8 novembre 1956, M. André Journaux; Allocution du 30 janvier 1962, M. Henri Guitton. Œuvres complètes d'Esdras Minville, Archives de la Bibliothèque Patrick Allen, École des H.E.C., Cahiers des manuscrits.

de conjoncture du Conseil économique et social de France, et de la Commission des études économiques et financières du Conseil national de recherches scientifiques, [et] à ce double titre, [l']un des inspirateurs et des guides du renouveau économique qui, en ces dernières années, a pris tant d'ampleur en Europe, surtout en France.

D'autres séries de cours à partir de [1940 furent] confiées [aux] professeurs [de l'École], avec la collaboration des écoles de l'Université de Montréal et de l'Université de Laval: Faculté des sciences sociales, Institut agricole d'Oka, École de génie forestier et Écoles de pêcheries. [Ils] portaient sur des sujets [relatifs au Québec]: notre milieu, nos institutions, etc. Ces cours complètent les cours de géographie économique et d'économie politique. Ils sont un complément utile à la formation générale des étudiants, les mettant en quelque sorte dans l'atmosphère même où, une fois sortis de l'École, ils auront à travailler. Aucun problème économique, social ou politique ne doit être indifférent à un homme d'affaires. Car, de plus en plus, son métier est exposé aux influences de tous ordres. Que les jeunes sachent bien, au moment de quitter l'École, quelles seront les grandes questions avec lesquelles, comme hommes d'affaires, ils auront nécessairement à compter: cela nous paraît être de la plus haute importance. De là est sortie la collection des études sur notre milieu — cinq forts volumes qui, étant donné le rythme accéléré de l'évolution économico-sociale, sont aujourd'hui un peu vieillis, mais néanmoins demeurent toujours l'une des plus importantes contributions de l'École au progrès de la pensée économique et sociale dans notre milieu.

— D —

L'évolution du programme de 1938 à 1950[108]

[En 1938, lorsque j'assume la direction de l'École], les matières qui figurent au programme peuvent se répartir en quatre groupes:

a) matières commerciales [ou administratives]: opérations commerciales en marchandises, banque, assurance, comptabilité, bureau commercial, organisation des entreprises modernes, arithmétique commerciale, algèbre financière, publicité, bourse;

b) matières scientifiques: mathématiques, technologie et produits commerçables;

c) matières économiques et juridiques: économie politique, géographie économique, documentation économique, [histoire économique du Canada], statistique, science des finances, politique commerciale, droit civil, droit public, droit commercial, droit industriel;

---

108. La matière de la présente section intègre au texte de base la fusion de deux textes à peu près similaires et complémentaires publiés respectivement dans *Culture*, «L'École des Hautes Études Commerciales», décembre 1940, et *L'Action universitaire*, «Les cours du jour», mai 1941.

d) *matières littéraires et linguistiques*: langues française, anglaise, italienne, espagnole, allemande; histoire du commerce.

Ces diverses matières sont distribuées au long des trois années du cours de façon, d'une part, à faire à chaque étape une place suffisante aux travaux pratiques, d'autre part, à permettre une large orientation dans la ligne des aptitudes dominantes de l'étudiant. Cela pour plusieurs raisons:

a) À mesure qu'il avance, l'étudiant doit apprendre à appliquer les connaissances acquises et se munir d'une bonne méthode de travail.

b) La carrière des affaires comporte une multitude de spécialités exigeant chacune des aptitudes et une technique plus ou moins particularisées.

c) Une école supérieure de commerce n'a pas plus pour objet de former des hommes à tout faire que des spécialistes emmurés dans leur spécialité: elle doit former des hommes possédant assez de culture générale pour exercer avec le maximum d'intelligence et de rendement la ou les spécialités la ou les plus conformes à leurs goûts, à l'inclination de leur tempérament et à leur caractère.

d) Enfin, s'il veut échapper dans une certaine mesure à la concurrence des jeunes hommes issus des écoles inférieures (tous de quelques années plus jeunes que lui et donc plus disposés à attendre de la pratique seule leur avancement), le diplômé d'une école supérieure de commerce doit, dès sa sortie de l'École, pouvoir se donner non pas sans doute encore comme un spécialiste, mais du moins comme quelqu'un qui a déjà choisi sa voie et qui sait dans quel sens, étant donné ses aptitudes et les circonstances particulières de sa vie, il a le plus d'intérêt à se développer.

Le problème de l'orientation, si difficile pour tous les métiers et professions, l'est peut-être encore plus pour les affaires. Celles-ci n'offrent pas en effet la même unité que la plupart des autres professions. S'il y a telle chose que la pratique générale du droit ou de la médecine, par exemple, il n'existe pas telle chose que la pratique générale des affaires. Un jeune homme qui débute dans la carrière ne saurait prétendre avoir des aptitudes égales pour le courtage, l'assurance, l'industrie, le commerce, la vente, la comptabilité, l'administration, etc. L'orientation ici doit donc se faire en quelque sorte en deux étapes. D'abord, vers les affaires considérées dans l'ensemble et ayant comme telles des exigences générales ressortissant ou à l'éducation ou à la formation intellectuelle; puis, vers telle spécialité — la vente, par exemple, ou la comptabilité ou la publicité ou telle technique industrielle, etc., ayant des exigences particulières. La première orientation se décide avant l'entrée à l'École, la seconde à l'École même. Mais l'une est aussi importante que l'autre. Car si, au sortir de l'École, rien n'a éclairé le jeune homme, d'une part sur lui-même, d'autre part, sur les exigences des affaires ou de telle ou telle branche, il risque d'être plus ou moins perdu. Il s'en remet en quelque sorte au hasard de lui indiquer sa voie. Il traverse une période parfois pénible et plus ou moins longue de tâtonnement. Or, personne n'a intérêt à perdre une partie de sa vie et nul peuple n'a les moyens de gaspiller ses énergies humaines — le nôtre moins que tout autre[109].

[À ces fins, dans] le programme de l'École, toutes les matières de formation générale — économie politique, géographie, droits — et d'initiation au commerce — mathématiques, opérations commerciales, comptabilité, etc. — [étaient] groupées en première et deuxième années. Ces deux premières années [étaient] donc surtout deux années de formation générale et d'initiation aux sciences économiques et commerciales. L'étudiant [devait] posséder une bonne connaissance d'ensemble des matières de base avant d'aborder l'étude des matières plus spécialisées ou de la partie spécialisée des matières de base. Les cours théoriques [étant] agencés de telle sorte qu'ils se groupent tous autant que possible dans la matinée, cependant que l'après-midi [était] réservé aux travaux pratiques à l'École même sous la direction des professeurs, ou à domicile.

Durant ces deux années, outre son initiation aux sciences économiques et commerciales, l'étudiant [était] censé, par

---

109. Aussi *op. cit.*, n° 18, p. 22.

l'examen de ses propres aptitudes et de ses propres inclinations, en regard des exigences générales des affaires ou des exigences particulières de telle ou telle branche du commerce, de l'industrie ou de la finance, découvrir lui-même la ou les spécialités vers laquelle ou lesquelles il se dirigerait de préférence une fois ses études terminées. Ses travaux personnels ainsi que diverses initiatives prises par l'École, notamment une meilleure coordination des cours, les contacts plus faciles avec les professeurs, les examens périodiques et l'orientation professionnelle, l'aidaient dans cette recherche.

À la fin de sa deuxième année, il [devait] posséder une bonne connaissance d'ensemble des sciences économiques et commerciales et il [pouvait] aborder avec profit l'étude des matières plus spécialisées dont tout homme d'affaires doit de nos jours avoir l'intelligence générale, soit qu'elles constituent le prolongement des matières déjà étudiées, soit qu'elles se présentent comme matières nouvelles. [En troisième année], comme dans les deux années précédentes, l'enseignement est théorique et pratique. Mais la partie théorique est réduite au minimum, cependant que les travaux pratiques sont augmentés au maximum. C'est durant cette année que, selon le cas, l'étudiant est censé, tout en complétant sa formation générale, pousser à fond sa formation professionnelle.

* *
*

La réforme pédagogique de 1940

[Comme nous l'avons souligné précédemment, ce programme, qui constituait l'aboutissement de la réforme de 1925, avait engendré la surcharge des programmes.] Pour remédier à [cette] tendance et donner à l'étudiant la formation la plus complète, compte tenu de son orientation, le principe des options est, en 1940, mis en application. Ce régime permet à l'étudiant, tout en acquérant la formation professionnelle de base, d'aménager son programme de façon à répondre le plus exactement possible à ses tendances d'esprit et à ses aptitudes. Les cours offerts à option doivent donc être l'objet d'un choix raisonné. Ce choix doit être, pour tout étudiant, l'occasion de réfléchir sur lui-même, d'analyser son propre cas. Quelles sont ses aptitudes? Et ses aptitudes étant ce qu'elles sont, quels cours peuvent le mieux en assurer le développement durant ses années d'études et l'exercice fructueux quand il sera engagé dans la pratique des affaires? Telle est la question que tout étudiant doit se poser s'il veut s'assurer le bénéfice complet de son programme d'études. [Un] questionnaire [remis à chaque étudiant] visait à stimuler et à guider [sa] réflexion sur ce point.

[Ce régime est établi] avec la plus grande prudence cependant, car l'École tient d'abord et surtout à la formation professionnelle la plus générale. Seul le programme de troisième année donne lieu à option et d'abord en une seule matière: la comptabilité. La profession comptable est alors en pleine expansion et la demande pour les comptables qualifiés, surtout les comptables vérificateurs, est autant dire illimitée. Le programme de première et de deuxième années demeure le même pour tous les étudiants. La troisième année est divisée en section d'affaires et section comptable, la différence entre les deux tenant uniquement à la comptabilité et aux opérations commerciales sur lesquelles l'accent est mis d'une section à l'autre. [...][110].

Dans la section comptable, la comptabilité devient, il va sans dire, la matière centrale, ordonnatrice; les matières connexes indispensables viennent s'y ajouter. Le jeune homme qui veut faire de la pratique de la comptabilité sa profession, comme comptable public ou comme comptable privé, s'inscrit dans cette section. Ses études continuent celles des années précédentes et ses travaux personnels embrassent toutes les spécialités comptables: commerciale, industrielle, financière, budgétaire et leurs subdivisions, ainsi que les opérations d'affaires et les études économico-statistiques indispensables à l'exercice intelligent de la profession de comptable.

Au sortir de l'École, une double voie s'ouvre devant lui.

---

110. Tout ce qui suit, jusqu'à la page 102 est exclusivement composé d'éléments provenant des documents mentionnés n° 18, p. 22, combinés aux deux textes indiqués ci-dessus, n° 108, p. 93.

a) L'expertise comptable comme vérificateur. S'il s'engage dans cette voie, il devra faire un stage d'une année dans un bureau de comptables publics et subir ensuite un examen devant un jury spécial. Il obtient ainsi la *licence en sciences comptables*, qui lui donne le droit de faire partie de l'une ou l'autre ou des trois associations de comptables publics: C.A., C.P.A., L.I.C.

b) La comptabilité privée. À sa sortie de l'École, il peut s'engager comme comptable dans une entreprise commerciale, industrielle ou financière, et devenir membre de l'Association générale des comptables (C.G.A.) ou de l'Association des comptables de prix de revient (devenue depuis quelques mois l'Institut de gestion industrielle et commerciale). Il lui faut pour cela passer les examens exigés par ces associations. Notons cependant que, dans le cas des C.G.A., le diplômé de l'École est dispensé des examens primaire et intermédiaire ainsi que d'une partie de l'examen final.

L'étudiant que le commerce, l'industrie ou la finance attirent plus que la profession comptable, s'inscrit dans la section des affaires. Il suit les mêmes cours théoriques que son camarade de la section comptable, plus deux ou trois matières particulièrement adaptées à son cas. Dans cette section, les opérations commerciales ou pratiques des affaires occupent la partie principale: problèmes courants des affaires, administration, banque, douane, etc. La comptabilité reste au programme afin de permettre à l'étudiant de parfaire les connaissances acquises durant les deux années antérieures et de s'assurer cette vue d'ensemble de la comptabilité, ce tour d'esprit comptable que tout homme d'affaires doit posséder. Une certaine latitude lui est laissée cependant dans le choix de ses travaux personnels.

S'il se propose, par exemple, de s'orienter vers le commerce, soit que les circonstances particulières de sa vie (relations de famille, assurance de s'employer à la sortie de l'École dans une maison de commerce), soit que ses aptitudes l'y portent, il est libre de choisir, en comptabilité, en opérations commerciales ou en économie politique appliquée, des travaux personnels adaptés à son goût ou appropriés à la fin qu'il a en vue: comptabilité commerciale, problèmes administratifs ou financiers de magasins de tel ou tel type, organisation, étude des marchés, importation, exportation, relations d'une maison de commerce avec les banques, les douanes, les assurances, campagne publicitaire, problèmes de vente, etc.

S'il se destine plutôt à l'industrie ou à la finance, ses travaux porteront de préférence sur des sujets industriels ou financiers. Tous ces travaux ont la même valeur de formation générale ou professionnelle (formation utilisable dans n'importe quelle branche des affaires). Mais, en permettant au jeune homme de se familiariser avec les techniques qu'il croit correspondre le mieux à ses aptitudes propres, ils le mettent dans le cas de se donner à sa sortie de l'École non pas sans doute comme un spécialiste, mais comme quelqu'un qui a déjà reconnu la voie dans laquelle il désire se spécialiser.

Les étudiants des deux sections réunies suivent un cours pratique de statistique économique ou, si on le préfère, d'économie politique appliquée. Ce cours fait suite au cours théorique d'économie politique et de statistique des deux années antérieures. Il a pour objet de dresser le jeune homme à l'étude des problèmes économiques: source de documentation, choix et classification des renseignements, composition, présentation, etc. Certains de ces travaux, comme la thèse de licence, sont individuels; d'autres sont communs; d'autres, enfin, sont confiés à des équipes. Cela en vue d'habituer le jeune homme ou bien à se débrouiller seul, ou bien à travailler en collaboration. Il doit chercher lui-même la documentation, dépouiller livres, revues et journaux, procéder au besoin à des enquêtes. Cela lui fournit l'occasion d'entrer en relation avec les hommes d'affaires, de discuter avec eux, en un mot de s'essayer dès l'École au métier même qu'il exercera une fois sorti de l'École. Ces travaux le dressent en même temps à la méthode: ne négliger aucun détail, s'en tenir au sujet, soigner la composition et la présentation, etc.

Tous ces travaux: comptabilité, opérations commerciales, statistiques économiques ont un double objet: *a*) nous l'avons déjà dit, donner à l'étudiant une bonne méthode de travail — il importe souverainement en effet qu'au sortir de l'École il sache travailler; *b*) le forcer en quelque sorte à faire lui-même la synthèse des connaissances acquises tout au long de ses études. Il est en effet de la plus haute importance que l'étudiant constate par lui-même, et dès l'École, l'utilité des diverses matières qui figurent au programme: économie politique, droit, géographie, technologie; qu'il se rende compte que, si aucune de ces matières n'est finale en soi, toutes en se combinant sont utiles à cette formation particulière qu'est celle de l'homme d'affaires.

Nous touchons là une des difficultés de l'enseignement commercial supérieur, difficulté à laquelle se heurtent aussi bien le professeur lui-même que l'étudiant. Elle ne peut être résolue que si, d'une part, les professeurs ne perdent jamais de vue la fin de leur enseignement qui est de former non pas, pour le professeur de mathématiques, un mathématicien; pour le professeur de droit, un juriste; pour le professeur de géographie, un géographe; pour le professeur d'économie politique, un économiste, mais un homme d'affaires au sens à la fois général et spécial du mot, et donc acceptant de collaborer le plus étroitement entre eux; et que si, d'autre part, à toutes les étapes de leurs études, les jeunes gens, bien pénétrés eux-mêmes de la fin qu'ils ont en vue, font l'effort de synthèse que suppose l'intelligence du programme. Or, c'est par une bonne organisation des travaux pratiques à l'École même que cette difficulté a double face peut être le plus efficacement résolue.

À ce programme de formation générale et professionnelle viennent s'ajouter, en troisième année, certaines matières spécialisées offertes aux étudiants des deux sections: assurances, opérations de banque et de bourse, technique publicitaire, initiation à la vente, organisation scientifique du travail. Empressons-nous cependant de le faire observer: aucune de ces matières ne se présente comme cours de spécialisation. Elles n'ont d'autre objet que d'initier l'étudiant à des spécialités dont l'homme d'affaires instruit doit, de nos jours, avoir l'intelligence générale. Peut-être cette initiation éveillera-t-elle des vocations de spécialistes. Mais cette spécialisation devra faire l'objet d'études postscolaires. On ne saurait y songer au stade de la formation générale et professionnelle des futurs hommes d'affaires. Il en est ainsi d'autres matières comme les transports, la technique de l'exportation, traitées pour le moment aux cours généraux d'économie politique, d'opérations commerciales, etc.

Il entrait [alors (1940)] d'ailleurs dans [les] vues [de l'École] de créer éventuellement de tels cours de spécialisation postscolaires pour ceux [des] diplômés qui, ayant définitivement choisi leur voie, désireraient parfaire leur formation spécialisée. Nous avons déjà des cours de comptabilité. Nous aurons si le besoin s'en fait sentir des cours de vente, de publicité, d'assurances, etc. Mais ces cours se présenteront alors comme véritables cours de spécialisation, c'est-à-dire des cours explorant le sujet jusque dans ses détails et offerts à tout homme pourvu déjà d'assez de formation générale et professionnelle pour en tirer tout le bénéfice.

Enfin, comme toute autre institution d'enseignement, une école supérieure de commerce doit s'adapter aux conditions particulières de son milieu. Étant donné la nature de son enseignement, cette nécessité est peut-être encore plus impérieuse pour elle. Elle prépare des jeunes gens aux carrières de la production et des échanges. Sauf rares exceptions, ces jeunes gens s'établiront dans leur milieu d'origine. Comme hommes d'affaires, ils auront besoin de connaître avec le maximum de précision le milieu dans lequel se déploiera leur activité, ainsi que les grands problèmes économiques et sociaux qui, dans ce milieu, dominent la vie des affaires. D'ailleurs, une connaissance plus parfaite de leur milieu, loin de borner leur horizon, leur permettra d'adapter plus exactement leur activité aux exigences de l'extérieur.

À l'École des Hautes Études Commerciales, nous nous imposons un effort constant d'adaptation. Dans tous les cours, l'attention est ramenée sur les problèmes économiques, industriels, financiers et commerciaux [du Québec] en eux-mêmes d'abord, et ensuite dans leurs relations avec ceux des autres provinces [du Canada] et des autres pays. Nous visons à cette objectivité, à ce réalisme de bon aloi sans lequel l'enseignement économique risque de manquer sa fin. Économie politique, géographie économique, technologie, pratique des affaires, en un mot, tous les cours qui, directement ou indirectement, s'y prêtent se développent ainsi autour des problèmes économiques et sociaux comme ils se posent dans notre milieu, sous nos yeux. C'est pour obéir à la même pensée d'adaptation que nous avions entrepris de monter, au musée industriel et commercial établi en annexe à l'École, une section de la province de Québec.

[...]

Le principe de l'option ayant été admis, son application va tendre à se généraliser. En 1946, à la demande du surintendant des Assurances de la province de Québec, l'École crée une section de mathématiques appliquées aux affaires, en vue principalement de préparer des candidats aux examens des sociétés américaines d'actuaires. Cette initiative répondait à un grand besoin: les sociétés d'assurance-vie progressent à un rythme rapide et le personnel qualifié en actuariat est extrêmement rare.

Comme d'une part les candidats à la licence en sciences commerciales doivent tous avoir reçu une formation équivalente quelle que soit leur orientation, et comme d'autre part l'actuariat est une fonction très spécialisée qui nécessite de longues études mathématiques, l'option en mathématiques appliquées [était] permise dès le deuxième semestre de la première année, plutôt qu'en troisième seulement comme les autres spécialités. Le rattachement de la section à l'ensemble [était] conçu de façon à ne pas priver l'étudiant du bénéfice de la formation commune. En première et deuxième années, certaines matières du cours régulier, dont l'étude peut être reportée sans inconvénient grave à la période postscolaire, [étaient] remplacées par les mathématiques. En troisième année, les cours d'opérations commerciales, de gestion financière, de comptabilité, etc. [étaient] suivis en commun avec les étudiants des autres sections. Le reste du programme [était] consacré aux mathématiques. Si une fois en possession de la licence en sciences commerciales, le jeune homme désire pousser sa spécialisation en statistique ou en actuariat, il doit faire le soir une année supplémentaire d'études mathématiques et passer un examen.

La même année, l'École [décide de] créer en troisième année l'option en sciences économiques. Les étudiants de cette section suivent avec ceux des autres sections les cours de comptabilité, d'opérations commerciales, de statistique, de géographie économique, de politique commerciale, mais quant au reste ils ont leur programme propre: méthodologie et recherche économiques, finances publiques, relations économiques internationales, monnaie, crédit et banque, histoire des doctrines économiques, etc.

[Dans cette nouvelle perspective], la troisième année [sera] divisée en quatre sections — comptabilité, administration, sciences économiques, mathématiques — répondant soit aux tendances d'esprit, soit aux aptitudes professionnelles de l'étudiant, mais selon un mode tel que la formation générale n'en souffre pas.

[...][111].

L'objet de cette division est double: 1) permettre l'approfondissement de certaines matières de base sans surcharger le programme général; 2) fournir aux étudiants l'occasion, sans renoncer au bénéfice de la formation générale, d'insister en fin d'étude sur les matières pour lesquelles ils ont reconnu avoir le plus d'aptitudes, et ainsi les orienter vers la spécialité dans laquelle ils auront intérêt à s'établir au sortir de l'École.

L'option pour la comptabilité, l'administration et les sciences économiques [continue de s'effectuer] à la fin de la deuxième année, [sauf] pour les mathématiques [où elle est maintenue] dès le deuxième semestre de la première année. Comme dans les deux années précédentes, l'enseignement en troisième année est à la fois théorique et pratique — mais les études professionnelles l'emportent d'emblée sur les études de formation générale.

Le régime [des] spécialités comptables [et mathématiques] s'appliquera éventuellement, avec les adaptations nécessaires, aux autres sections: études postscolaires avec ou sans stage dans les maisons d'affaires et examen donnant droit à un diplôme spécialisé.

[Les objets de la *section comptable* et de la *section mathématique* ont été indiqués précédemment.] La *section d'adminis-*

---

111. Le passage qui suit jusqu'à la fin du sous-titre provient de *L'Annuaire de l'École, 1952-1953*, p. 21-23.

tration [remplace et spécifie la *section des affaires* dont nous avons déjà indiqué aussi les objets].

La *section économique* a été créée pour permettre à ceux qui veulent faire de la pratique des sciences économiques leur spécialité — dans l'administration publique ou privée, les œuvres économico-sociales, le coopératisme, le syndicalisme, etc. Des cours de statistiques, de méthodologie et de recherche ou d'approfondissement de certains sujets plus ou moins spécialisés de l'économie constituent l'essentiel du programme.

La *licence en sciences commerciales*, avec mention de la spécialité, couronne les trois années d'études. Les licenciés en sciences commerciales qui désirent parfaire leur spécialisation en comptabilité ou en mathématiques de l'actuariat peuvent le faire aux conditions indiquées précédemment. [...].

* *

*

Les cours du soir

[En 1938 déjà], des centaines et des centaines de personnes de toutes catégories sociales — jeunes gens et jeunes filles, employés de commerce ou de banque, instituteurs, diplômés des écoles secondaires et primaires, etc. — désirant parfaire leur formation, les avaient suivis, les uns s'inscrivant pour le cours complet, les autres pour une ou deux matières, à leur choix et selon leur besoin. Tous, de leur propre témoignage, ont largement bénéficié des études ainsi faites.

— E —

Bilan et questionnements après les premiers trente-cinq ans[112]

On trouve à la page suivante un tableau récapitulatif du recrutement depuis la fondation de l'École.

La première constatation qui se dégage de ce tableau, c'est que, depuis sa fondation, l'École des Hautes Études a reçu le gros de ses inscriptions de l'enseignement primaire: 1 169 sur 1 883, soit 62 % environ; mais que les plus fortes proportions de ses diplômés lui sont venues de l'enseignement secondaire, 390 sur 642 ou 60,75 %. Dans l'ensemble, 34 % des inscrits ont terminé leurs études et obtenu leur diplôme — soit, une année portant l'autre, un déchet de 66 %.

Mais si on étudie séparément le groupe des recrues de l'enseignement secondaire et celui des recrues de l'enseignement primaire, on remarque que 68,6 % des bacheliers, 68,1 % des diplômés du cours scientifique du Mont-Saint-Louis et

---

112. La section E au complet provient d'un document spécial: le texte d'un rapport soumis au ministre (secrétaire de la Province) en 1944-1945. Œuvres complètes d'Esdras Minville, Archives de la Bibliothèque Patrick Allen, École des H.E.C., Cahiers des manuscrits.

	Non-diplômés	Diplômés	Étudiants	Inscriptions totales	Proportion des diplômés (à l'exclusion des étudiants actuels)
Admis en 1ʳᵉ année avant fondation section préparatoire	120	61		181	33,7
Commission scolaire, sans préparatoire (avant 1917)	32	21		53	39,6
Enseignement secondaire					
Bacheliers ès arts	135	295	96	526	66,6
Cours classique	40	30	2	72	42,8
Mont-Saint-Louis (scient.)	20	39	11	70	66,1
Enseignement primaire					
Mont-Saint-Louis (commercial)	49	6	30	85	10,9
Écoles primaires supérieures	85	79	80	244	48,2
Cours classiques & préparatoires	159	37	29	225	18,9
Cours commerciaux & préparatoires	284	44	25	353	13,4
Section spéciale					
Religieux	5	10	2	17	66,6
Avocats, etc.	5	16	8	29	76,2
Divers	21	4	3	28	16
TOTAL	955	642*	286	1 883	54

*　Ces données sont des chiffres de 1943. Deux ans plus tard, soit exactement trente cinq ans après l'année de l'ouverture des cours, il y avait plus de sept cent cinquante diplômés. (*L'Action universitaire*, juin 1945)

66,6 % des religieux inscrits ont terminé avec succès leurs études; tandis qu'un très faible pourcentage des étudiants venus des diverses branches de l'enseignement primaire parviennent à terminer: 10,9 % dans le cas des diplômés du cours commercial du Mont-Saint-Louis et 42,9 % dans le cas des diplômés des écoles primaires supérieures. Au total, sur les 1 160 étudiants venus de l'enseignement primaire, 25,2 ou 21,3 % seulement ont obtenu leur diplôme.

Nous analyserons en détail [ultérieurement] le cas des préparatoires. Voyons d'abord celui du cours régulier.

*　*

*

Le cours régulier

Depuis sa fondation, l'École a donc reçu de l'enseignement secondaire 668 élèves [1910-1943]. Sur ce total, 109 sont encore étudiants et 364, ou 64,5 %, ont déjà obtenu leur diplôme. Remarquons que cette moyenne déjà satisfaisante est pourtant abaissée par la moyenne inférieure des diplômés venus des collèges classiques sans leur baccalauréat ès arts, bien qu'ayant terminé leurs études secondaires. Comme nous l'avons dit il y a un instant, les bacheliers ès arts proprement dits sont parvenus jusqu'ici au diplôme dans la proportion de 68,6 %. Étant donné la multiplicité des causes qui peuvent expliquer les départs, un déchet de moins de 62 % durant trois années de cours ne paraît pas exagéré. Les statistiques établissent donc que c'est du côté de l'enseignement secondaire que l'École doit chercher de plus en plus son recrutement.

Malheureusement le mouvement des collèges classiques vers l'École a été lent à s'établir. Et cela en dépit des efforts de toutes sortes tentés par l'École pour se faire connaître dans ces milieux, en dépit aussi des pressions exercées dans les collèges pour détourner leurs diplômés des carrières traditionnelles vers les carrières techniques et commerciales.

La situation s'améliore, mais lentement et d'une façon tout à fait irrégulière. La proportion des bacheliers dans le recrutement annuel n'est pas encore telle que l'École puisse se dispenser de tout recrutement dans l'enseignement primaire. Voici les chiffres des quatre dernières années:

	Inscrits	**B.A.**	**Proportion**
1942-1943	63	40	63,5 %
1941-1942	60	38	65,0 %
1940-1941	55	33	60,0 %
1939-1940	56	32	57,3 %

Après trente-trois années d'existence, le recrutement dans les collèges classiques et l'enseignement secondaire devrait, semble-t-il, être plus considérable et plus régulier. [Cependant, à partir de] 1938, la Faculté de commerce de Québec s'est organisée et, depuis lors, elle attire les étudiants qui antérieurement venaient des collèges affiliés à l'Université Laval: Chicoutimi, Lévis, Québec, Sainte-Anne-de-la-Pocatière, Rimouski et voire même Trois-Rivières. [De même], en 1945 la Faculté de commerce de l'Université de Sherbrooke s'est organisée à son tour attirant de son côté les étudiants qui venaient de la région.

[Plus tard, c'est] le nombre des diplômés des collèges classiques pour la région de Montréal qui n'augmentera pas à un rythme très rapide du fait que la population des collèges correspondra aux naissances des années de crise donc à une période de fléchissement de la natalité. Ainsi, au printemps [1954], la Faculté des arts de l'Université de Montréal décernera moins de 700 baccalauréats ès arts. Soixante-dix bacheliers s'inscriront à l'École, soit 10 % environ. Si l'on considère la répartition des aptitudes dans une profession donnée et si l'on tient compte des traditions sociales [du] milieu, ce pourcentage paraît très satisfaisant [pour ce moment-là][113].

[Fondamentalement], à quoi a tenu cette persistante hésitation, ces critiques envers l'École? Sans doute à des raisons diverses. Mais nous croyons devoir l'attribuer surtout au caractère professionnel insuffisamment défini de l'École et à l'indétermination dans laquelle l'étudiant doit rester durant son séjour à l'École quant à la profession qu'il exercera une fois ses études terminées.

À l'esprit du bachelier arrivé au moment de choisir sa profession, la médecine, le droit, le génie civil même représentent quelque chose de précis. Le jeune homme connaît des médecins, des avocats, des ingénieurs, il sait quelles études ils ont dû faire et quelles fonctions ils remplissent. Le médecin, l'avocat, l'ingénieur sont ainsi des personnages connus auxquels le jeune homme lui-même peut se comparer et, de cette comparaison, déduire si la profession à laquelle ils appartiennent lui convient ou si lui-même convient à la profession.

Le cas des études commerciales est différent. Le bachelier fait trois années d'études pour aboutir à un diplôme sans carac-

---

113. Les deux précédents paragraphes proviennent du rapport cité à la note 59, p. 55.

tère professionnel. Que fera-t-il après? Il se le demande et se le demandera probablement tant qu'il ne sera pas entré dans la pratique des affaires — et peut-être même ne découvrira-t-il pas encore sa vraie voie avant plusieurs années. Aussi bien, le bachelier ne s'oriente vers l'École qu'après avoir fait le tour des autres professions et s'être assuré qu'aucune d'entre elles ne lui convient. Il va à l'École pour des raisons négatives, parce qu'il n'est pas intéressé à aller ailleurs. Et il en est ainsi, au surplus, parce que l'École elle-même, étant donné le caractère professionnel insuffisamment défini de son enseignement, ne lui fournit pas l'occasion ni les moyens de faire un choix positif. Voyons cela d'un peu plus près.

[Nous avons souvent discuté de] l'extrême diversité professionnelle du monde des affaires. Si l'on faisait le recensement des diverses spécialités des affaires et de leurs exigences particulières, en regard des aptitudes habituelles des hommes, on se rendrait probablement compte que, dans le commerce, l'industrie, la finance, etc., il y en a en somme pour tous les goûts — à la condition de bien choisir. Au jeune homme qui s'oriente vers les affaires, le problème de l'orientation au sein même des affaires est donc important et difficile. On peut laisser le hasard en décider, mais il est préférable d'en décider soi-même. Or, depuis sa fondation — si l'on excepte la section comptable instituée il y a trois ans —, l'École s'est abstenue de toute spécialisation, voire de toute tentative d'orientation. Son programme s'est toujours composé d'un ensemble de matières économiques, juridiques, commerciales, scientifiques, littéraires, et d'un petit nombre de matières spécialisées [dont nous avons donné le détail précédemment][114].

Il est offert à dose égale et également distribué au long du cours à tous les étudiants indépendamment des tendances de leur personnalité ou de la fin que personnellement ils peuvent avoir en vue. C'est une sorte de complexe pédagogique, de nourriture composite censée contenir tous les ingrédients nécessaires à la formation d'un homme d'affaires, mais que chacun

---

114. On trouve les données qui étaient reprises ici à la page 93.

doit démêler et assimiler selon les exigences particulières de son organisme. Qu'il ressortisse au type psychologique extraverti, que ses aptitudes le portent ainsi plutôt vers la vente, et il ne devra absorber ni plus ni moins de comptabilité et de mathématiques que celui qui, ressortissant au type intraverti, incline plutôt vers les fonctions comptables et administratives. Qu'il s'oriente, au contraire, vers l'administration ou la statistique, et il absorbera la même dose d'économie politique et de la même sorte que son voisin qui, lui, songe à la publicité ou aux assurances. Les matières spécialisées elles-mêmes visent à la formation générale; elles figurent au programme afin que l'étudiant en apprenne ce que tout homme d'affaires instruit doit savoir des spécialités correspondantes.

À la fin de la deuxième année, l'étudiant [a pu, un temps], obtenir le baccalauréat en sciences commerciales; à la fin de la troisième année, l'École lui décerne son diplôme officiel: la licence en sciences commerciales. Ce diplôme en main, que fera-t-il, que deviendra-t-il? Comptable, publiciste, vendeur, employé de banque, commis de magasin, secrétaire particulier? Il n'en sait rien. Et le problème de l'orientation se pose à son esprit avec autant d'acuité qu'au moment où il quittait le collège. La licence en sciences commerciales est une sorte d'écran à travers lequel il doit passer pour déboucher dans un monde inconnu. Le hasard décide. En somme, l'étudiant de l'École des Hautes Études Commerciales est dans le cas du jeune homme qui fréquenterait la Faculté des sciences sans savoir s'il deviendra chimiste, physicien, botaniste ou mathématicien.

L'expérience de la section comptable semble bien confirmer ce que nous venons de dire. Cette section débouche sur une profession déterminée, elle ouvre une voie précise. La majorité, voire la grande majorité des étudiants, heureux ou non en comptabilité, s'y inscrivent ou cherchent à s'y inscrire. Et depuis que l'on sait dans les collèges qu'une telle section existe, les demandes de renseignements portent de plus en plus sur la spécialité comptable. Cette expérience tend donc à démontrer que, si elle désire conserver son caractère d'école de commerce, l'École doit créer de nouvelles spécialités, ou bien, sous peine de tourner en école de comptabilité, abolir la section comptable.

La formule pédagogique [originelle] a du bon incontestablement. Il est certain que le diplômé de l'École des Hautes Études Commerciales doit posséder une bonne formation générale, économique et commerciale, quelle que soit la spécialité qu'il choisira; il est même certain que son succès dans la spécialité choisie dépendra dans une large mesure de l'étendue de sa formation générale. On ne conçoit donc pas un enseignement supérieur qui ne place la formation générale au premier rang de ses préoccupations. Davantage, au temps où l'École se recrutait entièrement dans l'enseignement primaire, cette formule pédagogique était la seule praticable. L'enseignement de l'École pouvait être alors assimilé à une sorte d'enseignement secondaire complété par une certaine initiation aux affaires.

Tel n'est plus le cas aujourd'hui. L'École a relevé les conditions d'admission au niveau de l'enseignement universitaire. Elle exige des diplômés de l'enseignement primaire qu'ils complètent leur formation générale dans sa section préparatoire. Elle a donc les exigences d'une école professionnelle, d'une institution qui prépare à une profession déterminée. Or les affaires, nous l'avons vu, ne sont pas une profession, mais un agglomérat de dizaines de fonctions plus ou moins spécialisées, plus ou moins exigeantes quant à la personnalité psychologique et intellectuelle du titulaire et donc chacune peut à la rigueur faire l'objet d'une carrière. Tout en ayant les exigences des institutions de formation professionnelle, l'École n'en offre ni le caractère défini ni les avantages. De là naissent deux problèmes principaux:

1) Le problème du recrutement dans l'enseignement secondaire et de l'orientation durant le stage à l'École que nous avons analysé ci-dessus.

2) L'influence déprimante sur l'esprit des étudiants de l'indétermination dans laquelle ils demeurent durant leur séjour à l'École.

Le premier de ces deux problèmes se complique d'un état de choses indépendant de la volonté de l'École, mais dont les conséquences semblent néanmoins sérieuses: l'âge des étudiants. [L'âge moyen des étudiants des années 1941-1943 inclusivement est de vingt-quatre ans, avec une répartition de fréquence s'échelonnant de dix-neuf à trente ans et un mode très accentué sur les âges de vingt-trois et de vingt-quatre (autour de la moitié des données)[115].]

Or l'âge qui semble répondre le plus généralement au désir des maisons d'affaires à la recherche d'un employé instruit mais non spécialisé, c'est vingt et un ou vingt-deux ans. À vingt et un ou vingt-deux ans, un jeune homme est censé avoir déjà reçu une bonne formation générale, donc être en état d'entreprendre avec succès l'apprentissage des affaires dans une branche ou dans l'autre — apprentissage, disons-le en passant, qu'aucune école, quelles que soient ses prétentions, à moins de verser dans une spécialisation excessive, ne saurait remplacer. Avant que ne se présente le moment du mariage, le jeune homme dispose d'un certain nombre d'années — de quatre à six ans — pendant lesquelles il peut en toute liberté d'esprit avancer son apprentissage au traitement forcément réduit qu'une maison d'affaires verse à ses apprentis. Et lorsque arrive l'étape du mariage, il a déjà acquis une certaine expérience; s'il a l'esprit de travail, l'ambition, les qualités de l'homme d'affaires, il s'est déjà mis en état de rendre des services et d'obtenir une rémunération plus élevée. Il s'est créé une situation et il peut envisager la fondation d'un foyer avec les charges croissantes que cela entraîne. C'est un homme déjà placé.

[Selon les données précédemment indiquées], un petit pourcentage seulement des diplômés [de l'École en 1941-1943] répondent quant à l'âge aux exigences très raisonnables des employeurs. La majorité d'entre eux dépassent cet âge. En 1941, 7 sur 39; en 1942, 6 sur 44; et en 1943, 8 sur 42 [seulement avaient] vingt-deux ans et moins. [L'ensemble des diplômés avaient donc] de deux à trois ans de plus que l'âge requis. Conséquences: les diplômés de l'École sont d'une façon générale pris du désir de s'assurer au plus vite le plus haut traitement possible, et cela se comprend.

Plusieurs d'entre eux songent à se marier et le mariage est une échéance qu'on ne recule pas toujours à son gré. Le jeune

---

115. Cette intercalation résume un tableau de répartition de fréquence des âges pour chacune des trois années.

homme qui a fréquenté l'École jusqu'à vingt-cinq ou vingt-six ans est fatigué de se sentir à charge de sa famille — surtout, comme le cas se présente si fréquemment, s'il appartient à une famille pauvre ou de revenus modestes et si des frères et des sœurs plus jeunes arrivent eux aussi à l'âge de l'établissement. Il a engagé sur lui-même un capital considérable qu'il veut faire fructifier; enfin, il a reçu une formation qu'on lui a dit être et qu'il croit supérieure. Toutes ces causes conjuguées énervent sa patience, l'incitent à se montrer exigeant. Surtout si au sortir de l'École il ne s'est pas orienté tout de suite dans la bonne voie, s'il doit tâtonner, un certain malaise, voire même une certaine aigreur, l'envahit et risque dans certains cas de le dominer. Il lui arrivera peut-être de changer un emploi peu rémunéré mais offrant de belles perspectives d'avancement pour un autre à perspectives limitées ou nulles, mais qui assure tout de suite cinq ou six dollars de plus par semaine.

Le problème de l'orientation prend donc ainsi toute sa signification. Un jeune homme de vingt-cinq ans n'a plus les moyens de tâtonner, de sacrifier des mois ou des années à la recherche de sa voie. S'il est acculé à cette éventualité, il en souffre et, si son cas se multiplie, la société elle-même en souffre.

Le deuxième problème résultant du caractère professionnel insuffisamment défini de l'École, c'est, avons-nous dit, l'influence déprimante sur l'esprit des étudiants de l'indétermination dans laquelle ils restent durant leurs trois années d'études quant à leur future profession.

De tous les enseignements professionnels, l'enseignement commercial supérieur, [nous l'avons déjà signalé], est probablement le plus difficile. L'étudiant en droit étudie le droit civil, le droit commercial, le droit public, le droit criminel, et ces diverses matières sont autant d'aspects d'une même science: le droit; il étudie la procédure civile, la procédure criminelle, et ces procédures sont des aspects différents d'une même occupation: la pratique du droit. Ainsi de l'étudiant en médecine. L'anatomie, la physiologie, l'histologie, etc., sont autant de chapitres de la science médicale. Le lien est évident à première vue entre ces diverses matières et l'étudiant voit nettement comment elles s'ajoutent les unes aux autres et à quoi l'ensemble conduit.

Tel n'est pas le cas de l'enseignement commercial. Le programme est formé d'un groupe de matières ressortissant à des disciplines différentes et dont le lien entre elles est loin d'être évident à première vue. Pourquoi de l'économie politique, de la géographie économique, et pourquoi telle dose de l'une et telle dose de l'autre? Pourquoi le droit civil, la technologie ou les mathématiques? Quelle est la valeur professionnelle de ces diverses matières? En fait, l'étudiant ne saisit l'enchaînement du programme et ne comprend l'utilité et la portée des diverses matières dont il se compose qu'une fois ses études terminées, quand la pratique lui en a montré l'application. Mais durant son séjour à l'École, il ne cesse de s'interroger tantôt sur l'une et tantôt sur l'autre, selon les réactions personnelles ou l'idée qu'il se fait des affaires et de leurs exigences. Il aborde ses études d'un esprit passif, voire même, à l'endroit de certaines matières du moins, d'un esprit défensif, hostile. S'il a quelque idée de la spécialité qu'il choisira, il accorde de l'attention aux matières correspondantes et n'étudie les autres que tout juste ce qu'il faut pour passer l'examen. Ou encore il consacre du temps aux matières qu'il préfère ou que, sans trop savoir pourquoi, il juge importantes, négligeant plus ou moins les autres; ou bien il «travaille» les matières dont le programme n'est pas lourd afin de remonter un peu sa moyenne générale. Ces diverses attitudes et réactions empêchent en définitive la classe d'atteindre au degré de cohésion psychologique indispensable à l'enseignement collectif. La tendance la plus commune est à l'évasion.

En première année, cette attitude passive ou défensive est moins apparente. Elle se manifeste surtout en deuxième année: l'attrait du nouveau n'agit plus et l'attrait de la fin ne se fait pas encore sentir. Sauf exceptions, on constate en deuxième année un fléchissement parfois assez prononcé de l'intérêt avec accentuation de l'esprit critique et de la tendance à l'évasion dont nous parlions il y a un instant — que cette évasion prenne la forme d'absences répétées ou de passivité à l'étude. En troisième année, la fin approchant et le programme devenant plus pratique, on constate généralement une certaine reprise. Bref les étudiants n'abordent pas leurs études dans l'esprit positif, dans l'esprit de conquête si l'on peut dire, qui leur permettrait d'en tirer le maximum de rendement. Le défaut d'orientation et le caractère professionnel mal défini de l'enseignement semblent bien être, pour une certaine part du moins, cause de cette disposition d'esprit. Il est en effet très difficile d'éveiller l'intérêt de jeunes gens qui s'interrogent constamment sur le pourquoi de leurs études et qui ne savent pas où ces études les conduisent. Au lieu d'un esprit positif, conquérant, qui va lui-même de l'avant, en quête de savoir, ils attendent l'impulsion de l'extérieur. L'effort doit être commandé. Et une expérience de plusieurs années déjà démontre qu'il est inutile de s'en remettre à l'étudiant lui-même de son propre perfectionnement. La plupart d'entre eux interprètent comme congés les temps libres, c'est-à-dire les temps qui leur sont accordés pour leurs études personnelles. Et si l'on presse la discipline et l'effort, les imaginations se mettent à l'œuvre pour inventer des excuses et des justifications. Dans ces conditions, l'enseignement ne peut produire tous ses résultats intellectuels.

Il ne produit pas non plus — et cela est encore plus grave — tous ses résultats éducatifs. Rares, avons-nous dit, sont les jeunes gens qui savent en arrivant à l'École de quel ensemble de qualités psychologiques et morales est faite la personnalité de l'homme d'affaires; plus rares encore, il va sans dire, sont ceux qui savent quelles qualités ou aptitudes particulières exigent telle ou telle spécialité. L'École elle-même, ne préparant spécifiquement à aucune spécialité, est en mauvaise posture pour les éclairer à ce point de vue, à plus forte raison pour les former. L'esprit défensif dans lequel l'étudiant travaille n'est pas de nature non plus à favoriser la formation du caractère, l'éclosion et l'épanouissement des qualités d'initiative, d'ordre, de persévérance, etc., qui caractérisent l'homme d'affaires. L'étudiant traverse donc ces trois années d'études sans être modifié dans sa personnalité profonde. Il reste un «petit gars de collège». Il lui faudra se reprendre, nous dirions presque se faire, après sa sortie de l'École.

Cette organisation pédagogique risque même d'orienter à faux un certain nombre de jeunes gens. Le programme comporte de la comptabilité, des opérations commerciales, des mathématiques, etc. Plusieurs heures par semaine sont consacrées à ces matières importantes tant pour la théorie que pour la pratique. Et comme la comptabilité est la matière au caractère professionnel le mieux défini, et que c'est elle en définitive qui coordonne toutes les autres, elle est aussi celle dont l'étudiant a la meilleure connaissance pratique en quittant l'École. Les autres matières spécialisées, comme la publicité, les statistiques, l'assurance, etc., ne font pas l'objet d'études poussées, du moins assez poussées pour acquérir une valeur professionnelle. La prédominance de la comptabilité comme matière de formation professionnelle incite donc la plupart des étudiants à s'inscrire dans la section comptable et à s'orienter en masse vers la profession comptable, qu'ils aient ou non les aptitudes voulues. Elle induit même les autres, ceux que la profession comptable n'intéresse pas, à chercher d'abord un emploi comme comptable ou teneur de livres. On peut estimer que de 70 à 75 % des diplômés de l'École sont ainsi engagés dans la comptabilité. Or il est à peu près certain que plusieurs d'entre eux auraient réussi mieux dans d'autres spécialités.

Analysons maintenant le cas des préparatoires.

* *
*

Les classes préparatoires

Une faible proportion seulement des élèves inscrits dans la section préparatoire terminent leurs études. Or l'élimination se produit en grande partie avant l'admission au cours régulier. Ainsi des 244 étudiants venus des écoles primaires supérieures, 80 sont encore à l'École, 79 ont obtenu leur diplôme. Des 85 autres, 60 % n'ont fait qu'une année d'études, 18 % deux années, 10 % trois années, 6,11 % quatre années et 6 % cinq années. Dès la préparatoire par conséquent, l'élimination atteint les 72 %. Les autres sont éliminés au cours régulier. Pourtant les élèves venus des écoles primaires supérieures sont ceux qui font meilleure figure. Comme nous l'avons vu, l'élimination est beaucoup plus forte dans le groupe des étudiants venus des autres branches de l'enseignement primaire.

La première remarque touchant la préparatoire, c'est que chaque étudiant qui arrive au cours régulier par cette section coûte à l'École un prix élevé. Il est difficile de l'établir exactement, le nombre variant beaucoup d'une année à l'autre de ceux qui s'inscrivent en préparatoire et de ceux qui sont admis au cours régulier. Ainsi cette année plus d'une centaine d'étudiants fréquentent les cours de cette section. Mais en 1940-1941, ils n'étaient que 40 et en 1941-1942, 67. Nous pourrions prendre 60 inscriptions comme base de calcul. Cette moyenne nous paraît cependant très élevée. Les frais de scolarité sont de 140 $ par année et 10 bourses de 60 $ sont octroyées. Les livres fournis représentent une moyenne de 17 dollars par étudiant. L'École touche donc 8 400 $ (140 à 60), moins 500 $ de bourses, en tout 7 900 $ environ. Or le traitement de professeur (part attribuable à la préparatoire) s'élève à 18 030 $ et le coût des fournitures à 1 020 $, en tout 19 050 $. Le déficit global est donc de 11 150 $. Comme, une année portant l'autre, le tiers environ des inscrits passe en première année du cours régulier, chaque recrue coûte en moyenne 550 $. Somme élevée pour le simple recrutement sans compter qu'une certaine proportion des élèves admis en première année sera éliminée avant la fin du cours.

Telle n'est pourtant pas la question principale. L'organisation pédagogique des préparatoires pose un problème plus grave dont, autant le dire, on n'a pas encore trouvé la solution. Et cela tient au fait que les élèves viennent de milieux très différents et, selon leurs études antérieures, sont admis les uns en première, les autres en seconde préparatoire; [d'autres, pendant un temps, en troisième préparatoire, selon des critères exposés précédemment]. Comme la formation, même chez les porteurs de titres semblables, est très inégale, l'aménagement du programme de manière que tous les groupes d'étudiants profitent entièrement de leurs études est virtuellement impossible. De nombreuses modifications ont été d'année en année apportées à ce programme sans résultat. Il est toujours, sur un point ou sur un autre, trop avancé pour les uns, insuffisant pour les autres. Cependant que les uns échouent, les autres perdent une partie de leur temps. Si l'on déplace une matière de la première à la seconde, on change simplement le mal de place.

Le programme de préparatoire reprend autant dire entièrement celui des 11e et 12e années scientifiques des écoles primaires supérieures. On pourrait donc s'attendre à ce que les étudiants recrutés de ce côté réussissent tous aisément. En fait, ils se classent le plus inégalement possible: de la tête à la queue de la classe. Les uns échouent, d'autres perdent une partie de leur temps à revoir des matières déjà étudiées. Dans l'ensemble, les programmes de préparatoire répétant ceux des écoles primaires supérieures, ces jeunes gens perdent leur temps à l'École même ou ils l'ont perdu dans les écoles où ils sont passés antérieurement. Quant à ceux qui arrivent des collèges commerciaux ou des collèges classiques, les statistiques citées plus haut en disent long sur leur impréparation.

Cette inadaptation pédagogique a naturellement mauvais effet sur l'esprit des étudiants. Les classes restent hétérogènes. Quelques-uns sont désappointés d'avoir à recommencer des matières qu'ils croient connaître déjà: d'où indifférence, apathie. D'autres réussissent mal, faute de formation suffisante ou de méthode de travail: esclaves du manuel, etc. La perspective d'avoir à consacrer une ou deux années d'études avant d'entrer dans le cours régulier et quatre ou cinq années avant d'aboutir au diplôme en décourage un certain nombre, et cela d'autant plus que les étudiants de préparatoire n'ont guère d'avantage sur les bacheliers ès arts quant à l'âge. Ils terminent leurs études en moyenne à vingt-trois ans et demi, vingt-quatre ou vingt-cinq ans. Enfin ces études qui coûtent cher à l'École coûtent aussi très cher à l'étudiant et à sa famille. L'entretien aux études pendant quatre ou cinq années d'un jeune homme de dix-neuf à vingt-cinq ans représente pour la famille un déboursé et un manque à gagner de plusieurs milliers de dollars. S'il réussit, passe encore, s'il échoue après la deuxième ou la troisième année, les sacrifices consentis l'ont été sinon en vain, du moins sans beaucoup de profit. Or c'est le cas de la majorité des inscrits.

* *
*

La solution des problèmes

Aux deux problèmes signalés ci-dessus s'offrent deux solutions: 1) organiser l'orientation à la fois au recrutement et à la sortie; 2) préciser le caractère professionnel de l'École. Or les deux solutions, comme les deux problèmes, se tiennent: l'orientation ne saurait s'organiser judicieusement si le caractère professionnel de l'École n'est pas lui-même préalablement défini.

L'École a tenté, il y a quatre ans, d'instituer l'orientation professionnelle dans ses propres murs. L'entreprise a échoué, apparemment pour deux raisons: *a*) l'insouciance, pour ne pas dire l'incompétence, du spécialiste en charge; *b*) l'indifférence des étudiants pour une innovation dont ils ne devinaient pas l'utilité, faute encore ici d'être suffisamment éclairés sur la diversité des carrières commerciales et les virtualités professionnelles de l'École. Il y aurait lieu de reprendre la tentative d'il y a quatre ans, selon une formule différente, mais non cependant sans avoir d'abord réglé le second problème par un réaménagement des cours.

Les affaires sont, avons-nous dit, un agglomérat de fonctions, les unes courantes, les autres spécialisées, mais dont chacune peut cependant, selon la personnalité de l'individu, faire l'objet d'une carrière. L'homme d'affaires débute forcément par une spécialité, c'est-à-dire par l'un ou l'autre de ces types de fonctions, et il évolue ensuite vers la pratique générale des affaires, en dépassant la ou les spécialités du début; mais selon qu'il débute par une fonction courante ou une fonction spécialisée, il a besoin au départ d'une formation professionnelle plus ou moins poussée. Ce qui importe d'abord et avant tout dans les deux cas, c'est la vigueur de la personnalité et la formation générale de l'esprit, fruits elles-mêmes de la formation secondaire; mais si le jeune homme entre dans les affaires par l'une ou l'autre des multiples fonctions courantes, il devra se soumettre à un apprentissage prolongé qu'aucune école ne peut prétendre remplacer; il devra donc commencer cet apprentissage plus jeune. Les diplômés de l'enseignement secondaire qui fournissent à l'École son meilleur recrutement sont trop âgés au sortir de l'École pour s'orienter vers les fonctions courantes; leur formation intellectuelle et leur âge leur imposent autant dire de s'orienter vers les fonctions spécialisées.

Cette introduction à ce qui était la quatrième partie d'un rapport, partie intitulée «Réformes», s'engageait ici dans une description très détaillée d'un programme réaménagé, et même réorganisé, pour orienter l'École vers un programme comportant plus de spécialisation, sans avoir à sacrifier ses objectifs de culture générale et de formation de la personnalité. La reproduction complète de ce texte, qui n'était d'ailleurs pas destiné à être publié, mais à convaincre les fonctionnaires du Secrétariat de la Province de la nécessité de fournir à l'École les moyens d'effectuer la réforme, manquerait d'intérêt: quelques années plus tard devait avoir lieu la réforme générale du régime d'enseignement du Québec à la suite du Rapport Parent.

À partir de ce moment, les données du problème se trouvèrent modifiées. Dans l'intervalle, une partie des vues de Minville avait cessé de concerner l'École et relèverait dorénavant du secteur des cégeps. On a déjà vu précédemment (p. 105) que deux ans après le rapport de Minville au ministre, l'École avait commencé à instituer des orientations spécialisées par la création des sections de la troisième année. La suite du texte de base de 1960, ci-après reproduite à partir du sous-titre «Nouvelles orientations», fera le survol des autres changements effectués jusqu'à la période du Rapport Parent.

Minville lui-même d'ailleurs ne considère pas ses propositions détaillées comme «une solution définitive», ainsi qu'il nous le dit immédiatement des solutions qu'il proposait.

Ce ne [sera] qu'un acheminement vers la solution. Il semble bien que la spécialisation dès l'arrivée à l'École, en tout cas dès la deuxième année d'études, soit la seule formule qui permette de pousser les études au point de profondeur où elles acquièrent véritablement leur pleine valeur de formation.

Il faut s'entendre en effet sur le sens de l'expression «formation générale». On n'arrive pas à la formation générale par l'étude des généralités, mais par l'étude en profondeur jusqu'au point où les matières spécialisées elles-mêmes débouchent dans les idées générales.

Si l'on examine le programme de l'École, on constate qu'il est formé d'un ensemble de matières dont chacune pourrait faire l'objet d'un cours de spécialisation de deux ou trois années. Ainsi l'économie politique, le droit, la géographie économique, la comptabilité, les mathématiques, etc. On n'acquiert pas de l'économie politique ou du droit une connaissance assez profonde pour avoir une réelle valeur professionnelle sans consacrer à ces matières des mois et des années d'étude et de réflexion. L'avocat consacre trois années à l'étude du droit, dont la plus grande partie est consacrée au seul droit civil; l'économiste en consacre au moins autant à l'étude de l'économie politique, et surtout à l'observation des faits économiques.

La diversité du programme oblige donc chaque professeur à résumer sa matière au minimum, à soumettre en quelque sorte l'étudiant au régime des comprimés. Quand il s'agit de matières strictement professionnelles, comme mettons la comptabilité, cette méthode n'entraîne peut-être pas de très graves inconvénients. L'étudiant n'en voit qu'une partie. Mais quand il s'agit de matières de formation générale, il est un minimum au-dessous duquel on ne saurait glisser sans manquer son effet. Il ne s'agit pas tant ici de communiquer une dose de savoir que de dresser un esprit. Former un jeune homme à l'observation et à l'interprétation des phénomènes économiques est une entreprise bien différente que de lui apprendre tel chapitre de la comptabilité. Les étudiants de l'École des Hautes Études Commerciales ne tireront vraiment parti de leurs études en économie politique, en droit ou en géographie que s'ils les poussent assez loin pour dominer en quelque sorte la matière et acquérir le tour d'esprit de l'économiste, du géographe et du juriste. Malheureusement, la surcharge du programme ne permet pas de pousser les études si loin. De sorte qu'elles ne donnent pas le rendement qu'on en pourrait attendre.

Il faudra donc éventuellement sectionner le programme, adopter en l'adaptant la méthode de certaines grandes écoles américaines, qui consiste pour un cours de spécialisation donné à imposer certaines matières peu nombreuses et à laisser le candidat composer le reste de son programme à même un ensemble de matières facultatives.

Malheureusement, les chances d'emploi pour les spécialistes de cette nature sont encore incertaines. Il faudra donc procéder avec prudence, n'avancer la spécialisation qu'à mesure que les débouchés se feront plus nombreux et plus certains. Et même, avant de procéder, serait-il recommandable de conclure des ententes avec les groupements d'hommes d'affaires intéressés à la formation de telle ou telle catégorie de spécialistes. Enfin, s'assurer que le candidat possède assez de formation générale pour aborder la spécialisation avec toute la largeur d'esprit désirable — l'expérience ayant démontré que les meilleurs spécialistes sont ceux qui possèdent le plus de formation générale.

Cinq ans plus tard, dans un nouveau rapport adressé au ministre, (déjà cité p. 70, n° 69), Minville proposera une réforme radicale et précise du cours, étendu à quatre ans.

Jusqu'ici le cours a été de trois années, couronné par un diplôme général (licence en sciences commerciales) — le même pour tout le monde. Il faudra, le plus tôt possible, ajouter une quatrième année, moitié d'étude, moitié d'apprentissage, conduisant à un diplôme spécialisé selon l'orientation des candidats. Le cours entier se développerait en deux phases:

1) Deux années d'initiation générale aux affaires et de formation économique et sociale — avec accent sur cette dernière en vue d'assurer à tous les étudiants l'intelligence la plus complète possible des affaires en tant que phénomène économique et fonction sociale. La partie technique du programme actuel devrait être quelque peu allégée; la partie théorique et culturelle, développée. Des cours de philosophie sociale, de morale des affaires, d'initiation aux problèmes concrets de la vie économique et sociale contemporaine devraient être créés. Le tout en vue de munir le jeune homme d'une formation intellectuelle non seulement appropriée à la pratique, mais à toutes les exigences de la carrière des affaires. L'aptitude à penser intégralement sa profession importe plus aujourd'hui

que l'initiation technique — nécessairement liée pour son perfectionnement à l'apprentissage.

2) Deux années d'études spécialisées avec accent sur la formation professionnelle. Au début de la première année de cette deuxième phase (troisième du cours), l'étudiant opterait donc, selon ses aptitudes et ses goûts, pour l'une ou l'autre des sections spécialisées: comptabilité, administration, sciences économiques, mathématiques. Les quatre sections suivraient en commun les cours de culture, complémentaires des années antérieures, et séparément les cours spécialisés. Cette année terminée, l'étudiant pourrait ou bien quitter l'École (muni comme aujourd'hui de la licence en sciences commerciales) ou bien commencer un stage dans une entreprise ressortissant à sa propre spécialisation et venir, à certaines heures, pendant une année encore, suivre à l'École des cours de perfectionnement conduisant à un examen et à un diplôme spécialisés: licence en sciences comptables, licence en administration, licence en sciences économiques, licence en mathématiques économiques (statistiques, ou actuariat pour ceux qui subiraient les examens des associations d'actuaires). Les diplômes spécialisés deviendraient à partir de ce moment-là les diplômes officiels de l'École.

Cette façon de procéder permettrait de relever graduellement le niveau de l'enseignement, d'intensifier et d'étendre la culture intellectuelle de nos jeunes gens sans diminuer la formation professionnelle donnée jusqu'ici et sans alourdir outre mesure les frais des étudiants — car la quatrième année étant partagée entre les études et l'apprentissage, ils gagneraient en somme leur vie.

Cependant, faute de l'espace et de l'aménagement requis, nous ne pouvons procéder aux réformes ci-dessus qu'avec une extrême lenteur — et sans espérer pouvoir les réaliser complètement. Déjà, l'insuffisance des locaux entrave l'évolution normale de l'École et le mal ira vite s'aggravant.

* *

*

Les problèmes d'organisation matérielle de l'École en 1945[116]

1) L'École compte [maintenant] 260 étudiants répartis de la façon suivante: préparatoire, 62; première année, 86; deuxième année, 51; troisième année, 61.

Pour le moment, nous disposons de salles suffisantes en nombre et en superficie pour faire face à la situation. Mais les classes sont trop nombreuses et le dédoublement de certains cours s'imposerait déjà. Au surplus, l'amphithéâtre, la seule salle où nous puissions rassembler tous les élèves, est insuffisant. Un certain nombre d'étudiants, faute de sièges, doivent s'asseoir sur les gradins.

Selon toute apparence, les inscriptions, qui ont augmenté rapidement en ces dernières années, continueront de croître. En effet:

a) Nous avons dû, en 1944 et septembre 1945, refuser environ 40 élèves en préparatoire. Si le Secrétariat de la Province ne projette pas la création d'un centre où les diplômés des écoles primaires supérieures acquerraient ces titres leur assurant admission dans les cours réguliers des écoles universitaires, nous devrons maintenir cette section et la dédoubler, de façon à répondre aux demandes croissantes. D'où besoin de nouvelles salles.

b) Le nombre des étudiants qui viennent des collèges classiques et des collèges scientifiques augmente aussi. Cette année, 35 étudiants sont montés de la préparatoire en première année. Les autres, soit une cinquantaine, nous sont venus de l'extérieur. Si nous développons la préparatoire proportionnellement aux besoins, le nombre des recrues venant de cette source augmentera en conséquence, et nous devrons alors certainement dédoubler les cours de première et deuxième année, qui, entraînant des travaux pratiques, ne peuvent s'accommoder de classes trop nombreuses.

---

116. Mémoire sur l'organisation matérielle de l'École des Hautes Études Commerciales, manuscrit. Œuvres complètes d'Esdras Minville, Archives de la Bibliothèque Patrick Allen, École des H.E.C., Cahiers des manuscrits.

c) Enfin, l'École est arrivée à un point de son évolution où de nouveaux développements pédagogiques s'imposent. Nous projetons de créer, dès que les circonstances le permettront, des cours de spécialisation en économie politique, commerce extérieur et représentation commerciale, statistiques, assurances, vente et publicité, etc. Ces cours de perfectionnement répondent déjà à un besoin. Nous ne pouvons retarder indéfiniment la formation des techniciens que l'état des affaires et de la vie sociale exige. Naturellement, ces cours demanderont du personnel et de l'espace.

Première conclusion: à moins d'un réaménagement matériel approprié, l'École est d'ores et déjà entravée, même arrêtée dans son expansion.

2) Pour satisfaire à ses besoins d'expansion, l'École devra accroître son personnel enseignant et administratif. Eh bien! l'immeuble actuel ne prévoyait aucun bureau pour les professeurs. En ces dernières années, nous avons pu en organiser quelques-uns à même certaines salles de classe ou à même l'ancien logement du directeur. Mais nous sommes complètement à bout de ressources et plusieurs professeurs n'ont d'autre pied-à-terre à l'École que le vestiaire. Si nous voulons augmenter le personnel des professeurs de carrière, il faudra mettre à leur disposition l'outillage dont ils ont besoin, donc leur assurer des bureaux.

3) Nous n'avons pas non plus de maison des étudiants. Tant que l'Université a eu la sienne dans le bas de la ville, cette lacune n'a pas trop paru. Mais depuis que l'Université a déménagé à la montagne, ceux de nos étudiants qui ne peuvent aller dans leur famille à la sortie des cours ont pour tout partage le fumoir-vestiaire (où il n'est même pas possible d'installer des sièges) ou la rue. Il nous faudra donc prévoir une sorte de maison des étudiants, une cafétéria, une salle de repos où seraient installés certains jeux et divertissements, peut-être même, étant donné le caractère du quartier, des chambres.

4) La bibliothèque est logée dans une ancienne maison d'habitation. Elle est aujourd'hui remplie à capacité. De plus, l'immeuble où elle est logée est exposé à l'incendie. Cette bibliothèque, la plus grande bibliothèque spécialisée [au

Québec], avec ses 60 000 volumes, ses collections nombreuses de revues, etc., représente une mise de fonds considérable, et le voulussions-nous, en cas d'incendie, il serait impossible de la reconstituer. Il importe de mettre ces richesses bibliographiques à l'abri du feu le plus tôt possible, et naturellement de profiter de l'occasion pour préparer l'expansion des années à venir.

5) Enfin, l'appareil de chauffage est désuet et autant dire ruiné. Il faudra le renouveler le plus tôt possible. Mais si l'immeuble actuel doit être réaménagé, il importerait de le savoir au moment où on réinstallerait le chauffage afin de pourvoir aux agrandissements.

Or, le problème qui se pose est celui-ci est-il à propos de dépenser quelques dizaines de milliers de dollars pour réaménager notre immeuble ou vaut-il mieux profiter de l'occasion pour installer l'École dans un nouvel immeuble à proximité de l'Université? Le quartier où se trouve l'École à l'heure actuelle est en pleine transformation sociale. Quel en sera le caractère d'ici quelques années? Personne ne saurait le dire. De plus, les relations de nos étudiants avec ceux de l'Université de Montréal sont de plus en plus difficiles et lointaines. Et pourtant, il y a intérêt à ce que nos jeunes gens participent à toutes les activités des étudiants de l'Université. Enfin, comme institution d'enseignement supérieur, l'École tirerait les plus grands bénéfices des services généraux de l'Université et, en retour, l'Université profiterait de la proximité de l'École et de son organisation, sa bibliothèque, son musée.

La question à étudier se présente donc sous deux aspects: *a*) ce qu'il en coûterait pour réaménager l'immeuble actuel de façon qu'il réponde aux besoins présents et aux besoins à venir; *b*) ce qu'il en coûterait pour installer l'École dans un nouvel immeuble.

— F —
Nouvelles orientations

Le régime de 1940 [ne] devait durer [que] quelques années à peine. En effet, au lendemain de la guerre, avec l'avènement de l'électronique et de la recherche opérationnelle, le régime administratif des affaires entre dans une nouvelle phase de rapide évolution. Le type professionnel de l'homme d'affaires se dégage avec de plus en plus de netteté. Un certain accord commence à s'établir entre les grandes écoles d'un pays à l'autre quant à la formation à assurer à ceux qui se destinent aux carrières des affaires. L'École des H.E.C. doit, elle aussi, entrer dans le mouvement et entreprendre une nouvelle refonte de ses programmes.

Cela s'impose d'autant plus qu'au cours des années antérieures certains événements ont tendu à répandre la confusion dans les esprits touchant ses objectifs. Ainsi, les progrès rapides durant la guerre de la profession comptable et la poussée corrélative des jeunes vers cette profession ont fini par répandre en bien des milieux l'idée que la spécialisation en comptabilité est la principale voie d'accès aux affaires et que l'École des Hautes Études Commerciales est elle-même avant tout une école de comptabilité. Il faut redresser cette tendance et, sans détourner de son enseignement les candidats à la profession comptable ou à toute autre fonction professionnelle des affaires, remettre en évidence l'objet propre de l'École, qui est avant tout la formation de futurs administrateurs.

[Aussi], la réforme amorcée au lendemain de la guerre, tout en la comportant, excède d'emblée la simple mise au point d'un programme d'enseignement. C'est d'une réforme de structures qu'il s'agit, en vue, d'une part, d'adapter l'enseignement aux exigences nouvelles des affaires, d'autre part, de parfaire l'intégration de l'École elle-même au régime d'enseignement [du Québec][117].

On procède d'abord à la révision des deux cours traditionnels: les opérations commerciales et la technologie industrielle. Le contenu de ces cours est entièrement renouvelé. En première année, un cours d'initiation aux affaires et un cours de production industrielle servent d'introduction, le premier à un cours général d'administration, et le second à un cours d'organisation industrielle en deuxième et troisième années. En troisième année, la section des affaires devient *section d'administration*, parallèle à la *section comptable*, à la *section mathématique* et à la *section économique*.

Dans son ensemble, le programme lui-même est désormais composé de quatre matières principales répondant aux exigences fondamentales de la formation intellectuelle de l'homme d'affaires à notre époque — agencées entre elles et réparties de façon à familiariser l'étudiant avec les structures et la marche de l'entreprise, l'objet et les exigences techniques de chacune de ses fonctions.

Nous verrons plus loin comment est établi dans le programme actuel le jeu des options et comment chaque étudiant peut, selon ses aptitudes et ses tendances d'esprit, organiser ses études de façon à s'assurer le maximum de formation générale

---

117. Minville appelle ici la réforme générale de l'enseignement au Québec qui permettrait à l'École de prendre sa place exacte, telle que définie en conclusion du rapport précédent, en la déchargeant des enseignements qu'elle doit donner faute d'adéquation entre les exigences de son propre enseignement et la préparation donnée par le système général.

tout en amorçant, s'il le désire, la spécialisation qui le conduira à telle ou telle carrière professionnelle des affaires[118].

Mais la révision d'un programme d'études en vue d'en relever le niveau et d'assurer une meilleure intégration des diverses matières doit nécessairement tenir compte du degré de formation de ceux qui s'y inscrivent. Le baccalauréat ès arts demeurant toujours le critère d'admission en première année, un double problème se pose. D'une part, améliorer la qualité du recrutement dans les collèges classiques (l'analyse des dossiers scolaires révèle en effet qu'un trop grand nombre de bacheliers de calibre intellectuel inférieur à la moyenne se dirigent vers les affaires, faute de pouvoir s'orienter autrement); d'autre part, fournir aux diplômés des écoles secondaires du Département de l'instruction publique l'occasion d'acquérir à l'École même le complément de formation générale qui les mette sur le pied des bacheliers ès arts.

N'insistons pas ici sur les mesures prises par l'École pour éclairer professeurs et élèves des collèges sur les exigences intellectuelles et morales et la portée sociale des carrières des affaires à notre époque, et ainsi attirer vers ces carrières une plus forte proportion de sujets bien doués. Cet effort de déracinement de vieux préjugés et d'approfondissement d'idées mal explorées devra se continuer longtemps encore.

* *
*

La réforme de 1954

La plus importante initiative de l'École en ces dernières années a trait aux diplômés des écoles secondaires. C'est le remplacement, en 1954[119], de la section préparatoire qui, depuis une trentaine d'années, faisait le pont entre les écoles primaires supérieures (dites aujourd'hui secondaires) et son propre enseignement, par une section spécialement conçue pour les diplô-

---

118. *Fêtes, etc., op. cit.*, p. 16.
119. *Idem.*

més de ces écoles et conduisant au baccalauréat en sciences commerciales. Cette réforme de structure s'inspire du régime des universités anglo-canadiennes sans cependant modifier les cadres depuis longtemps établis selon le régime propre à la province de Québec.

[...]. [Effectivement, ce nouveau programme] a placé le jeune Canadien français diplômé des écoles supérieures exactement sur le même pied par rapport aux études universitaires que le jeune Anglo-canadien diplômé des *high schools*. Lorsque ces cours ont été créés, les écoles supérieures de la région de Montréal ont loué cette initiative et proclamé à qui voulait l'entendre qu'ils répondaient à l'un des grands besoins de l'enseignement supérieur. [...][120].

Depuis 1954, l'enseignement régulier de l'École des Hautes Études Commerciales se divise donc comme nous l'avons dit plus haut, en deux cycles de niveau différent, selon le degré de préparation des élèves au moment de l'inscription. La réforme de 1954 a parachevé l'intégration de l'École au régime de l'enseignement [du Québec dans l'état où il se trouvait à ce moment-là][121]. Désormais, qu'il ait fait des études classiques ou suivi les cours des écoles publiques, le candidat aux carrières des affaires peut s'inscrire dans une section adaptée à son niveau et à ses besoins, et ordonnée aux fins professionnelles des affaires.

Dans son intention première, [ce nouveau] cours du second degré est une préparation au cours supérieur. Le détenteur du baccalauréat en sciences commerciales est en effet admis en deuxième année et peut en deux ans préparer la licence. [Mais], [...][122] dans son ensemble, le cours conduisant au baccalauréat vise à donner aux jeunes une culture générale comparable à celle du bachelier ès arts et en même temps la formation professionnelle de base nécessaire à l'acquisition et à l'exercice éven-

---

120. Le passage intercalé provient du rapport déjà cité à la note 59, p. 55.

121. L'application des recommandations du Rapport Parent a, entre autres, amené à l'École la disparition du premier cycle de l'enseignement régulier, ou cours de quatre ans conduisant au baccalauréat en sciences commerciales.

122. Le passage intercalé provient du rapport déjà cité à la note 59, p. 55.

tuel de grandes spécialités des affaires: comptabilité, actuariat, etc. [...]. [Nous en verrons le détail plus loin, dans le cadre de la description des structures actuelles.]

Ce cours répondait à un tel besoin que, dès la première année, il s'est présenté plus de candidats que l'École normalement aurait dû en recevoir — et le mouvement a depuis lors continué de croître. Il y a lieu de penser, étant donné, d'une part, le niveau du cours et, d'autre part, l'augmentation rapide de la population et l'intérêt croissant pour les carrières des affaires, que très bientôt il faudra créer d'autres centres. Cela pourra se produire à l'occasion de l'aménagement de l'École des H.E.C. dans un nouvel immeuble[123].

C'est aussi en ces dernières années que l'École, comme nous aurons l'occasion d'en dire un mot plus loin, a créé ses cours de perfectionnement en administration des affaires, cours qui ont eu, dès leur lancement, un si grand retentissement[124]; [...][125]. Contrairement à ce qui se passe en Europe où les patrons ont eux-mêmes organisé ces cours, en Amérique, ce sont les écoles qui en prennent l'initiative. Nous partons de cette idée que la carrière des affaires étant ce qu'elle est, les écoles doivent dépasser la tradition et devenir des centres où, après avoir acquis sa formation préparatoire à l'apprentissage, le jeune homme d'affaires peut et doit revenir périodiquement pour une réflexion en profondeur sur les données de son expérience en regard des disciplines intellectuelles fondamentales de sa formation. Cette formule a l'avantage de resserrer au maximum les relations des écoles avec le monde des affaires et de faire en quelque sorte participer celui-ci à son évolution. [...].

[Au cours des mêmes années], l'École a [aussi] renouvelé son contrat d'affiliation avec l'Université de Montréal. En vertu du nouveau contrat, elle est au point de vue pédagogique sur le même pied que toute autre faculté universitaire. Désormais, ce

---

123. Les deux paragraphes qui précèdent, sauf l'intercalation, proviennent de la Conférence de Paris déjà citée. *Cf.* ci-dessus, nº 9, p. 17.

124. *Fêtes, etc., op. cit.*, p. 17.

125. Le passage intercalé ici provient de la conférence de Paris. *Cf.* ci-dessus, nº 9, p. 17.

n'est plus l'École qui décerne ses diplômes contresignés par l'Université, mais l'Université qui décerne les siens sur rapport de l'École et la signature du directeur et du secrétaire[126].

L'École en est [alors] arrivée à [une] étape [majeure] de sa longue évolution. Au terme d'une longue série d'initiatives qui se sont développées et renouvelées au long de son demi-siècle d'histoire, l'École des Hautes Études Commerciales est en état d'offrir par ses cours du soir et du jour, aux jeunes gens qui ont terminé soit les études classiques, soit les études primaires supérieures ou l'équivalent, et se destinent aux affaires, un enseignement correspondant aux diverses fonctions des affaires, depuis l'enseignement technique conduisant à un certificat spécialisé, jusqu'à l'enseignement universitaire conduisant à la licence et même au doctorat en sciences commerciales[127]. Ce régime d'enseignement diversifié, hiérarchisé, coordonné, est propre à leur procurer, aux mêmes conditions, tous les avantages dont ils pourraient bénéficier dans toute autre université canadienne ou de tout autre pays[128].

---

126. *Fêtes, etc., op. cit.*, p. 17.

127. Aujourd'hui (en 1993), les titres équivalents sont libellés «baccalauréat, maîtrise (MBA) et doctorat en administration des affaires». Il y a aussi une maîtrise en sciences de la gestion.

128. *Fêtes, etc., op. cit.*, p. 18.

— G —

Structures et programmes actuels (1960)

Cet enseignement est organisé en deux grandes branches: l'enseignement régulier (universitaire), l'extension de l'enseignement (pour employer une désignation douteuse, mais qui a de plus en plus cours dans nos milieux).

* *
*

L'enseignement régulier

L'enseignement régulier est proprement l'objet de l'École, sa raison d'être. Il est divisé en deux cycles de niveaux différents, selon le degré de formation des candidats, et prépare à l'administration des entreprises ou, selon les aptitudes des candidats, à certaines fonctions professionnelles des affaires: comptabilité privée (C.G.A., R.I.A.) ou publique (C.A.), actuariat, économie appliquée, etc.

a) Section du baccalauréat

Le *premier* cycle, qui remplace la section préparatoire fondée en 1914 et souvent remaniée depuis, est accessible aux diplômés des écoles secondaires du Département de l'instruction publique, et conduit au *baccalauréat en sciences commerciales*. Il correspond, année pour année et âge pour âge de l'élève, aux quatre années dites *college* des universités anglo-canadiennes, ainsi qu'aux quatre années supérieures des collèges classiques [du Québec].

Le programme de ce cycle est conçu et agencé de manière à assurer aux élèves:

1) Une culture générale comparable à celle des bacheliers classiques, c'est-à-dire une formation qui les rende aptes aux opérations fondamentales de l'esprit humain: aptitude à s'exprimer correctement à l'oral et à l'écrit dans la langue maternelle (mode naturel d'acquisition du savoir et de formation de l'esprit); aptitude au raisonnement mathématique, au raisonnement scientifique, au raisonnement philosophique et au maniement des idées; intelligence du milieu de vie: géographie, histoire, mécanismes et institutions de la vie commune, sociale et politique; sens éclairé de l'ordre et de la vocation humaine, rectitude de conscience.

Ce premier objet est assuré par l'enseignement de matières dites de formation générale, qui figurent au programme à dose plus ou moins importante *d'une étape à l'autre*: religion, langue et littérature françaises, langue et littérature anglaises, mathématiques générales, sciences physiques et naturelles, géographie, histoire, philosophie et morale des affaires.

2) Une formation professionnelle, économique et technique, permettant aux diplômés qui ne peuvent ou ne désirent pas pousser plus loin leurs études, de prendre un emploi dans les affaires et d'y faire un apprentissage fructueux. C'est l'objet des matières dites de formation professionnelle: théorie et pratique des affaires, comptabilité, économie, droit commercial et industriel, mathématiques financières et statistiques, technique de la production industrielle. Remarquons que plusieurs de ces matières: droit, économie, histoire sociale, sont traitées de façon que, tout en atteignant leurs fins professionnelles, elles contribuent à la formation générale des élèves: élargissement des horizons, enrichissement de la pensée.

3) À l'intérieur même de la formation professionnelle, une certaine orientation, soit vers les fonctions administratives, soit vers les carrières professionnelles. Pour l'instant, la quatrième année prévoit trois options principales: *a*) une option générale pour ceux qui ne désirent ni se spécialiser ni poursuivre leurs études au cycle supérieur; *b*) une option en administration pour ceux qui se proposent de préparer la licence en sciences commerciales; *c*) une option comptable pour ceux qui désirent s'établir comme comptables agréés. (Pour être admis à l'Institut des comptables agréés, le bachelier en sciences commerciales doit faire un stage de deux ans dans le bureau d'un comptable agréé; suivre en même temps, le soir, des cours de comptabilité et de vérification et passer l'examen final de l'Institut). D'autres options pourront, avec le temps, être offertes, en mathématiques de l'actuariat, par exemple, ou en marketing, si le nombre des candidats le justifie.

Le bachelier en sciences commerciales possède donc la formation générale nécessaire à quiconque veut exercer une fonction intellectuelle, quelle qu'en soit la nature. Il possède, en outre, et comme un achèvement de sa culture générale, une initiation professionnelle qui le met en état de commencer, avec chance de réussite, l'apprentissage des affaires, ou, s'il le désire, continuer ses études, de s'inscrire en deuxième année du cycle supérieur — sauvant ainsi une année par rapport au bachelier classique.

b) Section de la licence

Le programme du *deuxième cycle* (ou cycle supérieur) est essentiellement professionnel. [Il] est offert aux jeunes gens qui, doués des qualités psychologiques et intellectuelles appropriées, aspirent à exercer éventuellement dans les affaires des fonctions de direction. Il s'applique à cultiver chez eux les qualités de chef et un sens aigu des responsabilités correspondantes. L'étudiant, détenteur du baccalauréat, est censé posséder déjà la culture générale nécessaire comme fondement à des études universitaires et à l'exercice éventuel des fonctions professionnelles ou administratives des affaires.

L'objet propre du cours supérieur, c'est de former d'une génération à l'autre, des jeunes hommes aptes, moyennant un apprentissage plus ou moins long, aux fonctions supérieures des affaires. Le programme est conçu et agencé à cette fin. Et c'est peut-être par l'agencement de son programme d'études supérieures que l'École des H.E.C. de Montréal présente l'aspect le plus original. Par sa composition et ses structures, ce programme cherche à placer l'enseignement, donc l'étudiant lui-même, dans l'entreprise, puis à placer l'entreprise dans l'économie canadienne et celle-ci dans son contexte international. L'enseignement vise aussi à ouvrir des horizons à la fois sur l'entreprise elle-même et les diverses fonctions dont l'exercice coordonné en assure la vie; sur les grandes données de l'économie canadienne en elle-même et dans ses rapports avec le monde extérieur[129].

Le cours repose sur deux disciplines fondamentales: [l'économie et l'administration]. Le programme [proprement dit s'articule autour de] quatre matières principales dont la synthèse répond au type intellectuel de l'homme d'affaires, quelle que soit sa fonction, administrative ou professionnelle. [S'ajoutent à] l'économie et à l'administration, les mathématiques et la comptabilité, plus certaines matières auxiliaires comme le droit et la langue anglaise.

a) *L'économie.* L'homme d'affaires chef d'entreprise est essentiellement un praticien des sciences économiques. L'économie sort de ses mains. Et ce sont des œuvres d'hommes d'affaires qu'observent les économistes pour dégager la science économique elle-même. La formation de l'homme d'affaires doit donc fondamentalement être une formation économique. D'où l'importance de l'économie et des sciences connexes dans le programme.

b) *L'administration.* Les affaires s'organisent dans une institution: entreprises petites ou grandes du type capitaliste, coopératif peu importe. Or l'entreprise est une entité vivante qui

---

129. *Op. cit.*, p. 8. *Cf.* ci-dessus, n° 9, p. 17.

pour réaliser ses fins, se développer, parvenir à son plein épanouissement a besoin d'être dirigée. Or diriger veut dire:

1) l'organiser selon les exigences des techniques modernes: services divers, coordination des services, aménagement de l'atelier, etc.; cela regarde la formation technique de l'homme d'affaires.

Mais diriger une entreprise, cela veut dire également:

2) la situer à tous moments dans un complexe économique, lui-même toujours en mouvement et prendre ses décisions en conséquence.

D'où l'extrême importance de la formation économique dont nous avons parlé il y a un instant — celle-ci se développant d'ailleurs en étroite relation et finalement en synthèse avec la formation administrative.

La première année du cours en est une d'initiation aux techniques courantes des affaires, à la comptabilité, au droit, à l'économie, à la géographie économique, aux techniques et disciplines intellectuelles faisant partie normalement de la formation d'un homme d'affaires. En deuxième et troisième années, le programme est calqué sur les structures mêmes de l'entreprise et se développe à partir des deux matières principales. Ces deux matières de base donnent elles-mêmes lieu à des cours d'approfondissement correspondant:

a) en économie, aux grands sujets spécialisés: institutions financières et bourse, monnaie, crédit et banque, finances publiques, théorie et pratique du commerce international, etc.;

b) en administration, aux fonctions diverses de l'entreprise: technique de la production, administration du personnel, finance de l'entreprise, organisation de la vente, relations sociales.

Les mathématiques (financières et statistiques) et la comptabilité correspondant à la fonction contrôle figurent au programme des trois années, soit comme élément de formation générale, soit comme amorce des spécialisations correspondantes. En troisième année, le cours général d'administration, le cours d'économie de l'entreprise, de morale des affaires et la thèse de licence obligent l'étudiant à amorcer la synthèse, sous un aspect ou sous un autre, des connaissances acquises au cours des années antérieures.

Mais si l'objet propre du cours supérieur est la formation générale d'un futur administrateur, l'École doit quand même se préoccuper de former certains types de techniciens des fonctions professionnelles des affaires: comptables de toutes spécialités, statisticiens, actuaires, agents des relations publiques. Le milieu social à desservir n'est pas encore assez populeux pour que la formation de ces spécialistes puisse être confiée à une autre institution.

Il faut reconnaître que la poursuite simultanée des deux fins distinctes complique assez sérieusement le fonctionnement de l'École — notamment en ce qui concerne l'orientation de l'étudiant et ses options à un moment ou à l'autre de ses études, et l'équilibre à maintenir entre la formation générale et la formation spécialisée, quelle que soit l'orientation que l'étudiant donne à ses études.

[Quoi qu'il en soit], tout jeune homme qui obtient la licence en sciences commerciales possède comme formation de base une large initiation à l'économie et à l'administration appliquées aux affaires — formation que l'apprentissage et les études personnelles lui permettront de développer au long des années.

Les écoles même les plus avancées ne sauraient prétendre de former directement un chef d'entreprise. Un apprentissage plus ou moins long demeure nécessaire pour donner à la formation acquise à l'École sa véritable efficacité professionnelle. Il importe donc que tout diplômé puisse faire cet apprentissage dans les fonctions les mieux adaptées à ses aptitudes et, par suite, dans les conditions les plus propres à assurer le plein épanouissement de sa personnalité. D'où la nécessité d'un commencement de spécialisation à l'École même. C'est à cette fin que répondent les options de deuxième et troisième années. Dès la fin de leur première année d'études, les étudiants sont invités à réfléchir sur leur cas professionnel, à se rendre compte de leurs propres tendances d'esprit, et à choisir en conséquence les options de deuxième et troisième année qui, en même temps qu'une formation économique administrative générale, les orienteront vers la ou les fonctions spécialisées dans l'exercice desquelles il sera le plus avantageux pour eux de faire leur apprentissage. Les spécialités offertes aujourd'hui correspondent:

a)   soit à telle ou telle fonction de l'entreprise comportant des exigences professionnelles plus ou moins caractérisées (marketing, administration du personnel);

b)   soit aux branches spécialisées des affaires (assurances, commerce de détail, etc.);

c)   soit enfin aux fonctions qui tendent à s'instituer en fonctions plus ou moins autonomes au sein même des affaires (comptabilité privée ou publique, actuariat, publicité, etc.).

Au point de vue pédagogique, la question qui se pose à l'heure actuelle est celle de savoir jusqu'où la spécialisation pourra être poussée durant la période de formation professionnelle générale. Il y a lieu de se demander si nous n'en viendrons pas bientôt à amorcer seulement la formation spécialisée au cours général, quitte à fournir aux licenciés en sciences commerciales [la possibilité de] venir la parfaire à certaines conditions de stage, de cours et d'examens durant la toute première période de leur apprentissage. L'expérience seule nous permettra de déterminer la formule la plus fructueuse. [...]. Mais la formation d'un futur administrateur demeure toutefois le grand objet du cours supérieur, et la spécialisation elle-même est traitée dans cette perspective[130].

Chacune [des] disciplines [de ce programme] a ses techniques propres et peut conduire, si elle est approfondie pour elle-même, à la formation d'un spécialiste. Trois types de spécialisation pourront être ainsi amorcés durant les études préparatoires à la licence: techniques des affaires (comptabilité, statistique, etc.); fonctions [ou économie] de l'entreprise (production, marketing, personnel, [conjoncture]); grandes branches spécialisées des affaires (finance, assurances, trans-

---

130. Les pages qui précèdent depuis le sous-titre «Section de la licence» sont constituées de passages entrecroisés de deux documents déjà cités: la conférence de Paris (*Cf.* ci-dessus, n° 9, p. 17) et le rapport du comité (*Cf.* ci-dessus, n° 59, p. 55).

ports). Les cours spécialisés ne représentent cependant qu'une faible proportion d'un programme d'étude, organisé de façon à donner la formation la plus générale possible. [Car la spécialisation] n'est pas l'objet premier d'une école d'administration des affaires, même si, pour répondre aux besoins de son milieu, elle doit en même temps former des spécialistes. Les diverses disciplines qui figurent à son programme visent d'abord à la formation d'un type professionnel qui n'est le spécialiste d'aucune d'entre elles, mais qui les utilise toutes à ses fins propres: la direction d'une entreprise. Elles sont donc complémentaires et, dans une large mesure, l'instrument les unes des autres.

Dans son agencement et son développement au long du cours, le programme est axé sur l'entreprise, considérée en elle-même à la fois comme unité de base de l'économie et centre professionnel des affaires. L'étudiant doit apprendre à la connaître en elle-même (structures, fonction) et dans ses relations avec le milieu économique et social. Le programme des premières années embrasse l'ensemble des matières. En troisième année, l'étudiant peut, selon ses aptitudes et les circonstances particulières de sa vie, ou bien poursuivre des études dans la ligne de développement de première et deuxième années, ou bien, tout en continuant sa formation générale, mettre l'accent sur telles ou telles matières, amorçant ainsi une spécialisation qu'il pourra, à sa sortie de l'École, ou bien compléter par des études supplémentaires, en faisant ainsi une carrière, ou bien utiliser simplement comme mode d'accès à l'apprentissage et de cheminement vers les fonctions administratives. Outre le cours général, les principales options de troisième année se font en économie appliquée, en contrôle et finance, en mathématiques ou recherche opérationnelle.

L'homme d'affaires étant — sans pourtant en posséder le contrôle — l'agent actif de l'économie, grande réalité qui a ses structures, ses mécanismes et ses lois propres, les sciences économiques sont la donnée fondamentale de sa formation professionnelle. Elles sont pour lui ce que sont la boussole et le phare pour le navigateur; elles le guident et éclairent sa route. Sous le titre général de sciences économiques sont groupés ici les cours de géographie économique, d'économie politique, d'économie de l'entreprise, de finances publiques, de relations économiques internationales, de monnaie, crédit et banque, de problèmes économiques contemporains, d'analyse et de conjoncture. La géographie économique et le cours général d'économie forment le programme de première et de deuxième années; en troisième, le cours d'économie de l'entreprise est obligatoire pour tous les étudiants; les autres ressortissent à l'option économie appliquée.

Une solide formation mathématique est désormais indispensable à l'homme d'affaires. Outre leur valeur propre de formation intellectuelle et le fait qu'elles conduisent à certaines fonctions professionnelles, les mathématiques sont l'instrument nécessaire de toutes les autres matières: économie, comptabilité, contrôle et, depuis l'avènement de la recherche opérationnelle, administration. Le programme de première année est une révision des mathématiques générales, en vue des mathématiques financières et de la statistique en deuxième, et de la recherche opérationnelle en troisième. Les élèves qui le désirent peuvent suivre certains cours supplémentaires en première et deuxième et choisir l'option mathématique en troisième en vue soit de préparer les examens de la Société américaine des actuaires, soit d'amorcer une spécialisation en statistique ou en recherche opérationnelle.

Inutile d'insister sur l'importance du contrôle dans une maison d'affaires. La comptabilité et la statistique en sont les instruments. L'enseignement de la comptabilité est réparti sur toute la durée du programme et donne lieu à une option en troisième année (contrôle financier). Les diplômés de cette section peuvent, s'ils le désirent, et moyennant une année de stage et des études supplémentaires, obtenir la licence en sciences comptables, ce qui leur donne droit à l'admission dans l'Institut des comptables agréés.

Enfin, les disciplines administratives sont en quelque sorte l'aboutissement des autres matières au programme. Le cours de théorie et pratique des affaires de première année prépare directement au cours général d'administration en deuxième et troisième. Celui-ci donne lieu à des cours particuliers, correspondant aux diverses fonctions de l'entreprise: production, vente, contrôle, finance, personnel et relations humaines. C'est au cours d'administration que, par les exposés théoriques et par des travaux d'application, l'étudiant fait peu à peu la synthèse des diverses matières de son programme d'études.

L'École des Hautes Études Commerciales est en effet une école professionnelle. Son effort doit tendre: *a*) à communiquer à l'étudiant l'ensemble des connaissances nécessaires à l'homme d'affaires; *b*) à lui apprendre à les utiliser à ses fins professionnelles, c'est-à-dire à l'administration d'une entreprise ou à l'exercice de telle ou telle fonction spécialisée. L'enseignement doit donc être à la fois théorique et pratique et répondre aux trois aspects de la formation de l'homme d'affaires: technique, économique et social.

Comme le praticien de n'importe quel métier, l'homme d'affaires doit avoir la maîtrise des règles de pratique de son art. Au début de sa carrière, il exerce des fonctions plus ou moins élevées, qui lui permettent de se rompre à l'usage des techniques de la production, de la finance, de la vente, du contrôle, etc. Parvenu à la direction, il doit les posséder suffisamment pour pouvoir, sinon les pratiquer lui-même, du moins utiliser efficacement la compétence de ceux qui les possèdent. Or, comme ces techniques varient pour la plupart d'une entreprise à l'autre, et qu'au surplus elles sont en constante évolution, la seule formation qui ait valeur permanente, ce n'est pas celle qui porte sur les modalités techniques, mais celle qui s'efforce de faire saisir à l'étudiant les principes scientifiques dont elles dérivent et le met en état d'en suivre indéfiniment l'évolution. Ainsi en est-il de la formation économique: elle ne vise pas à faire du futur homme d'affaires un économiste au sens où la science l'entend de nos jours, mais un homme capable de comprendre les travaux des économistes et de les utiliser à ses fins.

Quant à la formation sociale, elle procède d'une philosophie, d'un certain sens de l'ordre. Ce qui est demandé à une école professionnelle, c'est d'éveiller l'étudiant à la portée sociale des affaires et de lui apprendre à les organiser de telle manière que la justice en soit, en toute circonstance, la norme régulatrice. L'étudiant est donc invité à faire l'intégration professionnelle d'une formation philosophique et historique acquise durant les années antérieures.

L'enseignement pratique prend des formes variables selon la matière et le niveau de formation de l'élève: travaux d'application, en classe ou à domicile, conférences de révision et séminaires, forums et discussion de «cas», selon la méthode de plus en plus répandue dans les écoles d'administration. Tout cela, d'une part, en vue d'amener l'étudiant à faire la synthèse de son programme d'études et à en découvrir la valeur professionnelle, d'autre part, à fortifier et affermir son jugement et à cultiver en lui l'esprit de décision.

*   *
*

Les cours dits d'extension

Comme le nom l'indique, l'«extension» de l'enseignement répond au besoin de groupes qui ne peuvent s'assurer le bénéfice de l'enseignement régulier. Disons simplement ici que ces cours, dans la mesure où ils imposent des conditions définies d'admission et conduisent à un diplôme également défini, ou à un titre professionnel comme le C.A., appartiennent à l'enseignement régulier; mais dans la mesure où l'inscription est libre et où l'enseignement ne conduit à aucun diplôme ou titre professionnel, ils appartiennent à l'extension. Il y a là une compénétration des services qui se dénouera avec le temps[131]. À l'École des Hautes Études Commerciales, cette branche de l'enseignement se subdivise en deux grandes sections nettement distinctes.

a) Les cours de préparation aux affaires

Les cours de préparation aux affaires [sont des] cours techniques ou professionnels offerts, le soir, aux jeunes gens qui, au sortir des écoles secondaires, doivent prendre de l'emploi dans les affaires, mais veulent néanmoins acquérir la formation théo-

---

131. *Fêtes, etc., op. cit.*, p. 23.

rique que leur permettra l'apprentissage à la fois le plus rapide et le plus fructueux. Il conduit à un diplôme commercial après trois années d'études, ou à certains certificats spécialisés (comptabilité, pratique bancaire, langues étrangères); il prépare, en outre, à l'admission dans l'Institut des comptables agréés[132].

Peuvent s'inscrire aux cours de préparation aux affaires des élèves libres et des élèves réguliers. Les candidats à l'admission comme élèves libres peuvent sans condition s'inscrire à une, deux ou plusieurs matières de leur choix. Toutefois, pour tirer profit des études, il leur faut généralement avoir terminé une 11e année. Pour être admis à la préparation d'un diplôme ou d'un certificat, le diplôme de 11e année ou l'équivalent est exigé.

Les principales matières au programme sont la comptabilité, les opérations commerciales, les mathématiques générales et financières, le droit commercial, l'économie politique, l'administration, l'administration du personnel, la correspondance commerciale, la pratique bancaire, les relations extérieures, les langues étrangères, etc.

À même cet ensemble, l'étudiant peut préparer un *diplôme commercial* (trois années d'études), des certificats spécialisés: en comptabilité (cinq années d'études), en pratique bancaire (deux années d'études), en correspondance commerciale (une année d'études), en langues étrangères (trois années d'études).

Il peut également se préparer aux examens d'admission à l'Institut des comptables agréés (cinq années de stage et cinq années d'études; examen intermédiaire après la troisième année et examen final après la cinquième) ainsi qu'aux examens de l'Association générale des comptables (C.G.A.).

L'École procède à l'heure actuelle à une importante révision de ses cours de préparation aux affaires: programme général et spécialités. Ces cours répondent dans notre milieu à un très grand besoin; depuis la fin de la guerre surtout, les inscriptions ne cessent de croître, dépassant les 1 200 en 1959-1960.

b) Les cours de perfectionnement

Les cours de perfectionnement en administration des affaires ont été fondés en 1958, avec la collaboration de l'Université

---

132. *Op. cit., cf.* ci-dessus, n° 18, p. 22.

Harvard qui veut bien, encore aujourd'hui, autoriser certains de ses professeurs à prêter leur concours. Ils sont au Canada français la réplique des cours du même type créés aux États-Unis et en Europe il y a déjà plus de vingt-cinq ans, et qui depuis la fin de la guerre se sont multipliés et répandus dans tous les pays industrialisés. Comme le nom l'indique, ils s'adressent, non plus à des jeunes qui se préparent aux carrières des affaires, mais à des hommes engagés déjà depuis plusieurs années dans la pratique et qui, exerçant des fonctions de direction dans leurs entreprises respectives, éprouvent le besoin d'une réflexion en profondeur sur les données de leur expérience en regard des disciplines fondamentales de la formation de l'homme d'affaires.

Ils se divisent en deux séries. La première, organisée par l'École elle-même, s'adresse aux chefs d'entreprise et aux administrateurs, et se donne une fois l'an sous forme de sessions intensives de deux ou trois semaines. La méthode dite des «cas» est seule en usage, selon la formule élaborée et répandue un peu partout dans le monde par la School of Business Administration de l'Université Harvard.

La seconde série s'adresse aussi aux chefs d'entreprise, mais d'abord aux cadres supérieurs. Elle est organisée conjointement par l'École des Hautes Études Commerciales de Montréal et la Faculté de commerce de Québec en collaboration avec l'Association professionnelle des industriels (API). Les cours se donnent selon la méthode des «cas» à des groupes d'une quarantaine, d'abord le soir, une fois la semaine, pendant huit semaines, dans l'une et l'autre école, puis, pour terminer, sous forme de sessions intensives réunissant les deux groupes durant trois ou quatre jours.

Le programme de l'une et l'autre série couvre les divers aspects de l'administration de l'entreprise: production, vente et organisation de la vente, administration du personnel et relations humaines, contrôle, financement de l'entreprise. L'objet n'est pas tant d'approfondir les techniques de ces diverses fonctions que d'habituer l'étudiant à saisir toutes les données d'un même problème et de voir celui-ci dans les perspectives de la direction générale de l'entreprise. Dans l'ordre de l'exécution, l'esprit de décision est la qualité dominante de l'homme d'affaires, — quelle que soit la dimension de son entreprise. Or, comme la pratique des affaires est en constante évolution, l'homme d'affaires qui ne renouvelle pas ses procédés et ses méthodes risque d'être vite dépassé, donc déclassé. C'est pourquoi les cours de perfectionnement en administration répondent à un si grand besoin — et ont reçu dans notre milieu, comme d'ailleurs partout où ils ont été organisés, un si enthousiaste accueil.

Mentionnons enfin les cours organisés en collaboration avec l'Advertising and Sales Executives Club of Montreal et le Publicité Club.

Faut-il ajouter que l'œuvre accomplie dans ce domaine depuis 1958 n'est qu'un début et que, par la force même des choses, elle est appelée à un grand développement. Plus les affaires évoluent, plus l'économie se transforme et plus croissent et l'influence et les responsabilités de l'homme d'affaires, plus il est nécessaire de mettre à sa disposition les moyens de se maintenir lui-même à la hauteur de sa fonction, donc d'approfondir sa formation intellectuelle, d'assouplir et affiner sa formation professionnelle — le tout en relation avec le développement même de son expérience.

* *
*

Les services auxiliaires

Il n'est pas de véritable enseignement supérieur qui ne s'appuie sur deux services auxiliaires distincts mais étroitement apparentés: une bibliothèque et un service de recherches. Outre donc les cours organisés selon les structures que nous venons de décrire, l'École des Hautes Études Commerciales [continue de] mettre à la disposition de ses élèves, du monde des affaires et du public en général, une bibliothèque économique qui est aujourd'hui l'une des plus importantes du genre au Canada, et [de développer] un service de recherches qui a déjà produit des travaux considérables et dont la réputation s'étend bien au-delà [du Québec et du Canada].

1) La bibliothèque

La bibliothèque de l'École des Hautes Études Commerciales s'est développée parallèlement à l'enseignement lui-même — bibliothèque économique, qui constitue [vite] une mine inépuisable de renseignements. [L']immeuble [de la rue Lagauchetière étant] devenu bientôt insuffisant[133], elle occupe depuis quelques années une aile de l'École — l'ancien musée commercial et industriel —, qui, par ses dimensions, représente bien près du tiers de la maison elle-même[134]. Rien n'a été négligé pour en faire une bibliothèque aussi complète que possible. La nature de son enseignement oblige d'ailleurs l'École à garder à la disposition de ses étudiants une abondante documentation dont ils peuvent se servir pour compléter leurs notes de cours, se livrant ainsi à la recherche et à l'étude personnelles, si nécessaires à leur culture et à leur formation professionnelle[135]. [Cependant], l'École des Hautes Études n'a pas créé sa bibliothèque pour l'usage exclusif de ses étudiants; nous dirions même qu'elle l'a surtout créée et constamment enrichie pour le public en général et particulièrement pour les hommes d'affaires. [Elle] constitue pour le commerçant, l'industriel, le financier, l'importateur, l'exportateur, en un mot pour l'homme d'affaires, quel que soit son genre d'entreprise, et le sociologue, le journaliste, le chercheur de toute spécialité, un incomparable instrument de travail et donc une source précieuse de bénéfices. Personne plus que l'homme d'affaires n'a besoin de se documenter, de se tenir au courant de l'état des marchés, de la situation politique au pays et à l'étranger, des nouvelles inventions, des nouvelles méthodes commerciales, des nouveaux procédés de fabrication, des besoins, de la production et du commerce de tel ou tel pays, etc. Il trouvera tous ces renseignements collectionnés, classés pour lui à la bibliothèque de l'École des Hautes Études Commerciales[136].

---

133. *Cf.* ci-dessus, p. 87.

134. À ce moment-là, l'École était encore installée rue Viger.

135. *Les Nouvelles, etc., op. cit.*, vol. 1, n° 4, mai-juin 1927, p. 1.

136. *Les Nouvelles, etc., op. cit.*, vol. 1, n° 5, juillet-août 1927, p. 1.

Tout le monde le reconnaît aujourd'hui, [elle] est une des bibliothèques économiques les plus importantes du pays — certainement la plus importante de Montréal. Plusieurs des professeurs et les chercheurs de l'Université McGill sentent le besoin d'y venir eux-mêmes travailler[137].

Elle renfermait [en 1960] environ 130 000 ouvrages d'économie politique et sociale, de géographie économique, d'histoire économique et sociale, de droit, de technologie et production industrielle, de comptabilité, d'administration, de sciences financières, d'assurance, de publicité, d'organisation de la vente, de mathématiques et de statistiques, etc.; elle possède également une quinzaine de mille brochures, plus de mille annuaires, l'une des plus complètes collections de documents publics au Canada (gouvernements canadiens — fédéral, provinciaux, municipaux — et étrangers); elle reçoit mensuellement plus de huit cents périodiques [en provenance de nombreux pays] — de plusieurs d'entre lesquels elle possède la collection complète depuis vingt, trente et même quarante ans; enfin, elle effectue, une année portant l'autre, plus de cent mille prêts. En relations d'échanges avec toutes les grandes bibliothèques [du Québec, du Canada] et même de l'étranger, elle est aujourd'hui l'un des principaux foyers intellectuels de la métropole.

2) *L'Institut d'économie appliquée*

En octobre 1959, l'École annonçait la création, dans ses cadres, d'un Institut d'économie appliquée. En fait, il s'agissait moins d'une création que de l'attribution d'un nom approprié à un organisme déjà ancien: le Service de documentation [économique], dont l'origine remonte à l'acquisition par l'École en 1927 de l'*Actualité économique*. L'Institut d'économie appliquée assume: l'enseignement des sciences économiques — et cela à tous les paliers de l'enseignement régulier et aux cours du soir; la recherche sous toutes ses formes et les publications qui en dérivent:

---

137. Cette phrase provient du rapport déjà cité à la note 59, p. 55.

a) *L'Actualité économique*, revue trimestrielle destinée au monde des affaires et au monde de l'enseignement, aujourd'hui répandue partout au pays et à l'étranger.

b) *Les études économiques*, brochures sur des sujets généraux ou se rapportant au milieu économique canadien et ayant fait l'objet d'enquêtes et de recherches originales.

c) La collection des *Études sur notre milieu*, série de grands ouvrages consacrés aux données principales de l'économie [du] Québec.

3) *Le musée commercial et industriel*

Le musée commercial et industriel, aménagé autrefois dans ses locaux propres, est aujourd'hui installé dans les locaux mêmes de l'École. Son objet est de mettre sous les yeux des étudiants des échantillons des produits qui sont à la base de l'activité industrielle et du commerce. Il complète ainsi l'enseignement de la géographie économique et de la technologie industrielle. Il possède des collections d'à peu près tous les grands produits du monde, minéraux, végétaux, animaux, classés selon l'origine ou disposés selon le processus de fabrication.

[Mais un enseignement], c'est avant tout le niveau intellectuel et professionnel [d'un corps professoral].

* *
*

Le corps professoral et la qualité de l'enseignement[138]

[Le corps professoral] de l'École compte 25 professeurs de carrière et une cinquantaine de professeurs à temps partiel. Tous les professeurs de l'École détiennent comme degré académique au minimum une licence — la majorité d'entre eux une licence en sciences commerciales. Sur les 25 professeurs de carrière, 7 détiennent en outre un doctorat, 3 un diplôme de l'École libre des sciences politiques de Paris devenue en ces dernières années l'Institut d'études politiques, 1 une maîtrise en science écono-

---

138. *Op. cit., cf.* ci-dessus, n° 59, p. 55.

mique, 1 une licence en sciences sociales et 1 un baccalauréat en pédagogie, 1 une licence ès sciences, 1 une licence en pédagogie, 4 le titre de comptable agréé (C.A.). Je ne dis rien ici des professeurs à temps partiel dont une quinzaine au moins détiennent, outre la licence en sciences commerciales, le titre de C.A., d'autres une maîtrise en administration ou autres titres académiques de même rang.

Dans l'ensemble et comme niveau intellectuel, je ne crois pas qu'il existe [en 1960], dans le giron de l'Université de Montréal, une école dont le personnel se situe plus complètement au niveau le plus élevé de la hiérarchie académique.

Or cette équipe d'une remarquable qualité intellectuelle est aussi d'une excellente qualité professionnelle. Tous sont venus à l'enseignement par choix, parce qu'ils aiment le métier; tous sont très conscients des exigences de l'enseignement à notre époque et des responsabilités qu'ils encourent, comme professeurs à l'institution dont ils font partie et de la société dans laquelle ils travaillent. Cette équipe est véritablement une équipe en ce sens que les échanges de vues entre les professeurs de différentes disciplines sont désormais habituels et qu'un magnifique esprit de communauté est en voie de se créer dans leurs rangs. Depuis trente-cinq ans que je la fréquente à un titre ou à un autre, je ne crois pas que l'École ait jamais compté une équipe aussi homogène et d'une aussi belle qualité.

Sans doute pour les raisons indiquées précédemment, cette équipe est encore formée en majorité de jeunes gens. Plusieurs des professeurs recrutés dans les années 1940-1942 ont renoncé à la carrière de l'enseignement bien qu'ils continuent de collaborer avec nous. Si nous avions pu garder dans nos rangs les recrues d'il y a douze ou quinze ans, le travail que la jeune équipe est en train d'effectuer serait déjà en marche depuis plusieurs années.

[Quant à la] qualité de l'enseignement, l'effort devra désormais, pour assurer à l'organisation pédagogique de l'École sa pleine efficacité, tendre à bonifier par le dedans les structures dont nous venons de [parler]. C'est l'œuvre à laquelle est attaché le personnel enseignant. Ce sont les maîtres en effet qui font une école et non pas, quoiqu'on incline trop souvent dans nos milieux à penser, les administrateurs. Ce que nous avons dit plus haut des qualités intellectuelles et professionnelles des professeurs de l'École des H.E.C. permet les meilleurs espoirs. Cette équipe travaille, nous l'avons dit, avec enthousiasme et une remarquable efficacité. Pour peu que l'esprit qui l'anime à l'heure actuelle continue de se développer, il y a lieu de croire qu'avant longtemps l'École des H.E.C. pourra se comparer à n'importe quelle institution du même genre. C'est même déjà un fait acquis. L'un de nos diplômés des années dernières a pu constater par lui-même que ce qu'il avait appris à l'École des H.E.C. ne le cédait en rien à ce qu'une grande université américaine comme Harvard enseigne au niveau de la maîtrise. Il s'y est inscrit et a constaté bientôt qu'on ne lui offrait rien qu'il n'avait déjà appris à l'École des H.E.C.

L'École compte à l'heure actuelle l'équipe d'économistes la plus réputée [du Québec]. Se pose-t-il un problème économique et social nouveau, ce sont nos professeurs d'économie que les chambres de commerce, les associations de patrons, les grandes municipalités, les gouvernements eux-mêmes consultent. La plupart des grands mémoires des chambres de commerce en ces dernières années ont été préparés par nos hommes.

Nous pourrions dire sensiblement la même chose du personnel attaché à l'enseignement d'autres disciplines: à la comptabilité, par exemple. C'est l'École des H.E.C. qui a créé pour les Canadiens français la profession de comptable public — profession au sein de laquelle ses diplômés exercent aujourd'hui une influence déterminente et au développement de laquelle nos propres professeurs contribuent quotidiennement. Quant à l'actuariat, c'est l'École des H.E.C. qui, à la demande du trésorier de la Province et du surintendant des Assurances, en a pris l'initiative. Depuis lors, la Faculté des sciences de l'Université Laval est entrée avec fracas dans ce domaine. Je ne crains cependant d'aucune manière de comparer notre conception de la formation actuarielle à celle dont on fait grand état à Québec.

Pour former son corps professoral, l'École a déployé depuis une vingtaine d'années un effort constant. Nous l'avons vu plus haut, la plupart de nos professeurs possèdent l'un ou l'autre des plus hauts titres académiques. Afin de leur permettre de se perfectionner, l'École n'a pas hésité de les envoyer à ses frais, durant deux ans et même trois ans à l'étranger, ou de leur faire faire un stage plus ou moins prolongé dans les affaires. Elle entend continuer cette politique et mettre tout en œuvre pour assurer le recrutement et le perfectionnement de son personnel à mesure que les besoins croissent en nombre et en exigences. [...].

*   *

*

Bref, l'École des Hautes Études Commerciales, comme nous l'avons fait remarquer déjà, est aujourd'hui une institution complexe, bien ordonnée en toutes ses parties aux besoins de la jeunesse que les affaires attirent d'une part, aux exigences professionnelles des différentes fonctions des affaires d'autre part. Reste à parfaire ce que le premier demi-siècle a édifié. Ce sera l'œuvre du second.

— H —
Rayonnement

De toutes les institutions d'enseignement [du Québec], avons-nous affirmé plus haut, l'École des Hautes Études Commerciales est probablement celle dont la présence au milieu social depuis un demi-siècle a été la plus constante. Cette volonté de présence, cet effort de rayonnement lui étaient et lui sont encore imposés par la nature même de son enseignement et par les conditions dans lesquelles elle a eu à s'établir et à se développer. Une école supérieure de préparation aux affaires emprunte à la connaissance du milieu qu'elle est appelée à desservir plusieurs éléments fondamentaux de son enseignement: géographie, droit, régime et institutions économiques, histoire, politiques, etc. De l'activité de l'homme d'affaires naissent quelques-unes des institutions les plus importantes et les plus dynamiques d'une société, d'une région, d'un pays; et il les façonne selon son esprit, selon la conception générale de l'ordre dont il est lui-même animé. L'école qui forme ce type professionnel doit donc être elle-même très attentive à tous les éléments de vie de son milieu, s'efforcer sans cesse de les assimiler, de les interpréter et au besoin de les repenser afin d'en informer sans cesse son enseignement.

Or, nous l'avons rappelé ci-dessus, au moment de sa fondation, l'École des Hautes Études Commerciales n'était pas tellement désirée par l'ensemble de la population qui n'en percevait pas l'utilité. Il lui a donc fallu s'en faire accepter, surmonter les objections que de part et d'autre on lui opposait, expliquer et réexpliquer ses objectifs. En un mot, il lui a fallu faire l'éducation du public qu'elle avait pour mission de servir. Les conditions particulières dans lesquelles elle s'établit se conjuguent ainsi avec les exigences mêmes de sa fonction pour l'obliger à garder le contact avec son milieu, à multiplier et à intensifier ses relations avec lui.

L'École a rayonné depuis cinquante ans, d'abord il va sans dire par son enseignement, et par ce que nous pourrions appeler le produit direct de son enseignement: ses diplômés; par ses services auxiliaires (bibliothèque, musée); par ses publications (revues, livres, travaux de recherches, etc.); par la participation de ses professeurs à l'organisation professionnelle du monde des affaires, aux mouvements d'action sociale et intellectuelle qui se sont développés au Québec, par leurs publications personnelles (ouvrages, brochures, articles de revue), leur collaboration avec les pouvoirs publics ou les commissions d'enquête ou d'études que ceux-ci ont de temps à autre mises sur pied, leurs interventions à la radio ou à la télévision, etc.[139]. [Tout cela a engendré] le renouveau de la pensée économique et sociale dont, dans le milieu canadien-français, son enseignement a été le principe.

[L'École] compte, depuis sa première promotion en 1913, environ mille huit cents diplômés qui occupent aujourd'hui des situations dans le commerce, l'industrie et la finance. Un certain nombre se sont établis à leur propre compte: commerçants, industriels, courtiers. D'autres sont entrés dans le fonctionnarisme provincial ou fédéral. La grande majorité cependant est engagée dans les affaires, au service des entreprises les plus diverses[140].

Si on le compare à l'ensemble des hommes qui sont engagés dans les affaires [au Québec], et dans les fonctions corres-

---

139. *Fêtes, etc., op. cit.*, p. 25.

140. Documents divers, *cf.* ci-dessus, n° 18, p. 22.

pondant par leurs exigences professionnelles au niveau de formation d'un diplômé de l'École, ce nombre ne représente encore qu'un minime pourcentage.

Il faut du temps pour qu'une institution d'enseignement parvienne à influencer par ses diplômés une branche d'activité aussi diversifiée que les affaires, et cela, pour deux raisons. 1) En règle générale, le diplômé ne peut accéder aux fonctions de direction, au niveau des cadres supérieurs ou de l'administration, avant au moins une dizaine d'années d'apprentissage. 2) Les promotions du début, alors que l'École bâtit son propre recrutement, sont généralement peu nombreuses. Dans le cas de l'École des Hautes Études, cela veut dire que les dix dernières promotions en sont encore au stade de l'apprentissage.

Or, ce sont de beaucoup les plus nombreuses: dans l'ensemble, elles représentent presque la moitié du nombre total des diplômés depuis cinquante ans. Donc, sur les 1 800 diplômés dont nous avons parlé plus haut, environ 900 ont atteint l'âge de la pleine activité comme hommes d'affaires; les autres sont en route. Eh bien, quelles fonctions exercent-ils? Nous n'en avons évidemment pas fait le relevé individu par individu, mais pour une idée d'ensemble, voici quelques indications:

Cinq cent six remplissent des fonctions de direction:

a) dans des entreprises qui leur appartiennent: 96 sont présidents ou seuls propriétaires, 16 sont vice-présidents, 35 sont secrétaires, trésoriers ou administrateurs, 16 exercent les fonctions de directeur général;

b) dans des entreprises dont ils ne sont pas propriétaires: 20 sont présidents, 12 sont vice-présidents, 266 sont secrétaires, trésoriers ou administrateurs, 45 exercent les fonctions de directeur général.

Ces entreprises ne sont pas toutes de grandes tailles, mais si la plupart sont petites ou moyennes, il en est aussi de très importantes (services publics, sociétés d'assurances, maisons de finance, grands commerces et grandes industries). Au surplus, les petites et moyennes entreprises dans une économie d'expansion sont appelées à grandir — il est même de la plus haute importance, dans l'intérêt de ceux qui y participent et dans l'intérêt de la société, qu'elles grandissent. Cette pérennité et ce développement dans le temps des entreprises déjà établies, quelle qu'en soit la taille un moment donné, est précisément l'une des raisons pour lesquelles il importe d'en confier la direction à des hommes préparés par leur formation académique et leur expérience à en assurer l'essor constant.

Cinq cent sept exercent dans les affaires des fonctions professionnelles: 434 sont comptables vérificateurs. Parmi ceux-ci, 307 possèdent leurs propres bureaux ou sont associés; 127 travaillent comme vérificateurs dans un bureau de comptabilité et peuvent être considérés comme en marche vers une forme ou une autre d'autonomie professionnelle. Ajoutons que 221 autres ont le titre de C.A. mais exercent leur profession dans des maisons d'affaires.

Douze sont actuaires, 9 sont journalistes et 52, professeurs dans l'enseignement (principalement à l'École des Hautes Études Commerciales et à la Faculté de commerce de Sherbrooke).

Enfin, 68 exercent des fonctions supérieures (sous-ministres, représentants du Canada ou [du Québec] à l'étranger, chefs de service, techniciens spécialisés, etc.) dans l'administration publique: 15 à l'emploi du gouvernement fédéral, 29 à l'emploi [du gouvernement du Québec] et 24 dans les administrations municipales.

Le classement ci-dessus regroupe 1 300 diplômés. Les 500 autres appartiennent en très grande partie aux toutes récentes promotions et en sont encore à la préparation de leurs carrières. Il en est ainsi d'ailleurs d'un bon nombre de ceux que nous reclassons ci-dessus, surtout dans le groupe des comptables ou dans celui des secrétaires, trésoriers et administrateurs d'entreprises dont ils n'ont pas la propriété.

Ces anciens diplômés, devenus hommes d'affaires et plusieurs d'entre eux hommes d'affaires importants, ne s'en tiennent pas strictement à l'exercice de leurs professions. Ils participent à la vie commune et rayonnent. On les retrouve dans les chambres de commerce de leurs milieux respectifs; plusieurs d'entre eux, par exemple, se sont succédé à la direction de la Chambre de commerce de Montréal: comités, conseil d'orientation économique, conseil d'administration, exécutif, présidence, sans parler du personnel administratif dont ils fournissent les plus nombreux éléments. On les rencontre aussi dans les autres associations d'hommes d'affaires: A.P.I., Association des marchands détaillants, associations de courtiers de diverses spécialités, d'agents d'immeubles, etc.; au service, voire à la direction d'importantes œuvres sociales: université, grandes écoles, œuvres d'entraide ou d'assistance, œuvres d'action intellectuelle, œuvres de jeunesse, etc. Et ainsi, la pensée et l'enseignement de l'École, repris, mûris, enrichis par l'expérience de chacun d'eux, tend, par l'action du groupe, à influencer sinon encore l'ensemble, du moins de larges secteurs du corps social. Et cela ne peut désormais aller que s'accélérant.

Une question se pose naturellement: les relations des hommes d'affaires avec l'École. La Chambre de commerce de Montréal a contribué à la fondation de l'École et depuis lors n'a cessé de s'y intéresser activement. La collaboration entre les deux institutions est éminemment désirable.

De son côté l'École ne demande pas mieux que de tout entreprendre dans les limites de ses moyens pour aider les hommes d'affaires. Elle tente un grand effort d'adaptation de son enseignement qu'elle désire rapprocher de la réalité, rendre plus pratique, mieux approprié aux besoins de la jeunesse. Elle garde sa bibliothèque à la disposition du public et en particulier des hommes d'affaires. Nous sommes à monter une section de la province de Québec qui pourra leur être grandement utile. Sur la bibliothèque et le musée nous projetons d'établir un centre de documentation dont ils pourront tirer le plus grand bénéfice.

Toutes ces entreprises supposent la collaboration de l'extérieur, en particulier de ceux qui par leurs situations sont censés en tirer le plus grand bénéfice.

L'École a rayonné aussi par ses services auxiliaires, créés d'abord pour les fins de l'enseignement, mais depuis longtemps mis à la disposition du public. Nous avons dit un mot plus haut de la bibliothèque économique, devenue l'un des plus importants foyers d'études et de recherches de la métropole, avec ses milliers de volumes, ses centaines de périodiques et de journaux, ses riches collections de revues, d'annuaires, d'ouvrages divers de référence, son centre unique [au Québec] de documents publics. Il y a trente-cinq ans, cet instrument de travail

n'existait pas, et quiconque s'intéressait aux questions économiques et sociales devait recourir aux bibliothèques anglo-canadiennes ou aux bons offices de certaines bibliothèques privées,
forcément peu nombreuses et de moyens limités.

Or, aujourd'hui, la bibliothèque de l'École des Hautes
Études Commerciales reçoit d'un mois à l'autre plus de quatre
mille usagers, effectue chaque année une centaine de mille
prêts, prépare des dossiers bibliographiques pour des centaines
de travailleurs et chercheurs, maisons d'affaires et groupements
professionnels, journalistes et spécialistes de la radiodiffusion,
etc. Le président d'une des plus importantes commissions d'enquête créées par le gouvernement [du Québec] déclarait il y a
quelques années que, sans le fonds de documentation de la
bibliothèque de l'École des Hautes Études Commerciales et la
collaboration de son personnel, le travail de la commission eût
été impossible. Nul, il va sans dire, ne saurait évaluer la puissance de rayonnement d'une institution de ce genre si ce n'est
par le nombre sans cesse croissant de ceux qui s'en font un
instrument.

Enfin, l'École a été présente au milieu social par ses publications, ouvrages ou revues, son service de documentation et de
recherches, l'activité intellectuelle de son personnel enseignant.
Tout cela se tient. Une institution d'enseignement supérieur ne
se conçoit pas sans recherches, donc sans publication, donc sans
le rayonnement personnel de chacun de ceux qui participent à sa
vie. Or, il y a là un réseau complexe d'influence dont il est
autant dire impossible de suivre la trace et de mesurer la portée.
Contentons-nous donc de quelques notes très sommaires. On
peut dire que, dans le secteur où elle est appelée à évoluer,
l'École des Hautes Études a été et demeure un puissant facteur,
sinon de renouveau, du moins d'élargissement de la tradition
intellectuelle du milieu. Nous l'avons rappelé, elle s'établit
comme école d'économie appliquée dans un milieu où ne l'avait
précédée aucun enseignement des sciences économiques et sociales, où la pensée sociale résultait entièrement d'une tradition
entièrement dépassée, sinon dans son esprit, du moins dans ses
modalités. Et c'était précisément, parmi ceux qui critiquaient
ses modalités institutionnelles, l'une des objections qu'on lui

opposait: d'être en rupture avec la tradition intellectuelle et sociale du milieu — objection qui tient essentiellement, comme il arrive toujours en pareilles circonstances, au défaut d'approfondissement de l'idée même dont on prétend se faire une arme. Or, ni à ses débuts ni à aucun moment de son histoire, l'École des Hautes Études n'a été ni n'a voulu être en rupture avec la tradition intellectuelle, humaniste et désintéressée dont se réclame le régime de l'enseignement [du] Québec, ni avec la tradition sociale, personnaliste et communautaire dont procède, au long de l'histoire, la société canadienne-française. Mais ces traditions, elle a voulu les ressaisir et, tenant compte des transformations dans lesquelles le corps social était entraîné sous l'influence de forces agissant de l'extérieur, les approfondir et en renouveler au besoin les modalités sans en abandonner l'esprit.

Aussi, dès le début, met-elle résolument l'accent sur la formation générale. Quoi qu'on pût dire à l'époque, c'était dans le domaine de l'enseignement commercial une attitude complètement nouvelle: jusque-là, on s'était contenté d'un enseignement étroitement et hâtivement spécialisé — et cela conformément à l'idée que l'on se faisait des affaires: fonction technique sans exigences intellectuelles autres que ce qu'il faut pour gagner plus ou moins d'argent. Mais créée précisément parce que cette conception des affaires est déjà depuis longtemps dépassée, l'École des Hautes Études Commerciales est convaincue que, pour l'homme d'affaires contemporain, une large culture générale est la condition première de la fécondité et du succès de sa carrière. Et cette conviction, elle s'attache à la répandre. Sans doute, durant la première phase de son histoire, elle ne peut aller jusqu'au bout de sa pensée. À cause de l'indifférence d'un public qui ne sait pas, elle doit, pour s'assurer un recrutement, se contenter des conditions d'admission les plus larges et de programmes aussi hétérogènes que l'était le recrutement lui-même.

Mais dès que, par le nombre et la qualité, son recrutement lui permet de préciser et hausser ses standards, elle définit le baccalauréat classique comme critère d'admission à son enseignement régulier — prenant pour acquis que les détenteurs de ce diplôme possèdent déjà le minimum de culture générale qu'exige comme fondement une solide formation profession-, nelle. Du même coup, elle révise ses programmes, les dépouille des matières de suppléance qui jusque-là les avaient encombrés, et les réorganise selon une formule mieux adaptée à ses fins professionnelles. Les affaires étant un complexe professionnel très différencié par les techniques et le niveau des diverses fonctions, elle aurait pu, comme cela s'est fait en nombre d'autres écoles professionnelles, organiser son enseignement sous forme de cours parallèles, nettement spécialisés, et conduisant à des fonctions distinctes: comptabilité, publicité, vente, relations industrielles, actuariat, etc. Mais elle n'a pas cédé à cette tentation de facilité. Elle a toujours soutenu que pour tous les étudiants, quelles que fussent leurs tendances d'esprit respectives, la formation professionnelle la plus générale est la meilleure préparation aux affaires. Aujourd'hui encore, malgré l'énorme développement de la matière à enseigner et la multiplication des fonctions spécialisées au sein même des affaires, elle garde la même attitude, réservant à la toute dernière partie des études les options spécialisées, et encore selon un mode qui sauvegarde intégralement la formation générale. Plus en effet les techniques en usage dans les affaires se multiplient et se diversifient, plus il importe d'assurer aux jeunes une formation qui leur permette, non pas de les maîtriser toutes, mais de les saisir dans leurs fondements scientifiques et de les suivre ensuite dans leur évolution.

Quant à ceux qui sans avoir fait au complet des études du second degré désirent se préparer aux affaires, l'École s'efforce, naguère par sa section préparatoire, aujourd'hui par le premier cycle de son enseignement régulier, de leur assurer le complément de formation générale qui les mette à ce point de vue sur le pied des bacheliers ès arts. Cette culture, elle la veut authentique. L'expérience hélas a démontré que le baccalauréat classique n'est pas toujours en lui-même une garantie. Sans doute à cause de vieux préjugés touchant les carrières des affaires l'École a-t-elle jusqu'ici reçu d'une année à l'autre plus que sa part des bacheliers de faible calibre qui, faute de pouvoir s'orienter autrement, considèrent les affaires comme un refuge.

Ces préjugés, elle a tout mis en œuvre pour les extirper et continue d'insister auprès des collèges pour qu'ils orientent vers les affaires, non pas les plus faibles, mais les plus forts de leurs sujets — des jeunes gens ayant assez de vigueur intellectuelle pour dominer l'enseignement qu'elle-même leur proposera, et pour s'égaler ensuite aux plus hautes exigences de la pratique des affaires, dans une économie scientifique comme celle qui est déjà installée dans nos pays et bientôt s'étendra à l'ensemble du monde.

Bref, non seulement l'École des Hautes Études Commerciales ne contrecarre pas la tradition intellectuelle de notre milieu, attachée d'abord à la formation de l'esprit, mais par sa propre tradition elle s'y inscrit pour la faire triompher dans un secteur d'activité où naguère on n'en concevait même pas l'utilité. Elle appartient ainsi au tout petit nombre des écoles professionnelles ou scientifiques de niveau universitaire qui à notre époque accordent encore plus de prix à la culture générale comme préparation aux études professionnelles qu'à un bagage plus ou moins important de connaissances spécialisées.

Eh bien, c'est cet esprit que l'École a toujours cherché à faire triompher dans son propre enseignement, et que par ses publications, les travaux de ses professeurs, elle s'est efforcée, malgré les tendances en sens contraire qui s'amorcent de partout, de répandre dans le public en général, plus particulièrement dans le milieu qui ressortit le plus directement à son influence.

Mais c'est surtout au renouveau de la tradition sociale qu'elle a contribué. Est-il besoin de rappeler ce qu'était l'organisation sociale de la communauté canadienne-française au début du siècle et l'orientation que prenait spontanément la jeunesse désireuse de se préparer aux carrières professionnelles dans un milieu de ce type? L'École n'a évidemment pas créé les carrières industrielles, commerciales et financières. Mais elle les a revalorisées dans l'esprit de la population au moment même où ceux qui les exercent allaient devenir les personnages clés de l'ordre social. Elle n'a pas non plus, il va sans dire, précédé les événements qui allaient changer l'ancien ordre des choses — puisqu'elle même en a été l'une des conséquences.

Mais elle s'est employée à les expliquer et à en faire comprendre la portée, économique, sociale et politique.

À défaut de centres organisés d'enseignement des sciences économiques et sociales, elle a dû — bien que ce ne fût pas son objet propre — en jouer le rôle, tant que les universités n'ont pas été elles-mêmes en état de les mettre sur pied. Il lui a donc fallu, comme nous le disions plus haut, mener de front et en étroite relation l'une avec l'autre une double tâche: d'une part, l'organisation et l'incessante mise au point de son enseignement; d'autre part, l'éducation économique et sociale de son milieu, où la pensée économique et sociale courante dérivait d'une tradition dépassée qu'il fallait le plus tôt possible renouveler[141]. [Il ne s'agissait] pas [alors] de susciter des vocations d'hommes de sciences: économistes et sociologues, mais d'intéresser la jeunesse et le public en général à des fonctions dont l'objet n'est pas d'expliquer l'économie mais de la faire.

[Aussi bien], l'intérêt que l'on porte aujourd'hui aux études et à la recherche économiques ne procède pas de la génération spontanée: il a été préparé au long des années par des hommes qui, au risque de passer pour des théoriciens et des idéalistes, ont tout fait pour faire comprendre l'importance de telles études et de tels travaux[142].

Dès 1911, nous l'avons vu, elle fonde la *Revue économique canadienne*. Elle l'a créée aux fins propres de son enseignement et comme moyen de diffusion de sa pensée dans le grand public. Outre des renseignements sur l'École elle-même, ses objectifs, ses programmes, ses méthodes, la revue publie des articles sur des questions générales d'ordre géographique, économique ou politique: ressources naturelles [du Québec et du Canada], commerce international, expansion industrielle, structures économiques et financières de tel ou tel pays étranger, etc., ainsi que des commentaires sur les principaux faits économiques de la vie courante, des comptes rendus bibliographiques,

---

141. Manuscrit d'une causerie à la Chambre de commerce de Montréal, le 10 mars 1960. Œuvres complètes d'Esdras Minville, Archives de la Bibliothèque Patrick Allen, École des H.E.C., Cahiers des manuscrits.

142. *Idem.*

etc. Bien que ne dépassant pas le niveau de la vulgarisation élémentaire, cette revue ne pouvait à l'époque recruter un public bien nombreux: l'École en assumait en grande partie les frais. En 1914, avec la guerre et les bouleversements économiques et politiques qui s'ensuivent, la publication est suspendue.

Il s'écoulera douze ans avant que l'idée en soit reprise. En 1925, un groupe de diplômés fonde *L'Actualité économique* et en fait l'organe de l'Association des licenciés en sciences commerciales[143]. D'un niveau plus élevé que l'ancienne *Revue économique canadienne*, plus diversifiée dans son contenu, la nouvelle revue se propose avant tout d'éveiller l'intérêt pour les questions économiques et d'en stimuler l'étude dans tous les milieux. Mais même modeste, une revue mensuelle exige une somme considérable de travail et entraîne des frais importants — même si les rédacteurs fournissent gratuitement leurs services. En 1927, une entente intervient entre l'École et l'Association en vertu de laquelle celle-ci cède sa revue à l'École qui désormais en assumera la marche. *L'Actualité économique* devint l'organe officiel de l'École des Hautes Études Commerciales. [Elle] compte donc aujourd'hui trente-cinq années d'existence. Elle est devenue une revue de haute vulgarisation scientifique, répandue au Canada dans les milieux d'affaires et d'enseignement, mais aussi à l'extérieur dans les bibliothèques, les milieux universitaires et les centres de recherches des pays occidentaux. [C']est une grande revue de réputation internationale. Il faut parcourir la table des matières de ses trente-cinq années de publication pour se faire une idée de l'énorme quantité de travaux qu'elle représente[144], de la multitude des sujets qui y sont traités, souvent avec profondeur, et de la diversité des suggestions qui y ont été formulées en vue d'une meilleure organisation de la vie économique [du Québec et du Canada], au niveau de l'entreprise et au niveau des gouvernements[145], et des collaborateurs canadiens ou étrangers qui, chacun à son moment et selon sa spécialité, ont apporté leur contribution.

---

143. Sur les fondateurs, *cf.* ci-dessus, n° 102, p. 87.

144. *Cf.* n° 141, p. 162.

145. *Idem.*

Outre les revues, l'École a publié au long des années un certain nombre d'ouvrages répondant à la même fin. La collection la plus ancienne, les *Études économiques*, remonte à 1931 et a été abandonnée en 1937 — 7 volumes de 250 à 300 pages réunissant un choix de thèses présentées par les candidats à la licence en sciences commerciales et dont plusieurs abordent des sujets nouveaux ou renouvellent l'étude de sujets déjà explorés ailleurs. La collection aujourd'hui vieillie — le monde économique évolue vite — représente cependant toujours une source utile pour quiconque veut étudier les mêmes sujets dans leurs perspectives historiques. Depuis 1937, les thèses de licence les plus originales sont publiées dans *L'Actualité économique*.

Puis vient la collection des *Études sur notre Milieu*. Mais déjà cette collection est une des œuvres du service de recherches économiques, connu désormais sous le nom d'Institut d'économie appliquée.

L'histoire de la recherche à l'École des H.E.C. remonte [donc] à la fondation de *L'Actualité économique* qui a fourni à un grand nombre de jeunes auteurs canadiens-français intéressés aux questions économiques et sociales l'occasion et le moyen d'entreprendre certaines études et de les publier.

Une revue [bien sûr] ne constitue pas en soi un centre de recherches, mais elle peut en être le portique et l'instrument. Sa présence est une incitation constante au travail, et si elle veut se maintenir au niveau intellectuel de sa spécialité à son époque elle doit constamment faire effort de dépassement. C'est ce qui est arrivé à *L'Actualité économique*. Toutes les études publiées depuis trente-cinq ans, surtout au début, n'avaient pas le caractère original de l'ensemble car, en provoquant de nouvelles réflexions, elles ont contribué à l'avancement de la recherche. Celle-ci s'est donc développée en étroite relation avec la revue et la marche de ses progrès.

En 1940, le personnel chargé de l'enseignement des sciences économiques et de la rédaction de la revue forme le Service de documentation économique[146].

---

146. *Idem.*

À partir de 1942 se dessine la tendance à une organisation plus systématique de la recherche. L'École décide d'entreprendre une étude de synthèse de notre milieu économique et social — étude qui servirait de base à un plan de recherche susceptible de fournir des indications plus précises sur les exigences de la politique économique et sociale [au Québec] au niveau des gouvernements comme à celui des entreprises. C'est la mise en marche de la collection des *Études sur notre milieu* à laquelle nous venons de faire allusion. Le plan initial était assez vaste: 1) des études de synthèse sur les données générales de la vie économique et sociale: agriculture, forêts, pêche, mines, industrie manufacturière, commerce, transports, population, etc.; 2) des monographies des principales industries et des diverses régions [du Québec] dans les perspectives géographiques, historiques, économiques et sociales. La mise en œuvre du projet et la publication des travaux étaient confiées au secrétariat de *L'Actualité économique.*

Les études de synthèse n'avaient pas la prétention d'aller bien loin sur la voie de la recherche: elles visaient surtout à rassembler selon un plan organique les connaissances déjà acquises mais éparpillées en une multitude de documents sur les données principales de l'économie du Québec[147]; et à les mettre ainsi à la portée de quiconque veut rapidement s'assurer une vue d'ensemble. Il en résulta la série des études sur notre milieu qui comporte jusqu'ici les titres suivants:

Notre milieu	1942
L'agriculture	1943
Montréal économique	1943
La forêt	1944
Pêche et chasse	1946

Les études sur l'industrie minière ont paru dans *L'Actualité économique* mais n'ont pu être publiées en volume. Cette série d'ouvrages reçut [au Québec] et un peu partout hors [du Québec] un excellent accueil: certains volumes durent, pour répondre à la demande, être réédités. La suggestion a été même

---

147. *Idem.*

faite que des études semblables soient entreprises pour les autres provinces du Canada[148].

Malheureusement, faute de ressources[149] [et en raison de] l'inadaptation du régime administratif de l'École [qui engendrait] l'insuffisance des budgets, la réalisation intégrale du projet dut être suspendue. Elle sera reprise dès que les circonstances le permettront[150].

Afin de ne pas laisser perdre l'expérience acquise, le Service de documentation économique qui, avec le lancement des études sur le milieu, avait commencé à [se muer en] service de recherches économiques, au lieu de se replier uniquement sur la revue, entreprit la publication d'une autre collection: les *Études du Service de documentation*. Cette fois, il s'agit bien de recherche mais, conçue selon une formule moins ambitieuse et plus souple, la nouvelle collection permettrait d'utiliser l'expérience acquise et de faire quand même progresser la recherche.

Partant des thèses de licence publiées depuis 1937 dans *L'Actualité économique*, le Service entreprit la collection indiquée ci-dessus. Les auteurs des thèses les plus originales et qui ont le goût du travail scientifique sont invités à les remettre sur le métier et, sous la direction d'un professeur, à en pousser l'étude aussi loin que le sujet le comporte. Ces travaux sont ensuite publiés dans la revue et tirés en brochures pour vente au public ou distribution dans les centres universitaires et les centres de recherches qui assurent à l'École leur service correspondant. La collection ne publie pas seulement des thèses d'étudiants; elle renferme surtout des études originales de professeurs et de spécialistes de l'extérieur. En voici quelques titres:

Peut-on payer le salaire vital au Canada?	1949
Structures de l'entreprise	1950

---

148. *Idem.*

149. *Idem.*

150. *Cf.* à ce sujet le volume 3, p. 166 et suiv.

Pourquoi plus de faillites dans le Québec que dans l'Ontario?	1951
Tendance occupationnelle au Canada	1951
Valeur économique du Grand Nord	1952
Évolution de la structure des emplois au Canada	1954
La margarine peut-elle remplacer le beurre?	1955
Les divisions de recensement au Canada de 1871 à 1951	1956
Les principales industries manufacturières au Canada	1957
Tendances récentes des emplois au Canada	1957
Enquête sur le salaire annuel garanti	1958

À l'occasion des travaux ci-dessus — et des travaux personnels des professeurs qui y sont attachés —, le Service a accumulé une importante documentation sur une grande variété de sujets. La réputation de son personnel et la valeur des travaux publiés jusqu'ici ont engendré de la part du public une demande qui va rapidement croissant car, dans tous les milieux, on éprouve le besoin de dépasser les formules traditionnelles mais en s'appuyant sur une connaissance exacte des faits et des conditions dans lesquelles entreprises et institutions sont appelées désormais à évoluer. Grâce à un long et méthodique effort, le Service de recherches en est aujourd'hui arrivé à un point où il peut rendre à l'école elle-même, il va sans dire, mais aussi aux corps publics, aux groupements professionnels, aux institutions sociales et aux entreprises d'éminents services.

[...][151].

[Déjà], tout en s'acquittant de leur enseignement et des travaux que nous venons d'indiquer, les économistes de l'École des Hautes Études Commerciales ont activement collaboré:

1) *avec les grandes associations professionnelles* d'hommes d'affaires; ainsi, par exemple, la plupart des grands mémoi-

---

151. Toute cette intercalation marquée par les doubles points de suspension [...] provient de la Conférence à la Chambre de commerce selon la référence mentionnée à la note 141, p. 162.

res soumis en ces dernières années par la Chambre de commerce de Montréal aux gouvernements ont été rédigés par eux, du moins avec leur collaboration ou sous leur direction;

2) *avec les corps publics*; ainsi, la documentation fondamentale et la moitié environ des annexes du rapport de la Commission d'enquête sur les problèmes constitutionnels ont été compilées et rédigées par les professeurs d'économie de l'École des Hautes Études Commerciales.

Enfin, [au moment où ces lignes sont écrites], le Service de documentation économique a dans ses tiroirs les manuscrits d'une dizaine de volumes rédigés au cours des dernières années. Deux sont déjà à l'impression, un autre y sera envoyé bientôt.

Ces travaux se sont-ils maintenus sur le plan strictement théorique ou en est-il sorti des suggestions pratiques adaptées aux besoins de notre milieu?

1) Il existe aujourd'hui une banque d'affaires et des institutions financières connexes, dont l'objet est de mobiliser l'épargne et de la canaliser vers les entreprises; l'idée de telles institutions est sortie, il y a déjà plus de vingt-cinq ans, des travaux de l'École des Hautes Études Commerciales et a été réalisée avec le concours de professeurs et de diplômés de l'École.

2) En 1936, le gouvernement [du Québec] créait, dans les cadres du ministère du Commerce et de l'Industrie, un Office de recherche scientifique en vue d'aider à l'enseignement des sciences et à la formation d'un personnel qualifié pour les hautes fonctions scientifiques de l'industrie; et un Office de recherche économique avec mission de faire l'inventaire des ressources naturelles et, par une vaste enquête à travers [le Québec], de dégager les lignes essentielles de la politique économique la mieux adaptée aux diverses régions. L'idée de tels organismes venait de l'École des H.E.C., et les deux offices ont été mis sur pied par des hommes de l'École des H.E.C.

3) Les chambres de commerce et l'Union catholique des cultivateurs recommandent aujourd'hui au gouvernement [du Québec] l'aménagement régional du territoire et l'intégration de l'exploitation forestière et de l'agriculture dans l'économie rurale, en vue de l'asseoir sur des bases rationnelles et d'assurer à la population des campagnes un emploi stable malgré les

variations saisonnières et des conditions de vie comparables à celles des régions industrielles. Ce plan a été exposé au long dans *L'Actualité économique* il y a au moins vingt-cinq ans et repris dans la collection des *Études sur notre milieu*.

4) Il existe à l'heure actuelle [au Québec] deux facultés de sciences économiques et sociales et deux nouvelles écoles universitaires de préparation aux affaires. Si ces institutions ont pu être créées, chacune à son heure, et être accueillies par le public comme un progrès, cela est attribuable en grande partie au travail d'éducation mené systématiquement par l'École des H.E.C. depuis le début du siècle.

5) Vers 1940, le gouvernement [du Québec] mettait sur pied un Conseil économique. Cette idée était préconisée par les économistes de l'École des Hautes Études Commerciales depuis une dizaine d'années déjà et avait été recueillie par les partis politiques. Si l'Office de recherche scientifique, l'Office de recherche économique et le Conseil économique n'ont pas produit jusqu'ici les bons résultats qu'on en espérait, ce n'est pas parce que l'idée n'était pas bonne, mais parce que ceux qui les ont créés n'ont pas compris la portée de leur geste ni deviné la valeur à longue échéance des outils qu'ils se mettaient en main. Alors que, dans la plupart des grands pays, les conseils économiques créés pendant la crise ont été établis sur des bases solides et continuent aujourd'hui leur action auprès des autorités publiques, le Québec a abandonné le sien. Il faudra le remettre sur pied, car un tel organisme est de plus en plus nécessaire[152].

Or, nous sommes arrivés au moment où, mieux compris, des organismes de cette sorte peuvent jouer pleinement leur rôle. Les facultés de sciences économiques et sociales et les écoles supérieures de préparation aux affaires devront se livrer à la recherche, car il n'est pas de véritable enseignement universitaire des sciences économiques et sociales sans recherches et sans connaissance approfondie du milieu. Mais les écoles se livrent surtout à la recherche fondamentale en vue de l'ensei-

---

152. Rappelons de nouveau que ceci est écrit en 1960.

gnement. Il y a place pour la recherche appliquée. Dans ce domaine, seul l'État dispose des ressources nécessaires pour réaliser les grands projets qui s'imposent. Nous croyons donc le moment venu pour le gouvernement [du Québec] de réorganiser complètement son Office de recherche scientifique et son Office de recherche économique et, afin de coordonner les travaux et des écoles et de ses propres offices de recherche, de remettre sur pied le Conseil économique créé en 1940 et dissous quelques mois après. Tous ceux qui s'intéressent au développement économique [du Québec] sont unanimes à reconnaître qu'un inventaire systématique de nos ressources naturelles et une étude approfondie des données de base de l'économie [du Québec] sont indispensables à l'élaboration d'une politique économique vraiment adaptée à nos besoins, à notre époque. Et pour réaliser de tels travaux, il faut des hommes qualifiés, il faut des organismes créés à cette fin.

Et c'est parce qu'il en est ainsi que l'administration de l'École décidait à l'automne 1959 de désigner désormais le Service de documentation économique d'un nom qui donne une idée plus exacte de son organisation et de la valeur de ses travaux: l'*Institut d'économie appliquée*. La réputation du service est assez bien établie à l'intérieur et à l'extérieur pour que, à la même date, l'Institut des sciences économiques appliquées de Paris dont M. François Perroux est le directeur, le désignât comme son correspondant au Canada.

Jusqu'ici, nous avons parlé de l'École comme institution, et des différents services qui fonctionnent dans son giron comme d'initiatives de l'École elle-même; mais l'enseignement, la recherche, les publications, les centres d'information, les manifestations diverses de la vie de l'École sont œuvres d'hommes. Ce sont les hommes dont le personnel de l'École a été composé depuis ses débuts, qui lui ont insufflé son esprit et, dans les cadres qu'elle offrait à leur initiative, ont créé les œuvres dont elle peut aujourd'hui réclamer le mérite. Ces hommes ont agi comme membres du personnel de l'École et se sont ainsi identifiés avec elle; mais ils ont eu aussi une activité personnelle qui dans la plupart des cas était comme une extension de la vie de l'École elle-même.

Il ne peut être question dans les quelques paragraphes qui suivent d'évoquer les noms et de mettre en pleine valeur les travaux de tous ceux qui, à un titre ou à un autre, ont depuis un demi-siècle collaboré à l'œuvre de l'École — encore moins de louer les mérites de ceux qui constituent encore aujourd'hui son personnel, les uns depuis dix, d'autres depuis vingt, trente et même quarante ans. Mais il est parmi les ouvriers de la première heure des noms qu'en une circonstance comme celle-ci nous nous en voudrions de ne pas rappeler, tellement ils sont identifiés avec l'École elle-même et font partie de son histoire.

Nous pensons en tout premier lieu à M. A.-J. de Bray, directeur fondateur, qui, dans des conditions difficiles, a fait œuvre de pionnier. C'est à son expérience des institutions européennes du même genre et à son sens de l'adaptation que l'École doit d'avoir, sans défaillance, fait ses premiers pas. Nous pensons aussi au premier professeur, à celui qui, dans des locaux inachevés, a donné la toute première leçon: Édouard Montpetit. Nous l'avons rappelé déjà: M. Montpetit a formulé la pensée dont avait procédé la création même de l'École et qui devait jusqu'à nos jours inspirer ses travaux. Par sa grande culture, l'élégance de son verbe, la haute qualité de son enseignement, par ses travaux personnels (conférences, articles de revue, livres), le grand rôle qu'il a joué dans la vie universitaire et son rayonnement au pays et à l'étranger, il a exercé une influence profonde sur une longue période de notre histoire intellectuelle et sociale. Plus que tout autre, il a contribué à faire triompher dans la politique de l'École l'idée de culture générale qui en a été et en demeure la norme régulatrice.

Nous pensons aussi au deuxième directeur, M. Henry Laureys. Il a recueilli des mains de son prédécesseur une œuvre ébauchée et, par son initiative et son sens de l'organisation, l'a portée en quelques années à sa maturité. M. Laureys devait d'ailleurs terminer sa carrière comme ambassadeur du Canada en Afrique-Sud, au Pérou, en Norvège et au Danemark.

Nous pensons encore à M. Victor Doré qui a jeté les bases de l'enseignement de la comptabilité à l'École et qui, après avoir occupé dans l'enseignement public [du Québec] les plus hautes fonctions, a terminé sa carrière comme ambassadeur du

Canada en Belgique, en Suisse et en Autriche; à M. Lucien
Favreau, véritable créateur de l'enseignement de la comptabilité
professionnelle à l'École — grâce auquel la carrière de comptable vérificateur a été assurée à la jeunesse canadienne-française
(en 1918, on comptait [au Québec], paraît-il, quatre comptables
vérificateurs canadiens-français — ils sont aujourd'hui plusieurs centaines); à M. Arthur Léveillé, professeur de mathématiques et doyen-fondateur de la Faculté des sciences de l'Université de Montréal. D'autres sont venus pour un temps plus ou
moins long, dont l'autorité et le prestige ont grandement contribué à la réputation de l'École, les uns dans les sciences physiques ou naturelles ou les sciences de l'homme, d'autres dans le
droit, d'autres dans les langues, en particulier la langue des
affaires. Ils continuent aujourd'hui leur carrière dans de hautes
fonctions de l'enseignement universitaire, de la diplomatie, de
l'administration publique ou des affaires. Mentionnons M. Jean
Désy, ex-ambassadeur du Canada en divers pays et notamment
en France; M. Léon Lorrain, secrétaire général de la Banque
Canadienne Nationale, Me Maximilien Caron, vice-doyen et
directeur des études à la Faculté de droit de l'Université de
Montréal. C'est à ces pionniers que l'École doit sa tradition
intellectuelle et le prestige de son nom.

L'équipe actuelle a recueilli leur esprit et s'efforce de
continuer leur œuvre, en l'approfondissant et en la renouvelant
au besoin. Les notes qui précèdent donnent un aperçu de l'ampleur des initiatives et des travaux en cours — tant au plan de
l'enseignement proprement dit qu'à celui des études et de la
recherche. Bien des réalisations dont notre époque se réjouit ont
pris naissance dans la pensée de l'École ou de ceux qui depuis
cinquante ans ont formé ses effectifs. Nous avons il y a un
instant fait allusion à l'essor puissant des chambres de commerce en ces dernières années grâce à l'action éclairée d'un
certain nombre de diplômés qui se sont identifiés avec elles.
Grâce aussi, ajoutons-le maintenant, à la collaboration active
des professeurs de l'École qui, comme conférenciers ou conseillers, ont participé à la plupart des congrès, ont préparé
nombre des grands mémoires soumis par les chambres aux
pouvoirs publics, ont dirigé des comités d'enquête ou d'étude

et, en bien des cas, ont inspiré la politique générale des chambres. La plupart des grandes œuvres d'action économique ont de même bénéficié de leur concours ou de leur appui: Association professionnelle des industriels, Union catholique des cultivateurs, coopératives de diverses spécialités, etc. Ainsi en est-il d'œuvres d'apostolat social comme les Semaines sociales, la Fédération des scouts catholiques, d'action patriotique, comme la Ligue d'action nationale, les Sociétés Saint-Jean-Baptiste, etc. Tout en poursuivant leur enseignement, leurs études et leurs travaux de recherches, nombre de professeurs ont collaboré avec les pouvoirs publics ou avec les commissions d'enquête créées par eux: Commission Rowell-Sirois, Commission royale d'enquête sur les problèmes constitutionnels de la province de Québec. Dans ce dernier cas, la documentation fondamentale et la plupart des annexes du rapport ont été préparées par le personnel de l'École. Mentionnons encore la Commission d'enquête sur les prix, le Conseil supérieur du travail, etc.

Les travaux sont généralement faits en vue de l'enseignement et pour répondre aux besoins du public. Déjà cependant, il en est sorti de fort importantes suggestions pratiques qui ont pris forme concrète dans la réalité économique de notre milieu, [ainsi que nous l'avons indiqué précédemment] [...][153].

La valeur pratique des travaux effectués dans les services de l'École se révélera avec d'autant plus d'ampleur d'une année à l'autre que ces mêmes travaux font graduellement l'éducation du public et préparent les esprits à en tirer de plus en plus complètement parti. C'est ainsi que des œuvres peuvent être réalisées aujourd'hui auxquelles on n'aurait même pas songé il y a dix ou vingt ans. Le mouvement ira désormais s'accentuant.

Nous ne saurions terminer ces notes hâtives sans faire au moins mention des travaux personnels des professeurs. Il est peu d'institutions dont le personnel ait autant contribué, tant par le nombre que par la diversité et la qualité des travaux, à la vie

---

153. Un long paragraphe a été supprimé à cet endroit parce qu'il reprenait presque mot à mot les propos de la conférence de 1960 à la Chambre de commerce sur la création de l'Institut d'économie appliquée, précédemment indiqués. Les quelques variations du texte supprimé ont été intégrées à l'autre texte.

intellectuelle de notre milieu. Or, l'équipe actuelle, plus nombreuse et, disons-le aussi, plus homogène et d'un niveau intellectuel généralement plus élevé, apportera elle aussi sa contribution. Ainsi à l'heure présente, les professeurs de sciences
économiques mettent la dernière main à une dizaine de volumes
portant sur des sujets divers selon la spécialité des auteurs.
Deux de ces volumes sont à l'impression, les autres suivront
dans un an ou deux. Les professeurs de comptabilité travaillent
à la préparation d'un traité pour les besoins de l'enseignement;
les géographes ont des ouvrages en marche, etc. Et nous ne
disons rien de la collaboration habituelle d'un grand nombre
d'entre eux à *L'Actualité économique*, aux journaux et à des
revues de diverses spécialités: *Commerce, Action nationale,
Culture, Relations,* etc.

Bref, approfondissement et diffusion du savoir, contribution à l'action économique et sociale du milieu, éducation du
public, telles sont les dominantes de l'œuvre de l'École des
Hautes Études Commerciales depuis sa fondation.

* *
*

En 1910, lorsqu'elle a ouvert ses portes, l'École comptait
32 étudiants — et ces étudiants étaient les seuls [au] Québec à
tenter l'aventure d'études commerciales supérieures. En 1959-
1960, cinquantième anniversaire de son existence, l'École a
dispensé l'enseignement à plus de 1 700 étudiants — dont 425
aux cours réguliers, 1 242 aux cours du soir et une centaine au
cours de perfectionnement en administration des affaires. Depuis une vingtaine d'années, deux autres écoles supérieures de
préparation aux affaires ont été fondées qui, elles aussi, dispensent l'enseignement à plusieurs centaines d'étudiants. De sorte
qu'aujourd'hui il n'est pas exagéré de dire que dans l'ensemble
[du Québec], 3 000 étudiants au moins bénéficient à un titre ou
à un autre de l'enseignement commercial supérieur. Cela donne
une idée du chemin parcouru depuis un demi-siècle. [...][154].

---

154. Pour l'intercalation qui suit, *cf.* ci-dessus, n° 18, p. 22.

[Ses] diplômés occupent aujourd'hui des situations dans le commerce, l'industrie et la finance. Un certain nombre se sont établis à leur propre compte: commerçants, industriels, courtiers. D'autres sont entrés dans le fonctionnarisme provincial ou fédéral. [Plusieurs centaines] ont choisi la carrière de comptable public et font aujourd'hui partie de l'Institut des comptables agréés. Un grand nombre d'entre eux sont établis à leur propre compte dans les principales villes [du Québec]. [...].

Le mur d'indifférence qui se dressait en face de l'École à ses débuts est maintenant renversé. L'importance du facteur économique dans la vie collective est mieux comprise et l'intérêt pour les carrières économiques ne cesse de croître.

[...][155]. Comment s'est exercée l'influence de l'École des Hautes Études Commerciales sur l'évolution économique du Canada français? De deux manières:

1) Par la formation graduelle d'une équipe d'hommes d'affaires possédant une bonne formation technique ainsi que l'aptitude à observer et à comprendre la vie économique dans ses manifestations les plus diverses — équipe que, nous venons de le dire, l'on retrouve aujourd'hui à la direction d'entreprises de toutes tailles et de toutes catégories, commerciales, industrielles et financières, d'œuvres économico-sociales: chambres de commerce, syndicats ruraux et ouvriers, etc. dans le haut fonctionnarisme, l'enseignement spécialisé, etc. Sous cette forme, l'influence d'une institution d'enseignement est nécessairement lente à se manifester. Ses premiers diplômés sont généralement peu nombreux et il faut attendre que l'expérience les ait mûris pour juger de leur action. En fait, [les] diplômés de l'École des Hautes Études Commerciales constituent [encore] une équipe à peine assez nombreuse pour que son influence commence à se faire sentir — cette influence toutefois ira maintenant croissant d'autant plus vite que l'équipe, d'une part, grandit plus rapidement et, d'autre part, est parvenue aux fonctions clés des affaires. On peut dire que les diplômés de l'École des Hautes Études

---

155. *Idem.*

Commerciales sont désormais l'une des forces économiques du Canada français.

2) Par la diffusion des sciences économiques et commerciales. Lorsque l'École des Hautes Études a été fondée, il n'existait pour ainsi dire pas au Canada français d'enseignement organisé des sciences économiques. L'École en est devenue le premier centre. Par ses cours du jour et du soir, sa bibliothèque, son musée industriel et commercial, sa revue (*L'Actualité économique*), ses cours et conférences, ses publications, [dont celles] de ses professeurs, elle a en quelque sorte présidé à la formation d'une pensée et à la vulgarisation des connaissances économiques dans [les] milieux [canadiens-français], contribuant ainsi à éveiller [la] population à l'importance croissante du problème économique et à la nécessité d'orienter la jeunesse vers les carrières commerciales et industrielles. Ce qu'ont été véritablement la force et l'étendue de cette influence, nul ne saurait le dire exactement. Chose certaine, elle est pour une grande part à l'origine du renouveau économique que l'on observe au Canada français depuis une quinzaine d'années. [...].

L'élan est donné: il faut y répondre. D'ici deux ou trois ans, l'École aménagera dans un nouvel immeuble — plus vaste, mieux outillé, en relation plus immédiate avec les autres écoles et facultés universitaires. Il importe en effet que les jeunes qui se préparent aux carrières supérieures des affaires aient, durant leur période de formation, des relations habituelles avec ceux qui s'orientent vers les autres fonctions de la vie sociale et, par la participation quotidienne à la vie universitaire sous toutes ses formes et manifestations, aient l'occasion d'élargir le plus possible leurs horizons.

Plus d'une quarantaine de professeurs de carrière sont déjà attachés à la maison, d'autres sont en formation selon une politique de recrutement à longue échéance. Le développement des différentes branches de l'enseignement et des différents services est à l'étude et procédera au fur et à mesure des besoins. En un mot, l'étape de l'établissement, de l'intégration au régime général de l'enseignement [du Québec] est terminée; commence celle de l'expansion régulière selon les besoins du milieu social et les exigences professionnelles des affaires. Ce sera l'œuvre des années à venir.

La promotion de l'École

Notes explicatives

C'est comme publiciste principalement qu'Esdras Minville est entré à l'École des Hautes Études Commerciales. À temps partiel, il y donnait, depuis 1924, les cours du soir et par correspondance de composition française et de français commercial (correspondance commerciale et textes publicitaires français). Quand il fut engagé à plein temps, en 1927, ce fut à titre de chef du service de publicité. S'ajouta à cette fonction, en 1929, celle de rédacteur en chef de L'Actualité économique, *au moment où l'École prit en charge cette revue, qu'il avait lui-même contribué à fonder avec quelques autres confrères des H.E.C., en 1925, et dont il s'occupait bénévolement. À partir de 1922, alors détenteur d'une licence en sciences commerciales de l'École, il sera publicitaire, d'abord un an chez J.E. Clément inc., courtier d'assurances, puis chez Versailles, Vidricaire et Boulais, courtiers en valeurs.*

C'est alors, en 1927, qu'il entreprendra la publication du bulletin Les Nouvelles de l'École des Hautes Études Commerciales. *Le premier numéro parut en février 1927. La publication, théoriquement mensuelle, s'en poursuivit, selon toute apparence, pendant dix ans, se terminant avec le numéro de janvier 1936.*

L'intérêt des textes en cause est historique. Ils répondent à la question suivante: par quels arguments a-t-on entrepris d'amener la population du Québec à donner son aval à l'œuvre de l'École et à lui assurer la fréquentation des étudiants néces- saire pour qu'elle puisse atteindre ses objectifs? Dans son rôle de publiciste, Minville reprend en somme l'argumentation que l'on retrouve sous la plume des fondateurs et des premiers directeurs, de Bray et Laureys. Et vu les circonstances particu- lières dans lesquelles l'École est née, ainsi que nous l'avons signalé dans la préface, cela nous éclaire sur une situation psychologique, une mentalité de la collectivité canadienne- française de l'époque qu'il fallait vaincre, en même temps que sur les objectifs des fondateurs.

Il faut ajouter qu'on touche aussi par là les idées que Minville développait dans les collèges classiques où, chaque année, des tournées de conférences étaient organisées pour inciter les élèves à choisir l'École des Hautes Études comme orientation de carrière après le baccalauréat. Le directeur de l'École et divers professeurs participaient à cette initiative. Mais Esdras Minville, après l'abbé Lionel Groulx qui en avait été chargé à l'époque où il était professeur à l'École dans les années dix et vingt, était celui sur qui reposait principalement l'accomplissement de la mission.

Il existe dans ses manuscrits un témoignage précis du genre d'argumentation utilisé dans les collèges. Le texte com- plet (42 demi-feuillets dactylographiés à double interligne, pré- cédés de l'adresse «Monsieur le Supérieur, mes révérends Pè- res, Messieurs») n'est pas daté, mais mes souvenirs me permettent de le situer vers la fin des années quarante. À ce moment-là, de guerre lasse, Minville avait invité à l'École, pour une conférence du genre, tous les supérieurs et directeurs d'étude des collèges de la région de Montréal. L'objectif: tenter de vaincre définitivement les résistances que l'on sentait tou- jours dans l'orientation des finissants en ce qui concernait les choix de carrières. Elle menait toujours plutôt aux facultés de théologie, de droit ou de médecine qu'aux H.E.C.

Pour bien comprendre cette insistance, il faut rappeler que, dans notre système d'enseignement de l'époque, le collège classique (avec la double exception du cours scientifique du Mont-Saint-Louis et de l'Académie commerciale de Québec —

institutions dirigées par des frères) était le seul régime d'ensei-
gnement de type proprement secondaire, c'est-à-dire de qualité
propre à préparer à l'enseignement universitaire. De là la pré-
occupation des H.E.C. de vouloir que les finissants des collèges
classiques soient la base de son recrutement, puisque son objec-
tif était un enseignement universitaire de préparation aux affai-
res.

    Les collèges classiques, rappelons-le, étaient tous dirigés
par des prêtres et des pères et, jusqu'à une date encore récente
en 1960, c'étaient en très grande majorité des prêtres et des
pères qui y enseignaient.

    La résistance de ces religieux à diriger leurs élèves vers
les H.E.C. est un fait avéré, dont ont témoigné unanimement les
finissants d'alors. Au cours des années cinquante, des histo-
riens et des essayistes ont formulé la thèse selon laquelle
c'étaient l'exaltation de la pauvreté par l'Église catholique et
son mépris de la richesse qui expliquaient ces attitudes. Mais
les essayistes du XIXᵉ siècle témoignent d'une autre réalité
émanant du milieu même, des parents, attachés à des traditions
de noblesse qui n'incluaient pas, qui n'avaient jamais inclus de
temps millénaire, le monde des affaires. Au Canada français,
c'étaient les professions libérales qui étaient devenues en quel-
que sorte le mode d'ennoblissement disponible. Et toutes les
familles, même les plus modestes, spécialement dans le milieu
agricole qui était alors dominant, aspiraient à avoir au moins
un fils prêtre, avocat ou médecin. Les familles consentaient
d'énormes sacrifices pour réaliser ce qui était de l'ordre d'un
rêve. Le cours classique était la voie pour le réaliser: on peut
dire que c'était à cela qu'il se consacrait exclusivement. Il
apparaissait tout à fait inadéquat, inutile même, à qui se diri-
geait vers les affaires, auxquelles on arrivait normalement,
estimait-on, en se «mettant en affaires».

    C'était largement vrai pour les affaires de l'époque, qui
ont parfaitement prospéré, à peu près entièrement, et partout
dans le monde, par l'action de self-made-men sans grande
instruction, surtout selon nos normes d'aujourd'hui. Il semble
qu'ont ait craint, dans les collèges classiques du Québec, que
cet appel à leurs diplômés pour les carrières des affaires ne

prive notre société d'intelligences supérieures jugées plus utiles dans d'autres domaines. C'est ce que dira, en somme, M^(gr) Camille Roy, en 1905, pendant les années mêmes où l'on discutait de l'élargissement du régime d'enseignement du Québec par la création d'écoles techniques, d'écoles de hautes études commerciales, etc. Il approuve, mais à condition que cela se fasse «sans aller jusqu'à transformer nos collèges classiques [...] en usines préparant des apprentis pour tous les métiers. [...] Nos collèges classiques ont formé dans ce pays une élite qui assure à la race canadienne-française une supériorité intellectuelle dont nous sommes fiers. N'allons pas compromettre une œuvre si bonne par de hasardeuses et problématiques entreprises [...]»[156].

Or, l'aventure H.E.C. survient à la charnière du monde ancien et du monde moderne dans l'évolution de l'organisation économique. Minville est déjà dans le monde moderne; le milieu canadien-français, qui n'est guère avisé en matière d'économie, vit encore dans le monde ancien. Ce que Minville estime devoir dire aux supérieurs de collège, pour obtenir leur assentiment, constitue un document historique important puisqu'il nous montre cet aspect de la pensée au Canada français, dans la mesure même où Minville argumente pour la changer.

Tous les textes de la présente section datent d'avant 1935. Celui dont il est question dans les paragraphes précédents fut préparé dans les années quarante. Il montre que, même à cette époque, malgré trente ans de propagande assidue dans les collèges, la partie n'était pas encore gagnée pour une adhésion normale à l'orientation vers les H.E.C. au même titre que l'orientation vers la prêtrise, la médecine, le droit ou le notariat. Qu'est-ce que Minville leur dit pour les convaincre?

Il n'y a pas lieu de reproduire ce texte qui serait trop répétitif par rapport à tous les autres dont il est en somme fait. Son argumentation, on la retrouve plus particulièrement, en grande partie mot à mot d'ailleurs, dans les deux séries de textes sur «Les carrières économiques» et sur «La préparation

---

156. Cité par Rumilly, *Histoire de la Province de Québec*, vol. XII, p. 203-204.

aux affaires». L'intérêt particulier de cette conférence serait le mode dialectique utilisé par Minville pour convaincre cette catégorie particulière d'auditeurs.

Aux faits et arguments pris, pour une première partie de la conférence, dans les deux séries mentionnées, il ajoute une deuxième partie sur les grandes qualités que doit posséder l'homme d'affaires contemporain pour bien remplir sa mission — toutes choses largement développées dans ses volumes sur l'homme d'affaires, et dont la substance et le développement extensif se trouvent dans le volume 2 de la présente collection des Œuvres complètes. La dimension que doit revêtir, selon les dires de Minville, l'homme d'affaires contemporain, pour bien réussir, nous amène à conclure qu'il a besoin d'une forte culture intellectuelle, du type de celle que dispense le cours classique. Cela n'a pas convaincu d'emblée, et Minville argumente!

Mais on soulève une objection: Pourquoi des études théoriques qui durent deux ou trois ans? L'initiation pratique, l'apprentissage, sous la conduite d'un chef expérimenté, vaut mieux, en tout cas suffit. Seule la pratique des affaires apprend à penser vite, affirme-t-on, avec l'air d'énoncer un dogme.

Voire! On n'oublie qu'un point: avant d'apprendre à penser vite, ne faut-il pas d'abord avoir appris à penser? Et s'il est une chose qui importe plus que de penser vite, n'est-ce pas de penser juste? Or, seule, nous pouvons le dire, car l'expérience est là qui le prouve, la formation théorique dresse l'esprit à penser d'abord, à penser juste ensuite, à penser en étendue, en hauteur et en profondeur; seule elle permet d'envisager un problème dans son ensemble, avec ses tenants et aboutissants, ce qui est la seule façon de le bien comprendre, donc de le résoudre avec intelligence.

Il est étonnant de voir à quelles sortes de contradictions l'esprit humain peut être porté. On ne songerait jamais à limiter les études légales ou médicales à l'apprentissage sous un chef, même le plus brillant et le plus expérimenté du monde. Pourquoi, quand il s'agit des carrières économiques, qui pourtant, nous l'avons vu, exigent un ensemble de connaissances peut-être encore plus étendues et plus variées, se contenterait-on si volontiers d'une telle initiation?

Cela conduisait tout droit à conclure: «C'est pourquoi les études classiques et scientifiques, qui s'attachent à façonner l'intelligence et à assouplir le raisonnement, préparent mieux aux études supérieures de commerce que n'importe quelle autre discipline intellectuelle [...].»

Dix-huit années de progrès...[157]

Le graphique [de la page suivante] illustre les progrès accomplis par l'École des Hautes Études depuis sa fondation. En 1910-1911, année de l'ouverture, l'École comptait 32 élèves. Jusqu'en 1916-1917, le nombre des inscriptions croît légèrement, mais il n'atteint pas la centaine. Cependant le progrès s'affirme. Si l'on suit jusqu'au bout (1927-1928) la courbe des inscriptions aux cours du jour, on se rend compte que la tendance initiale s'accentue: avec de légères variations, les inscriptions augmentent en nombre, atteignant, en 1927-1928, le chiffre de 128.

En septembre 1917, l'École institue ses cours du soir: 52 élèves les suivent, portant à 108 le nombre d'élèves inscrits à l'École cette année-là. Avec des fluctuations beaucoup plus prononcées (les cours du soir sont libres), la courbe des inscriptions aux cours du soir se déroule, accusant cependant dans l'ensemble une progression rapide. En 1927-1928, 477 élèves s'y inscrivent. Enfin, en 1924, les cours par correspondance sont créés et, durant l'année 1924-1925, 165 élèves les suivent. La progression continue sans recul: 341 élèves, en 1927-1928, sont inscrits aux cours par correspondance. Dans les trois sections, cours du jour, cours du soir et cours par correspondance,

---

157. *Les Nouvelles, etc., op. cit.*, vol. 2, n° 8, novembre 1928, p. 3.

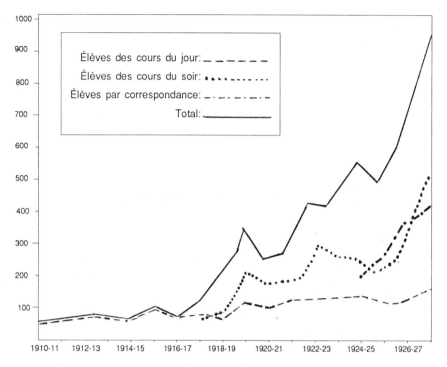

l'École comptait donc, l'année dernière, 946 élèves. Nous sommes loin du petit groupe de 1910-1911!

Le graphique s'arrête à l'année 1927-1928 pour la raison très simple que nous ne savons pas encore combien d'élèves s'inscriront cette année (1928-1929). Quant aux cours du jour, le progrès est plus prononcé que jamais: 162 élèves les suivent, soit, sur 1927-1928, un gain de 34. L'inscription au cours du soir ne devant se terminer qu'en janvier avec l'ouverture des cours de sciences économiques, il est probable que le nombre d'élèves l'emportera encore sur celui de l'année dernière. Pour le moment, 407 élèves les suivent.

Tout annonce d'autre part que les inscriptions aux cours par correspondance seront plus nombreuses que jamais, de sorte que le total dépassera encore celui de l'année dernière.

Ainsi le rayonnement de l'École s'est agrandi, multiplié. Des centaines de personnes bénéficient aujourd'hui de son enseignement. Son influence pénètre dans les coins les plus reculés [du Québec] pour le plus grand bien de la collectivité tout entière.

* *
*

[...][158].

Depuis lors, les cours du jour n'ont cessé de progresser. En 1929-1930, soit la vingtième année de son existence, 178 étudiants s'y inscrivaient et, en 1932 (vingtième promotion), 35 finissants recevaient leur diplôme: 23 licenciés et 12 bacheliers en sciences commerciales. La crise a naturellement ralenti un peu la montée des inscriptions. Depuis 1930, elles oscillent autour de 170 chaque année. La campagne d'éducation entreprise par l'École des Hautes Études dès sa fondation dans tous les milieux et notamment dans les maisons d'enseignement primaire et secondaire a donc largement produit ses fruits. Le public comprend mieux aujourd'hui l'importance des carrières économiques, les avantages qu'elles offrent, et il admet plus volontiers qu'il faille s'y préparer avec autant de soin, sinon plus, que l'on en met à se préparer aux professions libérales. Aussi bien de plus en plus nombreux sont les diplômés des écoles secondaires, classiques et scientifiques, qui se dirigent vers l'École des Hautes Études Commerciales. Depuis huit ou dix ans la grande majorité des nouveaux inscrits sont des bacheliers des collèges classiques[159].

---

158. *Les Nouvelles, etc., op. cit.*, vol. 9, n°s 5-6-7-8, juin à septembre 1935, p. 2.

159. *Idem.*

Le choix d'une carrière[160]

L'année scolaire vient à peine de commencer et déjà nous en envisageons la fin prochaine. Nous sommes sur l'autre versant. Février, c'est plus que la moitié du chemin qui est parcourue!

Au cours des quelque dix-huit ou vingt semaines qui nous conduiront à la fermeture des classes et aux vacances, les élèves finissants des écoles secondaires, des collèges classiques notamment, choisiront définitivement leur carrière. Dans leurs rangs, probablement, deux groupes se dessinent déjà: d'un côté, ceux qui entreront dans les ordres, dans la vie religieuse; de l'autre, plus nombreux, ceux qui embrasseront les carrières laïques. C'est à ces derniers que nous nous adressons.

Pour eux, le premier choix, bien que le plus décisif, sans doute, n'est pas définitif. Que seront-ils «dans le monde» où ils ont choisi de demeurer? médecins? avocats? ingénieurs? architectes? industriels? commerçants? Ils sont arrivés, pourrions-nous dire, à la deuxième croisée des chemins, au point de la route où il leur faut maintenant opter pour l'une ou l'autre des diverses voies ouvertes devant eux. Et ce choix n'est certes pas sans importance, puisqu'en dépend l'orientation, le sens de toute une vie — important pour l'individu désireux, il va sans

160. *Les Nouvelles, etc., op. cit.*, vol. 2, n° 1, février 1928, p. 2.

dire, d'atteindre au plein succès; important aussi pour la société qui a plus que jamais besoin du concours entier de tous ses membres.

Or, outre les aptitudes personnelles, au moins trois choses doivent être considérées. En premier lieu, les professions dites «libérales» sont encombrées. C'est un fait constaté chez nous depuis des dizaines d'années. Pourtant, il ne semble guère que le courant veuille bientôt changer d'orientation. Nos jeunes gens se laissent encore fasciner par la facilité et l'éclat apparents de certaines voies. On choisit une profession pour son titre, ou bien on embrasse simplement la profession de son père ou de tel de ses proches parents dans l'espoir de recueillir une clientèle toute formée, mais sans se demander si l'on porte en soi les talents et les aptitudes nécessaires, sans se demander surtout si l'on ne ferait pas mieux dans une autre carrière.

Aussi bien — et c'est le deuxième point sur lequel nous désirons attirer l'attention —, aussi bien, on a pu écrire il n'y a pas bien des années encore que, chez nous, probablement plus de la moitié des hommes de professions sont en dehors de leur voie. Tel est médecin qui devrait être avocat; tel autre est notaire qui devrait être ingénieur ou commerçant et bon nombre ont choisi une profession libérale que leur tournure d'esprit marquait évidemment pour les affaires, les carrières économiques. Le résultat? Égarés dans des sphères d'action pour lesquelles ils ne sont pas faits, ces hommes ne donnent jamais leur pleine mesure, restent inférieurs à eux-mêmes, ne dépassent pas, dans la grande majorité des cas, les bornes de la plus pâle médiocrité. Vie manquée, insuccès dont souffre l'individu, mais dont souffre aussi la collectivité, car un peuple vaut par son élite. Et l'on imagine sans peine quelle perte d'énergie constitue pour notre société ce vice fondamental dans le classement de son élite.

En troisième lieu, depuis la guerre [de 1914] surtout, et cela dans le monde entier, on sent le besoin de diriger le plus grand nombre possible de jeunes hommes vers les carrières productives, c'est-à-dire vers les carrières qui créent des richesses et les distribuent à travers le monde: agriculture, industrie, commerce. Ce sont là véritablement les carrières de l'avenir, les plus rémunératrices pour l'individu, les plus utiles pour la collectivité. Dans le domaine industriel et commercial, des problèmes se posent aujourd'hui dont la solution exige le concours d'hommes au caractère fortement trempé, dont la clairvoyance ne soit pas simplement le fait du hasard mais s'appuie sur une solide culture intellectuelle. Plus que jamais, nous avons besoin de véritables conducteurs d'hommes, de chefs aux horizons larges, aux vastes conceptions, ouverts à toutes les propositions sérieuses d'affaires. Trop longtemps nous avons fermé les yeux sur la question économique, pour ne pas dire que nous l'avons totalement ignorée. Elle se pose aujourd'hui pour nous avec une redoutable acuité. Plus que tout autre, notre petit peuple doit s'intéresser au mouvement des affaires, s'emparer de sa juste part des ressources naturelles de la province et du pays, consolider son organisme économique, s'assurer dans ce domaine la plus large mesure possible d'indépendance, car, de plus en plus, l'influence politique est fonction de la puissance économique. Mais pour cela il lui faut le concours des plus intelligents et des plus vaillants de ses jeunes hommes, de tous ceux qui se sentent la volonté d'accomplir de grandes choses, qui ont l'ambition très légitime de tirer entièrement partie de leurs talents, de ne pas rester inférieurs à eux-mêmes.

Nous invitons expressément les jeunes gens qui choisiront bientôt leur carrière à songer sérieusement, avant de prendre une décision finale, aux carrières économiques, à l'industrie, à la finance, au commerce, où nous avons tant besoin d'hommes de valeur, de vrais chefs et où ils pourront, à condition de s'y préparer, exercer une action prépondérante et s'assurer de brillants succès.

Les carrières économiques[161]

Les carrières économiques, celles du commerce, de l'industrie, de la finance, sont les carrières de l'avenir. Dans l'état actuel des choses, [ce] sont les plus utiles en même temps que les plus rémunératrices. Cela est vrai dans tous les pays du monde, chez nous plus que partout ailleurs. Immense par le territoire, immense par les ressources naturelles, après trois siècles d'histoire, le Canada en est encore au début de son organisation. Le passé a beaucoup, énormément donné; et pourtant ce qui a été accompli, si prodigieux cela soit-il déjà, n'est peut être qu'un aperçu de ce que l'avenir — un avenir prochain — réserve. Il faut avoir traversé notre territoire, avoir visité quelques-unes de nos provinces, assez grandes et assez riches à elles seules pour exalter l'orgueil du plus ambitieux souverain; il faut avoir parcouru nos régions agricoles où le monde entier s'approvisionne, avoir remonté notre grand fleuve, navigué sur nos mers intérieures, aperçu certains de nos grands ports, admiré quelques-unes de nos puissantes chutes d'eau; il faut avoir constaté la richesse de nos mines, de nos pêcheries, l'immensité de nos forêts, en un mot la diversité et l'abondance de nos ressources pour se faire quelque idée de l'avenir incomparable qui attend notre pays. Il

161. *Les Nouvelles, etc., op. cit.*, vol. 1, n° 5, juillet-août 1927, p. 2 et vol. 4, n°s 1-2, février-mars 1930, p. 6.

suffit d'autre part de remonter cinquante ans en arrière et de comparer ce qui existait alors et ce qui existe aujourd'hui: villes naissantes promues au rang de puissantes métropoles, petits bourgs devenus villes populeuses, champs déserts transformés en campagnes opulentes, forêts inviolées remplacées par des centres industriels; il suffit de comparer ainsi au présent un passé encore proche pour se rendre compte de la force presque irrésistible avec laquelle notre pays tend vers cet avenir, se convaincre que, s'il y a lieu d'être fier des résultats acquis, il y a surtout lieu d'en espérer pour bientôt de beaucoup plus grands encore.

Or, cette montée rapide, étonnante ne s'accomplit pas par la seule force des choses et sans objet déterminé, mais par l'homme et pour l'homme, principe et fin de tout progrès. Voulons-nous que le Canada réalise promptement les merveilleuses espérances que l'abondance de ses ressources autorise et que son court passé justifie? Préparons des hommes qui seront la cause et le soutien de sa prospérité. Mais, nous, d'origine française, ne l'oublions pas, notre pays grandira avec ou sans notre concours, car, si nous nous abstenons, retenus par des préjugés démodés ou l'inintelligence de notre situation, de nos besoins et de notre intérêt, d'autres se chargeront de nous suppléer. Que désirons-nous? La part du serviteur, satisfait des miettes de la table, ou celle du maître qui préside au partage? À nous de décider. Mais si nous ambitionnons la part du maître, préparons des chefs que n'effraie pas la mêlée économique, qui s'y engagent sachant où ils vont et capables de s'en tirer.

Quelles qu'aient pu être les distinctions, qu'à tort ou à raison on établissait jadis entre le commerçant et l'homme de profession dite libérale, il n'en reste pas moins qu'au point de vue collectif l'action de l'homme d'affaires a été de tout temps aussi fructueuse, sinon plus, que celle de n'importe quelle classe d'individus. L'histoire du commerce, a-t-on dit, c'est l'histoire de la civilisation. À l'origine des grands mouvements civilisateurs se rencontrent presque toujours quelques commerçants entreprenants et hardis, partis sur les routes inconnues du monde, à la recherche de ressources à exploiter, d'échanges à effectuer, de relations d'affaires à nouer. La civilisation a marché à leur suite. Aujourd'hui plus que jamais le commerce domine l'activité des peuples, influe sur leurs progrès, active leur évolution. C'est à un point tel que les puissances politiques défaillent si elles ne s'appuient sur la puissance économique. Le mot de Brunetière se justifie: les croisades des temps modernes se font pour la conquête des marchés. Or nul ne peut se dispenser de prendre part à la mêlée: celui qui n'avance pas recule et s'expose au péril.

On l'a maintes fois répété: l'heure a sonné depuis longtemps où nous, de la province de Québec, devons nous efforcer d'acquérir la puissance économique qui supportera notre influence politique. Nous ne serons véritablement forts que lorsque nous occuperons, en notre pays, toutes les avenues du commerce, de la finance et de l'industrie et que nous pourrons nous-mêmes subvenir, dans toute la mesure du possible, à nos propres besoins. Nous avons l'air d'exprimer un truisme et pourtant qui se risquerait à mesurer le chemin qu'il nous reste à parcourir pour en arriver là? Qui prétendra que la tâche est facile et soutiendra que nous pouvons raisonnablement en abandonner l'exécution à des hommes qui s'y livreront parce qu'ils n'auront pas su faire autre chose? Non, les carrières économiques: la finance, l'industrie, le commerce, exigent de nos jours de la préparation, une solide formation intellectuelle, de l'énergie, de l'initiative, du jugement. Ce sont les carrières vers lesquelles doivent se diriger les plus intelligents et les plus vaillants de nos jeunes hommes. La tâche à accomplir est immense; elle est urgente, elle n'est pas facile. Elle demande la collaboration de tous, mais en particulier de ceux qui se sentent le désir et la volonté d'accomplir de grandes choses.

[...][162].

De pays presque exclusivement agricole qu'il était, le Canada, de 1901 à 1925, est devenu à la fois manufacturier et agricole. Cette profonde modification économique ne s'est pas accomplie sans conséquences sociales et politiques. Durant cette période, en effet, la production manufacturière du pays est

---

162. Le passage qui suit provient de *Les Nouvelles, etc., op. cit.*, vol. 1, n° 3, avril 1927, p. 3, sous le titre de «Les progrès du Canada».

passé de 214 à 1 311 millions de dollars par année; celle des produits forestiers a doublé et celle des minéraux a augmenté dans la proportion de plus de 345, passant de 66 % à 228 millions de dollars par année. Pendant ce temps la production annuelle du charbon s'élevait de 4 à 13 millions de tonnes, et les chemins de fer portaient leurs réseaux de 18 149 à 58 692 milles de voie. En 1926 la récolte de blé s'évaluait à 406 000 000 $ et la récolte totale à 1 131 241. Le commerce extérieur qui se chiffrait, en 1901, à 196 millions de dollars, se totalisait, en 1925, par 1 878 millions de dollars, et le chiffre de nos exportations passait de 36 $ par tête, en 1901, à 115 $ par tête, en 1925. Jamais, dans l'histoire du monde, un pays n'a enregistré, en un si court temps, pareils résultats. À noter également que, durant cette période, la population du Canada, toutes proportions gardées, a augmenté plus rapidement que celle des États-Unis, de la Nouvelle-Zélande, de l'Australie et de l'Afrique du Sud, pays concurrents du nôtre dans la recherche des immigrés.

Les occupations productives emploient plus de 47 % de la population du Canada; aux États-Unis, cette proportion n'est que de 31 %. D'autre part, on sait que les progrès économiques d'un pays ne se poursuivent pas selon une courbe constante, mais avec des alternatives de hausse et de baisse qui sont des périodes de prospérité ou de dépression, formant ce que l'on appelle le cycle économique. Or au Canada, le cycle économique est plus étendu qu'aux États-Unis — 5,1 ans comparativement à 4 ans. Ce qui revient à dire que, d'une façon générale, les affaires sont plus stables chez nous que chez nos voisins. Enfin ajoutons que 70 % des habitations appartiennent, au Canada, à leurs occupants, proportion qu'on ne relève nulle part ailleurs. Nous sommes un peuple de propriétaires. Cet ensemble de faits et de constatations faisait dire à Roger Babson, l'économiste-statisticien américain, qu'«en aucun endroit en Amérique les conditions de vie ne sont meilleures qu'au Canada».

Notre pays a évidemment l'avenir devant lui. Les débuts autorisent tous les espoirs. Demain sera sûrement plus prospère qu'aujourd'hui. De plus en plus, par conséquent, nous aurons besoin d'hommes d'affaires supérieurs, capables d'accélérer la marche de nos progrès, de leur imprimer une orientation sûre.

Pour être égale à la tâche qui l'attend, notre jeunesse doit se préparer: l'homme d'affaires ne peut plus être un homme quelconque. [...]163.

Les carrières économiques exigent, il est vrai, un effort soutenu, une dépense considérable d'énergie, qu'elles récompensent cependant par l'aisance, la richesse souvent, et l'influence qu'une haute situation permet d'exercer. Notre jeunesse ne doit pas en douter: c'est de ce côté qu'est pour elle l'avenir, c'est là que l'attend le succès, à la condition qu'elle veuille se préparer, car, nous le répétons, l'homme d'affaires ne peut plus être un homme quelconque. On ne s'improvise plus commerçant: on le devient par l'étude, la culture intellectuelle, le travail.

Une école existe chez nous, créée dans le but exprès de procurer à notre jeunesse qui se destine aux affaires la formation intellectuelle dont elle a désormais absolument besoin pour réussir: l'École des Hautes Études Commerciales, affiliée à l'Université de Montréal. Ouverte aux élèves il y a à peine une quinzaine d'années, cette école a déjà fait brillamment ses preuves; au témoignage même de nos principaux hommes d'affaires, elle a rendu d'immenses services: elle ne demande pas mieux que d'en rendre encore en les multipliant. Elle invite tous les diplômés des études secondaires à consulter son programme avant de poser l'acte qui décidera de l'orientation de leur vie. Les carrières économiques, nous l'avons dit plus haut, offrent un champ illimité à qui veut travailler; elles sollicitent les plus intelligents et les plus vaillants de nos jeunes hommes et leur ouvrent des perspectives bien propres à aviver leur désir de réussir. Le moment est venu pour eux de faire un choix décisif et qui doit être judicieux. Qu'ils y songent sérieusement.

Les professions libérales sont encombrées: il faut bien le croire puisque ce sont ceux qui en font partie qui l'affirment. Les carrières économiques, elles, ne le sont pas, ne le seront pas de sitôt. Au contraire, elles se multiplient et s'élargissent dans la

---

163. Retour au texte, *op. cit.*, n° 161, p. 193.

mesure même où le Canada progresse. La prospérité de notre pays ouvre des perspectives illimitées à ceux qui, au début de leur carrière, ne veulent rien négliger pour réussir; elle multiplie leurs chances, les sollicite, les attire en dehors des sentiers battus, des voies étroites où se heurtent déjà des milliers de concurrents, vers des voies plus nombreuses, plus larges, moins encombrées, au bout desquelles les attend un succès plus rémunérateur pour l'individu et, dans l'état actuel des choses, plus fécond pour la collectivité que celui auquel toute autre carrière peut conduire. C'est donc de ce côté que doivent se diriger non pas les ratés des autres professions qui croient qu'un minimum d'intelligence suffit toujours en affaires, non pas les arrivistes pour qui tous les moyens sont bons, *mais les plus vaillants, les plus sérieux, les plus éclairés de nos jeunes hommes,* tous ceux qui, ayant le goût des grandes œuvres et convaincus de la fécondité du travail, ne redoutent pas les fatigues du cerveau, ne reculent pas devant l'effort. C'est aux hommes de cette taille que la récompense est promise — une récompense proportionnée à leurs aspirations. Que si l'on nous dit maintenant que les carrières économiques n'ont pas l'éclat et le prestige prêtés dans nos milieux aux professions libérales, nous répondrons que ce n'est pas la profession qui honore l'homme, mais l'homme qui honore sa profession, la grandit, la hausse jusqu'à lui.

D'ailleurs, depuis la guerre surtout, non seulement dans notre pays mais dans le monde entier, on sent le besoin de diriger le plus grand nombre possible de jeunes hommes vers les carrières dites productives, c'est-à-dire vers les carrières qui créent des richesses et les distribuent: agriculture, industrie, commerce, et leur complément nécessaire: la finance. Dans l'ordre économique, des problèmes se posent, chaque jour plus complexes; la solution de ces problèmes exige le concours d'hommes au caractère fortement trempé, dont la clairvoyance n'est pas simplement le fait du hasard, mais s'appuie sur une solide formation intellectuelle. Plus que jamais le besoin se fait sentir de chefs aux horizons larges, aux vastes conceptions, ouverts à toutes les propositions sérieuses d'affaires et, plus que tout autre, notre petit peuple éprouve ce besoin. Trop longtemps, retenu par d'autres préoccupations, il a fermé les yeux sur la question économique, l'a même totalement ignorée. Or cette question est devenue le grand problème de l'heure — un problème qui a parfois l'allure d'une menace. Voulons-nous écarter cette menace? Formons des chefs, des hommes d'affaires, commerçants, industriels, financiers qui, assurant à notre groupe ethnique une participation honorable à l'activité économique de notre pays, consolideront du même coup notre organisme social et notre influence politique.

Nous réitérons donc l'invitation que nous avons maintes fois faite aux jeunes gens, particulièrement aux étudiants de nos maisons d'enseignement secondaire qui choisiront bientôt leur carrière, de songer sérieusement aux carrières économiques où nous avons tant besoin d'hommes de valeur, carrières qui leur permettront à la fois de s'assurer de brillants succès et d'exercer une action prépondérante au bénéfice de la collectivité.

— I[164] —

[En parlant de carrières économiques], il s'agit évidemment moins de définir que de distinguer. Sous la dénomination générale de carrières économiques se rangent les carrières commerciales, les carrières industrielles, les carrières financières, plus quelques autres qui, mêlées au commerce, à l'industrie ou à la finance, ne sont pourtant, à proprement parler, ni industrielles, ni commerciales, ni financières. C'est le cas, par exemple, de la comptabilité considérée comme profession: homme d'affaires, sans le moindre doute, le comptable peut se mettre au service aujourd'hui d'une maison de commerce, demain d'une industrie, après-demain d'une banque; c'est le cas encore de la publicité: le publiciste prépare de la réclame commerciale, rédige des rapports financiers, compose des monographies industrielles, sans être pour autant industriel, financier ou commerçant.

---

164. Extrait de *Les Nouvelles, etc., op. cit.*, vol. 5, n°s 1-2-3, février-avril 1931, p. 6-7. La première partie de ce texte a aussi paru dans *L'Œuvre des Tracts*, décembre 1934, n° 18a, où il tournait à ce qui fut peut-être le premier essai de M. Minville sur la nature du complexe des affaires, les différents types de fonctions dans les affaires et les qualités de l'homme d'affaires, qui a pris ensuite toute l'expansion que l'on sait. Manuscrit, 7 pages. Œuvres complètes d'Esdras Minville, Archives de la Bibliothèque Patrick Allen, École des H.E.C., Cahiers des manuscrits.

Comptables et publicistes se contentent de connaître les affaires et d'en traiter pour leur propre compte, ou pour le compte des autres.

Il s'agit surtout de distinguer, avons-nous dit, ce qui implique qu'on doit aussi définir un peu. Est commerçant celui qui fait du commerce, c'est-à-dire, de l'échange des produits, achat et vente, l'objet de ses occupations et préoccupations quotidiennes; est industriel, celui qui consacre son temps et ses pensées à l'industrie, c'est-à-dire à la transformation de certaines matières et à la fabrication de produits quelconques; est financier, celui qui se livre à des opérations de finance: commerce des capitaux sous toutes ses formes. La définition est exacte, mais elle est large. À ce compte, l'épicier qui, établi au coin d'une rue, achète au jour le jour des produits alimentaires et les revend avec bénéfice, est un commerçant; mais le président d'un grand magasin à rayons sous la surveillance et par les ordres de qui s'échangent pour des millions de dollars de marchandises chaque année, est aussi un commerçant. Nous pourrions effectuer le même rapprochement entre le propriétaire d'une petite usine qui fabrique disons 500 gallons d'eau gazeuse par semaine, et le grand brasseur qui, lui, livre chaque jour à la consommation des milliers de gallons de bière; entre l'humble démarcheur qui vend pour 50 000 $ de valeurs mobilières par année, et le président de banque ou le grand courtier, âmes dirigeantes de maisons dont le chiffre d'affaires annuel se totalise par millions de dollars. Il y a donc hommes d'affaires et hommes d'affaires. D'un extrême à l'autre il y a la distance du petit au très grand, du faible au puissant.

Aussi bien lorsque nous invitons les jeunes à se diriger vers les carrières économiques, nous n'entendons pas les inciter à se faire petits épiciers, petits fabricants d'eau gazeuse, ou petits colporteurs de titres mobiliers, d'une valeur parfois douteuse. Les affaires offrent plus, et nous voulons pour eux beaucoup mieux.

Nous leur demandons de s'engager dans le commerce, fût-ce celui des produits alimentaires, dans l'industrie, fût-ce la fabrication des eaux gazeuses, dans la finance, fût-ce la vente des titres mobiliers, non pas pour y demeurer indéfiniment employés subalternes, satisfaits du peu que la bonne fortune veut bien leur octroyer, mais en vue d'accéder, à force d'intelligence et d'énergie, aux postes les plus élevés que la branche d'affaires choisie peut leur offrir. C'est toujours au sommet qu'il y a le plus de place, parce que moins nombreux sont ceux qui ont la force et l'ambition de s'y hisser.

Or, pour des raisons qu'il serait trop long et d'ailleurs inutile d'examiner ici, nous avons la fâcheuse tendance, nous, les Canadiens français, de rapetisser outre mesure, de réduire à d'infimes proportions notre conception des affaires et de ceux qui s'y livrent. D'où certains préjugés aussi funestes que tenaces et dont nous aurons à reparler. Trop souvent la silhouette familière de l'épicier du coin constitue pour nous le prototype de l'homme d'affaires. Trop rarement en revanche nous nous rappelons que le chef de l'une ou l'autre de nos grandes entreprises, le président ou le gérant général de nos grandes banques, qui traitent dans toutes les parties du pays et bien souvent dans toutes les parties du monde, sont aussi, et beaucoup plus que le premier, des hommes d'affaires. Ces hommes exercent pourtant dans notre vie collective une influence prépondérante. Nous n'y songeons pas assez.

Répétons-le lorsque nous invitons les jeunes à entrer dans les carrières économiques, c'est à un rôle de chef que nous les convions et c'est avec la détermination de devenir un chef, une autorité, un meneur d'hommes, une puissance, que ces jeunes doivent embrasser ces carrières. Avant d'accéder aux postes supérieurs, nos hommes d'affaires les plus en vue ont occupé des postes inférieurs. Mais avec entêtement, avec acharnement, sentant en eux les ressources suffisantes, ils ont visé très haut, au lieu de se tenir les yeux rivés sur le sol, de se complaire dans la médiocrité de leur premier emploi.

Aujourd'hui, nos chefs politiques eux-mêmes les consultent, sollicitent leur avis. Nous en sommes sûrs d'ailleurs, les jeunes qui se destinent au droit ambitionnent de devenir juges un jour, juges de la Cour supérieure, juges même de la Cour suprême, notre plus haut tribunal. Ils ont parfaitement raison: l'ambition juste, raisonnable, raisonnée est probablement le plus puissant ressort personnel, le plus puissant facteur de succès individuel et de progrès collectif. Pourquoi alors celui qui songe aux carrières économiques n'aspirerait-il pas à monter, plus haut, très haut, à devenir un jour chef d'entreprise, président d'une grande maison, d'une grande banque, d'une grande entreprise de transport, et à exercer ainsi une influence dont il bénéficiera lui-même et avec lui la collectivité tout entière. Car, et c'est une autre vérité que nous rappelons en passant, l'égoïsme n'est pas la loi du monde: tout homme a des devoirs envers lui-même, envers sa famille, mais il en a aussi envers la société au milieu de laquelle il vit et envers la nationalité qui l'a fait ce qu'il est. Au moment donc de s'engager dans une voie, il doit se demander si le milieu où il choisit d'agir est non seulement celui où il pourra s'enrichir le plus vite, mais aussi celui où il pourra le plus fructueusement servir.

— II[165] —

Nous pourrions multiplier les témoignages d'hommes bien placés pour savoir, qui corroborent en tout point ce que nous avons écrit précédemment. Voici ce que disait, il y a quelques mois, le président de la Barclay's Bank aux directeurs d'écoles anglais, réunis en conférence à Eton: «L'entreprise commerciale est, par excellence, œuvre intellectuelle, de très haute intelligence [...] La vie commerciale est une superbe aventure pour l'homme doué de l'esprit agile et de l'âme réceptive qui sont les vrais dons d'une bonne éducation [...] Les écoles et les universités doivent recruter des jeunes hommes formés dans cet esprit. Elles les prépareront *moins par des cours techniques que par une culture générale* qui les orientera vers l'entreprise mercantile en leur découvrant toutes les chances de succès qu'elle peut réserver et tout le service qu'ils y rendront au pays.» Et c'est un Anglais qui parle ainsi, c'est-à-dire le fils d'une race exceptionnellement douée au point de vue commercial — si bien douée qu'elle a longtemps cru que son vieil empirisme lui suffirait, mais que les événements ont forcée à changer d'idée.

---

165. *Les Nouvelles, etc., op. cit.*, vol. 5, n°s 7-8, juillet à septembre 1931, p. 2-5.

Pourquoi en est-il ainsi? Pour des raisons multiples. Le monde a marché depuis un demi-siècle. La poussée des faits en a profondément modifié la physionomie. Regardons autour de nous: d'immenses usines s'élèvent aujourd'hui sur l'emplacement des anciens ateliers; partout l'échoppe a cédé la place à l'entrepôt et au magasin à rayons. Avec l'avènement de la locomotive, du navire à vapeur, du télégraphe et du téléphone, aujourd'hui de l'avion et de la radiophonie, les distances pour ainsi dire s'effacent. Le commerce, manifestation essentiellement humaine, autrefois local, est devenu international, en ce sens qu'il s'étend aux cinq parties du monde, pénètre dans les coins les plus reculés, agit sur la vie et la destinée des peuples, domine en un mot l'activité universelle. Cette simple comparaison entre un présent, d'ailleurs en pleine transformation, et un passé encore proche fournit déjà la réponse à la question que nous venons de poser.

D'autre part, dans le champ voisin, la technique industrielle, réduite autrefois à l'habileté manuelle de l'artisan, applique maintenant, dans des domaines toujours plus étendus et toujours plus nombreux, les découvertes les plus étonnantes de la science, met en usage des machines dont la puissance en même temps que la précision sont un sujet sans cesse renouvelé de surprise et d'admiration. Et ces progrès de la technique industrielle comme l'extension universelle du commerce dont elle est à la fois la cause et la conséquence exigent que l'homme d'affaires ne soit pas un homme quelconque, aux idées rares et limitées, mais un homme de caractère, de formation scientifique très poussée et appuyée sur une vaste culture intellectuelle.

Depuis la guerre surtout, le métier des affaires s'est compliqué au-delà de toute raison. L'application à la production d'une foule de découvertes récentes a provoqué de prodigieux progrès agricoles et industriels, jetant sur les marchés d'énormes quantités de produits qui doivent circuler, car la production est subordonnée à la distribution. Et ce n'est pas une mince affaire que de diriger une entreprise qui a un pays, un continent, le monde pour débouché à une époque où la concurrence, intensifiée jusqu'au paroxysme, emprunte, par-dessus le marché, dans la plupart des cas, un caractère politique et se complique des mille et une questions qui naissent de l'instabilité financière et sociale de la plupart des pays. Les notions mêmes de commerce, de finance, d'industrie se sont modifiées, se modifient de jour en jour, se chargent de plus en plus de sens. Si bien qu'une carrière qui ne demandait jadis qu'un apprentissage plus ou moins prolongé exige désormais une longue préparation, dont les éléments sont empruntés à plus d'un demi-siècle de fulgurants progrès économiques.

En vérité, l'homme d'affaires a-t-il besoin de culture intellectuelle? Ce que nous venons de dire constitue une réponse suffisante. Mais on soulève une objection: Pourquoi des études théoriques qui durent deux ou trois ans? L'initiation pratique, l'apprentissage, sous la conduite d'un chef expérimenté, vaut mieux, en tout cas suffit. Seule la pratique des affaires apprend à penser vite, affirme-t-on, avec l'air d'énoncer un dogme. C'est à voir! On n'oublie qu'un point: avant d'apprendre à penser vite, ne faut-il pas d'abord avoir appris à penser? Et s'il est une chose qui importe plus que de penser vite, n'est-ce pas de penser juste? Or seule, nous pouvons le dire, car l'expérience est là qui le prouve, la formation théorique dresse l'esprit à penser d'abord, juste ensuite, à penser en étendue, en hauteur et en profondeur; elle permet d'envisager un problème dans son ensemble, avec ses tenants et aboutissants, ce qui est la seule façon de le bien comprendre, donc de le résoudre avec intelligence.

Il est étonnant de voir à quelles sortes de contradictions l'esprit humain peut être porté. On ne songerait jamais à limiter les études légales ou médicales à l'apprentissage sous un chef, même le plus brillant et le plus expérimenté du monde. Pourquoi, quand il s'agit des carrières économiques, qui pourtant, nous l'avons vu, exigent un ensemble de connaissances peut-être encore plus étendues et plus variées, se contenterait-on d'une telle initiation?

Ce qui compte dans la carrière, quelle qu'elle soit, c'est bien moins les rudiments qu'on apporte en l'abordant que l'énorme trésor de connaissances qu'on est en état d'acquérir en cours de route. C'est pourquoi, les études classiques et scientifiques, qui s'attachent à façonner l'intelligence et à assouplir le raisonnement, préparent mieux aux études supérieures de commerce que n'importe quelle autre discipline intellectuelle, et c'est pourquoi, ceux qui ont complété des études supérieures de commerce sont plus aptes que les autres à réussir en affaires. Ils ont vite fait de regagner la petite avance que leurs concurrents, entrés deux ou trois ans plus tôt dans la pratique, avaient pu prendre sur eux; ils ont vite fait surtout, grâce à leur souplesse intellectuelle et à la richesse de leur culture de les dépasser. C'est une expérience que nous faisons chaque année à l'École des Hautes Études. La pratique supplée la théorie, elle ne la remplace pas. Qu'on nous permette d'ailleurs, sur ce point, de citer deux témoignages, à notre avis, sans réplique.

Le premier, c'est celui d'un universitaire, M. Beatty, président du Canadien Pacifique, bien placé par conséquent pour savoir. Parlant il y a quelques années aux professeurs et étudiants de Queen's University de l'importance de l'enseignement universitaire et de sa nouvelle orientation dans le domaine du commerce et de l'industrie, M. Beatty déclarait en substance: «Dorénavant, les hautes situations du commerce et de l'industrie appartiendront aux diplômés d'universités; en conséquence, les universités doivent par un haut enseignement spécial former des jeunes gens qui exerceront dans les affaires une influence des plus fécondes.»

Le deuxième témoignage, c'est celui d'un homme qui, sans préparation initiale, a exercé dans les affaires une influence prépondérante, non pas parce qu'il s'est complu dans son ignorance, mais précisément parce qu'il s'est assuré, à force d'énergie, la formation qu'il n'avait pu se donner à l'école, Andrew Carnegie. Dans un ouvrage, *l'Empire des affaires*, écrit sur la fin de sa vie, Carnegie déclare: «Les jeunes gens instruits ont un avantage considérable sur celui qui n'a été qu'un apprenti; ils ont l'esprit des affaires et pas de préjugés. L'attitude scientifique leur facilite l'assimilation des idées nouvelles. Le diplômé d'université possède des idées plus larges que celui qui a été privé de l'instruction universitaire; par là même qu'il a habité les régions de la théorie, il dépassera celui qui, une couple d'années avant, aura été mis à l'école de la pratique.» Voilà qui est très clair et, venant de Carnegie, péremptoire.

Mais, nous dira-t-on, nous avons connu des hommes qui, sans formation intellectuelle, se sont élevés assez haut dans les affaires. En vérité. Mais cela se passait il y a trente ou cinquante ans et c'est l'exception. Ces hommes doués par la naissance des aptitudes professionnelles dont nous parlions dans notre première partie en ont tiré un magnifique parti. Réussiraient-ils aussi bien aujourd'hui? Sur ce point particulier nous voulons rapporter l'opinion d'un homme d'affaires de chez nous, M. Louis-Philippe Morin, de Québec, président de l'Association générale des comptables du Canada et vice-président de la Corporation des comptables publics de la province de Québec. «Tant que les directives industrielles et économiques, écrivait-il il y a quelques mois, nous viendront des primaires, nous pourrons remporter des succès, peut-être nombreux, mais isolés, mais aléatoires, et le plus souvent de peu de durée et d'aucune portée générale. Comment veut-on que le législateur qui n'a pas la tournure d'esprit scientifique comprenne les besoins économiques de l'heure de même que les besoins des industriels? Comment veut-on que les industriels eux-mêmes puissent exposer leurs problèmes avec intelligence et netteté, s'ils n'ont pas la formation nécessaire pour les concevoir clairement.» On ne peut parler avec plus de justesse. Cela nous change de l'opinion encore trop répandue chez nous qu'on est apte aux affaires dès lors qu'on peut tenir un journal et un livre de caisse, additionner en un nombre donné de secondes une colonne de dix ou douze chiffres et *taper* une lettre au dactylographe — préjugé aussi tenace que funeste qui a été cause que, si nous avons formé des générations entières de commis de banque à 8 $ par semaine, nous avons si rarement formé un véritable homme d'affaires.

En résumé, le commerçant moderne a besoin d'un esprit d'analyse et de synthèse — d'un esprit d'analyse qui décompose les problèmes en autant de facteurs qu'ils en comportent, pèse chacun de ces facteurs et leur apporte une solution; d'un esprit de synthèse, qui s'élève aux vues d'ensemble, situe un problème dans son cadre de circonstance et le traite en tenant compte de ses tenants et aboutissants. Or cet esprit d'analyse et de synthèse ne peut être que le fruit d'une formation scientifique très poussée, appuyée sur une vaste culture intellectuelle.

* *
*

Voilà donc, esquissée à très grands traits, la silhouette psycholo-gique et intellectuelle de l'homme d'affaires moderne. Dans la hiérarchie sociale, cet homme n'est pas le moindre personnage, ni le moins influent. Or quels avantages offrent, à l'heure pré-sente, dans notre pays, plus particulièrement dans notre pro-vince, les carrières économiques — car on n'y entre pas pour le plaisir de faire autrement que les autres, mais parce qu'on espère y trouver certains avantages. Ces avantages profitent: 1) à l'individu; 2) à la collectivité.

Disons-le sans phrase: les carrières économiques, com-merce, industrie, finance, sont plus rémunératrices que n'im-porte quelle autre. Nous pouvons tous citer dix, vingt, peut-être cent exemples d'individus qui se sont enrichis dans les affaires; nous pourrions à peine en citer deux d'individus qui se sont enrichis dans la pratique du droit ou de la médecine[166]. Si certains avocats et médecins ont réussi à amasser une fortune, c'est le plus souvent qu'outre l'exercice de leur profession ils se sont occupés d'affaires, se livrant à la spéculation boursière ou autre. Mais pour un qui prospère à ce jeu, vous en rencontrez dix qui se ruinent et ruinent leur famille avec eux. La moindre entreprise commerciale bien conduite et prospère rapporte plus que la profession la plus lucrative. Quels sont les hommes de profession qui touchent des honoraires annuels comparables aux salaires qu'encaissent les présidents ou gérants généraux de banques, les grands courtiers, les chefs d'industrie, certains chefs de service dans une grande maison, etc., sans parler des revenus d'appoint, qu'il est si facile à l'homme d'affaires de s'assurer et qui doublent ou triplent son salaire annuel? N'insis-tons pas sur ce point: les faits sont là. Il suffit de les constater.

L'homme d'affaires intelligent et instruit exerce dans la vie collective une influence comparable à nulle autre. Qu'on

---

166. Cette affirmation montre que les temps ont bien changé. Mais il est strictement vrai qu'avant les changements engendrés dans nos sociétés par la dernière grande guerre (1939-1945), les hommes riches dans les professions libérales n'étaient pas légion, à tout le moins au Québec.

regarde autour de soi. Qui nos chefs politiques consultent-ils quand il s'agit d'élaborer un programme d'une certaine ampleur? Les hommes d'affaires, administrateurs de banques, industriels, commerçants, directeurs d'associations commerciales. De qui demande-t-on le concours quand on désire promouvoir une œuvre sociale, en assurer le succès? Encore des mêmes: appui pécuniaire, appui moral, appui intellectuel, parce que ces hommes sont rompus à l'organisation, savent débrouiller un problème et le résoudre. Quels sont ceux dont l'avis est recueilli avec le plus d'empressement lorsqu'ils se prononcent sur telle ou telle question économique, politique ou sociale? Encore, les hommes d'affaires. Cela ne veut pas dire qu'ils ont infailliblement raison. Mais cela démontre l'étendue de leur influence et la portée de leur action. Et ce que nous venons de dire, c'est ce que nous voyons tous les jours. Il y a aussi ce que le public ignore à ce point de vue, et qui dépasse de mille coudées ce qu'il connaît.

Mais, fera-t-on observer, il s'agit là d'hommes d'affaires déjà arrivés aux plus hauts postes. Les carrières économiques offrent-elles aux jeunes, autant ou plus d'avenir que les autres professions? Autant, à n'en pas douter; plus, c'est fort probable. Les professions libérales sont encombrées. Il faut bien le croire puisque ceux qui y sont engagés ne cessent de le répéter. Ce qui veut dire que la concurrence est étroite dans ces professions et que, pour arriver au sommet, il faut jouer rudement des coudes. Les mieux placés, les plus forts, les plus habiles finissent par faire leur trouée, mais au prix de quels efforts, de combien d'énergie. Y a-t-il chance qu'elles se désencombrent d'ici quelques années. Évidemment il faut compter, avec les progrès du pays, l'augmentation de la population.

Dans un pays comme le nôtre, jeune, en pleine transformation, toutes les voies vont s'élargissant. En revanche, il faut tenir compte du nombre toujours croissant, en dépit des conseils réitérés de nos hommes les plus éclairés, de ceux qui se dirigent vers les carrières libérales. Pour un poste vide, dix candidats se présentent. Il faut tenir compte surtout d'un phénomène qui, bien que d'ordre strictement économique, affecte directement les carrières libérales. Nous voulons parler du mouvement de concentration industrielle et commerciale, phénomène universel, mais qui se manifeste en Amérique avec plus d'intensité que partout ailleurs. Les notaires ne rencontrent plus seulement sur leur route d'autres notaires; ils rencontrent des sociétés d'administration, de placement et de fiducie qui leur raflent une énorme partie de leur clientèle et certaines fonctions qu'autrefois ils étaient seuls à exercer. Cela réduit considérablement leur champ d'action et plusieurs, surtout parmi les jeunes, s'en plaignent amèrement. D'un autre côté, les maisons d'affaires se fusionnent, se réunissent sous une seule et même administration. Cinq ou dix entreprises n'en forment plus qu'une ou deux, de sorte que, des cinq ou dix études d'avocats autrefois attachées en qualité de conseils légaux à ces entreprises, une ou deux se partagent maintenant la besogne. Les autres doivent chercher ailleurs. Nous pourrions dire la même chose, dans une certaine mesure du moins, des médecins attachés aux entreprises industrielles. Si bien que l'élargissement qui pourrait résulter de l'augmentation de la population se trouve ainsi plus qu'annulé.

Or, il arrive que les embarras auxquels se heurtent nos hommes de profession, n'atteignent pas si fortement les aspirants hommes d'affaires. Une grande entreprise industrielle, résultat de la fusion de cinq ou dix entreprises isolées, n'a plus besoin que d'un avocat, mais elle a presque toujours besoin à peu près du même personnel d'acheteurs, de vendeurs, de comptables, etc. D'autre part, les sociétés d'administration, de placement et de fiducie, si mal vues des notaires, constituent pour les jeunes hommes d'affaires un excellent débouché.

Mais ce n'est pas tout. Notre pays est jeune, au tout début de son organisation économique. Or, il est immense par le territoire, immense par les ressources. Il faut avoir eu l'occasion de le traverser d'une frontière à l'autre, de constater la diversité et l'abondance de ses richesses naturelles et la sorte d'effervescence économique à laquelle l'exploitation de ces richesses donne déjà lieu, pour se faire quelque idée de l'incomparable avenir qui l'attend. Il suffit d'un autre côté de remonter cinquante ans en arrière et, à ce passé récent, de comparer le présent si bouillonnant d'activités pour se rendre compte de la force irrésistible avec laquelle notre pays tend vers l'avenir, se convaincre que, s'il y a lieu d'être fier des résultats obtenus, il y a surtout lieu d'en espérer pour bientôt de beaucoup plus grands encore. Les carrières économiques ne sont pas encombrées, ne le seront pas de sitôt. Au contraire, elles se multiplient et s'élargissent dans la mesure où le Canada progresse. La prospérité de notre pays (les crises sont transitoires!) ouvre des perspectives illimitées à ceux qui, au début de leur carrière, ne veulent rien négliger pour réussir; elle multiplie leurs chances, les attire en dehors des sentiers battus, vers des voies plus nombreuses, moins encombrées au bout desquelles, s'ils veulent travailler, les attend un succès plus rémunérateur et plus satisfaisant que celui auquel peut conduire toute autre carrière.

— III[167] —

On entend souvent dire que nous, de la province de Québec, devons nous efforcer d'acquérir le plus tôt possible la puissance économique qui sauvegardera notre vie sociale et notre influence politique; que, pour réaliser cette ambition, nous avons besoin de chefs et que, ces chefs, c'est de la jeune génération que nous devons les attendre. On a raison de parler ainsi.

Ne vous est-il jamais arrivé, vous promenant dans votre ville ou dans les autres centres [du Québec], de lire les noms affichés en caractères énormes à la devanture des grands établissements commerciaux ou industriels et de vous demander pourquoi, dans une province au huit dixième française, ces noms parlent une langue étrangère à la nôtre? La question ne s'est-elle pas posée ensuite à votre esprit de savoir si cette situation est normale et suffisamment sûre pour un petit peuple qui, après tout, prétend porter au-dedans de lui-même la volonté de vivre, le désir de grandir? Quelles causes prochaines ou lointaines ont donc bien pu le pousser ainsi sur un plan d'infériorité par rapport à son entourage? À une époque comme la nôtre où les préoccupations matérielles inspirent et dominent l'activité universelle, accaparent pour ainsi dire toute la pensée des chefs

---

167. *Les Nouvelles, etc., op. cit.*, vol. 5, n⁰ˢ 11-12, décembre 1931 - janvier 1932, p. 4-5.

politiques en quelques milieux qu'ils s'agitent; dans un pays comme le nôtre que le progrès matériel travaille et transforme de jour en jour, cependant qu'à notre porte s'édifie la plus formidable puissance économique des temps contemporains, plus que cela, une civilisation d'essence économique qui s'oppose aux civilisations anciennes et n'admet d'autres lois que celles de la puissance de l'argent, vous êtes-vous demandé quelles répercussions notre persistante infériorité économique pourrait avoir quelque jour dans l'ordre politique et national où se jouent nos destinées collectives, et dans l'ordre social si intimement apparenté à l'ordre moral et religieux, où sont groupées les raisons qu'en tant que peuple nous pouvons avoir de vouloir durer, de vouloir grandir?

En vérité n'exagérons rien et ne laissons pas nos appréhensions dépasser les bornes que leur assigne la raison; gardons-nous, individus ou collectivité, de considérer la richesse, la force matérielle comme une fin en soi. Mais ne versons pas non plus dans l'exagération contraire et gardons-nous avec une égale prudence de considérer le problème économique comme une vulgaire question d'enrichissement individuel. La richesse n'est pas tout, elle n'est pas une fin et elle doit être ordonnée au progrès spirituel de la collectivité; mais elle est un moyen dont de moins en moins nous pouvons nous passer. Or, nous le répétons, le problème économique se pose pour nous avec une acuité de plus en plus redoutable. Retenus à des besognes plus urgentes ou simplement plongés dans une somnolence qui nous masquait nos devoirs et nos besoins, nous avons négligé de nous asservir la richesse matérielle, affectant de croire cette préoccupation indigne de nous, indigne de notre mission. Et voilà que la richesse des autres nous refoule, nous menace d'asservissement, compromettant du même coup nos espérances les plus hautes et les plus chères.

Il nous faut désormais remonter le courant. La restauration économique qui consolidera les assises de notre organisme national et préservera notre avenir, c'est la besogne du moment. Elle est immense, elle est urgente, elle sollicite l'énergie et le concours de tous, mais en particulier des plus vaillants et des plus intelligents de nos jeunes hommes, de ceux qui portent au-dedans d'eux-mêmes le désir d'accomplir de grandes choses

et qui, à la volonté d'agir, joignent celle de réussir. Qui prétendra que nous pouvons sensément abandonner cette besogne à
des hommes sans préparation, qui s'y livreront parce qu'ils
n'auront pas su faire autre chose? La solution de ce vaste problème réside d'une part dans l'éducation populaire, de l'autre
dans la formation de chefs — de chefs capables de canaliser les
énergies de la masse, de secouer sa torpeur et de provoquer chez
elle les sursauts libérateurs. Il nous faut des hommes d'affaires
préparés à leur rôle, conscients de leur devoir, décidés à prendre
leur part du fardeau collectif et qui, puisant à la source commune des motifs de fierté, trouveront dans cette fierté même le
principe de leur action et de leur élan. Il ne s'agit plus de la trop
simple et trop courte instruction commerciale dont nous nous
sommes contentés jusqu'ici[168], c'est d'éducation économique
qu'il nous faut parler, c'est-à-dire d'une formation intellectuelle
assez large pour embrasser le problème avec ses tenants et
aboutissants, assez haute pour le situer à son rang véritable,
assez généreuse pour apercevoir par-delà les mesquines préoccupations individuelles le bien commun et la nécessité de le
servir. Mais cette éducation économique, où aller la chercher,
sinon dans les écoles qui ont été organisées spécialement pour
la dispenser?

---

168. Dans le cours du mouvement qu'amorce la Chambre de commerce de Montréal à
     partir de 1888 (*Cf.* ci-dessus, p. 29), plusieurs de nos institutions d'enseignement
     élémentaire dirigées par des communautés de frères s'étaient plus ou moins muées
     en une forme de «collège commercial» en prolongeant l'enseignement élémentaire
     au-delà de la septième année, avec une huitième puis une neuvième qui prenaient
     nom, à partir de la septième, de «cours supérieur», «cours spécial», etc. Dans ces
     années, on introduisait de l'«arithmétique commerciale», de la tenue de livres et
     des opérations commerciales élémentaires (préparation de factures, etc.). Au sur-
     plus, l'usage de l'anglais y était à l'honneur selon l'argument que l'anglais était
     indispensable au Canadien-Français pour gagner sa vie. Il en résulta une vive
     polémique entre les nationalistes du journal *Le Devoir* et de la revue *L'Action
     française*, à laquelle prit part Mgr Ross, évêque de Gaspé, critiquant la pédagogie
     des frères des écoles chrétiennes à l'Académie commerciale de Québec. On disait
     de cette pédagogie qu'elle visait à une formation scolaire pour bien servir en
     anglais. Les collèges commerciaux étaient accusés de préparer des «porteurs
     d'eau» administratifs pour servir des entreprises étrangères occupées à faire main
     basse sur ce que nous avions pu développer d'entreprises canadiennes-françaises
     vers la fin du xixe siècle. (Rumilly, *Histoire de la Province de Québec*, vol. XXV,
     p. 78-85.)

À quoi mène le haut enseignement commercial[169]

«Oui, très bien! mais encore à quoi cela mène-t-il?» s'informent parfois, l'air soucieux, certaines gens à qui nous parlons de l'École des Hautes Études et du haut enseignement commercial. À quoi cela mène? En d'autres termes, que peut espérer le jeune homme qui a complété son cours supérieur de commerce?

Et d'abord, quel est le but de l'École des Hautes Études? Former des hommes d'affaires instruits, spécifie le prospectus, c'est-à-dire des commerçants, des industriels, des financiers au caractère fortement trempé, dont la clairvoyance ne soit pas le fait du hasard, mais s'appuie sur une culture générale conforme aux exigences de notre époque. Pour atteindre ce but, l'enseignement de l'École doit s'étendre à l'ensemble extrêmement varié des matières qui, de près ou de loin, se rapportent au commerce, à la finance et à l'industrie; il doit en outre viser à la formation professionnelle de l'élève en même temps qu'à sa culture générale, afin de le mettre en état d'aborder les problèmes économiques avec toute la largeur de vue nécessaire; il doit donc être à la fois théorique et pratique. Comment le programme de l'École des Hautes Études satisfait-il à ces exigences?

---

169. *L'Actualité économique*, octobre 1928.

Les matières enseignées peuvent se répartir en quatre groupes. [...][170].

Ces matières apparemment disparates se touchent toutes cependant par quelque côté, forment un tout homogène. La partie «culture générale» occupe une large place, sert d'appui, de fondement à l'autre partie: celle qui vise à la formation professionnelle. Et c'est précisément ce qui donne son intérêt au cours. On se fait du commerce et des commerçants une conception évidemment inexacte; habitué à voir en petit, on assimile le commerçant au boutiquier, et l'épicier du coin, parce que peut-être le plus répandu, le plus «populaire», est pour plusieurs le prototype de l'homme d'affaires. De là à s'imaginer que les études commerciales sont de leur nature arides, sèches, sans horizon, que, très courtes par tous les bouts, elles portent uniquement sur deux ou trois matières dites «pratiques», sans en appeler jamais à l'intelligence ni ouvrir de fenêtres sur les domaines infiniment variés où s'exerce l'action intellectuelle de l'homme cultivé, il n'y a qu'un pas. On est apte aux affaires dès lors qu'on peut tenir un journal et un livre de caisse, additionner en un nombre donné de secondes une colonne de dix ou douze chiffres et *taper* une lettre au dactylographe. Cette façon de penser, dont on devrait s'amuser si elle causait moins de mal, est évidemment entretenue dans les esprits par l'incessante pullulation et l'audacieuse réclame des «Cours commerciaux complets en six mois». Or le programme de l'École des Hautes Études Commerciales détaillé ci-dessus — programme qui sauf les adaptations nécessaires est celui de toutes les écoles supérieures de commerce — la contredit, et montre qu'un véritable cours de commerce exige autant sinon beaucoup plus de culture intellectuelle que n'importe quel autre cours de caractère professionnel, en d'autres termes qu'on ne renonce pas à la culture par le seul fait qu'on embrasse les carrières économiques.

D'autre part si l'on examine d'un peu près le programme ci-dessus, on se rend vite compte que toutes les matières qui y figurent se rangent en quelque sorte en familles, forment des

---

170. M. Minville insère ici l'énumération que l'on retrouve ci-dessus, p. 93.

groupes qui s'enchaînent et s'ajustent en un tout homogène. Ainsi, l'économie politique définit les richesses et les étudie en fonction des besoins humains, dans leur production, leur circulation, leur répartition et leur consommation. Science d'observation, elle remonte des faits aux principes et formule des lois qui, pour n'avoir pas toutes la rigueur des lois physiques ou mathématiques, ne s'affirment pas moins avec une constance suffisante. S'appuyant sur ces lois, elle édifie des théories dont les données empruntées à l'observation doivent se vérifier dans l'ordre des faits. Elle domine donc de haut les sciences commerciales, les couronne, les éclaire toutes. Mais il en est qu'elle s'associe de plus près, qui la complètent, la prolongent. La géographie économique, par exemple, qui cherche la provenance et montre la distribution des milliers de produits dont les marchés sont encombrés, et qui fournit ainsi la matière brute en quelque sorte de l'économie politique. On ne peut guère étudier celle-ci sans faire en même temps de la géographie économique. Cependant la production est elle-même conditionnée par divers facteurs: altitude et latitude, climat et nature du sol, constitution géographique et configuration topographique. De sorte que l'étude rationnelle de la géographie économique exige une bonne connaissance préalable de la géographie générale et de la géographie physique. Ainsi s'aperçoivent la filiation, les points de contact. Et puis il y a la statistique — la statistique qui enregistre les faits, les ordonne, les classifie et trace la courbe des phénomènes que l'économie politique étudie, en même temps qu'elle fournit à la géographie économique ses moyens d'expression et ses termes de comparaison. La statistique s'associe donc très intimement à la géographie économique et à l'économie politique. Enfin, les théories économiques qui n'ont pas toutes, nous le répétons, la rigidité d'un théorème de géométrie, reçoivent d'un pays à l'autre des applications un peu différentes, selon les besoins particuliers de ces pays. L'Angleterre est libre-échangiste et les États-Unis protectionnistes, tandis que nous-mêmes du Canada tenons pour une protection mitigée. Étudier les applications qu'on a faites en tel ou tel pays des grandes théories économiques, c'est le rôle de la politique économique qui prolonge sur le terrain des faits l'économie politique. Nous pourrions dire la même chose des études de finances publiques qui mettent au jour le mécanisme des grandes administrations.

Ainsi se compose un premier groupe de matières figurant au programme de l'École des Hautes Études Commerciales. Ce sont des matières de culture générale qui ouvrent des aperçus sur le monde entier, permettent d'aborder avec intelligence la plupart des grands problèmes d'ordre économique et politique dont notre époque est si féconde, spécialement les grands problèmes qui sollicitent l'attention de notre pays, puisque l'enseignement de l'École, nécessairement conçu du point de vue canadien, est adapté aux exigences particulières de notre pays.

À l'autre extrémité du même programme se placent les matières dites pratiques, celles qui s'attachent moins à élargir les idées qu'à imprimer à l'élève le pli professionnel, à le familiariser avec la technique des affaires comme elles se pratiquent de nos jours. Au centre de ce groupe s'inscrivent la comptabilité et les mathématiques, celle-là n'étant qu'une branche de celles-ci mais devant prendre, dans une école supérieure de commerce, une importance de premier plan. Cela se comprend d'ailleurs. Plus que jamais il est nécessaire pour une entreprise commerciale, industrielle ou financière de suivre de près ces opérations, de les enregistrer minutieusement, selon une méthode qui permette à chaque instant de reconnaître sa situation exacte et de s'orienter en conséquence. C'est le rôle de la comptabilité d'éclairer l'homme d'affaires, de le guider. Une entreprise dépourvue d'une bonne comptabilité, c'est un navire sans boussole s'avançant en haute mer: il marche vers la ruine prochaine. Certains commerçants pourraient en dire quelque chose qui ont conduit leurs entreprises à vue de nez, et se sont éveillés un bon matin en face d'un désastre inévitable. Car c'est un fait que la plupart des faillites, dans le petit et moyen commerce notamment, sont imputables à l'absence d'une comptabilité appropriée et convenablement tenue à jour. Il est donc de toute première importance que le commerçant, l'industriel et le financier possèdent une connaissance approfondie de la comptabilité. Dans la grande majorité des cas ils ne dressent pas eux-mêmes leurs propres livres mais ils doivent pouvoir vérifier le travail de leurs employés, analyser un bilan, un état financier, se retrouver dans l'enchaînement des comptes qui, au jour le jour, reflètent la situation exacte de leur entreprise. Au centre du programme proprement commercial ou professionnel, s'inscrit donc la comptabilité. Tout autour viennent se ranger les matières qui, bien que faisant l'objet de cours particuliers, découlent de la comptabilité, s'y rattachent, l'éclairent et s'en éclairent. Voici le cours d'opérations commerciales en marchandises, qui familiarise l'étudiant avec la technique des opérations commerciales; sorte de démontage et de synthèse des opérations de vente ou d'achat, d'importation ou d'exportation. [...][171]. Ce cours tient donc de très près à la comptabilité. Voici maintenant les cours d'opérations de banque, d'assurance et de bourse qui procèdent de la même manière. Le comptable doit les connaître, il peut être appelé à exercer sa profession dans l'un ou l'autre de ces trois genres d'entreprises. Quelle que soit d'ailleurs sa spécialité, l'homme d'affaires, ne doit rien ignorer de la banque ni même de l'assurance et de la bourse. Appelé à traiter tous les jours avec les banques, à travailler en quelque sorte de concert avec elles, incapable en tout cas de se passer de leur concours, il doit connaître de science certaine ces institutions qui tiennent une place si importante dans la vie économique d'un pays. Voici enfin le cours d'organisation des entreprises modernes, qui étudie les diverses modalités qu'une entreprise peut revêtir, et dégage les principes généraux dont s'inspire la mise en train d'une maison d'affaires ainsi que les règles essentielles de l'art d'administrer et de gérer. Toutes choses que l'homme d'affaires, il va sans dire, doit connaître à fond.

Entre ces deux groupes extrêmes, matières culturelles d'un côté et matières pratiques de l'autre, s'échelonnent les groupes intermédiaires. En premier lieu celui des sciences juridiques: le droit commercial dont la compréhension exige au moins une connaissance élémentaire du droit civil; puis le droit industriel, à portée économique et sociale, qui met en lumière les bases

---

171. Le texte supprimé ici reprenait la description du fonctionnement du bureau commercial déjà faite à la page 45.

légales des diverses organisations ouvrières et professionnelles et fixe les limites des droits respectifs de l'employeur et des employés. Puis enfin, le droit public qui régit les rapports des individus avec les corps publics. Toutes connaissances qui se complètent l'une l'autre, s'éclairent l'une par l'autre et sont nécessaires à l'homme d'affaires, constamment placé en face de problèmes d'ordre juridique et qui, pas plus que le commun des hommes, n'est censé ignorer la loi, l'étendue et la limite de ses droits et de ses devoirs dans ses rapports avec ses clients et ses fournisseurs, avec ses employés et ses ouvriers, avec l'État et les corps publics.

Les matières scientifiques constituent le deuxième groupe intermédiaire. La technologie, les mathématiques, la chimie et la physique y figurent. La technologie, c'est l'étude des procédés de fabrication des différentes catégories de produits que l'industrie moderne jette sur les marchés: produits alimentaires, textiles, sidérurgiques, chimiques, etc. par l'analyse des matières composantes, la description de l'outillage, l'explication des procédés mécaniques, thermiques, chimiques, électriques ou électrochimiques et des transformations successives que la matière prend en cours de fabrication. L'industriel a besoin de connaître à fond, il va sans dire, les procédés qu'il applique lui-même dans son usine. Mais l'homme d'affaires, appelé à manipuler des produits de toutes espèces, doit posséder une connaissance au moins élémentaire des procédés appliqués dans les principales branches de l'industrie. D'un autre côté, le comptable chargé d'établir le prix de revient, le correspondancier qui doit éclairer la clientèle, le publiciste dont c'est le rôle de convaincre le public de la valeur des produits de sa maison, doivent avoir au moins une idée d'ensemble des procédés appliqués dans la fabrication des produits faisant l'objet de leur travail. Comment par exemple calculer le prix de revient d'une pinte de bière ou d'une verge de drap si l'on ignore tout de la brasserie et du tissage? Comment parler avec avantage d'une marque de chaussures si l'on ne la connaît pas suffisamment pour pouvoir mettre en lumière ses qualités caractéristiques? Or, l'étude de la technologie suppose une bonne connaissance préalable de la chimie et de la physique, que l'on trouve à l'origine de tous les procédés industriels, et c'est pourquoi ces deux sciences figurent au programme de l'École.

Enfin, dernier groupe intermédiaire entre les sciences commerciales et les sciences économiques: les matières littéraires et linguistiques, correspondance commerciale française et anglaise, publicité et langues étrangères. Il est inutile d'insister sur la nécessité pour un homme d'affaires de pouvoir écrire lui-même de bonnes lettres d'affaires. La correspondance tient de nos jours dans le commerce un rôle trop important pour qu'on puisse seulement douter qu'elle doive être bien faite. La lettre représente la maison d'affaires au même titre que le voyageur; elle doit refléter la physionomie de cette maison, physionomie faite d'ordre, de courtoisie, de cordialité, d'intelligence, de ponctualité. Quant à la publicité, il suffit de jeter un regard sur les pages des grands quotidiens, des revues de toutes sortes, sur les placards qui bordent nos rues et nos grandes routes, pour comprendre que nous sommes ici en face d'une des plus grandes puissances que le régime moderne des affaires ait songé à mettre en œuvre. La publicité est un art, presque une science. Elle a ses règles, ses principes, sa théorie à base de psychologie et de connaissance linguistique, que l'homme d'affaires doit posséder. Elle s'apparente d'ailleurs à la correspondance commerciale qu'elle complète. On ne saurait guère concevoir un cours commercial supérieur qui ne donnerait pas au moins une connaissance d'ensemble de l'art publicitaire. L'étude des langues étrangères qui figurent au programme de l'École est facultative. Néanmoins celui qui désire se livrer à l'exportation doit se convaincre qu'il ne pourra pénétrer sur les marchés étrangers s'il ne peut traiter dans la langue du pays avec lequel il désire entrer en relations. Or, comme les langues allemande, italienne et espagnole, sont avec l'anglais et le français, les plus universellement répandues, ce sont celles qui s'enseignent à l'École des Hautes Études Commerciales.

Ainsi donc apparaît l'intime association des matières inscrites au programme; toutes ont leur raison d'être, et tendent vers une fin unique: la formation d'un homme d'affaires complet. Les divers groupes dans lesquels elles se rangent se complètent les uns les autres. L'essentiel est de doser les matières, de les distribuer de telle façon que l'équilibre ne se brise pas, que l'étudiant puisse mener de front sa culture intellectuelle — laquelle lui donnera assez de largeur de vue pour embrasser l'ensemble des questions économiques avec leurs tenants et aboutissants — et sa formation professionnelle qui, elle, le dressera à l'analyse, lui imprimera l'orientation et lui fournira la méthode de travail. [...][172].

[Pour les] cours qui ne reçoivent pas leur application directe au bureau commercial, mais qui sont cependant indispensables à la formation professionnelle de l'homme d'affaires, des mesures ont été prises qui permettent d'en compléter, par la pratique, l'enseignement théorique. La chimie a ses laboratoires où les élèves se livrent eux-mêmes à des expériences, des manipulations, des essais, des analyses. La technologie de même; en outre, des visites industrielles ont lieu tous les quinze jours, dans l'une ou l'autre des grandes industries de la ville; ces visites, sous la direction du professeur intéressé, permettent aux étudiants de voir sur place les produits étudiés et l'application des divers procédés de fabrication. Enfin, des séances de projections cinématographiques et d'études au musée commercial complètent les cours de géographie économique, de géologie, de technologie, etc.

Voici maintenant un jeune homme de vingt-deux ou vingt-trois ans qui, durant trois années consécutives, a été soumis à cette discipline à la fois théorique et pratique, dont l'attention a été constamment dirigée vers les problèmes d'ordre commercial, industriel et économique. Il a acquis le pli professionnel. Désormais, à cause précisément de sa tournure d'esprit, il abordera toutes ou presque toutes les questions soumises à son attention par le côté qui lui permettra de les pénétrer le plus aisément, à savoir le côté économique. Il n'est pas encore spécialiste mais il est en état de se spécialiser, tout comme le jeune médecin qui, au sortir de l'Université, possède une bonne vue d'ensemble de la médecine générale, sans toutefois avoir une compétence particulière pour une branche ou l'autre de sa profession. L'étude lui a révélé ses goûts, ses aptitudes, ses talents

---

172. Minville reprend ici, avec plus de détails, le fonctionnement du bureau commercial décrit à la page 45.

personnels, que ses premières années, peut-être même ses premiers mois d'apprentissage, lui révéleront d'une façon encore plus claire.

Or, toutes les spécialités qui s'offrent à lui à l'intérieur de sa profession, si l'on peut dire, commandent toutes le même ensemble de connaissances; celles que l'école lui a données et que nous avons analysées plus haut. Il peut devenir comptable d'une grande entreprise industrielle, commerciale ou financière, pousser même jusqu'à l'expertise en comptabilité: il possède pour cela, nous l'avons vu, les connaissances fondamentales de mathématiques et de comptabilité, de droit civil et commercial, d'organisation des entreprises, de technologie industrielle, de technique commerciale et financière, d'économie politique — toutes connaissances indispensables au comptable, c'est-à-dire à celui qui est chargé d'éclairer la marche d'une maison d'affaires. Il peut devenir correspondancier et publiciste: il connaît le langage des affaires, langage précis, qui a sinon ses règles du moins sa terminologie propre. Ses connaissances de la comptabilité, de la technologie, de la technique des opérations de finance et de commerce lui permettent de s'adapter plus rapidement qu'un autre au milieu particulier dans lequel il se trouve, tandis que, grâce à ses connaissances de l'économie politique, de la géographie économique, de la statistique, il peut prendre une vue d'ensemble des marchés, juger de l'état général des affaires à un moment donné — faculté essentielle au correspondancier et au publiciste. Pour les mêmes raisons, il peut s'adonner au journalisme économique, devenir rédacteur ou chroniqueur financier, métier qui le met en présence quotidiennement de l'infinie variété des problèmes économiques, et exige par suite une préparation appropriée. Il peut encore se diriger vers l'enseignement commercial supérieur, si tels sont ses goûts et ses aptitudes; devenir secrétaire ou trésorier d'association et de maison d'affaires: sa formation le désigne particulièrement pour ces postes qui demandent des vues générales, des lumières sur une foule de choses. Il peut enfin, s'il a du capital, tâcher de s'établir pour son propre compte: courtier en assurances, en marchandises, en placements; industriel, commerçant, importateur, exportateur, devenir tout ce que les affaires, champ d'action presque illimité, peuvent permettre à un homme de devenir.

Une ambition qu'il faut avoir[173]

C'est celle de réussir, d'améliorer sa situation, d'accroître sa puissance de travail, donc de production, de multiplier ses moyens d'action, d'élargir toujours le cercle de son influence, bref, de s'élever, de devenir quelqu'un!

L'ambition juste, raisonnable et raisonnée, c'est le ressort qui soulève des générations entières, les porte vers le succès; un des leviers qui commandent aux progrès des pays et des peuples. Pourquoi certaine grande nation domine-t-elle le monde économiquement et, grâce à sa puissance économique, commande-t-elle en quelque sorte la politique universelle? Parce que chacun des groupements et chacun des individus qui composent cette nation ont eu, de tout temps, l'ambition de monter, d'acquérir de la richesse, du savoir, de la force. «Tout homme qui s'élève élève le monde avec soi.» Rien n'est plus vrai, à tout point de vue. L'effort coordonné des individus, outre qu'il leur assure le bien-être, fait la puissance de la collectivité. À notre porte, une nation jeune — plus jeune même que la nôtre — s'est hissée, en moins de deux cents ans, au rang de première puissance économique du globe. Pourquoi? Pour la même raison. Il y a là-bas, outre-frontière, des hommes qui savent vouloir et vouloir beaucoup, qui veulent méthodiquement, avec obstina-

___

173. *Les Nouvelles, etc., op. cit.*, vol. 1, n° 1, février 1927, p. 3.

tion. Tous s'attelant à la tâche avec la même détermination, c'est le pays tout entier qui, en fin de compte, s'est élevé, porté en quelque sorte par l'effort collectif. Non pas sans doute que nous voulions en tout citer en exemple nos voisins du sud. Mais ne donnent-ils tout de même pas une belle preuve de ce que peut le ferment de l'ambition juste et éclairée, quand il est jeté et cultivé dans tous les esprits? Le succès généralisé des individus prépare et assure la prospérité collective et celle-ci, en retour, protège et facilite les succès individuels. À ce jeu de compensation, l'équilibre sans cesse se rétablit à mesure que grandit le bien-être général.

Le grand obstacle que notre jeunesse canadienne doit vaincre dans sa montée vers le succès, c'est en elle-même, au-dedans d'elle-même qu'elle le rencontre. Nous ne sommes pas suffisamment ambitieux, de cette sorte d'ambition qu'il faut avoir, c'est-à-dire de l'ambition éclairée, que la raison soutient et dirige. À quelques exceptions près, c'est l'apathie généralisée, constituée pour ainsi dire en régime de vie. Nous désirons sans doute arriver à quelque chose, même accomplir beaucoup de choses, mais nous reculons sans cesse devant l'effort correspondant. C'est la paresse intellectuelle, espèce de répugnance insurmontable que nous inspirent la réflexion, le travail de l'esprit: nous avons peur des livres, peur des lectures sérieuses, peur des fatigues du cerveau! Nous remettons sans cesse à des lendemains qui ne viennent pas le moment de nous plier, une heure par jour, à la salutaire discipline de l'étude. Nous laissons trop volontiers nos facultés s'engourdir dans l'inaction. C'est enfin et surtout la conviction erronée — ô combien! — dans laquelle un si grand nombre d'entre nous vivent de savoir tout, de n'avoir plus rien à apprendre, quand en réalité nous ignorons le tout d'à peu près tout. Notre époque d'intense vulgarisation, en permettant à chacun d'acquérir de pâles aperçus de n'importe quoi empêche finalement le plus grand nombre d'avoir une idée juste, une conception nette de rien. Nous sortons de l'école, emportant dans notre gousset la clé de l'étude, du savoir; mais cette clé, ou bien nous la laissons se perdre ou bien nous la prenons tout bonnement pour le savoir lui-même. Dès lors, nous nous jugeons assez forts. Nous voulons parfois la fin — réussir

— mais nous voulons rarement les moyens — nous mettre en état de réussir par l'étude qui assouplit les facultés intellectuelles, élargit les horizons, précise les idées, rectifie certaines conceptions, éveille l'initiative et fortifie le jugement. Nous avons bien une certaine ambition, mais c'est le plus souvent une ambition aveugle, plus stérile parfois et plus dangereuse que l'inertie la plus complète. Il faut éclairer cette ambition, la rationaliser en quelque sorte, l'orienter et la nourrir, sans quoi elle erre, se heurte à des obstacles qu'elle n'a pas su prévoir, s'énerve et s'anémie pour céder peu à peu la place à une torpeur languissante et à l'indifférence tueuse de courage et briseuse d'élans.

Qu'on nous comprenne bien, nous ne prêchons pas l'arrivisme, cette soif de réussir, n'importe comment, cette frénésie du succès qui ne se met pas en peine des moyens, mais pousse à tout par n'importe quelle voie. Nous voulons simplement que nos jeunes gens cultivent en eux l'ambition très légitime d'améliorer leur sort, d'arriver à quelque chose, de devenir *quelqu'un* par des moyens honnêtes, c'est-à-dire respectueux des règles de la morale et de l'honneur. C'est une ambition que tout homme de cœur doit avoir!

Ne méprisons pas la richesse[174]

Le texte suivant est extrait d'une conférence prononcée devant les anciens du collège Notre-Dame entre 1927 et 1930. Il en constitue la conclusion, la partie où Minville plaide en faveur de l'École selon la ligne d'argumentation qui lui paraît appropriée pour le milieu. La conférence elle-même exposait ce qu'était l'École: un résumé, en somme, de l'exposé principal du présent ouvrage.

On a maintes fois répété avec raison que, nous de la province de Québec, devons nous efforcer d'acquérir le plus tôt possible, la puissance économique qui sauvegardera notre organisme social et renforcera notre influence politique. En tant que groupement ethnique, que collectivité distincte, nous ne serons vraiment forts que lorsque nous occuperons, en ce coin de pays qui est le nôtre, toutes les avenues du commerce, de la finance et de l'industrie et que nous pourrons, dans toute la mesure du possible, subvenir nous-mêmes à nos propres besoins. J'ai l'air en parlant ainsi d'exprimer un truisme solennel. Et pourtant, qui d'entre nous se risquerait à mesurer le chemin qu'il nous reste à parcourir pour atteindre cet objectif?

---

174. Extrait d'un manuscrit. Œuvres complètes d'Esdras Minville, Archives de la Bibliothèque Patrick Allen, École des H.E.C., Cahiers des manuscrits.

[...][175]. Toutes proportions gardées, notre situation, en tant que groupe distinct, est plus précaire qu'elle ne l'a été à aucun moment de notre histoire. En effet, je vous le demande, quelle part prenons-nous à l'édification de la grande industrie qui transforme la physionomie [du Québec], sauf à fournir la main-d'œuvre et les petits employés dont les capitalistes étrangers ont besoin pour l'accomplissement de leurs immenses travaux? Quelle part prenons-nous à l'organisation du grand commerce, sauf encore une fois à fournir les modestes serviteurs et les ressources de notre sol? Quelle part prenons-nous enfin au mouvement de centralisation industrielle et commerciale qui étreint [le Québec] et menace de briser l'équilibre de son développement, de le jeter tout entier sous la dépendance de quelques grands centres, dominés à leur tour par quelques puissants organismes économiques, aux mouvements desquels préside une poignée d'individus, qui mobilisent ainsi entre leurs mains les commandements de la vie économique dont ne se sépare plus la vie politique? Nous augmentons notre avoir individuel tandis que, collectivement, nous perdons toute identité économique. En vérité, n'exagérons rien! Mais ne tournons pas non plus le dos aux tâches difficiles, ne fermons pas les yeux sur les problèmes aigus, croyant les avoir résolus quand nous en avons nié l'existence. Retenus à des besognes plus urgentes, ou simplement plongés dans une somnolence qui nous masquait nos devoirs les plus évidents, nous avons négligé de nous asservir la richesse naturelle, affectant de croire cette préoccupation indigne de nous et indigne de notre mission. Or, voilà que la richesse des autres nous refoule, et nous menace de dispersion et d'asservissement, compromettant du même coup nos espérances les plus hautes et les plus chères. Si on y regarde de près en effet on s'aperçoit bien vite que presque toutes nos difficultés se réduisent à une «misérable question d'argent, de cet argent que notre travail frappe à l'effigie des princes et que d'autres empochent»!

---

175. Minville reprenait ici, mot à mot, le propos de la page 210 sur le visage anglais du Québec et jusqu'aux deux tiers de la page 211 à «l'acuité de plus en plus redoutable».

Il nous faut désormais remonter le courant, refaire et bonifier une situation que notre indifférence a laissé glisser du mal
au pire. La restauration économique qui consolidera les assises
de notre organisme national et préservera notre avenir, c'est la
besogne du moment. Elle est immense, elle est urgente, elle
sollicite l'énergie et le concours de tous, mais en particulier des
plus intelligents et des plus vaillants de nos jeunes hommes, de
ceux qui portent en eux-mêmes le désir d'accomplir de grandes
choses et qui, à la volonté d'agir, joignent la volonté de réussir.
Qui prétendra que nous pouvons sensément l'abandonner, cette
besogne, à des hommes sans préparation qui s'y livreront parce
qu'ils n'auront pas su faire autre chose? La solution à la plupart
de nos problèmes de tous ordres se ramène en définitive à une
question d'éducation populaire et de formation de chefs capables de réveiller et de canaliser les énergies de la masse, de
secouer son indifférence et de l'entraîner à leur suite dans les
mouvements sauveurs.

Le problème économique n'échappe pas à cette règle. Il
nous faut des hommes préparés à leur rôle, qui guident la foule
et coordonnent ses mouvements, il nous faut des chefs conscients de leurs devoirs, décidés à prendre leur part, toute leur
part du fardeau collectif et qui, puisant dans l'histoire commune
des motifs de fierté, trouveront dans cette fierté même le principe de leur action et de leur élan. Il ne s'agit plus de simple
instruction commerciale; c'est d'éducation économique qu'il
faut désormais parler, c'est-à-dire d'une formation intellectuelle assez large pour embrasser le problème économique avec
ses tenants et aboutissants, assez droite pour le situer à son rang
véritable dans la hiérarchie des problèmes nationaux, assez
haute et assez généreuse pour apercevoir par-delà ces mesquines préoccupations individuelles le bien commun de la collectivité et la nécessité de le servir loyalement. Grâce à Dieu, nous
avons aujourd'hui des écoles supérieures qui peuvent nous donner ce type de chefs. Il nous reste à y diriger les jeunes, ceux qui,
au milieu de nous, représentent l'avenir et doivent bientôt choisir leur voie, c'est-à-dire leur manière de servir.

Vous y avez songé. Votre initiative, je le répète, mérite
mieux qu'un vain compliment. Les carrières économiques sont

celles de l'avenir. Dans l'état actuel des choses, elles sont à la fois les plus rémunératrices pour l'individu et les plus utiles pour la collectivité. Et que si quelqu'un d'entre vous regrette leur peu d'éclat, leur peu de prestige, je répondrai: qu'un titre est vide et qu'il est faux sans celui qui le porte; ce n'est pas la profession qui honore l'homme, mais l'homme qui doit honorer sa profession, la grandir, la hausser jusqu'à lui!

La chance de chacun[176]

Une enquête conduite, il y a quelques années, aux États-Unis a relevé que la plupart des 24 000 principaux hommes d'affaires américains ont complété des études secondaires. Poussée plus loin, la même enquête établit que, des 5 millions d'Américains qui ne sont passés par aucune école, 31 seulement figuraient parmi les 24 000 mentionnés ci-dessus. En retour, les 33 millions d'Américains diplômés des écoles modèles et les 4 millions de diplômés des écoles primaires du degré supérieur (high schools) comptaient respectivement 1 880 et 1 182 représentants dans le groupe étudié. Enfin, les 1 400 000 Américains ayant complété des études universitaires fournissaient pour leur part au même groupe environ 14 000 membres. D'où il suit, pour parler chiffres jusqu'au bout, qu'un illettré possède 1 chance sur 160 000 de réussir, tandis qu'un diplômé d'école modèle en possède 10, un diplômé de *high school*, 50, et un diplômé d'université, 1 600.

Sans doute ces données ne doivent-elles pas être prises au pied de la lettre. Mais elles expriment une approximation, une tendance. Elles corroborent le témoignage de l'expérience quotidienne, à savoir qu'à mesure que la finance, l'industrie et le

---

176. *Les Nouvelles, etc., op. cit.*, vol. 2, n° 5, juillet-août 1928, p. 3.

commerce progressent ils exigent une meilleure formation intellectuelle, une préparation plus étendue, bref, de solides connaissances à la fois théoriques et pratiques. Or, cela suppose des institutions d'enseignement supérieur, des écoles spéciales.

Former des hommes d'affaires instruits, donc capables de vaincre la concurrence et d'aborder avec chance de succès les multiples problèmes que posent les affaires modernes, c'est la raison d'être de l'École des Hautes Études Commerciales. Cette École a fait ses preuves. Il reste au public à profiter des avantages qu'elle offre.

Les collèges classiques et nous[177]

Dans son édition de mars, *Le Ralliement*, organe du Séminaire des Trois-Rivières, consacre aux anciens élèves de cette institution qui ont fréquenté ou fréquentent encore l'École des Hautes Études Commerciales, un bel article dont nous sommes heureux de détacher le passage suivant:

«L'Alma Mater trouve en tout cela matière à réjouissance. Elle est fière de tous ceux qui lui font honneur dans les sphères diverses de l'activité nationale. L'École des Hautes Études prépare une élite dont notre race a un besoin pressant. Sans exagérer l'importance du facteur économique dans le développement d'une nation, il faut tout de même lui reconnaître une large portée, et concéder que, pour nous surtout, le négliger, serait une très grave imprudence. Nos élèves des collèges classiques s'étaient trop exclusivement bornés jusqu'ici aux seules professions dites libérales. Pendant ce temps, les chefs d'autres races nous supplantaient et nous dominaient sur un terrain dont nous avions méconnu l'importance stratégique. Espérons que cette erreur sera réparée à temps et que les élèves des Hautes Études sauront servir efficacement les intérêts de la race et imposer notre influence sur des forces qu'on était en train de tourner

---

177. *Les Nouvelles, etc., op. cit.*, vol. 3, n° 3, avril 1929, p. 3.

contre nous. Le Séminaire des Trois-Rivières sera heureux d'avoir fait sa part dans cette œuvre de redressement.»

Il nous fait plaisir, nous le répétons, de recevoir des témoignages si sympathiques des milieux mêmes d'où nous attendons appui et coopération. Dans une certaine mesure, il était naturel que la raison d'être d'une école supérieure de commerce n'apparût pas dès l'abord à tous les esprits et que, par suite, des oppositions, des hostilités mêmes se fissent jour avec une insistance qu'en certains cas, cependant, on eût pu souhaiter moins opiniâtre. Les circonstances dans lesquelles cette école s'est organisée, si elles ne justifiaient pas, du moins expliquaient jusqu'à un certain point l'attitude du public. Il n'en est plus ainsi, heureusement. L'École s'est révélée comme l'une des mieux appropriées aux besoins de l'heure. La question économique, dont seuls quelques trop rares initiés connaissaient naguère l'importance, se pose aujourd'hui à l'attention générale avec une acuité décisive, et le besoin se fait de plus en plus sentir d'une élite commerciale capable de répondre aux exigences de la situation. Or c'est précisément la raison d'être de l'École des Hautes Études de former des hommes d'affaires instruits qui, ainsi que le dit l'auteur de l'article cité plus haut, «sauront servir efficacement les intérêts de la race et imposer notre influence sur des forces qu'on était en train de tourner contre nous». Elle a été créée et son programme est ajusté à cette fin. Au surplus, elle a déjà fait ses preuves. On s'en est vite rendu compte dans les milieux où l'on sait observer, où l'on s'arrête à penser et à réfléchir. Aussi bien, là où nous n'avons rencontré d'abord qu'une sorte d'indifférence parfois bienveillante, mais aussi parfois résolue, nous viennent aujourd'hui des témoignages élogieux, mieux que cela, une collaboration active et suivie. Et notre école qui, la première année, recevait à ses cours du jour 32 élèves, en compte, cette année, 164 dans cette section, représentant la plupart des collèges classiques de la province. (On sait d'autre part que quelque huit cents élèves suivent nos cours du soir et nos cours par correspondance.) Chaque année d'ailleurs le contingent croît des bacheliers, c'est-à-dire des jeunes gens qui sont le mieux préparés à bénéfi-

cier de nos cours et subséquemment à réussir en affaires[178].
Nous en sommes heureux, car cette collaboration, nous la désirons, nous la souhaitons non seulement avec la plupart, mais avec tous les collèges classiques, non pas pour notre avantage, mais pour celui de la collectivité. L'auteur cité ci-dessus le dit bien: il y a une erreur à réparer et, cette erreur, c'est d'avoir encombré les professions dites libérales, cependant que les carrières directement productives étaient délaissées. C'est vers celles-ci qu'il faut désormais orienter les plus brillants et les plus vaillants de nos jeunes gens, car les problèmes sont difficiles et, pour les résoudre, nous n'aurons pas trop de toutes nos forces.

Cette collaboration souhaitée, nous le reconnaissons avec plaisir, nous est maintenant et d'une façon générale loyalement accordée. Il est un cas cependant que nous désirons signaler entre tous: celui du Séminaire de Valleyfield. On sait que, outre la licence en sciences commerciales, l'École des Hautes Études décerne une licence spéciale, dite d'enseignement, à laquelle peuvent aspirer les jeunes gens qui se destinent à l'enseignement commercial. Or, depuis la création de cette licence, le Séminaire de Valleyfield qui, outre le cours classique, donne un cours commercial, envoie suivre nos cours jusqu'à la licence inclusivement des jeunes prêtres qu'il destine à l'enseignement des matières commerciales. Deux — M. l'abbé Langlois, aujourd'hui procureur au séminaire, et M. l'abbé Leduc — ont

---

178. Dans le bulletin d'octobre-novembre 1935 (*Les Nouvelles, etc., op. cit.*, vol. 8, nos 9-10, p. 1), Minville écrivait:
«La grande majorité des nouveaux inscrits à l'École des Hautes Études Commerciales sont diplômés des collèges classiques. La première année du cours régulier est une des plus nombreuses, sinon la plus nombreuse que l'École ait encore eue. C'est là un fait de la plus haute signification, la preuve que dans les collèges classiques on connaît aujourd'hui notre grande école de commerce et qu'on y apprécie son enseignement; au surplus, que les bacheliers ne se croient plus comme autrefois obligés d'embrasser une profession libérale, mais comprennent que les carrières productives, commerce, industrie, finance, leur offrent plus de chances de succès que les professions libérales et que leurs études les y préparent très bien, pourvu que, comme l'avocat, le médecin et le notaire, ils aient le soin de parfaire leur formation par de solides études universitaires. Plus le contingent sera nombreux des jeunes hommes qui, bien préparés, se dirigeront vers des carrières économiques, plus vite nous pourrons espérer occuper dans les affaires une place proportionnée à l'importance numérique de notre groupe.»

déjà obtenu leur licence. Un troisième, M. l'abbé Trudel, poursuit actuellement ses études.

Voilà un exemple que d'autres collèges classiques de la
province, qui sont dans le même cas que le Séminaire de Valleyfield, pourraient, nous croyons inutile d'insister là-dessus, suivre avec profit.

Il nous faut des chefs, et ces chefs, c'est par la coopération
entre les écoles secondaires et les écoles universitaires que nous
parviendrons à les former assez nombreux et assez forts pour
répondre aux exigences de l'heure.

Savoir afin de pouvoir[179]

D'après une statistique publiée il y a quelques semaines, *cinq millions* de personnes, de tous les milieux et de toutes les situations, complètent présentement aux États-Unis leur formation intellectuelle ou professionnelle par des études postscolaires: cours du soir, par correspondance, etc. — soit un groupe cinq fois plus nombreux que celui des écoliers et étudiants fréquentant les écoles et les universités. Cinq millions d'individus, par conséquent, un vingt-cinquième de la population américaine! En d'autres termes, chez nos voisins, une personne sur vingt-cinq environ poursuit ses études après la sortie de l'école ou de l'université. Le fait n'est-il pas significatif? Le pays du monde où l'activité économique se manifeste avec le plus d'ampleur et d'intensité est aussi celui où l'on éprouve, semble-t-il, le plus grand besoin de parfaire ses connaissances, sa formation intellectuelle, de se spécialiser, où l'on s'adonne le plus généralement à l'étude après la sortie des écoles. Là-bas, plus que partout ailleurs, on a compris que, pouvoir, c'est, de plus en plus, savoir, que la somme des connaissances nécessaires à l'individu qui veut réussir grandit, de nos jours, avec une telle rapidité que celui qui s'en tient à la formation acquise à l'école

---

179. *Les Nouvelles, etc., op. cit.*, vol. 3, n°s 9-10, décembre 1929 - janvier 1930, p. 6.

est bientôt dépassé, donc déclassé! La vie a maintenant des exigences qu'elle n'avait pas il y a vingt ans; dans toutes les sphères d'action, la concurrence ne cesse de croître; la machine, puissante, compliquée, remplace partout la main de l'artisan; bref, les conditions changent. Il faut s'adapter sans cesse, satisfaire aux besoins nouveaux, avancer avec son temps. Et cela impose à l'individu la nécessité de s'assurer d'abord une formation plus étendue, plus poussée que celle dont la génération précédente pouvait se contenter, et ensuite, dans le milieu où il vit et la carrière qu'il a embrassée, de se tenir au courant, donc d'acquérir sans cesse des connaissances nouvelles. Le président de banque, l'industriel, le comptable, l'employé de bureau, l'homme de profession libérale, l'instituteur, l'ouvrier spécialisé, tous ceux qui ambitionnent un succès proportionné aux aptitudes et aux ressources de leur être ne peuvent se soustraire à cette règle: apprendre afin de pouvoir.

Sans doute les études postscolaires ne sont-elles pas une création de notre époque. Mais jamais, à coup sûr, elles n'ont été plus répandues, sous des formes plus diverses. Dix moyens s'offrent aujourd'hui à qui veut s'instruire. La statistique que nous citons en commençant nous apprend encore que deux millions d'Américains suivent des cours par correspondance; qu'à Buffalo une personne sur huit s'adonne à quelque étude postscolaire; qu'à Cleveland le nombre des adultes suivant les cours d'une seule institution d'enseignement postscolaire est égal à deux fois et demie celui des écoliers et étudiants réguliers des écoles et universités. Ainsi de suite. Cela donne une idée de l'effort tenté outre-frontière pour répandre l'instruction, la mettre à la portée du plus grand nombre possible — effort d'ailleurs justifié par le désir général d'apprendre toujours davantage. Si, d'une part, nos voisins n'ont qu'assez peu de goût pour la culture, le raffinement de l'esprit, ils ont, d'autre part, il faut le reconnaître, un sens pratique très aigu, et autant d'initiative que d'ambition. Si tant d'entre eux consacrent et leur argent et leurs loisirs à acquérir des connaissances et à parfaire leur formation professionnelle, c'est qu'ils voient dans l'étude le grand, l'unique moyen d'arriver au succès qu'ils ambitionnent. Ce en quoi on admettra qu'ils ont parfaitement raison.

D'autant plus que l'individu arrivé à l'âge adulte bénéficie beaucoup plus de ses études que l'adolescent. Il est en possession de tous ses moyens; il a un passé plus long et possède par conséquent une expérience plus vaste, plus riche: il interprète et critique avec plus de justesse, assimile et applique plus rapidement que l'enfant ou le jeune homme, chez qui l'âge n'a pas encore mûri l'esprit. À ce point de vue l'enseignement postscolaire l'emporte sur l'enseignement destiné à la jeunesse. Il produit plus vite des fruits plus nombreux.

Avons-nous au même degré que nos voisins le goût de l'étude? Sentons-nous comme eux la nécessité où nous placent les exigences de la vie moderne d'acquérir sans cesse des connaissances nouvelles, de parfaire notre formation intellectuelle? Comprenons-nous comme eux que le succès — celui de chacun d'entre nous dont dépend en définitive le succès de la collectivité — est à ce prix? Avons-nous la même ambition, le même désir de réussir — désir très légitime, un des plus puissants ressorts de l'humanité? Nous voudrions pouvoir répondre dans l'affirmative à toutes ces questions. Malheureusement, la connaissance que nous avons de l'état d'esprit de notre population et notre expérience de tous les jours nous en empêchent. Non pas que les mêmes moyens ne s'offrent pas à nous. Nous avons, nous aussi, un enseignement postscolaire très bien organisé: cours du soir et cours par correspondance, professés par des hommes de chez nous, pour répondre à nos besoins particuliers. Un certain nombre de personnes suivent ces cours et s'en déclarent satisfaites. Tous ceux qui le peuvent et le devraient les suivent-ils? Nous ne le croyons pas. À quoi attribuer cette indifférence? Nous l'avons déjà écrit ici même et nous le répétons: un des grands obstacles que nous devons vaincre dans notre montée vers le succès, c'est le défaut d'ambition. Nous ne sommes pas assez ambitieux de la sorte d'ambition qu'il faut avoir, c'est-à-dire de l'ambition éclairée, que la raison soutient et dirige. Sauf de très louables, mais trop rares exceptions, c'est l'apathie généralisée, constituée pour ainsi dire en régime de vie. Nous avons peur des livres, peur des lectures sérieuses, peur des fatigues du cerveau et c'est une peur qui entrave notre progrès, parce qu'elle nous détourne du plus grand moyen que nous pourrions prendre pour nous l'assurer. Souhaitons donc que le jour se lève bientôt où l'exemple des peuples qui nous entourent et partagent notre vie aura raison de notre insouciance, de nos hésitations et, nous entraînant à l'étude, nous donnera tout de bon le véritable moyen de nous assurer dans le domaine économique la place que notre nombre devrait nous permettre d'occuper.

Des témoignages[180]

Combien de fois n'avons-nous pas écrit ici même que les carrières économiques: commerce, industrie, finance, autant et plus
peut-être que les professions libérales, exigent de nos jours des
connaissances étendues, une solide formation intellectuelle?
Sans doute avons-nous porté la conviction dans bien des esprits,
puisque de plus en plus nombreux sont les jeunes gens qui,
désireux d'embrasser ces carrières, viennent chercher à l'École
des Hautes Études Commerciales, cours oraux du jour ou du
soir, et cours par correspondance, la formation professionnelle
appuyée sur la culture générale. À l'intention de ceux qui dou-
tent encore et croient, malgré tout, que l'initiation pratique, sous
la conduite d'un chef expérimenté, dispense de la préparation
théorique, nous reproduisons ici le témoignage d'hommes qui,
dans leurs milieux respectifs, sont reconnus comme des autorités en l'espèce — témoignages qui confirment ce que nous
n'avons cessé de répéter.

Voici d'abord M. G.-A. Blondel, parlant au Congrès international d'enseignement commercial, tenu à Amsterdam en septembre dernier. Après bien d'autres, il constate que l'application
à l'industrie, au commerce et aux transports des grandes décou-

180. *Les Nouvelles, etc., op. cit.*, vol. 4, n°s 3-4-5, avril à juin 1930, p. 6-7.

vertes de la science a, au cours du dernier demi-siècle, bouleversé le régime économique:

«Les grandes entreprises se multiplièrent, écrit-il: il fallut pour les diriger des hommes non seulement actifs et intelligents, mais possédant aussi les connaissances les plus étendues, les plus variées, capables de comprendre les grands problèmes économiques mondiaux, et de prévoir les conséquences commerciales des événements politiques et sociaux.

«Or, c'est dans les écoles supérieures de commerce que peuvent se former de tels hommes, qu'ils peuvent apprendre tout ce qu'un commerçant moderne doit savoir: la technicité des transactions, la comptabilité basée sur de sérieuses études mathématiques, les mathématiques commerciales et financières, les questions de change et d'arbitrage, le droit civil, administratif, commercial, maritime, l'économie politique, la géographie économique, la technologie des marchandises et plusieurs langues étrangères parmi les plus répandues.

«Comme on le voit, nous sommes loin du bagage de connaissances qu'on peut exiger d'un teneur de livres, ou d'un bon employé de commerce ou de magasin: c'est un programme d'une autre envergure. Mais évidemment, un tel enseignement ne portera ses fruits et n'atteindra son but que s'il suppose, chez ceux qui sont appelés à en bénéficier, un esprit préalablement ouvert et préparé par une culture générale soignée à le recevoir, à se l'assimiler, à en tirer profit. Cette culture générale, qu'il est reconnu indispensable d'acquérir avant d'entreprendre des études supérieures, qu'elles soient littéraires, scientifiques ou commerciales, c'est l'enseignement secondaire de nos lycées qui la donne, enseignement que sanctionnent les baccalauréats.

«C'est lui qui, par l'étude des civilisations qui nous ont précédés, de l'histoire politique, artistique, littéraire, scientifique des peuples, ouvre largement l'esprit des jeunes gens aux idées générales: c'est lui qui leur donne cette culture scientifique qui sert de base aux études supérieures; c'est lui qui leur apprend, par une gymnastique appropriée, à penser, à réfléchir, à raisonner, en même temps qu'il développe leur esprit critique; c'est lui enfin qui, en les soumettant à une sévère discipline de l'esprit, les dote d'une méthode de travail.»

Ainsi, selon M. Blondel, la culture générale est celle qui prépare le mieux aux études supérieures de commerce. Nous l'avons toujours prétendu nous-mêmes.

[...][181]

---

181. Minville reprenait ensuite un propos du président de la Barclay's Bank déjà cité à la page 202. Le texte se continuait avec le témoignage du P. Muller, qui suit.

Autre témoignage

[...]
La Belgique a été l'un des premiers pays du monde à instituer chez elle l'enseignement commercial supérieur: dès 1854, s'organisait à Anvers, l'Institut supérieur du commerce. Depuis lors, huit écoles supérieures de commerce ont été créées dans les principaux centres du pays. À Anvers fonctionne, outre l'Institut susnommé, l'École supérieure de commerce S.-Ignace, sous la direction des RR.PP. Jésuites. Dans le *Bulletin d'études et d'informations*, organe officiel de cette institution, le R.P. Muller S. J. écrivait récemment, répondant aux tenants de l'initiation pratique: «Les partisans d'une forte préparation scientifique à la vie des affaires ne méconnaissent pas l'utilité, voire la nécessité d'un stage pratique et ils n'entendent pas en dispenser les futurs commerçants. Mais ils estiment — et les faits ne cessent pas de confirmer cette opinion — que ceux-là tirent le meilleur profit de cet apprentissage qui l'abordent avec une connaissance approfondie de la partie, avec un esprit ouvert et pleinement averti. Quant à l'avance que prennent les jeunes gens qui passent sans transition de l'école moyenne à la pratique des affaires, elle ne leur donne le plus souvent qu'un avantage illusoire dont ils ne tarderont pas à reconnaître la vanité. Engagés plus tôt dans la carrière, ils s'y verront plus tôt arrêtés dans leur ascension ou paralysés dans leurs initiatives, parce qu'il

leur manque cette culture plus parfaite et ces connaissances plus approfondies dont ils ont jadis méconnu l'utilité. À eux seuls, les "parchemins" ne décident pas de la destinée d'un homme, nous en tombons volontiers d'accord; mais nous constatons aussi que diminue sans cesse le nombre des chefs d'entreprise qui se piquent de n'attacher aucune valeur aux grades académiques et que de nos jours bien des hommes d'affaires et des sociétés n'engagent plus, pour les affecter à leurs services les plus intéressants, que des diplômés sortis de nos écoles supérieures de commerce.»

C'est traiter la question comme elle doit l'être.

La préparation aux affaires

— I¹⁸² —

Nous avons maintes fois répété ici même, que les affaires modernes exigent une préparation, une formation professionnelle, une culture intellectuelle dont les commerçants, financiers et industriels d'il y a cent ans pouvaient assez aisément se passer, et que cette exigence grandit dans la mesure même où les affaires se développent et se multiplient en se spécialisant. Fait de constatation quotidienne.

Dès le début de la grande révolution économique qui remplit la deuxième moitié du dernier siècle et se poursuit de nos jours avec une intensité incessamment renouvelée, les principales nations commerçantes du monde ont senti le besoin de se dépouiller de l'empirisme qui avait suffi jusque-là à former leurs hommes d'affaires, de rajeunir leurs méthodes et leurs procédés en associant le laboratoire à l'usine et l'université au bureau, en d'autres termes de rénover leur enseignement technique et commercial en créant chez elles des centres d'études répondant aux exigences des temps nouveaux.

Dès 1854, la Belgique — la «terre classique des expériences», ainsi qu'on l'a appelée — créait à Anvers son Institut

182. *Les Nouvelles, etc., op. cit.*, vol. 4, nᵒˢ 9-10-11, octobre à décembre 1930, p. 6-7.

supérieur de commerce. Les institutions d'enseignement du même genre se sont vite multipliées sur son territoire. Aujourd'hui, ce pays, dont la population dépasse à peine celle du Canada, compte sept écoles supérieures de commerce. La France, l'Allemagne, les États-Unis et même le Japon ont aussi développé l'enseignement commercial supérieur dans toute la mesure du possible. Paris, Montpellier, Lyon en France; Berlin, Hambourg, Leipzig, Munich, Cologne en Allemagne; Philadelphie, New York, Boston, San Francisco aux États-Unis — et nous ne nommons que les établissements les plus connus — possèdent des écoles supérieures de commerce plus fréquentées en bien des cas que toutes les autres institutions d'enseignement. Une année portant l'autre, l'École des Hautes Études Commerciales de Paris décerne deux cents diplômes.

Traditionaliste par tempérament et confiante dans les méthodes qui avaient longtemps assuré sa réussite, l'Angleterre fut cependant plus lente à introduire chez elle l'enseignement commercial supérieur. Mais la concurrence effrénée de l'avant-guerre, alors que sur l'horizon commercial l'ombre de l'Allemagne se profilait chaque jour plus menaçante et que, de ce côté-ci de l'Atlantique, la jeune puissance économique des États-Unis, grandissant pour ainsi dire à vue d'œil, heurtait de toute part le vieux prestige britannique, lui fit ouvrir les yeux. On se rendit compte, en Angleterre comme ailleurs, que les temps avaient changé; l'enseignement commercial supérieur fut institué: les universités de Londres, Birmingham, Sheffield, Leeds, ont aujourd'hui leurs facultés de commerce, d'ailleurs parmi les mieux organisées et les plus fréquentées du monde.

Ainsi donc, un moment est venu où les plus grandes nations commerçantes ont compris qu'elles ne pouvaient plus abandonner la direction de leur activité économique, devenue le fondement de leur puissance politique, à des hommes sans préparation. Leur prestige dans le monde, leur prospérité et même leur sécurité exigeaient qu'elles créassent chez elles ce qu'on est convenu d'appeler une «élite commerciale», c'est-à-dire un noyau d'hommes d'affaires aux vues larges, au caractère solidement trempé, dont la prévoyance n'est pas le fait du hasard, mais s'appuie sur une solide culture intellectuelle — en un mot des chefs.

Le Canada a éprouvé, lui aussi, cette nécessité et, bien qu'en retard par rapport aux pays dont nous venons de parler, il a pris des mesures pour y satisfaire. Les universités McGill et Queen's, celles de Toronto et de Vancouver ont leurs facultés de commerce. Mais la plus grande école et la mieux outillée du genre au pays, comme d'ailleurs la mieux adaptée aux exigences de notre époque, c'est, au témoignage unanime de tous ceux qui la connaissent, l'École des Hautes Études Commerciales, fondée par le gouvernement de la province en 1907 et affiliée, en 1915, à l'Université de Montréal. On en connaît le programme, plusieurs fois exposé et analysé ici même. On sait aussi les services qu'elle a déjà rendus et qu'elle rend encore en les multipliant. Rapidement, l'École des Hautes Études s'est classée au premier rang parmi nos institutions d'enseignement les plus prospères et les plus actives.

Et pourtant, l'enseignement commercial tel qu'on le pratique depuis au-delà d'un demi-siècle dans les pays les plus avancés au point de vue commercial et industriel répond-il à tous les besoins de notre époque? Certains pays ont cru nécessaire de pousser encore plus loin la préparation de leurs futurs hommes d'affaires, et ont créé des écoles de commerce où les diplômés des institutions d'enseignement supérieur vont compléter leur formation professionnelle. Les États-Unis — où l'on possède, paraît-il, à son plus haut point le sens pratique — ont été les premiers à instituer une école de ce genre: la Graduate School of Business Administration de l'Université Harvard. On connaît le mode d'enseignement adopté par cette école: le *case system*. En bref, ce mode d'enseignement «consiste à substituer aux cours purement théoriques, des études faites personnellement par chaque élève sur des cas d'espèce empruntés à la vie réelle des entreprises». Ce n'est pas une règle posée en dogme, mais la réalité quotidienne qui instruit l'étudiant, lui fait comprendre la raison d'être et la portée des principes fondamentaux. La Graduate School d'Harvard jouit déjà d'une renommée universelle. Trois licenciés de notre École y sont allés poursuivre des études spéciales.

Or, la France vient d'instituer à son tour une École d'application modelée sur la Graduate School of Business Administration. À Paris comme à Harvard, on applique le *case system*, avec toutefois les variantes qu'exige l'adaptation de cette méthode au génie français. On sait que l'École des Hautes Études Commerciales de Paris appartient en propre à la Chambre de commerce de Paris qui l'a fondée, outillée, développée. Le même groupement d'hommes d'affaires, après entente avec Harvard, a pris l'initiative d'organiser l'École d'application du centre de préparation aux affaires, sous le patronage du président de la République, du ministre du Commerce et de l'Industrie, du ministre de l'Instruction publique et des Beaux-Arts, et du sous-secrétaire d'État de l'Enseignement technique. «La complexité des affaires modernes, lisons-nous dans le programme de cette École, devient de plus en plus grande et, à notre époque, le chef d'entreprise doit posséder une largeur de vue et une faculté d'adaptation à la mesure de ses responsabilités [...] Assurer dans les meilleures conditions possibles [...] le passage délicat de la théorie à la pratique [...] en s'adressant à une élite de jeunes gens pourvus d'une large culture générale, tel est l'objet de l'École d'application du centre de préparation aux affaires.» Cette institution ne se substitue pas à celles qui existent déjà; elle se «propose uniquement de coordonner, chez un certain nombre de jeunes gens spécialement choisis, les connaissances théoriques antérieurement acquises, et surtout de leur en montrer l'application pratique par des exemples empruntés à la vie courante des entreprises».

L'École d'application, avons-nous dit, recourt au *système des cas*. Afin de trouver, rassembler et préparer les cas concrets, elle a organisé un Bureau de recherches industrielles et commerciales. Ce bureau possède une abondante documentation puisée dans les entreprises elles-mêmes, dont il extrait les problèmes économiques et techniques que les étudiants doivent résoudre. Le Bureau échange de la documentation et des «cas» avec Harvard. Il entreprend en outre des enquêtes d'un caractère général qui lui fournissent des indications dépassant les besoins de l'École, mais pouvant rendre les plus grands services au monde des affaires.

L'enseignement pratique de l'École d'application porte sur des «cas» concernant l'organisation industrielle et commerciale, la comptabilité, la vie financière des entreprises, les affaires de banque, les statistiques économiques et les affaires, la politique des affaires, les entreprises dans leur forme juridique et dans leurs rapports avec le fisc. La physiologie du travail et la psychotechnique font aussi l'objet de conférences.

Nous donnons tant de détails concernant une institution étrangère, en premier lieu, pour mettre en pleine lumière ce que l'on fait ailleurs pour procurer aux futurs hommes d'affaires une formation intellectuelle appropriée aux exigences de leur profession; en second lieu, pour démontrer que les nations les plus avancées au point de vue commercial et industriel sont aussi celles qui affirment avec le plus d'éclat la nécessité sans cesse grandissante pour l'homme d'affaires d'une sérieuse formation intellectuelle.

Mais l'École s'adresse à une élite: elle recrute ses étudiants dans des milieux très divers, parmi les diplômés des plus fameuses institutions d'enseignement françaises. Peuvent s'y inscrire les anciens élèves de l'École polytechnique, les diplômés de l'École d'application du génie maritime, de l'École centrale des arts et manufactures, de l'École des Hautes Études Commerciales de Paris, de l'École libre des sciences politiques, de l'École nationale des ponts et chaussées, de l'École nationale supérieure des mines, de l'École supérieure d'aéronautique et de construction mécanique, de l'École supérieure d'électricité, de l'Institut national d'agronomie, les licenciés en droit, les licenciés ès lettres ou ès sciences. Qu'est-ce à dire? Pour bénéficier d'études aussi hautement spécialisées, il faut posséder une culture générale et une formation très avancées. Il faut de plus vivre dans un milieu où l'importance de telles études est reconnue et qui, grâce aux multiples ramifications de l'organisme économique, assure à ceux qui les entreprennent un débouché certain et rémunérateur. Est-ce le cas chez nous?

L'École des Hautes Études Commerciales de Montréal, disons-nous plus haut, a progressé rapidement; elle exerce déjà une action considérable. Et pourtant, ses progrès ont-ils été aussi rapides qu'ils l'auraient dû, son action est-elle aussi puis-

sante qu'on pourrait le souhaiter? Il est difficile de faire comprendre à notre public que l'homme d'affaires moderne doit être
instruit, cultivé. Pour des raisons qu'il serait trop long et
d'ailleurs inutile d'examiner ici, nous avons la fâcheuse tendance de rapetisser outre mesure notre conception des affaires
et de ceux qui s'y livrent. D'où certains préjugés, aussi funestes
que tenaces. La silhouette familière de l'épicier du coin constitue trop souvent pour nous le prototype de l'homme d'affaires.
Trop rarement, en revanche, nous nous rappelons que le chef de
l'une ou l'autre de nos grandes banques, de nos grandes industries, qui traite dans toutes les parties du pays et bien souvent
dans toutes les parties du monde, est aussi et beaucoup plus que
le premier un homme d'affaires. Lorsque nous aurons refait nos
idées sur ce point, l'École des Hautes Études Commerciales sera
de toutes nos institutions d'enseignement supérieur celle qui
comptera le plus grand nombre d'étudiants et nous pourrons à
notre tour songer à créer des écoles comme celle dont nous
parlons plus haut.

— II[183] —

L'Angleterre traditionaliste a longtemps cru que son vieil empirisme suffirait à préserver sa suprématie économique. Elle a dû,
cependant, un moment donné, en revenir de cette conviction. La
concurrence des autres grandes nations industrielles la mena-
çant de toute part et minant ses positions sur les marchés internationaux, elle s'est décidée, bien qu'en retard, à organiser chez
elle l'enseignement commercial supérieur, à fonder des écoles
ayant pour mission de la doter d'une élite d'hommes d'affaires
capables, par l'ampleur de leurs vues, d'assumer la haute direction de sa vie économique, à une époque particulièrement troublée et d'autant plus difficile pour elle qu'ayant besoin de tenir
tête elle s'était laissé dépasser. Aussi a-t-on vu au cours du
dernier quart de siècle surgir en Grande-Bretagne et se multiplier les écoles supérieures de commerce.

---

183. *Les Nouvelles, etc.,* *op. cit.,* vol. 8, n°s 6-7-8, juillet à septembre 1934, p. 3-4.

Mais une fois convaincue de cette nécessité et engagée dans cette voie, l'Angleterre, avec l'esprit de décision qui caractérise son peuple, ne pouvait pas s'arrêter à mi-chemin. Aussi bien, à son tour, et quelques années à peine après les États-Unis et pour ainsi dire en même temps que la France, elle créait, il y a trois ans, le Department of Business Administration, section de préparation aux affaires de la London School of Economics and Political Science — centre de formation analogue à la Graduate School of Business Administration de Harvard, et au Centre de préparation aux affaires de Paris. Une récente livraison du *Bulletin de l'Institut international d'organisation scientifique du travail* analyse le programme de troisième année, dit *«University Scheme»*, de cette institution. Nous reproduisons:

«Dix maisons industrielles parmi les plus importantes du pays, qui contribuaient d'ailleurs au fonds du *Department*, lui avaient confié des collaborateurs auxquels elles voulaient assurer une formation plus complète. Elles ont été à tel point satisfaites des résultats obtenus de cette manière qu'elles sont disposées maintenant à offrir une situation définie, à un traitement fixé à l'avance, à des candidats désignés par elles-mêmes avec l'approbation du *Department* à condition qu'ils suivent le cours spécialisé de formation aux affaires. Ce cours a une durée d'une année universitaire. Les candidats ne peuvent être que des universitaires qui viennent de prendre leurs premiers titres. Les jeunes gens ont eux-mêmes la charge des frais, d'ailleurs modestes, du cours et doivent évidemment être des sujets particulièrement doués. Par contre, ils ont l'assurance d'une belle carrière puisqu'ils constitueront dès l'abord des éléments d'élite dans l'entreprise qui les occupera.

«Deux grands problèmes se sont posés au *Department*: d'une part établir le programme des cours de telle manière qu'il assure un entraînement spécialisé convenable et développe en même temps la discipline et le jugement qu'exige la direction des affaires; d'autre part, attirer un nombre suffisant d'étudiants possédant les aptitudes et les qualités nécessaires.

«En ce qui concerne le premier de ces problèmes, l'enseignement tient compte du point de vue de l'entreprise individuelle et comporte aussi bien une étude des conditions internes, soit de l'activité de production, que des relations extérieures avec les marchés, les fournisseurs et les concurrents. Les cours sont organisés de façon à donner aux étudiants une réelle compréhension des problèmes de la vente, de la production, de la finance et du contrôle exécutif.

«Dans tous les cas où cela paraissait utile, la direction des cours a fait appel au système des conférences; toutefois elle met tous ses efforts à rester en contact étroit avec la réalité, grâce à des séances de discussion présidées par des hommes d'affaires, à des visites d'usines, d'ateliers, de bureaux. Dans les cours sur la distribution, c'est la méthode des «cas» qui prévaut. Plus de cent firmes ont fourni les problèmes qui constituent ces «cas»; les discussions en classe ont toujours été animées, instructives, très appréciées des étudiants.

«En ce qui concerne le second problème, celui du recrutement, l'on espérait à l'origine que les firmes membres du *Department*, suivant en cela les exemples des services publics, enverraient chaque année un ou plusieurs de leurs collaborateurs les plus doués pour suivre les cours qui constitueraient en quelque sorte une école d'état-major des affaires. L'on s'attendait à voir venir de ces milieux la majorité des étudiants: dans l'idée des organisateurs, les promotions universitaires ne devaient en fournir qu'un complément. Toutefois il n'y a que peu d'affaires qui soient en mesure de se priver entièrement pour neuf mois des services d'un collaborateur chargé de grandes responsabilités. Une série de firmes, nous l'avons vu plus haut, ont envoyé des collaborateurs aux cours du *Department* et continueront à le faire, mais il semble que le recrutement des étudiants se fera surtout dans les milieux des universitaires frais émoulus.

«Au cours des deux dernières années, une vingtaine d'étudiants ont suivi les cours spécialisés de direction des affaires; le même nombre a suivi les cours préparatoires. La plupart de ces étudiants possédaient leurs degrés universitaires; l'âge moyen était de vingt-deux à vingt-quatre ans. Près de la moitié des étudiants se préparent à entrer dans les firmes qui souscrivent au fonds du *Department*; à la fin de chaque année scolaire l'on a enregistré d'autre part un grand nombre d'offres d'emploi adressées à des étudiants venus spontanément suivre les cours de l'École, de la part de maisons industrielles qui désiraient s'assurer des collaborateurs.»

Faisons remarquer d'abord que sur bien des points l'*University Scheme* ne diffère guère du programme suivi à l'École des Hautes Études Commerciales de Montréal: cours organisés de façon à donner aux étudiants une bonne intelligence des problèmes de la vente, de la production, de la finance, du contrôle de l'exécutif; système des conférences, contact étroit avec la réalité, visites d'usines, méthodes des «cas»: tout cela se pratique déjà depuis plusieurs années chez nous même et c'est pour nous une vive satisfaction de constater que des écoles plus avancées que la nôtre procèdent de la même manière et recourent aux mêmes méthodes.

Nous devons malheureusement ajouter que notre public et plus spécialement nos employeurs ne collaborent pas aussi étroitement avec notre École des Hautes Études que les employeurs anglais avec le Department of Business Administration de la London School of Economics. On a bien lu en effet que là-bas des entreprises industrielles offrent une situation définie et un traitement fixé d'avance à certains candidats désignés par elles-mêmes avec l'approbation du *Department*, et qu'à la fin de l'année scolaire on a reçu à l'École un grand nombre d'offres d'emploi.

Bien que nos employeurs montrent aujourd'hui plus de sympathie qu'autrefois aux diplômés de l'École des Hautes Études, ils ne vont certes pas encore aussi loin. C'est malheureux pour tout le monde, en commençant par les employeurs eux-mêmes. Il serait à souhaiter que les choses se passassent chez nous comme en Angleterre et ailleurs, qu'un certain nombre de situations fussent chaque année réservées aux diplômés de notre école supérieure de commerce, et que nos commerçants et industriels prissent l'habitude de s'adresser spontanément à cette école lorsqu'ils ont besoin d'un employé. Une institution d'enseignement commercial supérieur ne peut rendre tous les services qu'on en attend que si les hommes d'affaires collaborent autrement qu'en paroles avec elle, et donnent la préférence à ses diplômés. Le jour où l'on comprendra mieux dans les milieux d'affaires l'importance sans cesse croissante d'une solide formation intellectuelle, les choses se passeront ainsi.

La crise et la carrière des affaires[184]

Les gens ne manquent certes pas qui considèrent la crise actuelle comme une sorte de vaste et définitive liquidation de la carrière des affaires. Des jeunes hommes qui ambitionnaient naguère de faire leur vie dans le commerce, l'industrie et la finance sont aujourd'hui perplexes, hésitants, et se demandent si de ce côté les avenues ne sont pas à jamais fermées. Cela, à cause du désarroi dans lequel la crise maintient les affaires, de l'incertitude qui continue de régner quant à la tournure que prendront les événements.

En fait, l'avenir n'apparaît peut-être si incertain que parce qu'on ne s'interroge pas assez sur le présent ou qu'on n'est pas suffisamment renseigné sur la portée des modifications qui se sont effectuées et continuent de s'effectuer sous nos yeux dans le domaine des affaires. Sans doute la foule est nombreuse à l'heure actuelle des diplômés de toutes catégories qui errent par les rues sans travail et presque sans espoir. Sans doute les pseudo-prophètes ne manquent pas pour affirmer que la situation présente ne peut que s'aggraver. Mais qu'est-ce que cela prouve au point de vue de la carrière des affaires? Outre que les porteurs de diplômes oisifs, dont le nombre inquiète ceux que

184. *Les Nouvelles, etc.*, *op. cit.*, vol. 8, nᵒˢ 9-10, octobre-novembre 1934, p. 4-6.

l'avenir préoccupe, se recrutent aussi bien dans les professions libérales que dans celles du commerce et de l'industrie, rien ne démontre qu'ils aient une intelligence nette des possibilités de l'heure présente. Et c'est là toute la question.

La carrière des affaires, en dépit de la crise, est aussi prometteuse aujourd'hui qu'autrefois et elle le sera demain peut-être encore plus qu'aujourd'hui. Mais le temps est passé des succès faciles, à la portée des hommes de courte vue et de courtes études. Il y faut désormais et il y faudra de plus en plus de la compétence. Entendons par là du savoir et du caractère. Seuls ceux qui auront l'âme et l'esprit d'un chef accéderont aux postes supérieurs et sauront s'y maintenir. Mais à ceux-là, quelle que soit la rigueur de la crise présente et de celles qui pourront survenir, les affaires offrent des perspectives comme nulle autre profession n'en présente.

À ce sujet, M. John C. Baker, principal adjoint de la Graduate School of Business Administration d'Harvard, publiait il y a quelque temps dans le *New York Times* un article dont nous voudrions reproduire l'essentiel.

Jamais, constate M. Baker, les affaires n'ont eu autant besoin de véritables chefs, d'hommes de caractère et d'intelligence. Et jamais on n'a été plus convaincu dans la société de la nécessité de diriger vers les affaires des hommes à l'esprit large, possédant une vaste culture et une conscience nette de leurs responsabilités sociales. La raison en est que les affaires n'ont jamais eu à envisager tant et de si graves problèmes. Le monde traverse une période de transition. Il est impossible de se faire d'avance une idée de l'aboutissement final de l'évolution qui est en train de se produire sous nos yeux et de l'état des affaires dans deux, trois ou quatre générations. Ce qui est certain cependant, c'est que la carrière des affaires a aujourd'hui des exigences qu'elle n'avait pas autrefois et que ces exigences ne cesseront plus désormais de croître. Les hommes de la génération qui s'en va ne sont peut-être pas en état de mesurer l'étendue des transformations qui sont en train de se produire et, même s'ils avaient là-dessus des idées nettes, il est bien permis de douter qu'ils soient capables de s'adapter aux circonstances nouvelles. Mais pour la génération qui poursuit à l'heure actuelle ses études et qui demain entrera dans la vie pratique, ce qui se passe autour de nous est d'une importance primordiale, car c'est elle qui fournira les chefs dont les nations auront besoin.

Signalons ici quelques-uns de ces changements. La distribution des marchandises, par suite de l'amélioration des moyens de transport, etc., a acquis une importance qu'elle n'avait pas autrefois, alors que le commerce ne débordait pas les frontières d'une province ou d'un pays. Les entreprises ont grandi en conséquence. Des maisons de commerce capitalisées à plusieurs millions de dollars et dont les affaires s'étendent au monde entier se rencontrent aujourd'hui par dizaines dans toutes les grandes villes. Quelle que soit leur partie, ces entreprises doivent tenir compte d'une multitude de circonstances. Les mouvements de la vie économique, l'interdépendance des entreprises entre elles et leur subordination à l'activité générale de la collectivité doivent entrer constamment en ligne de compte dans les décisions que prennent les chefs. Il s'ensuit que, pour mener leur œuvre à bien, ceux-ci ont besoin de se tenir au courant des grands problèmes de la vie économique, de procéder sans cesse à des analyses qui leur permettent d'en découvrir tous les facteurs, et à des synthèses grâce auxquelles ils peuvent les situer dans l'ensemble de l'activité générale.

En même temps qu'elles acquièrent de l'ampleur, les entreprises se divisent en autant de compartiments que l'affaire dont elles s'occupent comporte de problèmes distincts. De telle sorte que les administrateurs ont sous leurs ordres des milliers d'employés spécialisés chacun dans une fonction déterminée. L'homme d'affaires a ainsi besoin d'une foule de connaissances, depuis la production et ses procédés, jusqu'à la distribution et ses méthodes, la publicité, la comptabilité, la finance, etc.

Enfin, l'homme d'affaires ne doit pas se contenter d'une connaissance même parfaite de sa propre entreprise. Il doit posséder une intelligence nette des liens qui la rattachent aux entreprises connexes, et être en état de tirer un parti profitable de telles relations. Or, tout cela exige une formation professionnelle qui s'appuie d'abord et avant tout sur une vaste culture générale.

On voit par l'esquisse que nous venons de faire de l'entreprise moderne à quelles variétés presque infinies de spécialistes les affaires font aujourd'hui appel: depuis l'administrateur qui voit à la direction générale, jusqu'au statisticien qui décompose les problèmes économiques et les présente dans le raccourci de graphiques ou de diagrammes et l'ingénieur industriel qui analyse la production en vue d'améliorer le rendement.

D'un autre côté, dans tous les pays les affaires sont de plus en plus assujetties à la réglementation par l'État. Les gouvernements et les groupements ouvriers ont adopté une attitude que les générations précédentes ne seraient pas loin de considérer comme révolutionnaire. Les hommes d'affaires eux-mêmes parlent couramment de la portée sociale de leur action et de la nécessité de tenir compte dans l'expansion de l'industrie et du commerce du facteur homme pour lequel les affaires existent en définitive. Or, la réglementation par les gouvernements de la vie économique et sociale impose aux entreprises l'obligation de recourir aux services d'hommes versés dans les questions de cet ordre et rompus à l'étude des problèmes nouveaux auxquels les entreprises doivent faire face. La «direction» de l'économie dont on parle de plus en plus accroîtra encore ce besoin. Car les problèmes sociaux qui se posent en nombre sans cesse croissant et avec une acuité tous les jours accrue non seulement demandent des connaissances nouvelles, mais un point de vue nouveau.

Tels sont quelques-uns des grands changements survenus en ces dernières années dans le domaine des affaires. Or, ils ne sont pas sans offrir, pour qui désire embrasser les carrières commerciales, de nombreuses voies nouvelles.

Prenons par exemple la comptabilité et la statistique — qu'on pourrait appeler aujourd'hui les mathématiques des affaires. Nulle entreprise sérieuse n'a jamais pu se passer de la première et, depuis de longues années déjà, il n'en est aucune qui n'utilise largement la seconde. Mais l'importance de ces deux méthodes scientifiques s'est considérablement accrue. On appelait autrefois comptabilité ce qui n'était en somme que la tenue des livres. La tenue des livres n'est plus aujourd'hui qu'une sorte d'introduction à la comptabilité. Celle-ci s'occupe des problèmes nombreux et complexes qui se posent en marge de la tenue des livres, et qui exigent une solution que la simple notation des faits ne saurait fournir. De même la statistique qui, autrefois, se réduisait à la préparation de graphiques et de diagrammes, embrasse aujourd'hui des problèmes beaucoup plus hauts: c'est sur elle que repose la prévision si nécessaire à l'orientation des affaires modernes. Enfin, le rôle de ces deux méthodes ne peut que croître dans la mesure même où se multiplient et se précisent les interventions de l'État. La réglementation et surtout la «direction» de l'activité économique par les pouvoirs politiques imposent aux maisons d'affaires la préparation d'une foule de rapports minutieusement détaillés et dont les données sont empruntées à la comptabilité et à la statistique.

Cela suppose, il va sans dire, la présence dans les entreprises de comptables et de statisticiens qui soient autre chose que des aligneurs de chiffres.

Autre exemple, la vente entendue au sens très large de distribution des marchandises — ce que les Anglais appellent le *marketing.* La distribution des marchandises englobe une foule d'opérations et par conséquent comporte une foule de problèmes: il ne s'agit pas de savoir simplement si tel client a besoin de telle marchandise et de découvrir les arguments les plus propres à la lui faire acheter: il s'agit d'acquérir une vue d'ensemble de la situation du marché, de ses perspectives. La distribution des marchandises est donc liée aux problèmes de la production, à ceux de la transformation industrielle et à ceux de la consommation. Dans ce domaine encore, des spécialistes, dont la spécialisation s'appuie sur une vaste culture générale, sont nécessaires et de nouvelles voies s'offrent à ceux qui désirent faire un succès de la carrière des affaires.

Nous pourrions dire la même chose de la publicité qui est devenue un art fondé sur la psychologie et la connaissance des langues. Mais le publiciste, s'il veut véritablement atteindre à la maîtrise de son art, ne peut se passer d'une bonne vue d'ensemble de la question économique, ainsi que d'une connaissance approfondie de la vente, de la comptabilité, de la statistique, etc.

Depuis quelques années, le commerce de détail a subi une profonde transformation. On a vu surgir d'abord les grands magasins à rayons, puis les magasins à succursales multiples qui ont si profondément ébranlé l'ancienne structure du commerce. Ces derniers n'ont certes pas encore atteint leur plein épanouissement, et il y a lieu de croire qu'ils s'implanteront au cours des années à venir dans plusieurs branches du commerce où ils ne se sont pas encore développés.

Dans l'industrie, les modifications n'ont été ni moins nombreuses, ni moins importantes. Cela résulte du fait que la liaison est désormais de plus en plus étroite entre la production et la distribution. Il ne s'agit plus de produire pour produire, mais de produire l'article que le consommateur demande et de le lui offrir au prix qu'il peut payer, tout en s'assurant un bénéfice raisonnable. Le problème de la production est ainsi lié à celui des marchés et de la vente.

Dans ce domaine, en outre, se pose avec une acuité sans cesse grandissante l'éternel problème des relations du capital et du travail, qu'on est convenu d'appeler aujourd'hui la question ouvrière. Nous n'en sommes plus au temps où le travail était considéré comme une marchandise soumise comme le blé et le coton au jeu brutal de la concurrence. L'industrie s'est humanisée, mais ce changement de point de vue a engendré des complications nouvelles qui imposent à l'industriel et au personnel administratif des entreprises des obligations dont ils n'avaient pas autrefois à se préoccuper. Et cela aussi ouvre la voie à la spécialisation, crée des emplois aux jeunes gens désireux de faire leur vie dans les affaires.

Nous pourrions ainsi passer en revue toutes les branches de l'activité économique et constater que dans la finance, la banque, aussi bien que dans le commerce et l'industrie, des modifications profondes sont survenues, qui toutes exigent de l'homme d'affaires une formation plus poussée en même temps qu'elles multiplient les carrières. Il est donc faux de prétendre que la crise actuelle constitue une liquidation de la carrière des affaires et que désormais, de ce côté, les avenues sont fermées. Jamais, au contraire, les perspectives n'ont été plus brillantes et plus nombreuses, à cette différence toutefois que, pour réussir désormais dans les affaires, il faut plus d'instruction, plus de vigueur de caractère qu'il n'en fallait avant la guerre et même simplement avant la crise.

Les vingt-cinq ans de l'École des Hautes Études Commerciales[185]

Vingt-cinq ans! Le texte de Minville qui suit, replacé dans la perspective des textes précédents, marque le temps qu'il a fallu pour que l'École soit enfin intégrée dans le milieu canadien-français. C'est un texte qui tranche sur tous les exposés précédents des années vingt et trente. Ceux-ci plaident pour convaincre des esprits hésitants et même sceptiques sur les mérites de l'institution. Ils reprenaient les thèmes que s'étaient évertués à développer les deux premiers directeurs, de Bray et Laureys, ainsi qu'Édouard Montpetit, depuis la fondation de l'École. Celui-là fait état d'une mission accomplie pour l'essentiel, y compris l'appui des collèges classiques[186].

La célébration du vingt-cinquième anniversaire de l'École des Hautes Études Commerciales de Montréal, du 23 au 26 septembre dernier, a révélé jusqu'à quel point cette institution d'enseignement, dont l'idée même fut d'abord si discutée, a su, durant son premier quart de siècle, gagner la confiance du public, s'imposer à son attention comme l'un des rouages essen-

---

185. *L'Actualité économique*, octobre 1935.

186. *Cf.* ci-dessus, p. 233.

tiels de l'enseignement supérieur. Il y a à cela des raisons qu'il suffit en somme d'indiquer.

En premier lieu, sous la pression des événements, et grâce d'ailleurs à une propagande intelligemment conduite, la population canadienne-française, que l'École est appelée à servir, a reconnu au facteur économique une importance qu'elle ne lui accordait pas autrefois. Elle a compris que, si elle voulait préserver son organisme social et renforcer son influence politique, elle devait appuyer l'un et l'autre sur une solide base économique. Elle a compris en outre que la carrière des affaires n'est pas aussi facile qu'elle l'avait longtemps pensé et que, pour y réussir, il faut aujourd'hui y apporter une sérieuse préparation, une formation intellectuelle très poussée. De là à admettre la nécessité d'une «élite commerciale», il n'y avait qu'un pas. Aussi a-t-on pu voir d'une année à l'autre grossir le contingent des jeunes hommes qui, diplômés des écoles secondaires, renonçaient aux professions libérales depuis longtemps encombrées, pour se diriger vers les carrières économiques reconnues désormais comme les plus utiles à la collectivité en même temps que les plus rémunératrices pour l'individu. L'idée même de l'enseignement commercial supérieur s'est donc peu à peu imposée, si bien qu'aujourd'hui on en admet généralement la nécessité.

En second lieu, l'École des Hautes Études n'a rien négligé de son côté pour répondre à la confiance croissante du public. Elle s'est appliquée sans cesse à perfectionner son enseignement, à adapter son programme aux besoins particuliers de la population. Réagissant en quelque sorte contre l'utilitarisme envahissant du milieu, elle a voulu que son enseignement s'inspirât plutôt des méthodes européennes que des méthodes américaines et que, chez ses élèves, la formation professionnelle s'appuyât d'abord et avant tout sur une culture générale aussi vaste et aussi solide que possible. C'était répondre en tout point aux exigences fondamentales de l'esprit canadien-français, car cette population, française d'origine, d'expression et de culture, bien qu'ayant subi dans une certaine mesure l'influence du milieu où les circonstances l'ont forcée à organiser sa vie, reste néanmoins fidèle à son passé, fière de ses affinités intellectuelles et spirituelles et désireuse de les préserver.

L'École a compris ce sentiment profond. Non seulement elle l'a respecté, mais elle s'est efforcée de le cultiver, de l'affiner, tout en adaptant le plus exactement possible son enseignement aux exigences des affaires modernes. Ses diplômés se sont révélés hommes d'initiatives, capables de se hisser aux plus hauts postes dans les affaires.

Tout cela était de nature à raffermir la confiance que le public peu à peu plaçait dans l'École, qu'il s'habituait ainsi à considérer comme une institution utile, voire indispensable à son relèvement économique et à la sauvegarde de son esprit français dans le domaine où celui-ci était le plus menacé. Aussi les fêtes du vingt-cinquième anniversaire ont-elles été pour toutes les classes de la société l'occasion de manifester à l'École leur sympathie, leur intérêt.

Ajoutons que cette célébration a pris tout de suite le caractère d'une fête de l'amitié franco-canadienne. L'École, nous l'avons dit, et en particulier son directeur M. Henry Laureys, s'est toujours appliquée à renforcer les liens qui unissent le Canada à la France. Elle a demandé à la France et notamment à l'École des Hautes Études Commerciales de Paris ses modèles et ses directives. Or les circonstances ont favorisé le rapprochement des deux institutions. La remise de la Croix de la Légion d'honneur à l'École des Hautes Études de Paris coïncidait en effet avec la célébration du vingt-cinquième anniversaire de l'École des Hautes Études de Montréal. Dès juin dernier un groupe des H.E.C. de Montréal s'embarquait pour la France. On sait assez avec quelle magnificence ils ont été reçus là-bas et quel souvenir tous gardent de l'accueil vraiment fraternel dont ils ont été l'objet. Il convenait que les H.E.C. de Paris rendissent leur visite aux nôtres, et que cette visite coïncidât avec la célébration du vingt-cinquième anniversaire de l'École des Hautes Études Commerciales de Montréal. La présence aux fêtes d'une délégation des H.E.C. de Paris en a naturellement accentué le caractère français. On peut dire qu'entre les deux écoles des liens sont noués qui ne pourront désormais que se resserrer et qu'une véritable camaraderie s'est établie entre les diplômés des deux institutions.

Or de ce rapprochement on peut attendre deux résultats également désirables. En premier lieu, une collaboration plus étroite sur le plan intellectuel. Les Canadiens français comprennent de plus en plus que pour survivre et progresser ils doivent rester fidèles à leur culture d'origine, mais que pour préserver cette culture ils doivent modeler leur action sur celle des peuples de même filiation ethnique et psychologique, notamment de la France restée pour eux le grand foyer de vie intellectuelle. D'autre part, nul ne l'ignore, la France n'a jamais rien négligé pour seconder les efforts de ceux qui, hors de ses frontières, travaillent à maintenir et à propager sa culture. Rien naturellement n'est plus propre à favoriser une telle collaboration que le rapprochement de deux institutions qui occupent une place de premier ordre dans l'enseignement supérieur de leurs pays respectifs.

En second lieu, le développement des relations commerciales France-Canada. La présence aux fêtes de l'École des Hautes Études Commerciales de Montréal d'une délégation des H.E.C. de Paris a révélé aux hommes d'affaires canadiens l'existence en France d'un groupement puissant d'hommes qui ont fait précisément des affaires leur carrière et sont par conséquent désireux de promouvoir l'activité économique de leur pays et naturellement ses échanges commerciaux avec l'étranger. Inversement les hommes d'affaires de France savent désormais que l'École des Hautes Études Commerciales de Montréal et l'Association des diplômés constituent pour eux une source absolument sûre, sérieuse de renseignements sur le Canada économique et la possibilité pour eux d'accroître de ce côté leurs affaires. De part et d'autre les avantages sont donc précieux.

Telles sont les deux idées générales qui nous semblent se dégager de ces fêtes. D'une part, raffermissement du prestige d'une école qui exerce déjà une influence très étendue et qui semble appelée à jouer un rôle de tout premier plan, peut-être décisif dans la vie nationale des Canadiens français. D'autre part, renforcement de l'amitié France-Canada avec les perspectives d'ordre intellectuel et d'ordre économique que ce rapprochement comporte. Il y a lieu d'espérer que tant du côté de la France que du côté du Canada on voudra en tirer tout le bénéfice possible.

Le corps professoral

Notes explicatives

Le souci de la haute qualité des professeurs a marqué, dès les débuts, l'esprit qui animait la direction de l'École. L'institution était d'un nouveau genre et se proposait une mission exigeante dans le cadre des circonstances particulières qui ont présidé à sa fondation et des espoirs qu'on mettait en elle.

On recruta autant que possible au début des personnes du milieu. Tout spécialement pour l'enseignement de l'économie, on voulait quelqu'un qui connaissait bien le pays; et faute d'économistes au Québec, on envoya un jeune avocat talentueux, Édouard Montpetit, pour se préparer avant l'ouverture de l'École, faire des études en France. Un juge de la Cour supérieure, Charles Laurendeau, enseignerait le droit civil. L'abbé Adélard Desrosiers, un licencié en lettres, enseignerait l'histoire du commerce (l'abbé Lionel Groulx le remplacerait peu après). Des hommes d'affaires réputés assureraient les enseignements commerciaux.

Mais il apparut nécessaire de recourir à l'Europe pour combler certains postes: Henry Laureys, un licencié du degré supérieur en sciences commerciales de Louvain, pour la géographie industrielle et la théorie des affaires; G. Lechien, un ingénieur belge des Arts, Manufactures et Mines, pour la physique et la chimie. À qui s'ajoutait, parmi les Européens, le premier directeur choisi, A.-J. de Bray, également belge, licen-

cié lui aussi du degré supérieur, en sciences commerciales de Louvain et, au surplus, docteur en sciences politiques de Namur.

Les témoins de l'époque indiquent que la tâche de créer un corps professoral à la hauteur des aspirations a été ardue. Pendant les premières années, il se produisit beaucoup de mouvements dans le corps professoral. De Bray lui-même le rappelle dans une lettre écrite en 1945 au directeur, Esdras Minville. D'autant plus que l'objectif poursuivi était de bâtir le plus rapidement possible un corps professoral de carrière.

Quand commença la publication des Nouvelles, soit en 1927, ou vingt ans après la fondation, cet objectif avait en grande partie été atteint. Se proposant d'en faire la démonstration au public, Minville entreprit de rédiger une série de portraits des professeurs établis de l'époque, qui constituaient, en fait, le premier corps professoral stable! Ce sont les textes de ces portraits qui suivent. Il en paraissait un par mois. Pour nous aujourd'hui, ils montrent le souci de qualité dont on faisait preuve aux H.E.C. pour choisir les professeurs. Il manque naturellement à la galerie le portrait de Minville lui-même. Il servit l'École de 1924 à 1962, âge de la retraite. La présente série de ses œuvres témoigne que là aussi les dirigeants de l'École avaient choisi la qualité.

Tous les professeurs de la liste (quinze en tout) ont fait de leur enseignement à l'École la carrière de toute leur vie, sauf Victor Doré qui dut quitter l'établissement après treize ans de professorat pour assumer la tâche de président de la Commission des écoles catholiques de Montréal. Ils ont constitué ce qu'on pourrait appeler, par analogie, le «corpus» de l'École, c'est-à-dire l'ensemble des éléments de base sur lesquels s'est construit son enseignement pendant le premier quart du siècle. Douze des quinze étaient déjà à l'École depuis dix à vingt ans au moment où Minville écrivit ces textes et devaient y œuvrer de nombreuses années encore.

Trois des quinze — Pineault, Barbeau et Birch — étaient plus récemment arrivés, mais prolongèrent leur carrière à l'École jusqu'à la retraite. On pourrait ajouter à la liste deux noms de professeurs arrivés en 1928 et qui illustrèrent l'École:

Benoît Brouillette, en géographie économique, et Robert Stock, en mathématiques et en recherches opérationnelles.

    Naturellement autour de cette «masse professorale critique» œuvraient aussi d'autres professeurs qui eurent leur part de notoriété mais qui ne consacraient pas tout leur temps à l'École.

    Le soussigné ajoute qu'il a connu tous ces personnages qui ont été ses professeurs à l'École des Hautes Études Commerciales de 1928 à 1934. Les portraits que Minville en trace et dont on peut vanter la finesse du trait montrent que les directeurs de l'École de l'époque avaient su s'entourer de personnalités, non seulement compétentes, mais fortes, originales, intelligentes et même pittoresques. Le genre de personnes qui ne sont pas toujours de tout repos pour les autorités trop tatillonnes, mais qui sont stimulantes pour des jeunes avides de connaissances. Ce à quoi le présent paragraphe veut contribuer, c'est à attester l'authenticité des portraits.

Henry Laureys, le directeur[187]

Henry Laureys a pris la direction de l'École des Hautes Études Commerciales en 1916. Depuis 1910, il y occupait déjà une chaire de professeur. Durant douze ans, à titre de simple professeur, puis de titulaire, il y fut chargé des cours de géographie physique, de géographie économique et de technologie industrielle. En 1922, l'administration réclamant tout son temps, il abandonna l'enseignement proprement dit[188].

Sous sa direction, notre grande école de commerce a réalisé d'immenses progrès. Dès son entrée en offices, il s'est attaché à l'outiller de telle façon qu'elle répondît pleinement au but pour lequel elle a été fondée. Il organisa le Musée industriel et commercial de Montréal (annexé à l'École), dont il prit la direction. Il en fit bientôt une institution qui, unique en son genre au Canada, rivalise avec les musées commerciaux les mieux cotés. Il dota en même temps l'École d'une bibliothèque économique déjà bien pourvue et qui s'enrichit d'année en année. Tout comme le Musée commercial d'ailleurs, cette bibliothèque est la seule du genre au pays.

---

187. *Les Nouvelles, etc., op. cit.*, vol. 2, n° 8, novembre 1928, p. 1-2.

188. Plus tard, au cours des années trente, il recommença à donner deux cours: «Marchés des matières premières» et «Technique du commerce d'exportation».

Dès le début de son administration, M. Laureys s'entoura de collaborateurs d'une compétence reconnue; il constitua ainsi un corps professoral dont on se plaît aujourd'hui à reconnaître partout l'exceptionnelle valeur. Il donna en même temps une forte impulsion au recrutement des élèves. Jusqu'en 1916, les inscriptions annuelles n'avaient pas encore atteint la centaine. À partir de cette date, et d'année en année, le chiffre s'en accroît graduellement, pour atteindre 162, en septembre dernier. Dès 1917, d'ailleurs, afin de mettre l'enseignement de l'École à la portée du plus grand nombre possible, le directeur instituait des cours du soir: 52 élèves s'y inscrivirent. L'année dernière (1927-1928), 477 élèves les fréquentaient assidûment. En 1919, toujours dans le but d'étendre le rayonnement de l'École et de favoriser tous ceux qui veulent s'instruire, quel que soit l'endroit qu'ils habitent, il créait des cours par correspondance sur le type des cours du même genre des grandes écoles américaines, dont il était allé étudier sur place l'organisation: 350 élèves environ se sont inscrits l'année dernière à ces cours. Pour répondre aux dispositions d'une loi votée l'année précédente par la législature [du Québec], M. Laureys organisait, il y a un an, des cours spéciaux de comptabilité pour tous ceux, employés de commerce ou autres, qui désirent obtenir leur licence en sciences comptables. Enfin, il y a un an également, il instituait des cours spéciaux conduisant à la licence en sciences commerciales, ouverts aux diplômés des études universitaires: avocats, notaires, ingénieurs, qui désirent parfaire leurs connaissances en sciences commerciales.

Nombreuses et importantes innovations qui ont répandu le nom et la réputation de l'École aux quatre coins [du Québec] et l'ont placée au premier rang parmi nos grandes institutions d'enseignement!

M. Laureys est né à Lierre (Belgique), il y a quarante-six ans. Il étudia dans les écoles et les Athénées royaux de Belgique et à l'Université de Louvain (cours de l'École des sciences commerciales et consulaires et de l'École des sciences politiques et sociales). Licencié en 1906. Professeur au navire-école belge *L'Avenir*, il fit, de 1906 à 1910, plusieurs voyages autour du monde et se livra à des études économiques et commerciales sur place en Australie, en Afrique, en Amérique du Nord et du Sud. Arrivé au Canada en janvier 1911, il fut naturalisé sujet britannique en 1914. Conseiller de la Chambre de commerce de Montréal et président du Comité d'expansion du commerce de cette même chambre[189]; directeur (1923) du train-exposition canadien en France et en Belgique; membre (1926) de la Corporation des écoles techniques ou professionnelles de la province de Québec, et de la Commission des écoles catholiques de Montréal (1928); auteur de nombreux ouvrages, brochures et articles traitant de questions économiques ou d'enseignement commercial et technique. Son dernier ouvrage, *La conquête des marchés extérieurs*, obtint, en 1927[190], le prix David (section histoire et économie politique); délégué officiel de la province de Québec aux fêtes du cinquième centenaire de l'Université de Louvain (1927); docteur ès sciences économiques, politiques et sociales de l'Université de Montréal docteur ès sciences commerciales (*honoris causa*) de l'Université de Louvain; chevalier de la Légion d'honneur (France) et de l'Ordre de la Couronne de Belgique.

---

189. Il fut plus tard président de la Chambre de commerce de Montréal.

190. Il publia plus tard un second volume sur un sujet connexe *La technique du commerce d'exportation*.

Édouard Montpetit[191]

Diplômé de l'École libre des sciences politiques et du Collège
des sciences sociales de Paris, avocat, docteur en droit (Laval,
1914), secrétaire général de l'Université de Montréal, membre
du Comité catholique du Conseil de l'instruction publique de la
province de Québec, de la Commission des écoles catholiques
de Montréal, de la Société royale du Canada, de l'Académie
royale de langue et de littérature françaises de Belgique, officier
de la Légion d'honneur, chevalier de l'Ordre de Léopold de
Belgique, M. Édouard Montpetit est professeur à l'École des
Hautes Études Commerciales depuis 1910, c'est-à-dire depuis
l'année même de l'ouverture de l'École. Lui-même se plaît à
rappeler le souvenir des premiers cours qu'il donnait dans cet
immeuble en voie de construction, au bruit des scies et des
marteaux, après avoir, pour accéder à l'unique salle alors terminée, grimpé une échelle et longé des corridors garnis de copeaux
et de bouts de planche. Depuis dix-huit ans, il y enseigne l'économie politique, la finance publique, la politique commerciale
et la statistique. En 1917, il était nommé titulaire de la chaire
d'économie politique. M. Montpetit a donc assisté à la naissance de notre grande école de commerce; il l'a suivie pas à pas,

---

191. *Les Nouvelles, etc., op. cit.*, vol. 2, n° 9, décembre 1928, p. 1-2.

responsable pour une large part des immenses progrès qu'elle a réalisés depuis sa fondation.

Bien qu'il ait déjà fourni une carrière longue et pleine à déborder, qui a porté sa réputation aux quatre coins du pays, aux États-Unis et en Europe, M. Montpetit est encore loin d'être un homme âgé. Il n'atteindra pas avant trois ans la cinquantaine. Admis au barreau en 1904, il pratiqua d'abord le droit à Montréal et professa l'économie politique à la Faculté de droit; puis il alla compléter ses études en Europe, obtint, en 1909, les diplômes de l'École des sciences politiques et du Collège des sciences sociales, demeura un an à Paris en qualité de secrétaire du délégué commercial du Canada, et revint ensuite au pays. Nommé, en 1912, professeur titulaire de la chaire Forget et, en 1913, professeur de droit romain à la Faculté de droit, il devint secrétaire général de l'Université de Montréal en 1920. Il fonda la même année l'École des sciences sociales, économiques et politiques, dont il prit la direction. M. Montpetit est vice-président et secrétaire de l'Institut scientifique franco-canadien, secrétaire général du Comité France-Amérique; membre du comité d'administration et de rédaction de la *Revue trimestrielle canadienne*; il a été président de l'Association canadienne-française pour l'avancement des sciences, pour l'année 1925-1926, président du Cercle universitaire pour l'année 1927-1928, délégué de la province de Québec aux fêtes du cinquantenaire de l'Université de Berkeley, Californie, en 1918, délégué de l'Université de Montréal au Congrès des universités de l'Empire, à Oxford, en 1921, délégué du gouvernement canadien à la conférence économique de Gênes et à la conférence de La Haye, en 1922. En 1925, il donnait à la Sorbonne, à titre de professeur agréé de l'Université de Paris, dix cours sur le Canada. L'Université d'Ottawa le créait, en 1927, docteur ès lettres. Enfin, au début de 1928, il donnait, à l'Université de Bruxelles une série de dix conférences sur le Canada.

Figure dominante dans notre monde intellectuel, M. Montpetit a été l'initiateur et reste l'inspirateur du mouvement d'idées qui, lancé il y a une vingtaine d'années, a pour objet la libération économique de la nationalité canadienne-française — mouvement d'idées dont le rayonnement gagne sans cesse en ampleur et dont sortira peut-être, quelque jour, le salut collectif. Il a beaucoup écrit: articles, brochures, conférences sur les sujets les plus divers mais inspirés tous par un désir très vif de servir le petit peuple auquel il appartient. Il a tenu, il tient encore le flambeau. Rares sont les jeunes hommes qui ne le retrouvent pour une part à l'origine de leur carrière.

Léon Lorrain[192]

Il a de l'esprit, beaucoup et du plus fin. Il raconte en une langue polie, directe et drue, des histoires savoureuses et innombrables. Il a le sourire — ce en quoi il diffère de la plupart de nos intellectuels, qui ne conçoivent le sérieux que nous les espèces d'une mine austère et d'un visage allongé —, un sourire épanoui et loyal, qui éclaire son œil rond d'une petite flamme furtive, parfois malicieuse, toujours vive et joyeuse. Il a l'ironie fine, et à fleur de peau. C'est Alphonse Daudet, croyons-nous, qui souhaitait que tous les humains se fissent marchands de bonheur. M. Lorrain, lui, est marchand de bonne humeur. Il est gai comme un rayon de soleil sur un flocon de cristal. Avec cela, des manières déliées, une courtoisie jamais en défaut, une parfaite distinction.

Il s'est constitué chez nous le représentant, le défenseur plein de ressources du beau langage écrit ou parlé. Lisez sa prose: elle est élégante sans recherche, simple sans fadeurs, pleine, tassée sans bavures, vivante sans fausse exubérance, et d'une grande pureté de style. Ainsi doivent écrire ceux qui écrivent bien. Sa conversation vaut son langage écrit: elle va au but, dessine les contours d'un trait cursif, détache le principal en

---

192. *Les Nouvelles, etc., op. cit.*, vol. 2, n⁰ 10, janvier 1929, p. 1-2.

relief et glisse sur le secondaire. Et parce qu'il fustige l'anglicisme, le lieu commun, la boursouflure oratoire et la gambade littéraire, parce qu'il a au plus haut point le respect de sa langue, l'amour du mot juste et de la phrase harmonieuse, on a lancé naguère à son adresse l'épithète de *puriste*. M. Lorrain a beaucoup ri, mais il n'a rien dit. Il sait bien, lui, que n'est pas puriste qui veut, et que nombre de gens emploient ce mot au sens péjoratif qui seraient fort en peine de se l'appliquer au sens propre.

Autodidacte d'une vaste culture, il a, dirions-nous, la passion de la mesure, de l'équilibre, de la clarté. Chez lui, l'esprit critique ne sommeille jamais. Aucune *perle* ne lui échappe. Elles excitent sa gaieté. Il les collectionne, les épingle, ainsi qu'un entomologiste, des papillons rares. Elles lui servent, entre amis, à égayer ses propos et, le moment venu, à illustrer son enseignement par la négative, si l'on peut dire, à démontrer comment il ne faut jamais écrire ou parler.

À seize ans, il débute dans les assurances. Puis, à vingt et un ans, de retour à Montréal d'un séjour à Paris, il entre dans le journalisme. En peu d'années il en gravit tous les échelons. Il fait du reportage depuis, ainsi qu'il dit lui-même: «Le chien écrasé jusqu'à l'entrevue, l'enquête et le compte rendu littéraire.» En 1910, *Le Devoir*, qui vient d'être fondé, l'embauche dans son personnel de rédaction. Au jour le jour, il rédige, pour ce journal, des articles variés sur les sujets que lui suggère l'actualité. Il signe fréquemment le «Billet du soir». En 1912, il réunit en brochure un choix de ses chroniques.

Puis il recueille la succession d'Olivar Asselin et, durant quelques années, dirige *Le Nationaliste*. Le journal lui prend le meilleur de son temps; il ne l'absorbe cependant pas tout entier. Ses heures de loisir, M. Lorrain les donne à la préparation d'articles de revue, de causeries, de conférences, pour les causes, dans les milieux et sur les sujets les plus divers.

Fin 1914, il accepte le poste de secrétaire de la Chambre de commerce de Montréal. Il quitte les journaux sans les abandonner. En 1917, l'École des Hautes Études lui confie sa chaire de français commercial, son cours de documentation économique et, quelques années plus tard, son cours de publicité. En 1922, elle le nomme titulaire de la chaire de français commercial. M. Lorrain fait partie de la Commission des études et du Conseil de perfectionnement de l'École.

L'un des membres fondateurs de la Ligue des droits du français, dont est sortie *L'Action canadienne-française*[193], il s'est toujours intéressé, nous le répétons, à la défense et au perfectionnement de notre langue, ainsi qu'en témoignent de nombreux articles et conférences, entre autres, sur la valeur économique du français et sur les trois formes de l'anglicisme (dans le vocabulaire, dans la syntaxe et dans la pensée). Tout en remplissant ses fonctions de secrétaire de la Chambre de commerce et de professeur, il rédige, pendant une dizaine d'années, l'*Économiste canadien*. Enfin en 1923, il passe aux services de la Banque d'Hochelaga (devenue la Banque Canadienne Nationale)[194] à titre de chef de la publicité. Il rédige le bulletin mensuel de cette institution.

Sa compétence, partout indiscutée, l'a fait choisir à maintes reprises comme juge de concours littéraires. Il a fait partie du jury chargé d'attribuer le prix David et les prix d'action intellectuelle. M. Lorrain est un exemple de ce que peut celui qui veut. Par son seul effort — un effort constant et raisonné —, il s'est hissé au premier rang. Il peut regarder le passé avec satisfaction et même avec orgueil. Il a exercé, il exerce encore de l'influence. Il n'a pas dit son dernier mot.

---

193. Aujourd'hui *L'Action nationale*.

194. Aujourd'hui la Banque Nationale du Canada, après fusion avec la Banque Provinciale.

Victor Doré[195]

Toute sa vie, pour ainsi dire, il a été sollicité par des exigences sinon contradictoires, du moins divergentes: d'un côté, les affaires, l'administration où le poussent des aptitudes nettement caractérisées; de l'autre, l'enseignement, le professorat vers lesquels l'entraîne un goût héréditaire, sorte d'idéalisme atavique avivé et affiné par sa formation scolaire et postscolaire. Or, l'étonnant, c'est qu'avec un bonheur égal il ait pu satisfaire à l'une puis à l'autre et même simultanément à l'une et à l'autre de ces tendances. Il y fallait, certes, de la souplesse et de l'envergure intellectuelles. Du bureau d'affaires à la salle de classe, du fauteuil de l'administrateur à la chaire du professeur, la transition est brusque. Et rares, en vérité, sont ceux qui, hommes d'affaires et praticiens heureux à certaines heures, sachent, l'instant d'après, par le seul changement d'ambiance, se retrouver théoriciens lucides, professeurs excellents. Ce tour de force, M. Doré l'a accompli tous les jours durant nombre d'années. Chez lui l'administrateur chargé de préoccupations n'a jamais nui au professeur soucieux de précision et de clarté. Au contraire, l'un a soutenu, guidé, éclairé, corrigé l'autre dans une montée qui n'a pas connu de recul. Aussi bien, son choix

---

195. *Les Nouvelles, etc., op. cit.,* vol. 3, n° 1, février 1929, p. 1-2.

s'imposait lorsqu'il fallut, il y a quelques mois, désigner à la présidence de la Commission remaniée des écoles catholiques de Montréal un homme doué à la fois du sens de l'administration et des qualités de l'éducateur. Sa carrière, pas très longue sans doute, mais si bien remplie, lui avait été une préparation ininterrompue à cette charge lourde d'honneurs et de responsabilités.

M. Doré n'atteindra pas avant deux ans la cinquantaine. Fils de pédagogue — son père, M. Hubert-Olivier Doré, était principal de l'école Champlain —, sa première éducation devait presque naturellement l'orienter vers l'enseignement. Néanmoins à dix-huit ans, il entre dans les affaires en qualité de comptable. Or l'enseignement l'attire et sa formation l'y destine. En 1900, il quitte les affaires et passe à l'emploi de la Commission scolaire de Montréal. Durant six ans il enseigne, d'abord à l'école Edward-Murphy, puis à l'Académie du Plateau. Et voilà que de nouveau en lui l'homme d'affaires s'éveille; M. Doré revient au commerce et à la finance, successivement aux services de J.-M. Fortier limitée et de F.-X. Saint-Charles & Cie. Est-ce définitif? À trente ans est-il rien de définitif? Et d'ailleurs le moment approche où M. Doré va trouver le moyen de concilier les divergences de sa vocation. En 1908, il retourne à l'enseignement et bientôt la Commission scolaire l'attache à son personnel administratif. Sa voie se précise: à l'ombre de l'école, il se livre aux affaires et se prépare à un rôle plus vaste, sur un plan plus élevé. En effet, en 1916, l'École des Hautes Études lui confie sa chaire de comptabilité — chaire de première importance dans une école supérieure de commerce —, puis son cours d'opérations commerciales en marchandises, et finalement son cours d'organisation des entreprises modernes. En 1918, la Commission des écoles catholiques de Montréal le nomme contrôleur des finances.

Désormais et durant une douzaine d'années, M. Doré mènera de front ces deux besognes, dont une seule suffirait à l'activité de la plupart d'entre nous. Au bureau de la Commission scolaire, il est administrateur: largement et sans compter, il déploie ses qualités d'ordre, de méthode, de clairvoyance. Revenu à l'École des Hautes Études, en face des étudiants, il se retrouve lui-même professeur à la parole élégante et facile, habile à écarter le secondaire, à dégager l'idée fondamentale, fécond en procédés didactiques, en exemples lumineux.

M. Doré est, en outre, professeur à l'École des sciences sociales, économiques et politiques, trésorier de la Société canadienne-française pour l'avancement des sciences et membre de l'Association des comptables agréés de la province de Québec. Un des membres fondateurs du Cercle universitaire de Montréal, dont il fait encore partie, il a été secrétaire général de la Société Saint-Jean-Baptiste et administrateur de la Société nationale de fiducie. Il est officier de l'Instruction publique de France.

Lors de sa nomination à la présidence de la Commission des écoles catholiques de Montréal, il dut abandonner sa chaire de professeur à l'École des Hautes Études Commerciales. Nous espérons cependant qu'il continuera de faire profiter nos étudiants de sa longue expérience, ne serait-ce que par des prises de contact et des conférences que nous souhaitons le plus fréquentes possible. À l'occasion de son départ et en reconnaissance des nombreux services qu'il lui a rendus, l'École lui décernait récemment le titre de docteur ès sciences commerciales, *honoris causa*.

Adolphe Dollo[196]

Il est fils de savant, de très grand savant. Son père, M. Louis Dollo, professeur de paléontologie à l'Université de Bruxelles et conservateur au Musée d'histoire naturelle de la même ville, est universellement connu dans le monde des sciences. Il renouvelait naguère les méthodes de la paléontologie et, par là, la paléontologie elle-même; ses recherches poussées à la fois en étendue et en profondeur ont ouvert à la biologie un champ nouveau que d'autres chercheurs, initiés à ses méthodes, s'emploient aujourd'hui à explorer. Par ses soins fut exhumée à Bernissart (Belgique) et montée au Musée d'histoire naturelle de Bruxelles, la plus importante collection d'iguanodons existant dans le monde. Tour à tour les universités de Zurich, de Berlin, de Vienne, de Munich, de Cambridge, d'Utrecht, d'autres encore, voulant rendre hommage à ce grand chercheur, lui ont décerné le titre de docteur ès sciences, cependant que des sociétés savantes de divers pays, entre autres, la Geological Society of London, désireuses elles aussi de l'honorer, l'accueillaient à titre de correspondant étranger. Récemment, à l'occasion de son soixante-dixième anniversaire de naissance, un groupe de savants délégués des milieux scientifiques des princi-

---

196. *Les Nouvelles, etc., op. cit.*, vol. 3, n° 2, mars 1929, p. 1-2.

paux pays d'Europe et d'Amérique, lui offrait un Livre Jubilaire, premier tome d'une grande publication internationale, «Palaéobiologica», fondée à Vienne en son honneur et consacrée aux recherches dont il a été l'initiateur...

On le voit, M. Dollo, le nôtre, a de qui tenir. Fils d'un tel père, il était naturel qu'à son tour il s'orientât vers les carrières scientifiques et finît par s'adonner à l'enseignement. Il a eu sous les yeux un grand et cher exemple. De descendance bretonne et né à Lille (France), en 1881, mais élevé en Belgique, il étudie d'abord au Collège des Jésuites, à Namur, puis dans les Athénées royaux. En 1899, il opte pour la Belgique et entre à l'École militaire de Bruxelles. Deux ans plus tard, il est nommé sous-lieutenant-élève à l'École d'application de l'artillerie et du génie. En 1904, il obtient le diplôme de cette école avec le grade de sous-lieutenant-ingénieur, ce qui, d'après la loi belge, lui confère le droit d'exercer la profession d'ingénieur civil. Promu au rang de lieutenant du génie en 1905, le gouvernement belge le détache, en 1906, à bord du navire-école *L'Avenir* pour y enseigner les mathématiques, la physique, la mécanique, l'électricité, les machines à vapeur, l'astronomie, la navigation, la météorologie, l'océanographie, la géodésie, la construction navale et les travaux maritimes. Durant ses voyages il est nommé capitaine du génie et visite l'Amérique du Nord (États-Unis et Canada), l'Amérique du Sud (Brésil, Argentine, Uruguay), les îles Hawaï, l'Afrique (Durban), l'Australie (Sydney, Newcastle, Adélaïde), les îles Madères et les Açores. En 1911, il reprend son service au régiment du génie et participe à la construction des forts et redoutes de la position fortifiée d'Anvers.

Versé dans la réserve en 1912 (jusqu'en 1920), il vient au Canada la même année et l'École polytechnique de Montréal le nomme professeur agrégé, chargé des cours de physique et de machines thermiques. Quatre ans plus tard, en 1916, l'École des Hautes Études lui confie ses cours de physique et de dessin linéaire et, en 1920, son cours de géométrie. Lors de la création des cours du soir, en 1919, elle le charge d'enseigner l'arithmétique, l'algèbre et les mathématiques financières. En 1920, outre les cours déjà mentionnés, l'École polytechnique lui confie temporairement (en remplacement de professeurs malades) ses cours de géodésie et d'astronomie; en 1922, elle le nomme professeur titulaire. Un an plus tard, l'École des Hautes Études le nomme professeur agrégé et, en 1926, titulaire de sa chaire de physique. M. Dollo fait partie de la Commission des études de cette institution. En 1924, son enseignement à l'École des Hautes Études lui prenant une grande partie de son temps, il abandonne son cours de physique à l'École polytechnique; il continue cependant d'y donner les cours de machines thermiques.

M. Dollo est modeste autant que travailleur acharné. Il a fallu de l'insistance, et beaucoup, pour obtenir de lui les notes biographiques pourtant sommaires qui précèdent. Une seule préoccupation: ses élèves, ses cours, son enseignement, ses instruments scientifiques, son laboratoire. Dépouillé de toute ambition au sens mesquin de ce mot, sans bruit, sans éclat, sans vain étalage de science, il va de l'École polytechnique à l'École des Hautes Études, le jour, le soir, donnant tout son temps, le meilleur de lui-même aux jeunes gens qui attendent de lui une partie importante de leur formation intellectuelle. Sous les dehors austères, même un peu rudes de l'homme formé à la discipline militaire, il cache un grand fonds d'indulgence et de bonté. Excellent professeur, à la parole facile, claire, libre de toute surcharge, il sait se faire écouter et se faire comprendre.

Arthur Léveillé[197]

On pourrait dire de lui: c'est un homme droit, et arrêter là tout commentaire. Aucun mot peut-être ne peint si bien son caractère, ne résume mieux sa vie. Conscience professionnelle d'une extrême délicatesse, probité intellectuelle tendue vers la vérité pour elle-même, étrangère au préjugé, défiante de l'*a priori* et du jugement hâtif; rectitude morale incapable du moindre détour, de la plus légère déviation: voilà les trois aspects sous lesquels se manifeste la droiture foncière de ce mathématicien à la fois savant et, pour employer une expression moderne, profondément humain.

Nul au monde peut-être n'est plus dépouillé d'ambition au sens mesquin de ce mot, nul ne vit plus loin de la brigue, ne demande moins aux moyens détournés et à l'intrigue. Il déroule sa vie, nous le répétons, selon une ligne unique: la ligne droite. Nul en bien des cas ne mérite davantage la première place, ne pourrait l'occuper avec plus d'honneur, et nul pourtant, en toute circonstance, ne recherche la seconde avec plus d'insistance, nous dirions presque de méthode. Car, c'est un fait que ce professeur de robuste santé intellectuelle et morale a la droiture innée et la modestie méthodique. Il affectionne passer inaperçu

197. *Les Nouvelles, etc., op. cit.*, vol. 3, n° 4, mai-juin 1929, p. 1-2.

et procède tout au contraire du faiseur d'esbroufe. Au bruit, à l'éclat, à l'étalage factice auxquels tant de gens demandent une renommée souvent sans lendemain, il préfère le calme, l'apaisante sécurité d'une vie intérieure que chez lui l'on sent intense et par laquelle, même si la foule ne s'en doute pas, la personnalité s'accuse en relief, s'affirme en traits définitifs. Avec cela, des manières polies, simples et dignes, une imperturbable bonne humeur, une indulgence à toute épreuve.

M. Léveillé est né à Portneuf, en juillet 1878. Ses études classiques terminées au Collège de Lévis (prix du Prince de Galles en rhétorique et en philosophie), il les poursuit, de 1897 à 1904, chez les RR.PP. Jésuites. De sa longue intimité avec les philosophes et les vieux auteurs latins et grecs, il a retenu la belle ordonnance de la pensée, la sobriété et la clarté du verbe. Puis il passe en Angleterre où, durant trois années, il se livre à des études spéciales de mathématiques à l'Université de Londres. Diplômé (*Honours in Mathematics*) en 1907, il revient au pays et est nommé professeur de mathématiques au Collège de Saint-Boniface et examinateur à l'Université du Manitoba. En 1911, il revient à Montréal, en qualité de professeur au collège Sainte-Marie.

En 1914, il accepte chez Granger Frères, libraires de Montréal, la charge de chef du rayon de la littérature religieuse; durant ses heures de loisir, il se consacre à l'enseignement privé.

En 1920, l'École des Hautes Études Commerciales lui confie sa chaire de mathématiques financières. La même année, la Faculté des sciences de l'Université de Montréal, qui s'organise, le nomme professeur titulaire de mathématiques. Tout en conservant ses cours, il est devenu depuis vice-doyen et directeur des études de cette faculté. En 1927, l'École des Hautes Études le nomme titulaire de sa chaire de mathématiques. Ancien président de la Société de mathématiques de Montréal, il est secrétaire de l'Institut du radium et membre de l'Institut scientifique franco-canadien.

Nous avons connu M. Léveillé il y a déjà plus de huit ans. Il venait d'être chargé du cours de mathématiques à l'École des Hautes Études Commerciales. Dès la prise de contact, ses élèves ont aperçu en lui non pas simplement *un* professeur, mais *le* professeur, c'est-à-dire l'homme qui, chargé d'instruire d'autres hommes, ne se croit pas quitte envers eux parce qu'il a pu les éblouir ou les méduser, mais qui, pour les éclairer, les appeler à une vie intellectuelle de plus en plus haute, donne sans compter temps et travail, peines et fatigues, met à contribution toutes les ressources de sa culture, de son esprit, de son être entier. Et cette impression de la première heure — nous croyons bien exprimer ici l'opinion de tous ceux qui ont eu l'avantage de fréquenter ses cours, à l'École des Hautes Études ou ailleurs —, le temps n'a fait que la préciser, que la confirmer. L'enfant, affirme Paul Valéry, naît une foule innombrable, et de cette foule, avec le temps, un homme se détache qui efface tous les autres. M. Léveillé, lui, est né professeur et il l'est demeuré dans toute l'acception du mot. Ce témoignage sans apprêt va sans doute émouvoir sa modestie toujours prête à s'apeurer, mais... une occasion si belle ne se présentera peut-être pas d'ici longtemps!

Alexander Smith[198]

Apprendre l'anglais est, chez nous, une nécessité. Nul homme d'affaires, nul employé de commerce ou de banque ne peut espérer réussir s'il ne possède à fond cette langue. Sans doute, pour les personnes de notre nationalité, la connaissance du français s'impose-t-elle en premier lieu. C'est en s'appuyant sur la connaissance certaine de sa langue maternelle que l'on parvient le plus aisément et le plus sûrement à maîtriser une langue seconde. Mais le français connu, maîtrisé, l'étude de l'anglais est indispensable. Nous ne pouvons faire qu'une fraction notable de la population [du Québec] et que la grande majorité des habitants [du Canada] ne soient d'origine ou de langue anglaise. Nous ne pouvons faire non plus qu'à notre porte ne grandisse une nation de plus de cent millions d'individus dont la langue est l'anglais, et que nos relations commerciales ou autres avec cette nation ne se multiplient et développent de jour en jour. Ainsi entourés, encerclés, nous devons nous mettre en état de communiquer, dans sa langue, avec l'immense majorité. Pour tous, tant que nous sommes, la connaissance de l'anglais est un complément nécessaire à notre culture intellectuelle; pour les hommes d'affaires, cette connaissance se traduit en dollars et

198. *Les Nouvelles, etc., op. cit.*, vol. 3, n° 7, octobre 1929, p. 1-2.

cents, question à laquelle ils ne peuvent rester indifférents, puisqu'elle constitue à la fois l'origine et la fin de leur activité.

Le professeur titulaire de langue anglaise à l'École des Hautes Études Commerciales, M. Alexander Smith, est né dans le Yorkshire, de parents écossais. Il reçut sa première formation en Écosse, à la Royal Academy d'Inverness, «la belle capitale des Highlands», région où, paraît-il, on parle l'anglais le plus pur. Puis, sa famille étant rentrée en Angleterre, il étudie à Ellesmere, au St. Oswald's College. Son cours terminé, on lui offre une bourse d'études à Aberdeen, mais il refuse, préférant tirer parti d'une autre bourse, gagnée au concours, celle-là, à l'Université de Durham, où sur permission spéciale, n'ayant pas l'âge réglementaire, il s'inscrit en 1900. Il obtient, en 1902, une seconde bourse et, en 1903, décroche son baccalauréat ès arts. En même temps qu'il poursuit ses études, M. Smith rédige le *Durham University Journal*, et publie un premier livre, *Cantemus Domino*, édité à Londres en 1902.

Durant sept ans, il s'occupe activement, en qualité d'officier et de chef de bataillons, des *Boys' Brigade*, organisation de jeunes gens fondée à Glasgow par son homonyme et ami intime, Sir William Alexander Smith. En 1908, lorsque Sir Robert Baden-Powell organise les *Boy Scouts*, il devient un des plus fervents protagonistes de ce mouvement, aujourd'hui universellement répandu. Il met lui-même sur pied, à Glasgow, la 19e compagnie de *Boy Scouts* qui a célébré l'été dernier son vingt et unième anniversaire de fondation — fête à laquelle M. Smith prit part en qualité d'hôte d'honneur.

La guerre ayant dépeuplé le personnel dirigeant des maisons de correction, les autorités anglaises lancèrent un appel aux membres plus anciens du corps enseignant. M. Smith fut un de ceux qui répondirent. Sa discipline ferme et douce fit de la St. Joseph's Industrial School, dont il était le directeur, un modèle du genre. La guerre terminée, il revient à l'enseignement. Les anciens élèves de la St. Bede's Grammar School, dans son comté natal, gardent de lui le meilleur souvenir. Pour lui prouver leur attachement, ils l'élirent membre à vie de leur association! Enfin, en 1921, le conseil du comté de Londres entreprend l'organisation des *Day Continuation Schools*, probablement la plus difficile expérience qu'on ait jamais tentée, en Angleterre, en matière d'enseignement, et appelle M. Smith à Londres, en qualité d'expert. À la fin de la même année, cependant, l'École des Hautes Études retient ses services et le charge de ses cours d'anglais. En 1929, elle le nomme titulaire de sa chaire de langue anglaise, en reconnaissance de sept années de travail aussi effectif qu'enthousiaste.

Le programme d'anglais de l'École des Hautes Études Commerciales est agencé de façon à répondre aux besoins de notre public: M. Smith et ses trois assistants donnent plus de trente heures de cours par semaine, tant le jour que le soir. L'École met également à la disposition de ceux qui veulent apprendre l'anglais, mais ne peuvent fréquenter ses cours du jour ou du soir, sept séries de cours par correspondance. Nos cours d'anglais se répartissent comme suit: langue anglaise, pour les commençants; grammaire et composition, conversation, anglais commercial et correspondance, littérature, correspondance de banque, l'art de la parole en public.

Outre son enseignement à l'École, M. Smith a été durant cinq ans visiteur et examinateur des Catholic High Schools de Montréal. Il a donné des cours d'anglais à l'Institut pédagogique, dirigé par les RR.SS. de la Congrégation. Il organise chaque année des débats publics, en anglais, entre les étudiants canadiens-français et les étudiants des diverses universités anglaises. Ses relations avec la Overseas Education League l'ont fait connaître dans la plupart des universités canadiennes. Il a dirigé en Europe plusieurs groupes d'étudiants, en voyage d'études sous les auspices de cette organisation.

Lucien Favreau[199]

Bien que d'une façon générale on reconnaisse mieux aujourd'hui la nécessité de la comptabilité dans les affaires, grandes ou petites, on se fait encore, en bien des milieux, une idée absolument fausse du comptable et de son rôle. La comptabilité est plus que la simple tenue des livres: c'est une branche des mathématiques, une méthode scientifique qui permet de suivre au jour le jour la marche d'une entreprise. Elle est aussi indispensable à l'homme d'affaires que la boussole au navigateur; et l'employé dont c'est la fonction d'inscrire, une à une, dans un nombre donné de registres, les opérations d'une maison d'affaires, est au comptable à peu près ce que le charpentier et le menuisier sont à l'architecte. Le teneur de livres note, enregistre selon une certaine méthode; le comptable ordonne, interprète et guide. Les états qu'il dresse racontent l'histoire de la maison pour une période donnée, reflètent dans ses détails la situation présente. L'interprétation des faits, groupés sous forme de chiffres dans les tableaux et états financiers, lui permet de découvrir les vices et les faiblesses de l'organisation et les remèdes à appliquer, d'apercevoir les conséquences d'une situation générale et les moyens d'y parer avant qu'il ne soit trop tard. Con-

---

199. *Les Nouvelles, etc.*, *op. cit.*, vol. 3, n° 8, novembre 1929, p. 1-2.

seiller l'homme d'affaires, l'éclairer, le guider, tel est donc le rôle du comptable. Rôle dont l'importance n'a pas fini de grandir. Le monde continue en effet de marcher, les méthodes commerciales de se perfectionner, la concurrence de croître; de plus en plus l'homme d'affaires a besoin de savoir, pour ainsi dire à chaque minute du jour, où il en est, sans quoi il est entraîné vers la faillite et ne s'en aperçoit que lorsque l'irréparable est déjà accompli.

Professeur titulaire de finances privées, chargé de l'enseignement des matières commerciales à l'École des Hautes Études, M. Lucien Favreau est un des premiers diplômés de notre institution. Il naquit à Boucherville il y a à peine plus de quarante ans. Sa famille étant venue peu après s'établir à Montréal, il étudie d'abord à l'Académie du Plateau. En 1903, il obtient son diplôme et, en même temps, la plus belle distinction de l'école: le prix Murphy, décerné à l'élève classé premier à l'examen final. Puis il entre dans les affaires où le poussent à la fois son goût, ses talents et sa formation. En 1903 et 1904, il est au bureau de la Ogilvie Flour Mills Co., Limited, grande minoterie de Montréal, attaché au service de la comptabilité. Il quitte cette situation pour passer à l'emploi d'une des plus importantes maisons de quincaillerie en gros d'alors: Starke & Seybold Co. Ltd. Durant six années, il y remplit les situations les plus diverses, finissant en 1910, par celle d'acheteur de tous les produits canadiens. Son état de santé l'oblige cependant à quitter cet emploi.

En septembre 1910, l'École des Hautes Études Commerciales ouvre ses portes et M. Favreau est un des premiers élèves à s'inscrire. Il suit le cours complet et obtient, en 1913 (première promotion de l'École), sa licence en sciences commerciales. Ses études terminées, il commence un stage de trois années comme comptable public. Dès l'année suivante, en 1914, l'École des Hautes Études le charge de l'enseignement de la comptabilité dans sa section préparatoire. En 1916, tout en conservant son cours, il accepte le poste de chef du service de la comptabilité à la Caisse nationale d'économie. Deux ans plus tard cependant, l'École retient définitivement ses services, lui confiant, outre une partie des cours de comptabilité, les cours d'opérations de banque et de bourse. Depuis lors, M. Favreau se livre uniquement à l'enseignement: cours du jour et cours du soir. Lorsque, il y a quatre ans, l'École organisa ses cours par correspondance, elle le chargea de préparer le cours de comptabilité théorique et pratique, et de vérification; trois séries formant un total de cent leçons. Ce cours est unique en son genre: rédigé en français, il expose les méthodes comptables en usage dans les grandes maisons américaines et canadiennes. En 1925, l'École le nomme professeur agrégé et, en 1928, professeur titulaire de finances privées. Outre la comptabilité, M. Favreau est en effet un spécialiste des questions de finance: banque et bourse. Il donne périodiquement, depuis trois ou quatre ans, à *L'Actualité économique* des chroniques ainsi que des articles traitant de finance, qui sont fort remarqués. Enfin, l'année dernière, M. Victor Doré, professeur titulaire de comptabilité, nommé président de la Commission des écoles catholiques de Montréal, abandonnant ses cours à l'École, M. Favreau recueillait sa succession, chargé de l'enseignement des matières commerciales, notamment de la comptabilité et du bureau commercial. Un des premiers licenciés de l'École, M. Favreau en est un des plus jeunes professeurs. Au tout début de sa carrière, il a déjà rendu de grands services; il en rendra sûrement de plus grands encore.

Paul Riou[200]

Pourquoi de la physique, pourquoi de la chimie au programme d'une école supérieure de commerce? Parce que, outre leur valeur propre au point de vue de la formation intellectuelle, ces deux sciences sont nécessaires à l'étude de la technologie industrielle. Mais qu'est-ce que la technologie et pourquoi l'enseigner à de futurs hommes d'affaires? C'est l'étude des procédés de fabrication des divers produits que l'industrie offre à la consommation. L'industriel doit être au moins au courant des procédés de fabrication qu'il applique dans son usine; le commerçant, appelé à manipuler des produits de toute espèce, a besoin lui aussi d'en connaître et les usages et la fabrication; de même du comptable, chargé d'établir les prix de revient, du publiciste, dont c'est le rôle de renseigner et de convaincre le public, etc. Puisque, en somme, tous les hommes d'affaires, à quelque branche qu'ils appartiennent, ont besoin de connaître la technologie, une institution d'enseignement commercial supérieur ne peut s'empêcher d'inscrire cette matière à son programme et de lui accorder toute l'attention qu'elle exige...

Docteur ès sciences, professeur titulaire de chimie et de technologie à l'École des Hautes Études Commerciales, M. Paul

---

200. *Les Nouvelles, etc., op. cit.*, vol. 3, n°s 9-10, décembre 1929-janvier 1930, p. 1-2.

Riou est né, il y a trente-neuf ans, à Trois-Pistoles. Il étudie d'abord au Séminaire de Rimouski, puis à Montréal, à l'École normale Jacques-Cartier où il obtient, avec grande distinction, le diplôme académique. En 1910, l'École des Hautes Études Commerciales ouvre ses portes et M. Riou s'y inscrit immédiatement. Il suit le cours complet et obtient, en 1913 — première promotion de l'École —, la licence en sciences commerciales. Il se prépare ainsi aux affaires, mais il a du goût pour l'enseignement; il en a aussi, et beaucoup, pour les sciences: physique et chimie. Il est heureux lorsque devant lui s'alignent des becs à gaz, des éprouvettes, des ballons au long col, des cornues drôlement recourbées, au fond desquels mijote quelque mystérieuse combinaison de produits aux noms compliqués et à l'arôme souvent équivoque; il se penche, curieux, vivement intéressé, sur les petites choses informes qui résultent de ces combinaisons, les palpe, les pèse et les soupèse, les examine à la loupe, les compare, les analyse. Bref, il y a en lui un chimiste qui s'éveille et demande à faire ses preuves. Aussi bien, au lieu d'entrer dans les affaires où le pousse sa formation, il reste dans l'enseignement où son goût le retient. En 1913-1914, l'École des Hautes Études Commerciales lui confie le poste de préparateur au laboratoire de chimie; en 1917, elle le nomme professeur, chargé de cours.

En 1920, il s'embarque pour Paris et s'inscrit à la Sorbonne, cours de chimie générale et industrielle et de minéralogie. L'année suivante, il entre au laboratoire de chimie générale pour s'y livrer à la recherche, sous la direction du grand savant français, Henry Le Châtelier. Ses travaux portent sur les vitesses de réaction en milieu hétérogène. En 1922, il obtient sa licence ès sciences, et l'Académie des sciences, afin de lui permettre de continuer ses recherches, lui décerne le prix de la fondation Le Châtelier. Un an plus tard, après soutenance d'une thèse, il obtient, avec la mention «très honorable», le titre de docteur en sciences physiques — doctorat de l'État français, dont M. Riou a été le premier porteur au Canada.

De retour au pays, en septembre 1923, il est nommé professeur agrégé de chimie et de technologie à l'École des Hautes Études Commerciales et professeur de chimie appliquée à la faculté des sciences et à l'École polytechnique. Tout en se livrant à l'enseignement, il continue ses recherches au laboratoire et présente une douzaine de mémoires à l'Académie des sciences. En 1929, l'École des Hautes Études le nomme professeur titulaire. En collaboration avec M. Gérard Delorme, un de ses collègues à l'École des Hautes Études et à la Faculté des sciences, M. Riou vient de publier un manuel de chimie à l'usage des collèges classiques et des écoles supérieures. Ajoutons, pour terminer cette rapide biographie, que, durant son séjour à Paris, M. Riou s'est livré à des études spéciales d'expertise en écriture et qu'il est diplômé de la Société technique des experts en écriture de France. Il a déjà été, à plusieurs reprises, appelé comme expert dans des causes importantes devant les tribunaux canadiens.

Malheureusement, une santé un peu ébranlée l'oblige depuis quelques mois au repos complet. Nous avons le ferme espoir cependant que le rétablissement définitif ne tardera pas et que notre distingué professeur pourra bientôt, pour le bien de notre institution et celui de la collectivité canadienne tout entière, continuer sa carrière déjà si remplie d'homme d'études et d'homme de science.

Pierre Sainte-Marie[201]

Il était ici aux temps héroïques, à l'époque où, ne comptant pas encore cinquante étudiants, l'École était méconnue de ceux-là même, qui auraient dû la révéler. Il y est encore. Il a assisté, mieux que cela, il a contribué à la montée magnifique qui, en peu d'années, a classé notre grande école de commerce au premier rang parmi nos institutions d'enseignement supérieur. Plusieurs années de dévouement quotidien l'ont en quelque sorte inféodé à cette école et à la cause qu'elle sert. Il a travaillé, beaucoup, souvent trop — une santé précaire exigeant plus de précautions qu'il n'en a jamais pris. Il continue, ne désirant qu'une chose: être utile. Secrétaire de la direction, il entre à son bureau dès le matin; on l'y retrouve le soir, longtemps après la tombée du jour. Professeur, il s'attache à ses élèves et se les attache: il a de l'autorité, mais une autorité qui ne rebute pas, de l'indulgence, mais une indulgence dont l'indiscipline n'ose jamais abuser; il dépouille ouvrages et revues, entasse notes, statistiques, résumés de lectures, s'applique à rajeunir ses cours, à les compléter, non pas tant avec le désir d'éblouir, de méduser, qu'avec celui d'intéresser, d'éclairer, d'instruire. Ainsi, sans bruit, sans vain éclat, il accomplit la tâche dont il semble avoir

---

201. *Les Nouvelles, etc., op. cit.*, vol. 4, nos 1-2, février-mars 1929, p. 1-2.

fait l'objet de toute sa carrière: servir, au sens le plus haut, le plus généreux du mot...

M. Pierre Sainte-Marie est né à Montréal. Fils de commerçant, il éprouve de bonne heure l'attrait des affaires, de l'administration. De 1907 à 1912, il fréquente le collège Sainte-Marie. Au moment où il termine ses études secondaires, l'École des Hautes Études Commerciales reçoit des élèves depuis deux ans: il s'y inscrit et obtient, trois ans plus tard, sa licence en sciences commerciales. Il entre d'abord à l'emploi de Chouinard & Cie, manufacturiers de chaussures, puis, en qualité de caissier, des grands magasins Sroggie aujourd'hui disparus. Le 7 juillet 1916, le jour même où M. Laureys devient directeur de l'École des Hautes Études, M. Sainte-Marie est nommé secrétaire de la direction. L'École comptait alors 46 élèves; l'année dernière (1928), elle en comptait 890, et cette année autant. On le voit, si le titre de secrétaire est resté le même, la charge s'est alourdie. Dès l'automne de 1917 s'organisent les premiers cours du soir. L'organisation des cours du soir et leur extension constitueront, dans la suite, la maîtresse besogne du secrétaire de la direction. Il s'y attache, dès le début, avec zèle, avec acharnement. En 1919, l'École lui confie ses cours de géographie générale et de géographie physique. La même année, elle institue ses cours réguliers du soir dont le programme s'étend à la plupart des matières enseignées le jour. À M. Sainte-Marie, sous la direction, il va sans dire, des autorités de l'École, échoit la tâche de les organiser, d'en surveiller la marche: inscriptions, discipline, examens. En 1922, il succède à M. Laureys comme professeur de géographie économique (le soir) et, en 1924, à M. Jean Désy, comme professeur d'histoire générale. Agrégé en 1926, il devient titulaire de la chaire d'histoire générale, en janvier 1929.

Entre deux cours ou deux séances de bureau, il lit, étudie, se documente. Encore étudiant, il collabore à l'organe officiel de l'École, alors la *Revue économique canadienne*. Plus tard, il donne des articles à la *Revue trimestrielle canadienne* et au *Bulletin mensuel de la Chambre de commerce de Montréal*. L'un des premiers, il entreprend de révéler aux hommes d'affaires du temps *le capital inemployé* qu'étaient alors les diplômés de l'École, et s'efforce de vaincre l'apathie et l'indifférence dont ceux-ci étaient l'objet de la part de ceux-là.

M. Sainte-Marie est membre des Sociétés de géographie de Washington et d'Ottawa et de la Société internationale d'histoire. À peine au début de sa carrière, il a déjà rendu de nombreux services. Sans doute pouvons-nous en attendre de plus nombreux encore et de plus grands. Il lui suffirait pour cela de continuer avec le même dévouement le travail qui prend déjà chacun de ses jours, chacune de ses heures. Même si de toute sa vie il ne faisait autre chose que de contribuer au progrès d'une œuvre comme l'École des Hautes Études Commerciales, il pourrait considérer avoir été un bon serviteur de la société et du pays[202].

---

202. Le 17 novembre 1961, M. Minville demandait au recteur de l'Université de Montréal de remettre à M. Sainte-Marie, qui prenait sa retraite, le diplôme de secrétaire émérite. Dans son allocution de circonstance, il ajoutait à l'équivalent de ce qui précède:

«On ne passe pas quarante et un ans de sa vie dans l'exercice d'une fonction qui se situe au cœur même d'une institution sans y faire sa marque et sans en recevoir la marque. Sainte-Marie s'est identifié aux structures académiques de l'École, comme les pierres et les colonnes de la façade s'identifient à l'immeuble.»

François Vézina[203]

Vous êtes convaincu que ceci est blanc? Ne faites pas trop état de votre conviction. François — tout le monde l'appelle François! — va vous prouver, à coups d'arguments qu'il lance comme des balles, que vous êtes tout à fait dans l'erreur et qu'il n'existe rien de plus noir sous la calotte des cieux! Le pis est qu'appuyé sur de non moindres autorités qu'Aristote, saint Thomas ou Descartes, que Vaugelas, Boileau ou Littré, que Smith, Gide ou Seligman, à moins que ce ne soit sur les Pères de l'Église... ou ceux de la Confédération, le pis est, si vous n'y prenez garde, qu'il va vous en convaincre. Et quand vous avez refait votre opinion, qu'intérieurement vous admettez qu'en effet rien n'est plus noir, eh bien?... eh bien, c'est alors que vous devez le plus tenir à votre première idée, car, François, lui, n'est pas convaincu du tout et s'apprête, au moindre signe, à vous démontrer que vous avez eu tort de vous laisser convaincre. Simple tour de caractère, insupportable peut-être chez beaucoup de gens, mais, chez lui, amusant au possible! Au demeurant, le plus charmant garçon, qui ne porte quelques idées fausses (comme tout le monde) que parce qu'il a su en acquérir immensément plus de droites (tout le monde ne saurait en dire autant) et qui

---

203. *Les Nouvelles, etc., op. cit.*, vol. 4, n°s 3-4-5, avril à juin 1930, p. 1-2.

n'agite parfois les premières que pour mieux faire valoir les secondes. Le tout est d'être prévenu!

On se rappelle sans doute le mot curieux de Paul Valéry: l'enfant, dit-il, naît une foule innombrable et de cette foule, avec le temps, un homme se détache qui efface tous les autres. Eh bien! à trente-trois ans François Vézina donne l'impression d'être resté la foule qu'il était au berceau. Il discute, en ce moment, économie politique? Évidemment parce qu'on ne peut discuter toutes les questions à la fois. Mais dans un instant, il discutera philosophie, littérature ou comptabilité. Il est devenu économiste comme, en d'autres circonstances, il serait sans doute devenu philosophe ou mathématicien. Comprenons par là que, doué d'aptitudes exceptionnellement variées, rien de ce qui entre dans le cycle des connaissances humaines ne le laisse indifférent. Solide de corps et d'esprit, cultivé comme pas un, il s'intéresse à tout, voit tout, lit tout, retient tout, discute tout, parle avec abondance une langue sans défaut, multiplie les paradoxes, et... soutient le contraire de sa pensée! Il soutiendrait cependant, avec autant de vigueur, sa pensée elle-même. Mais il aime intriguer les gens, se plaît à les dérouter. Bref, l'enfant choyé et un peu gâté de la jeune génération. Mais une promesse...

Né le 3 décembre 1896, à Saint-Jérôme, M. Vézina aura donc trente-quatre ans dans quelques mois. Il étudie d'abord au collège commercial de sa petite ville, puis au Collège de l'Assomption. Bachelier ès arts et licencié en philosophie en 1917, il s'inscrit, la même année, à l'École des Hautes Études. En 1920 (huitième promotion de l'École), il obtient sa licence en sciences commerciales. Sorti bon premier des collèges de Saint-Jérôme et de l'Assomption, il tient également la tête à l'École des Hautes Études, obtenant la licence avec *la plus grande distinction.*

Quelques semaines avant sa sortie de l'École, il donne, à la salle Saint-Sulpice, sous les auspices de la Société des Conférences, alors à ses débuts, une conférence intitulée «L'économie politique et la guerre», dans laquelle il démontre que, contrairement à ce qu'on était alors enclin à penser en bien des milieux, la guerre et l'immense bouleversement dont elle a été la cause n'ont fait que mettre l'accent sur la valeur scientifique des théories économiques — conférence qui lui vaut, la même année, le Prix d'action intellectuelle pour l'économie politique.

En septembre 1920, un des premiers boursiers du gouvernement [du Québec], il part pour Paris et s'inscrit à l'École libre des sciences politiques, section économique et financière. Diplômé de cette grande institution française, il revient au pays en 1923. L'École des Hautes Études Commerciales le charge alors de ses cours de géographie économique, le jour; d'économie politique, de sciences financières et de politique commerciale, le soir. Elle lui confie en même temps son cours d'assurances, qu'il professe durant trois ans. En 1924, remplaçant M. Pierre Sainte-Marie, il prend charge des conférences de géographie organisées par la Société Saint-Jean-Baptiste de Montréal — chaire fondée et occupée d'abord par M. Émile Miller, et que M. Vézina occupe durant un an. Succédant en 1926 à M. Léon Lorrain, et tout en conservant ses cours à l'École, il rédige, jusqu'en 1928, L'*Économiste canadien*. Enfin, en janvier 1929, l'École des Hautes Études le nomme professeur agrégé de géographie économique, cependant que l'École des sciences sociales, économiques et politiques de l'Université de Montréal lui confie son cours d'économie industrielle.

Encore étudiant, M. Vézina collabore à L'*Action française*; plus tard, à la *Revue trimestrielle canadienne*. Il participe, en 1925, à la fondation de L'*Actualité économique*, et confie, dans la suite, de nombreux articles à cette revue. Il y tient régulièrement la chronique des livres — série de petits articles extrêmement vivants qui donnent en raccourcis la substance même des livres qu'ils analysent.

Doué d'une puissance de travail infléchissable et encore jeune, M. Vézina a déjà rendu de nombreux services. Sa carrière à peine commence. Étant de ceux qui ont le plus reçu, il est de ceux qui doivent le plus donner. Soyons certains qu'il ne décevra personne.

Léon-Mercier Gouin[204]

Fils et petit-fils d'anciens premiers ministres [du Québec], jouissant d'une situation avantageuse, il n'a pas cru que cela le dispensât de travailler. Au contraire, il a toujours considéré que la renommée attachée au nom qu'il porte lui impose l'obligation de travailler autant, de travailler plus que les plus actifs travailleurs de sa génération. À vingt ans, il étudie, il se cultive avec ardeur — comme d'autres s'adonnent aux sports, aux amusements. Aussi bien, à l'âge où un jeune homme cherche habituellement des modèles, on peut déjà, lui, le proposer en modèle à la jeunesse. «Voyez, nous disait-on, à nous que les livres, l'étude, la recherche et la culture intellectuelle n'enthousiasmaient pas au même degré, voyez Léon-Mercier Gouin. En voilà un qui pourrait bien se dispenser de l'effort, jouir tranquillement des avantages qu'une heureuse naissance lui a valus. Il travaille sans relâche. Faites comme lui.» Vive intelligence, volonté forte, désintéressement, passion de connaître: signes, affirme Pierre Termier, de la «vocation de savant». M. Gouin, à n'en pas douter, avait cette vocation. Ses qualités, ses aptitudes, ses dons naturels, lui auraient permis de devenir un juriste de réputation internationale, de prendre place parmi les grands

204. *Les Nouvelles, etc., op. cit.*, vol. 4, n°s 9-10, octobre-novembre 1930, p. 1-2.

avocats dont le nom figure au premier plan dans l'histoire du droit et, tout en contribuant ainsi au progrès de la science juridique et de la justice humaine, de procurer au petit peuple auquel il appartient, la gloire d'avoir produit un véritable savant. Entrevoyait-il cette fin lorsqu'il s'acharnait à la besogne? Entretenait-il cette ambition? Il le pouvait sans orgueil. Une santé débile hélas! l'a empêché jusqu'ici de donner sa pleine mesure. Il faut le déplorer. Mais son exemple demeure. Il nous pardonnera sans doute de l'avoir proclamé, lui qui sait si bien que, si la jeunesse actuelle souffre de quelque chose, ce n'est certes pas d'un excès d'idéal et que, si dans son ardeur amoindrie mais non éteinte par le matérialisme des temps elle conçoit parfois encore de beaux rêves, elle a rudement besoin que d'autres leur donnent des ailes...

M. Léon-Mercier Gouin est né à Montréal le 24 décembre 1891. S'il a beaucoup aimé le travail, c'est peut-être parce que, jeune, il a eu sous les yeux un grand et très cher exemple. Il étudie d'abord au collège Sainte-Marie puis au Loyola, où il obtient son baccalauréat ès arts, en 1911. Attiré par les sciences économiques, la même année, il s'embarque pour Oxford où il étudie l'économie politique et (afin de se mettre en état de consulter dans le texte les meilleurs auteurs) les langues étrangères. De retour au pays, l'année suivante, il s'inscrit à la Faculté de droit de l'Université de Montréal (alors l'Université Laval). Tout en poursuivant ses études de droit, il continue de s'intéresser aux sciences économiques et obtient un diplôme en économie politique à l'Université McGill, ainsi qu'à Queen's University. En 1915, il décroche sa licence en droit à l'Université Laval.

En septembre 1919, l'École des Hautes Études le nomme professeur agrégé de droit civil, commercial et industriel, le jour et le soir. L'année suivante, après soutenance, à l'Université de Montréal, d'une thèse sur les syndicats ouvriers, il obtient le titre de docteur en droit. M. Gouin s'est toujours vivement intéressé aux problèmes sociaux et en particulier aux questions ouvrières. Il n'a rien négligé, comme il disait souvent à ses élèves, pour faire «ouvrir plus large aux syndicats ouvriers la porte de la légalité». Dès 1921, il abandonne ses cours de droit civil à l'École des Hautes Études, mais conserve ses cours de droit commercial et de législation industrielle. Un an plus tard, il se décharge également de tous ses cours le soir. L'enseignement du droit commercial l'intéresse tout particulièrement: en 1923, il publie, sous forme de manuel, un résumé très au point de son cours à l'École des Hautes Études. Nommé titulaire de la chaire de droit commercial de la même école, en 1927, il doit, dès l'année suivante, pour des raisons de santé, abandonner cette charge. Il conserve cependant la chaire de législation industrielle, dont il est le titulaire depuis 1928.

Entre-temps, M. Gouin avait été nommé professeur de législation financière, commerciale et industrielle, et chargé du cours de droit international à la Faculté de droit de l'Université de Montréal. Cofondateur de l'École des sciences économiques, politiques et sociales, il y professe durant quelques années le droit industriel et l'histoire des doctrines économiques. Toujours pour la même raison — une santé précaire —, il a dû abandonner tous ces cours.

M. Gouin a collaboré à plusieurs revues, notamment à la *Revue trimestrielle*, dont il est le secrétaire de la rédaction. Signalons, entre autres, ses articles sur le droit d'association, le droit de grève et, surtout, son article sur le fédéralisme, à la suite duquel il reçut de Sir Wilfrid Laurier une lettre, que la *Revue trimestrielle* a publiée et dans laquelle l'illustre homme d'État exprime ce qu'on peut, jusqu'à un certain point, considérer comme son testament politique. M. Gouin a aussi collaboré à *L'Action française* et à divers autres périodiques. Il est membre de la Société historique et de la Canadian Institute of International Affairs.

Si sa santé ne lui a pas permis jusqu'ici de réaliser ses plus hautes aspirations, sa carrière si bien remplie reste néanmoins comme une belle et forte leçon. Sans doute pouvons-nous attendre encore beaucoup de lui, car, il faut l'espérer et nous le souhaitons vivement, il retrouvera bientôt la vigueur physique dont il saurait faire un si grand usage, pour le bien et l'honneur de notre petite collectivité française.

L'abbé Lucien Pineault[205]

Savez-vous ce que c'est que le mouvement et la vie, l'entrain dans le dévouement, le zèle impétueux qui, voulant se dissimuler, s'efforce de donner le change par un langage rude, même tout à fait réaliste, une gaieté toujours débordante et souvent exubérante? Si non, rendez visite à M. l'abbé Lucien Pineault, aumônier général des étudiants, et vous l'apprendrez. Pour cet abbé tout d'une pièce, peu soucieux d'élégance et dépourvu de prétention, robuste de taille, de caractère, de cœur et d'esprit, une seule chose compte et ce n'est ni sa personne, ni son avancement, ni, on peut nous en croire, l'opinion de M. X. ou de M. Z., c'est le bien à accomplir, le bien qu'un catholique, à plus forte raison un prêtre, doit accomplir à jet continu, *rain or shine*, comme disent les Américains, quelle qu'en soit la forme et quel que soit le moment. Et M. Pineault s'y livre avec une ardeur, avec une fougue! Or pour lui — car si fort et si dévoué soit-il, un homme doit tout de même se limiter — le bien à accomplir se présente sous dix formes différentes, mais tient toujours par quelque côté à la grande occupation et préoccupation de sa vie: l'enseignement, la formation morale et intellectuelle des jeunes gens. L'enseignement? M. Pineault n'a pour ainsi dire jamais

---

205. *Les Nouvelles, etc., op. cit.*, vol. 4, n°s 11-12, décembre 1930 - janvier 1931, p. 1-2.

pensé qu'à cela. Les jeunes gens? Il leur a donné jusqu'ici tous ses instants. C'est peut-être même à ses relations ininterrompues avec la jeunesse qu'il doit d'avoir si bien conservé la sienne, en dépit des années qui passent.

Né à Saint-Denis-sur-Richelieu, il y a cinquante ans, M. l'abbé Pineault fit ses études classiques au Collège de l'Assomption et sa théologie au Grand Séminaire de Montréal. Avant même d'avoir terminé ses études théologiques, il est nommé professeur de syntaxe au Collège de l'Assomption, son Alma Mater (1901-1902). Ordonné en juillet 1904, il retourne, dès l'ouverture des classes, au même collège comme professeur de versification. En 1905, il part pour Rome où il étudie au Collège canadien et obtient, en 1906, son doctorat en philosophie et, en 1907, son doctorat en théologie. De retour au pays, une affection de la vue l'empêche de se livrer à l'enseignement. Il est nommé vicaire à la Nativité d'Hochelaga, poste qu'il occupe durant quatre ans. Revenu au professorat, cette fois encore au Collège de l'Assomption, il y enseigne la philosophie (1911-1921), à laquelle vient s'ajouter, en 1915, la théologie. En 1919, tout en conservant ses cours, il assume les fonctions de préfet des études. Thomiste convaincu, il développe l'art de la dissertation philosophique et raffermit l'étude de l'apologétique.

Une solide formation intellectuelle, une longue expérience de l'enseignement et du maniement des jeunes gens le désignaient au poste que Mgr l'archevêque de Montréal devait lui confier en 1921: celui de professeur à la Faculté de philosophie de l'Université de Montréal et de secrétaire de la même faculté, et peu après d'aumônier général des étudiants. M. Pineault habite au milieu de ses jeunes gens et leur prodigue un dévouement quotidien.

Il est membre des grands corps universitaires: le Sénat académique, la Commission d'administration, la Commission des études, et fait partie des sous-commissions de législation, des relations extérieures, de pédagogie, de discipline interne et externe, de culture physique, ainsi que du bureau d'immatriculation. Il représente l'Université au Comité permanent de la

Faculté des arts, et préside, *ex officio*, les diverses sociétés particulières d'étudiants, dont il est en même temps l'aumônier. Professeur de morale médicale à la Faculté de médecine, il enseigne également la philosophie à l'École d'hygiène appliquée, à la Faculté des sciences et à l'Institut supérieur de pédagogie, ainsi qu'au collège Marguerite-Bourgeois (ou École secondaire des jeunes filles). Il représente cette dernière institution au Conseil de la Faculté des arts.

En 1925, l'École des Hautes Études le chargeait de son cours de philosophie et, en janvier 1929, le nommait professeur agrégé.

M. l'abbé Pineault a fait partie, en qualité de directeur, de la Ligue d'action française; il est président de la Société de philosophie affiliée à la Société canadienne-française pour l'avancement des sciences.

L'enseignement, la formation intellectuelle et morale des jeunes gens, telle a donc été, durant un quart de siècle, pour ainsi dire l'unique pensée de cet abbé plein d'ardeur, telle demeure sa grande préoccupation. Que de services rendus durant ces vingt-cinq années, que ne soupçonnent même pas ceux qui n'ont jamais été mêlés aux choses de l'enseignement, que ne soupçonnent peut-être pas ceux mêmes qui en ont bénéficié. Car l'éducateur, le véritable, procède sans éclat, par une action persistante, des touches et retouches d'autant plus effectives qu'elles savent mieux se laisser ignorer. C'est pourquoi il ne doit pas escompter la gratitude de ceux qu'il a formés, mais, se renonçant, attendre toute sa récompense du seul accomplissement de son devoir. Pour apprécier la grandeur et la fécondité de son œuvre, il faut la voir dans son ensemble et en connaître les multiples et subtiles exigences. M. l'abbé Pineault a été et reste un éducateur de la meilleure espèce. Nous souhaitons que durant de longues années encore il continue un travail si peu profitable pour lui, mais dont la collectivité bénéficie si largement.

T.-A. Birch[206]

C'est un Anglais comme nous en connaissons tous quelques-uns, digne sans raideur ni prétention, poli, empressé — le type du *gentleman* comme la vieille Angleterre, paraît-il, le conçoit et en a propagé le modèle. Il vous accueille avec un souriant *good morning* (ou *good evening*, selon le cas), se met à votre disposition, écoute avec bienveillance la sorte d'anglais que vous lui servez et vous remercie... de vous avoir rendu service. Il vint au Canada il n'y a pas très longtemps, attiré, nous confie-t-il, par nos grands espaces et le sortilège de la terre neuve. Il emportait non pas la détermination de dominer dans un pays conquis par ses ancêtres, d'y imposer ses vues et ses sentiments, mais, avec sa droiture d'âme, le désir de comprendre la jeune nation à laquelle il demandait l'hospitalité. Anglais par toute la lignée de ses ascendants, par l'âme et la culture, et fier à juste titre de sa race, il admet malgré cela, et peut-être à cause de cela, qu'un autre, qui n'est pas de la même origine ni de la même complexion mentale, ressente néanmoins la même fierté. Non seulement il admet cette fierté chez les autres, mais il la respecte, l'admire. Et parce qu'il n'est pas venu ici en jeune maître qui prend possession d'un héritage, il a gagné tout de suite la

---

206. *Les Nouvelles, etc.*, *op. cit.*, vol. 5, n°s 1-2-3, février à avril 1931, p. 1-2.

sympathie et bientôt l'amitié de tous ceux avec qui sa charge de professeur dans une université française l'appelait à vivre. Bref, «voilà un Anglais comme nous les aimons», affirment de lui tous ses collègues.

M. Birch naquit, il y a trente-quatre ans, dans le Yorkshire (Angleterre), fils aîné d'une famille de fermiers. Aucun prodige, affirme-t-il avec une modestie souriante, ne marqua sa venue: il n'y eut ni tremblement de terre, ni phénomène météorologique, ni conjonction des astres, et la reine Victoria, alors régnante, n'envoya pas de télégramme de félicitations à ses parents. Ce en quoi, il faut le reconnaître, M. Birch s'identifie avec plusieurs d'entre nous. Durant six ans, il fréquente la Skipton Grammar School (équivalent des *high schools* anglo-canadiennes) et absorbe la dose réglementaire de latin, de mathématiques, d'histoire, de langues anglaise et française. En 1914, bénéficiaire de deux bourses (*King's Scholarship* et *West Riding Exhibition*), il entre à l'Université de Leeds, Faculté de langue et de littérature anglaises (*Honors School*). Sous la direction du Dr F. W. Moorman, un des plus renommés professeurs de langue anglaise de l'époque, il se livre à l'étude approfondie de sa langue maternelle, origine, morphologie, etc., ainsi que de la littérature anglaise, et obtient ses grades avec distinction (*with honors*). Continuant, un peu plus tard, ses études sous la direction de M. G. S. Gordon, aujourd'hui professeur à Oxford, il décroche le titre de maître ès arts. Durant son séjour à l'Université, il est membre de la Société des débats et du Conseil de l'Association des étudiants. Il occupe ses loisirs à étudier les problèmes politiques; durant ses vacances il travaille sur la ferme de son père. Enrôlé durant la guerre, il n'est cependant pas envoyé au front. En 1917, il obtient le diplôme de pédagogie du Board of Education d'Angleterre. La même année, il est nommé professeur d'anglais à la Queen Elizabeth Grammar School et chargé du cours de latin à l'École technique de Darlington. Deux ans plus tard, en 1919, il devient professeur de langue et de littérature anglaises à l'école King-Edward, à Bermingham, poste qu'il occupe jusqu'en 1924, alors qu'il est nommé professeur titulaire de langue anglaise à l'école Belle-Vue, à Bradford — une école qui reçoit six cents élèves par année.

Enfin, en 1927, il vient au Canada comme professeur de langue et de littérature anglaises à l'École des Hautes Études Commerciales. Deux ans plus tard, il est nommé professeur agrégé. Dès ses vacances de 1928, il entreprend un voyage à travers le Canada jusqu'à Vancouver et Victoria, de sorte que, à peine débarqué chez nous, il connaît mieux notre pays que plusieurs d'entre nous. Il s'intéresse à nos problèmes, les étudie, les discute avec chaleur et conviction, mais avec une absence totale de préjugé, n'ayant en vue que l'avancement, le plus grand bien de sa patrie d'adoption. Un esprit large, au vrai sens du mot!

Fils de fermier, M. Birch est né professeur et professeur excellent. Il a le savoir et la méthode. Il a aussi l'esprit de travail: pas une leçon qui n'ait été longuement pensée, méticuleusement préparée, soigneusement adaptée au caractère, à la tournure d'esprit et au degré de formation de l'étudiant. En collaboration avec M. Alexander Smith, professeur titulaire de langue anglaise à l'École des Hautes Études, il a préparé, sous le titre de *High Course of English*, un manuel de langue anglaise destiné particulièrement aux étudiants canadiens-français.

Grand liseur et grand fumeur devant l'Éternel, il ne se sépare pas plus de ses livres que de sa pipe. Pour lui, ceci complète cela. Comme tout bon Anglais, ancien élève d'université, il s'intéresse au sport, surtout au rugby, dont il préside volontiers certaines parties.

Enfin, vivant au milieu de Canadiens d'origine française, il étudie leur langue. Les notions acquises à l'école secondaire lui facilitent la tâche. Il lit les auteurs français dans le texte et se risque même, pourvu que le sujet ne soit pas trop complexe ni la compagnie trop nombreuse, à s'exprimer en français. Il y réussit d'ailleurs de mieux en mieux. Bref, un bel échantillon d'anglo-saxonnisme, mieux que cela, d'humanité.

Victor Barbeau[207]

On le dit méchant: il n'est que sincère. Défaut, il est vrai, à peine moins impardonnable, à une époque qui exalte la nullité, érige l'instinct grégaire en directive et la souplesse d'échine en règle de vie. Il est certes le contraire du bénisseur et s'entend mieux à manier le gourdin que le goupillon. Vaine attitude? Non. Il a horreur de la médiocrité béate et prétentieuse, qui s'adorne, s'étale, se complaît en elle-même. Et s'il frappe, cogne, stigmatise un peu plus souvent que ne sauraient lui pardonner ceux que depuis Molière on appelait tartufes et que Bernanos appelle les *bien-pensants*, c'est qu'il veut en détruire le culte partout, sans retour possible. Manière comme une autre de servir, meilleure peut-être que bien d'autres puisqu'elle ne risque jamais d'endormir.

Il a eu le don magnifique de se prononcer tout de suite avec autorité. À lire ses premières chroniques, débordantes de la joie amère que lui procure le spectacle de tant de vessies qui se prennent pour des lanternes, à lire les premiers écrits de *Turc* — un pseudo qui le peint! —, nous lui prêtions un front chenu et une barbe blanchissante. Or, il avait alors entre vingt et vingt-cinq ans et portait beau de toute la splendeur de la jeunesse...

207. *Les Nouvelles, etc., op. cit.*, vol. 6, nos 3-4-5, avril à juin 1932, p. 1-2.

Il est né journaliste, mais, comme on dit, journaliste d'opposition. Même quand il défend ou se défend, il a l'air d'attaquer. Esprit critique au sens plein de l'expression. Du vrai journaliste, il a la curiosité, la souplesse, l'envergure intellectuelle, le goût de l'aventure qu'il faut vivre parfois, raconter toujours et commenter (ce qui est une autre façon de la vivre), un sens aigu de l'actualité. Ajoutez à cela, au service d'une intelligence qui sonne la bonne trempe française, une ironie fine et toujours présente, qui ondoie et se ouate à certains moments, mais égratigne et perce l'instant d'après.

Rien de ce qui est humain (sauf peut-être les mathématiques!) ne le laisse indifférent: littérature, histoire, philosophie, technique financière le passionnent. Il se meut de l'une à l'autre comme on passe du premier au second chapitre d'un roman. Conférencier recherché, il alterne les causeries sur les facteurs psychologiques d'une crise boursière, l'urbanisme, le romantisme, les femmes dans la littérature française, etc.

Il a déjà beaucoup écrit et il est, parmi ceux qui, chez nous, parlent et écrivent le mieux leur langue, un des tout premiers. Il a sa manière: une pensée riche multiplie les incidentes, mais, précise et maîtresse d'elle-même, les ordonne et les agence de telle façon qu'elles ne compromettent ni l'équilibre ni la clarté de la phrase. Un texte de Barbeau se reconnaît entre mille, non seulement par la sorte d'acidité dont il est presque toujours comme imbibé, mais surtout par la rigueur de la composition, l'élégante fermeté du style. On discute parfois ses idées. Quel veinard! Cela prouve: 1) qu'il en a; 2) qu'il ose les énoncer. Et dans notre monde, avoir des idées et le courage de les défendre, c'est un bonheur peu banal!

Barbeau naquit à Montréal il y a plus de trois, moins de quatre dizaines d'années. Ses études classiques terminées au collège Sainte-Marie, il débute, en 1913, dans le journalisme, au *Devoir*, attiré sans doute par la liberté d'allure et de ton de ce quotidien. Durant trois ans, il se forme au métier, fait du reportage et un peu de chronique.

Il a son opinion sur l'énorme aventure qui se prolonge en Europe, la guerre, et sur la part qu'un Canadien doit y prendre. En 1917, devançant la conscription, il s'engage, non pas, vous êtes prié de le croire, comme tout le monde dans l'infanterie ou l'artillerie, mais dans le *Royal Flying Corps*. Il sera aviateur. Comme ses rêves de jeune littérateur-polémiste, il volera en plein ciel et, en volant, il se battra. Voler et se battre tout à la fois: formule séduisante pour un esprit comme le sien, généreux et frondeur. Léger accroc toutefois à ses projets: une santé insuffisante le force à séjourner en Angleterre une année complète. Entre-temps la guerre finit.

Rentré au pays, il retourne au journalisme, cette fois à *La Presse*, et inaugure aussitôt la série des chroniques quotidiennes dites «Billets de Turc» — chroniques alertes, colorées, ironiques et même volontiers gouailleuses, qui disposent tout de suite d'un vaste public. Les «Billets» se prolongent d'ailleurs bientôt dans les «Cahiers de Turc», «essais de critique libre sur les idées et les faits par un seul rédacteur», qui créent à leur auteur, outre des centaines d'amis, quelques bonnes douzaines de robustes ennemis — certaines lanières ne s'oublient pas facilement! Il le fallait bien d'ailleurs, car Barbeau ne tolère pas qu'on ne le contredise jamais...

En 1920, il s'embarque pour la France, titulaire de la seule bourse de journalisme que le gouvernement de la province ait encore octroyée. À Paris, il suit des cours de sociologie, en Sorbonne, et d'urbanisme, à l'École des hautes études urbaines. Entre-temps, il étudie la littérature, à laquelle il consacre, avec ses loisirs, le meilleur de lui-même. Lorsqu'il revient au Canada, en 1925, il détient un diplôme d'études supérieures en philosophie et dispose d'un riche butin littéraire et journalistique.

L'École des Hautes Études lui confie, la même année, sa chaire de langue et de littérature françaises, à titre de «chargé de cours». Entré en même temps à *La Patrie*, il n'y fait qu'un bref séjour, et renonce au journalisme pour la finance. Chez Paul Ostiguy & Cie, il organise et dirige le service de statistiques et de renseignements financiers que la maison met à la disposition de sa clientèle. C'est le temps où la Bourse, agitée, fébrile, absorbe pour ainsi dire toute l'activité économique du continent américain. Barbeau se livre à la finance et à ses opérations très positives avec la même chaleur, la même clarté d'esprit qu'il s'est livré jusque-là à la littérature, au journalisme, aux idées.

Mais cela, évidemment, ne devait, ne pouvait durer: la nostalgie le reprend vite des salles de rédaction. Délaissant la Bourse, ses fièvres et ses folies, il retourne, en 1930, au journalisme. À *La Presse*, il reprend la série interrompue lors de son départ pour Paris des «Billets de Turc»; et avec le nom, il retrouve la formule, c'est-à-dire l'à-propos, la vivacité, l'élégance, l'ironie fine ou mordante. En même temps, il signe, en page financière, une chronique de Bourse qui résume et commente les faits saillants de l'heure. Enfin, l'année dernière, l'École des Hautes Études le nommait professeur agrégé de langue et de littérature françaises.

Les premiers résultats

Notes explicatives

Après les professeurs, les «disciples»! Vu le scepticisme qui régnait au début sur l'efficacité d'un «haut enseignement commercial» pour vraiment contribuer à corriger la situation d'infériorité économique dont se plaignaient les milieux canadiens-français, la promotion de l'École s'appliqua à illustrer son rôle en mettant de l'avant les meilleurs succès de ses premiers diplômés.

C'est ainsi que dans la collection du bulletin Les Nouvelles de l'École des Hautes Études Commerciales, *comme en parallèle au déploiement du professorat, Minville entreprit une sorte de palmarès des meilleurs succès auxquels étaient parvenus, après moins de vingt ans d'existence de l'École, certains de ses diplômés. Nous étions alors, au début de cette publication, à exactement vingt ans de la fondation de l'École. À quinze ans de la première promotion de diplômés (1913). Face à un nombre total de diplômés encore relativement très faible de 154, dont moins de la moitié (68) ont au moins dix ans d'expérience, l'École produit-elle ce qu'on en attend, c'est-à-dire des «chefs» d'entreprise?*

Lomer Gouin avait dit à l'Assemblée législative face aux critiques de l'opposition sur l'énorme dépense qu'engendrait l'École pour si peu d'étudiants: «Si l'École des Hautes Études Commerciales nous donnait un homme d'affaires par année, j'estimerais pleinement justifiées les dépenses encourues pour établir et soutenir l'École.» Minville entreprenait d'en exhiber un par mois.

Il n'est pas sans intérêt de retenir pour l'histoire les noms de ceux dont on estimait pouvoir être fier déjà, par rapport à l'objectif ambitieux entretenu à la fondation de l'École. Ils sont présentés ici dans l'ordre chronologique même où ils étaient choisis.

Des chefs![208]

Jamais la transformation de notre pays n'a été plus rapide.
Houille blanche, forêts, mines, agriculture, politique commerciale font surgir de partout les industries nouvelles et, avec
celles-ci, des centres nouveaux, des villes complètes. Les industries plus anciennes se groupent, se fusionnent. La concentration paraît être la tendance générale. À côté des petites entreprises individuelles, de vastes organisations de production et de
vente. Le commerce lui-même se concentre. Les «multiples» ou
chaînes de magasins, les grands magasins, les maisons de commerce par correspondance ont un succès grandissant. L'agriculture elle-même s'organise pour la vente de ses produits; le
mouvement coopératif est en train de couvrir le pays tout entier.

Or, toutes ces entreprises anciennes et nouvelles, industries, organismes commerciaux, grandes administrations de
banque, d'assurances et de fiducie, municipalités progressives,
etc., réclament des chefs, c'est-à-dire des hommes énergiques,
doués d'un esprit clair et méthodique, capables de concevoir
largement au besoin, d'intelligence assez déliée et aiguisée pour
apprécier une proposition nouvelle, mais trop réfléchis et pon-
dérés pour céder à un emballement irraisonné ou à un fol en-

---

208. *Les Nouvelles, etc., op. cit.*, vol. 2, n° 2, septembre 1928, p. 3.

thousiasme. Enfin, des hommes entreprenants, avertis des possibilités de création qui s'offrent tous les jours chez nous et dans tous les domaines.

Ce sont ces hommes-là qu'il nous faudra demain, qu'il nous faut dès aujourd'hui. Et tout cela suppose nécessairement une formation, un mûrissement antérieur de l'esprit que seules des études prolongées peuvent donner.

Voilà à quoi, depuis dix-huit ans déjà, travaille l'École des Hautes Études Commerciales. Sans doute ses licenciés — ils sont environ cent soixante — n'ont pas la suffisance d'ambitionner au sortir de l'École la direction des plus grandes affaires; mais ils y aspirent légitimement, car ils ont tout ce qu'il faut pour y atteindre, ils ont en eux l'étoffe dont on fait les chefs.

[...][209].

On a demandé des chiffres et des faits, concernant les diplômés de l'École des Hautes Études Commerciales. Nous sommes fort disposés à en donner.

Depuis quinze ans qu'elle existe, l'École des Hautes Études a formé cent cinquante licenciés. Nous ne parlons pas ici des centaines de jeunes gens qui ont suivi les cours du jour durant une année ou deux et qui, bien que ne s'étant pas rendus à la licence, ont néanmoins bénéficié de leur stage scolaire, non plus que des centaines, nous devrions peut-être dire des milliers, de jeunes hommes et de jeunes filles qui ont suivi les cours du soir, non plus enfin des quelque cinq cents élèves inscrits aux cours par correspondance. Il est évident que l'action d'une institution d'enseignement ne se mesure pas uniquement au nombre de ses diplômés. L'École étant relativement jeune, ses diplômés en sont encore aux tout premiers débuts de leur carrière: les trois quarts d'entre eux ont trente ans et moins. Ce sont des hommes de l'avenir. Cependant, la plupart, pour ne pas dire tous, occupent déjà des situations fort intéressantes, eu égard à leur âge et donc à leur expérience pratique des affaires. On les rencontre dans tous les domaines. Dans le commerce, la finance et l'industrie: chefs d'entreprise, présidents ou secrétaires de maison

---

209. *Les Nouvelles, etc., op. cit.*, vol. 1, n° 2, 1927, p. 3.

d'affaires, chefs de service, comptables, vendeurs, courtiers en assurances, en douanes, en placements, publicistes; dans le journalisme: chroniqueurs et rédacteurs financiers; dans l'administration publique et les œuvres sociales; dans l'enseignement: instituteurs ou professeurs de l'enseignement moyen et universitaire. Voilà sans doute des carrières bien diverses; mais cela prouve une chose: c'est que le diplômé de notre grande école de commerce a plus d'une corde à son arc. Est-ce un si grand désavantage dans la vie? Sa formation professionnelle s'appuie sur une solide culture générale. En sortant de l'École, il consulte ses goûts et ses aptitudes — que l'étude d'ailleurs lui a révélés — et se spécialise. Il devient alors comptable, publiciste, courtier, vendeur, etc.

Pour bien montrer ce que deviennent les anciens élèves de l'École, nous réserverons une colonne dans laquelle, à partir de la présente livraison, nous publierons une notice biographique très sommaire de l'un d'eux. Cela, croyons-nous, éclairera bien des gens, fixera les idées d'un grand nombre sur la valeur du haut enseignement commercial donné à l'École des Hautes Études.

Marcel Langlois[210]
Président de la maison Gunn-Langlois Limitée

M. Marcel Langlois est âgé de trente-deux ans.

Inscrit en 1911 à l'École, il obtenait en 1914 le titre de licencié en sciences commerciales. Il appartient donc à la deuxième promotion de l'École.

Fils de l'un des fondateurs de la maison Gunn-Langlois, c'est dans cette maison qu'il a fait son apprentissage des affaires.

En 1924, il succédait à son père à la présidence de la maison.

La maison Gunn-Langlois Limitée a été fondée en 1881 et constituée en société à capital-actions en 1901.

Elle fait le commerce des produits de la ferme: beurre, œufs, fromages, volailles, etc., en gros.

Son chiffre d'affaires annuel s'établit à environ 6 000 000 $.

Elle vend dans toutes les parties du pays et fait un chiffre considérable d'exportation.

---

210. *Les Nouvelles, etc., op. cit.*, vol. 1, n° 2, 1927, p. 3.

Louis-C. Parenteau[211]
Secrétaire-trésorier de la Regent Knitting Mills Limited

M. Louis-C. Parenteau a trente-quatre ans.

Inscrit à l'École en 1912, il obtenait sa licence en sciences commerciales en 1915. Il appartient donc à la troisième promotion de l'École.

Ses études terminées, il fit un stage au bureau de Geo. T. Touche & Co., comptables-vérificateurs. En 1919, ayant subi les examens réglementaires, il obtenait son diplôme d'expert-comptable.

Il entrait ensuite au service de M. Georges Gonthier (aujourd'hui auditeur général du Canada) en qualité de chef du bureau, et organisait, en 1922, un bureau de comptables-vérificateurs. Enfin, en 1925, il acceptait le poste de secrétaire-trésorier de la Regent Knitting Mills Limited.

La Regent Knitting Mills Limited, société à capital-actions, a été fondée en 1913.

Elle fabrique des lainages: tricots, tissus, etc. Son principal établissement est situé à Saint-Jérôme.

En 1926, son chiffre d'affaires dépassait 2 000 000 $.

Elle vend dans toutes les parties du pays et exporte à Terre-Neuve et en Nouvelle-Zélande.

---

211. *Op. cit.*, vol. 1, n⁰ 3, 1927, p. 3.

Jean-J. Penverne[212]
de l'étude légale Calder-Penverne-Duckett

M. Jean-J. Penverne est âgé de trente-trois ans.

Inscrit à l'École dès 1910, il obtenait sa licence en 1913. Il appartient donc à la première promotion de l'École.

Aussitôt ses études commerciales terminées, il s'inscrivit à la Faculté de droit de l'Université McGill.

Français d'origine, il fit la guerre de 1914 à 1918. À son retour, il décrocha, à McGill, le titre de B.C.L. (*Bachelor Civil Law*).

Après avoir travaillé durant un an et demi pour la Commission d'arbitrage du Grand-Tronc, il devint chef du contentieux de la London & Lancashire Insurance Co., poste qu'il occupa durant deux ans.

Il remplit ensuite la charge de surintendant du service de l'assurance sur les automobiles et de gérant du service de l'assurance-accident à la Royal Insurance Co., une des plus puissantes sociétés d'assurances du Canada.

Il est maintenant [1927] avocat, membre de l'étude légale Calder-Penverne-Duckett.

---

212. *Op. cit.*, vol. 1, n° 4, 1927, p. 3.

J.-Zénon Labelle[213]
Secrétaire-trésorier du Crédit-Canada Limitée

M. J.-Zénon Labelle est âgé de trente-trois ans.

Ses études classiques terminées, il s'inscrivit à l'École.

En 1918, il obtenait sa licence en sciences comptables et était admis dans l'Association des comptables agréés de la province de Québec (*Chartered Accountants*).

Il entrait la même année au service de la société Riddell-Stead-Graham & Hutcheson, comptables-vérificateurs (*Chartered Accountants*).

En 1921, il organisait, à son compte, un bureau de comptable-vérificateur.

Entré, en 1924, au service du Crédit-Canada Limitée, banquiers en valeurs de placements, il occupe [en 1927] le poste de secrétaire-trésorier de la maison.

Le Crédit-Canada Limitée s'est signalé, en ces dernières années, par l'organisation de plusieurs entreprises industrielles de premier plan, parmi lesquelles il convient de signaler la fusion des sociétés d'amiante.

---

213. *Op. cit.*, vol. 1, n° 5, 1927, p. 3.

Émile Barrière[214]
Directeur à Berlin, Allemagne, du *New York Times*, G.m.b. H.

M. Émile Barrière est âgé de trente-deux ans.

Inscrit à l'École en 1911, il obtenait sa licence en sciences commerciales en 1914. Il appartient donc à la deuxième promotion de l'École.

Après un stage de quelques mois, en qualité de comptable, chez Daoust-Lalonde et Cie Limitée, fabricants de chaussures de Montréal, il s'embarqua pour la France en 1915 [et] entra à l'emploi de la maison Prud'homme Frères, drapiers. Huit mois plus tard, l'Agence Parisienne Rol (photographies pour la presse illustrée) l'envoyait à New York, comme son représentant pour les États-Unis. En 1917, il retournait en France, chargé par la maison Hearst de recueillir des films cinématographiques et des photographies d'actualité concernant la guerre et les événements politiques de l'époque.

Revenu au Canada, en 1919, il fondait le Dominion Film Service de Montréal pour la photographie et l'exploitation de films canadiens.

Au mois d'avril 1923, le *New York Times* l'envoyait organiser et diriger en France le service technique de sa nouvelle agence photographique européenne. Il occupa ce poste jusqu'en janvier 1927, alors qu'il fut envoyé à Berlin, Allemagne, en qualité de directeur du *New York Times* G.m.b.H. (*New York Times* et Compagnie Limitée), entreprise qui groupe les services suivants: le Wide World Photos (service photographique international du *New York Times*), le Mid Week Pictorial, le Sunday Picture Section, la circulation et les annonces.

---

214. *Op. cit.*, vol. 1, n° 6, 1927, p. 3.

Albert Clermont[215]
Négociant en bois

M. Albert Clermont est âgé de trente-quatre ans.

Entré, en 1909, en qualité de comptable, au service d'un négociant en bois, il devenait, deux ans plus tard, gérant de l'entreprise.

Il quitta cet emploi en 1915 et s'inscrivit à l'École. [Il] obtint sa licence en sciences commerciales en 1918. Il appartient donc à la sixième promotion de l'École.

Ses études terminées, il s'occupa, durant quatre années, de comptabilité et vérification.

En 1922, il retourna au commerce du bois pour son propre compte, fondant la Pointe-Claire Lumber Co.

Au commerce du bois, il ajoutait, le 1er juin [1927], celui du charbon, achetant une entreprise concurrente.

---

215. *Op. cit.*, vol. 1, n° 7, 1927, p. 3.

P.-Herménégilde Huot, C.A.[216]
Comptable en chef de la Anglo-Canadian Pulp & Paper Mills Limited

M. P.-Herménégilde Huot est âgé de vingt-huit ans.

Inscrit à l'École, il obtint sa licence en sciences commerciales en 1918. Il appartient donc à la sixième promotion de l'École.

Ses études terminées, il entra à l'emploi de la Compagnie de Papier Rolland Limitée, service de la comptabilité.

En 1920, il passait à l'emploi de la Laurentide Paper Co., bureau principal, à Grand-Mère; là encore en qualité de comptable.

[Il] quitta cet emploi pour s'occuper de comptabilité publique et devenir professeur à l'École.

[Il] obtint sa licence en sciences comptables (C.A.) en 1925 et fit partie, à titre d'associé, d'un bureau de comptables vérificateurs.

nfin, en février 1927, il abandonnait sa charge de professeur pour accepter le poste de chef du service de la comptabilité de la Anglo-Canadian Pulp & Paper Mills Limited, à Québec.

---

216. *Op. cit.*, vol. 1, n⁰ 8, 1927, p. 3.

Léon Côté, C.A.[217]
du bureau de comptables-vérificateurs, Morin, Barry, Côté & Marceau, de Québec
Professeur à l'Université Laval

M. Léon Côté est âgé de vingt-huit ans.

Inscrit à l'École, il obtint sa licence en sciences commerciales en 1919. Il appartient donc à la septième promotion de l'École.

Ses études terminées, [il] entra, en qualité de stagiaire, au bureau de L.-A. Caron, L.I.C.

[Il] obtint sa licence en sciences comptables et fut admis dans l'Association des comptables agréés en 1921.

[Il] organisa le bureau de comptables-vérificateurs Morin, Barry, Côté & Marceau de Québec.

---

217. *Op. cit.*, vol. 1, n° 9, 1927, p. 3.

Georges Masson[218]
Comptable licencié, C.A.

M. Georges Masson est âgé de trente-deux ans.

Inscrit à l'École, il obtint sa licence en sciences commerciales en 1915. Il appartient donc à la troisième promotion de l'École.

Ses études terminées, [il] s'engagea comme comptable chez Lagacé & Lepinay, fabricants de chaussures de Québec, poste qu'il occupa durant trois ans.

Après une année de service dans l'armée canadienne, [il] retourna à l'industrie de la chaussure, en qualité de chef de bureau, chez The Wm. A. Marsh Co. Limited, Québec.

[Il] obtint sa licence en sciences comptables et fut admis dans l'Association des comptables agréés en 1926.

[Il] remplit aujourd'hui [1928] la charge de chef de la comptabilité de la Compagnie de Pouvoir du Bas-Saint-Laurent, à Rimouski.

M. Masson est aussi vice-président de la Compagnie Électrique de Cabano Limitée, de The Lower St. Lawrence Construction Company et administrateur de The Quebec Telephone & Public Service Securities Corporation.

---

218. *Op. cit.*, vol. 1, n° 10, 1928, p. 3.

Armand Viau[219]
Secrétaire-trésorier de la Commission du port de Chicoutimi

M. Armand Viau est âgé de vingt-sept ans.

[Il s']inscrit à l'École en 1916. Après deux ans d'études, [il] accepte une situation de comptable chez Lovell & Christmas, à Montréal. Revenu à l'École en 1919, [il] obtint sa licence en sciences commerciales en 1920. Il appartient donc à la huitième promotion de l'École.

Ses études terminées, [il] prit de l'emploi, en qualité de comptable et de gérant, chez J. E. McComber Limited; situation qu'il quitta pour entreprendre un voyage d'études en Europe.

De retour au Canada, en 1922, [il] devint secrétaire particulier de l'honorable Geo.-A. Simard, conseiller législatif, alors président de la Commission des liqueurs de la province de Québec. Au printemps de 1923, [il] fut envoyé au bureau de la Commission, à Paris, pour participer à l'organisation de son service de renseignements.

[Il] revint au pays en 1924, pour repartir aussitôt pour la France en qualité de boursier-stagiaire commercial du gouvernement de la province.

En septembre 1925, M. Viau entra au service de l'Aluminum Company of Canada Limited, en qualité d'assistant-surintendant. Il remplissait en même temps les fonctions de secrétaire-trésorier de la municipalité d'Arvida.

Depuis janvier 1927, il est secrétaire-trésorier de la Commission du port de Chicoutimi.

---

219. *Op. cit.*, vol. 2, n° 1, 1928, p. 3.

Marcel-G. Lalonde[220]

Représentant à Montréal de la Tétrault Shœ Mfg Co. Limited

M. Marcel-G. Lalonde est âgé de vingt-neuf ans.

Inscrit à l'École en 1916, il obtint sa licence en sciences commerciales en 1919. Il appartient donc à la septième promotion de l'École.

Durant trois années, [il] agit comme assistant-organisateur de la Chevrolet Motors Co. (General Motors Co. of Canada) pour la province de Québec.

Depuis six ans, [il] est représentant, à Montréal, de la Tétrault Shœ Mfg Co. Limited.

---

220. *Op. cit.*, vol. 2, n° 2, 1928, p. 3.

J.-F. Soucy[221]
Gérant de F.-Flo. Soucy, fabricant de pâte de bois

M. J.-F. Soucy est âgé de trente-trois ans.

Inscrit à l'École en 1912, il obtint sa licence en sciences commerciales en 1915.

Ses études terminées, [il] retourna dans le «Bas-Québec» et s'associa à son père, F.-Flo. Soucy, fabricant de pâte de bois, à Vieux-Chemin-du-Lac dans le comté de Témiscouata.

[Il] est aujourd'hui [1928] gérant de l'entreprise. Une partie des propriétés lui appartient.

La fabrique de pâte de bois F.-Flo. Soucy possède une installation complète et indépendante. Elle est en exploitation, à plein rendement, et promet pour l'avenir.

---

221. *Op. cit.*, vol. 2, n° 3, 1928, p. 3.

Émile Lanthier[222]

Principal, école Champlain, Montréal

M. Émile Lanthier est né en 1888.

[Il] étudia à l'École normale Jacques-Cartier, où il obtint, en 1907, son diplôme académique.

[Il] enseigna ensuite au Saint-Michael Institute, de Winooski, Vermont.

Inscrit à l'École dès l'ouverture, en 1910, il obtint sa licence en sciences commerciales en 1913.

Il appartient donc à la première promotion de l'École.

Ses études terminées, il retourna à l'enseignement.

En 1917, la Commission des écoles catholiques de Montréal, district centre, le nommait principal de l'école Champlain, où il enseignait depuis deux ans — poste qu'il occupe encore.

---

222. *Op. cit.*, vol. 2, n° 4, 1928, p. 3.

Louis Trottier, C.P.A.[223]
Secrétaire-trésorier du Trust Général du Canada

M. Louis Trottier est âgé de trente ans.

Inscrit à l'École en 1919, il obtint sa licence en sciences commerciales en 1922. Il appartient donc à la dixième promotion de l'École.

Ses études terminées, [il] entra, en qualité de comptable, chez J.-J. Archambault, marchand de meubles, à Montréal.

Au commencement de 1923, [il] entra au service du gouvernement fédéral, division de l'Impôt sur le revenu, en qualité de comptable-vérificateur.

Il occupa ce poste jusqu'en octobre 1927, alors qu'il fut nommé secrétaire-trésorier de Bonin-Wilson Ltd, J.-M. Wilson Inc.

Enfin, le 1er janvier 1928, il acceptait le poste de comptable en chef du Trust Général du Canada, société de fiducie au capital de 2 000 000 $ dont, le 15 mai 1928, il devint secrétaire-trésorier.

Depuis février 1927, M. Trottier est chargé d'un cours de comptabilité, le soir, à l'École des Hautes Études. [Il] est membre de la Corporation des comptables publics de la province de Québec (C.P.A.) ainsi que de la Canadian Society of Cost Accountants.

---

223. *Op. cit.*, vol. 2, n° 5, 1928, p. 3.

Rosario Gaudry[224]
Gérant général du Crédit Canadien Incorporé

M. Rosario Gaudry est âgé de trente ans.

Inscrit à l'École en 1919, il obtint sa licence en sciences commerciales avec grande distinction en mai 1922. Il fait donc partie de la dixième promotion de l'École.

Ses études terminées, il entra immédiatement au Board of Trade de Montréal comme préposé à la statistique.

Le 13 janvier 1923, il devint secrétaire privé de Sir Lomer Gouin, K. C. M. G., alors ministre de la Justice dans le cabinet King. Temporairement secrétaire du sénateur Dandurand, ministre intérimaire de la Justice, il reprit son poste auprès de Sir Lomer Gouin et le garda jusqu'en mars 1927.

À cette date, il fut nommé gérant général du Crédit Canadien Incorporé, banquiers en valeurs.

---

224. *Op. cit.*, vol. 2, n° 6, 1928, p. 3.

Gérard Parizeau[225]
Directeur du service français chez Irish & Maulson Limited, courtiers en assurances

M. Gérard Parizeau est âgé de vingt-neuf ans.

Inscrit à l'École en 1917, il obtint sa licence en sciences commerciales avec la plus grande distinction en 1920. Il appartient donc à la huitième promotion de l'École.

Ses études terminées, [il] devint secrétaire particulier de Sir Lomer Gouin, poste qu'il occupa durant deux ans.

Choisi, en 1922, comme secrétaire de la délégation canadienne à la Conférence internationale de Gênes et à celle de La Haye, il est, en 1923, stagiaire au ministère du Commerce.

[Il] accepta, en 1925, le poste de directeur du service français de la maison Irish & Maulson Limited, courtiers en assurances.

Professeur à l'École des Hautes Études Commerciales depuis trois ans, chargé particulièrement du cours d'assurance.

Avec un groupe d'anciens élèves de l'École des Hautes Études, il fondait en 1925, L'*Actualité économique*, revue mensuelle.

---

225. *Op. cit.*, vol. 2, n° 7, 1928, p. 3.

Valmore Gratton[226]
Gérant, Société de placements du Canada, courtiers en valeurs

M. Valmore Gratton a atteint sa trente-huitième année.

Inscrit en 1918 à l'École, il obtint sa licence en sciences commerciales en 1921. Il appartient donc à la neuvième promotion de l'École.

Il suivit ensuite des cours de statistique pratique à Washington, New York et Boston.

De retour au pays, il accepta le poste de directeur adjoint de l'Office provincial de la statistique et de rédacteur de l'*Annuaire statistique* [du Québec].

En 1925, il entra à l'emploi de la Montreal Light Heat & Power, en qualité de publiciste et de statisticien.

Enfin, il y a quelques mois, il était nommé gérant de la Société de placements du Canada, courtiers en valeurs.

M. Gratton fait aussi partie du personnel de rédaction de *La Presse*, à titre de statisticien; il est membre du comité de rédaction de L'*Actualité économique*, cofondateur et directeur de la Société des conférences, et secrétaire de l'Association des licenciés de l'École des Hautes Études Commerciales.

---

226. *Op. cit.*, vol. 2, nº 8, 1928, p. 2.

René Germain[227]
Administrateur, Société Générale de Finance

M. René Germain [est âgé de trente et un ans].

Inscrit à l'École en 1912, il obtint sa licence en sciences commerciales en 1915. Il appartient donc à la troisième promotion de l'École.

Entré à l'emploi de L.-G. Beaubien & Cie, agents de change, en 1916, il y demeura jusqu'en 1924.

[Il] s'occupa ensuite du commerce des obligations.

[Il] fonda en 1926, avec MM. J.-E. Lajoie, M. Marcotte et L. Lacoste, la Société Générale de Finance, courtiers de valeurs, dont il est un des administrateurs.

227. *Op. cit.*, vol. 2, n° 9, 1928, p. 2.

L.-Roland Philie[228]
Secrétaire-trésorier de la Biscuiterie David & Frère Limitée

M. L.-Roland Philie est âgé de vingt-cinq ans.

Inscrit en 1917 à l'École, il obtint sa licence en sciences commerciales en 1921. Il appartient donc à la neuvième promotion de l'École.

Ses études terminées, [il] entre à l'emploi de la E.T. Corset Mfg Co., de Saint-Hyacinthe.

En 1922, il passe aux services de René-T. Leclerc Inc., banquiers en obligations. Il devient après quelque temps directeur du service de la comptabilité.

En mars 1927, au moment de la fondation de la société Leclerc, Forget & Cie, courtiers de valeurs, il organise la comptabilité de cette maison et devient bientôt chef du personnel.

Enfin, en juin 1928, il est nommé secrétaire-trésorier de la biscuiterie et confiserie David & Frère Limitée.

228. *Op. cit.*, vol. 2, n° 10, 1929, p. 2.

Anatole Désy[229]
Chef du service français du placement par la poste chez Nesbitt, Thomson & Co. Limited, banquiers en valeurs

M. Anatole Désy est âgé de trente et un ans.

Inscrit à l'École en 1918, il obtient sa licence en sciences commerciales en 1921. [Il appartient donc à la] neuvième promotion de l'École.

Puis il alla poursuivre ses études à Paris: deux années à l'École des sciences politiques (section des finances privées) dont il est diplômé, et une année à la Sorbonne, où il suivit un cours de perfectionnement, spécialement en géographie.

De retour au pays, il entra, en juillet 1924, à l'emploi de la maison René-T. Leclerc Inc., banquiers en valeurs; après un stage dans les divers services, il devint membre du conseil d'administration et secrétaire de la maison.

Depuis [1928], il est chef du service français du placement par la poste de la maison Nesbitt, Thomson & Co.

---

229. *Op. cit.*, vol. 3, n° 1, 1929, p. 2.

Napoléon Delorme[230]
Courtier d'assurances

M. Napoléon Delorme est âgé de trente-deux ans.

Inscrit à l'École [en 1917], il obtient sa licence en sciences commerciales en 1920. Il appartient donc à la huitième promotion de l'École.

Aussitôt ses études terminées, il entre à l'emploi de la maison d'importation J.-J. Eddé.

En 1921, il passe aux services de la Lacroix Insurance Limited et de la Anglo Insurance Limited, courtiers d'assurances.

En 1923, il ouvre un bureau de courtiers à son compte, sous la raison sociale Delorme & Cie et, en 1926, il forme la société Tremblay-Delorme & Cie, courtiers d'assurances.

Il est président de la General Agencies Limited, courtiers d'assurances générales.

---

230. *Op. cit.*, vol. 3, n° 2, 1929, p. 2.

Jean Valiquette[231]
Comptable-vérificateur

M. Jean Valiquette est âgé de vingt-six ans.

Inscrit en 1920 à l'École, il obtient sa licence en sciences commerciales en 1924. [Il appartient donc à la] douzième promotion de l'École.

Ses études terminées, il entre à l'emploi de McDonald, Currie & Co., comptables-vérificateurs.

En janvier 1927, il obtient sa licence en sciences comptables, et est admis dans l'Association des comptables agréés de la province de Québec et dans l'Institut des comptables et auditeurs de la province de Québec.

Un an plus tard, le 1er janvier 1928, il s'associe à L.-E. Potvin & Cie, comptables-vérificateurs. En avril 1928, M. Potvin s'étant retiré, il forme la société Anderson et Valiquette, comptables-vérificateurs.

M. Valiquette est aussi membre de la Société des comptables de prix de revient.

---

231. *Op. cit.*, vol. 2, n° 3, 1929, p. 2.

Ant.-Hubert Rocheleau[232]
Comptable de la Montreal Terra Cotta Limited

M. Ant.-Hubert Rocheleau [est âgé de trente-cinq ans].

Inscrit à l'École en 1912, [il est] licencié en sciences commerciales en 1915. [Il appartient donc à la] troisième promotion de l'École.

[Il] entre d'abord à l'emploi de la maison L.-G. Beaubien & Cie, banquiers en valeurs. [Il] devient, un an plus tard, comptable de la Montreal Terra Cotta Co. Ltd, situation qu'il occupe encore.

En 1921, il est nommé secrétaire-trésorier de la St. Hubert Electric Light Company, charge qu'il conserva jusqu'à la cession de cette entreprise à la Shawinigan Water & Power.

Président du Northern Garage Limited, à Montréal. Membre de plusieurs fraternités catholiques. Associé du South Shore Board of Trade.

---

232. *Op. cit.*, vol. 3, n° 4, 1929, p. 2.

C.-René Dufresne, C.A.[233]
du bureau Lortie-Dufresne & Cie, comptables-vérificateurs

M. C.-René Dufresne est âgé de trente ans.

Entré à l'École en 1917, [il] obtient sa licence en sciences commerciales en 1920. [Il appartient donc à la] huitième promotion de l'École.

De 1920 à 1922, [il] fait un stage au bureau de feu L.-A. Caron, comptable licencié (L.I.C.).

En avril 1922, [il] forme la société Lortie, Gauthier & Dufresne, comptables-vérificateurs.

En 1927, M. Gauthier se retire et MM. Dufresne et Lortie forment la société Lortie, Dufresne & Cie.

M. Dufresne fait partie de l'Association des comptables agréés de la province de Québec depuis mai 1929.

---

233. *Op. cit.*, vol. 3, n° 5, 1929, p. 2.

L'abbé René-Léo Langlois[234]
Procureur du Séminaire de Valleyfield

M. l'abbé René-Léo Langlois est né en 1891.

[Il] étudie d'abord au Séminaire de Valleyfield; [il est] ordonné le 10 octobre 1915.

[Il est] nommé professeur au Séminaire de Valleyfield, chargé des cours de mathématiques dans différentes classes du cours classique, et de matières commerciales dans la section commerciale de la même institution [et] promu subséquemment préfet des études au cours commercial.

Inscrit à l'École en 1924, il obtient sa licence spéciale d'enseignement en 1926.

Il appartient donc à la quatorzième promotion de l'École.

M. l'abbé Langlois a été le premier titulaire de cette licence spéciale.

De retour à Valleyfield, il devient procureur du Séminaire et professeur de géographie économique.

[Il] vient d'être chargé [1929] de la direction du cours scientifique de cette grande maison d'enseignement.

---

234. *Op. cit.*, vol. 3, n° 6, 1929, p. 3.

Joseph Delorme[235]
Représentant pour la province de Québec de la Anaconda American Brass Ltd

M. Joseph Delorme est né en 1899.

Inscrit à l'École [en 1919], il obtient sa licence en sciences commerciales en 1922. [Il appartient donc à la] dixième promotion de l'École.

Ses études terminées, il entre d'abord à l'emploi de la Brasserie Frontenac Limitée, puis de la Société d'Administration Générale (aujourd'hui, la Société d'Administration et de Fiducie).

Depuis le 1er janvier 1925, [il] est représentant canadien-français pour la province de Québec de la Anaconda American Brass Limited.

---

235. *Op. cit.*, vol. 3, n° 7, 1929, p. 2.

Rosario Messier[236]
Secrétaire général de l'Association des marchands détaillants du Canada

M. Rosario Messier est né en 1899.

Inscrit [en 1919] à l'École, il obtient sa licence en sciences commerciales en 1922. [Il appartient donc à la] dixième promotion de l'École.

De 1922 à 1924, il occupe le poste de secrétaire particulier du Dr E.-M. Desaulniers, commissaire de la Régie des alcools de la province de Québec.

Il passe de là à *La Presse* comme rédacteur financier, puis, en 1926, à l'emploi de la Coopérative Fédérée, en qualité de publiciste et de rédacteur du *Bulletin de la ferme*, poste qu'il occupe jusqu'en 1927.

Il prend la même année la direction de la publicité aux Éditions de L'Éclaireur et fonde, en 1928, en société avec M. J.-A. Fortin, *La Publicité canadienne*.

Il] devient directeur-administrateur d'un des journaux de commerce les plus importants et les plus répandus [du Québec]: *Le Détaillant*.

Secrétaire général de l'Association des marchands détaillants de la province de Québec en janvier 1930, il est nommé secrétaire général de l'Association des marchands détaillants du Canada, quelques mois plus tard.

---

236. *Op. cit.*, vol. 4, n°s 11-12, 1930-1931, p. 2.

Vitalien Chartrand[237]
Gérant général de la Biscuiterie Aetna Limitée

M. Vitalien Chartrand est né en 1897.

Inscrit à l'École en 1917, il obtient sa licence en sciences commerciales en 1920. [Il appartient donc à la] huitième promotion de l'École.

[Il] entre d'abord à l'emploi de J.-E. Simard & Cie, importateurs de thé, café et épices, en qualité de chef du bureau — situation qu'il occupe durant six ans.

[Il] s'occupe ensuite pour son propre compte, et durant quatre ans, du commerce des épices.

En janvier 1930, il est nommé gérant général de la Biscuiterie Aetna Limitée.

---

237. *Op. cit.*, vol. 5, n°s 1-2-3, 1931, p. 2.

Benoît Robillard[238]
Gérant du district est du réseau de téléphone Bell à Montréal

M. Benoît Robillard est né en 1901.

Inscrit [en 1919] à l'École, [il est] licencié en 1922. [Il] appartient donc à la dixième promotion de l'École.

[Il] fait un séjour de quelques mois aux États-Unis, à l'emploi d'une grande minoterie de Minneapolis.

De retour à Montréal, [il] entre au service de la Compagnie de téléphone Bell, le 2 janvier 1923.

[Il] occupe divers postes à Montréal, Lachine, Québec.

[Il est] nommé, le 22 septembre 1932, gérant du district en remplacement de M. L.-H. Choquette, décédé. Ce district renferme les secteurs téléphoniques Amherst, Cherrier, Frontenac, Falkirk, Clairval et Pointe-aux-Trembles.

---

238. *Op. cit.*, vol. 5, n°s 11-12, 1932-1933, p. 4.

Lucien Viau[239]
Adjoint du gérant du bureau de Montréal de la Banque Provinciale du Canada

M. Lucien Viau est âgé de trente-deux ans.

Inscrit à l'École en 1919, [il] obtient sa licence en sciences commerciales en 1922. Il appartient à la dixième promotion de l'École.

Il occupe successivement les postes de comptable à la Compagnie Gentin Limitée, de secrétaire particulier de M. Eugène Tarte, à la *Patrie*, de rédacteur de l'*Annuaire statistique* de la province de Québec, de préposé au crédit de la General Motors Acceptance Corporation, de Montréal, puis de la Webster Motors de Sherbrooke.

Entré en décembre 1931 à la Banque Provinciale en qualité d'adjoint du gérant du service des crédits à Montréal, il vient d'être promu au poste d'adjoint du gérant du bureau de Montréal.

---

239. *Op. cit.*, vol. 8, n⁰ˢ 3-4-5, 1934, p. 2.

Esdras Minville
Directeur de l'École
des Hautes Études Commerciales
(1938-1962)

Notes explicatives

Nous avons déjà fait remarquer que la réputation d'Esdras Minville, comme esprit de haute volée, était à ce point établie que, dans certains milieux, on avait peine à croire qu'il ait pu s'intéresser aux problèmes quotidiens des milieux d'affaires. Dans les milieux d'affaires, parallèlement, d'aucuns étaient aussi portés à trouver qu'un «sociologue», comme on disait de lui, n'était pas vraiment à sa place à la tête d'une institution comme l'École des Hautes Études Commerciales et qu'on ne pouvait guère s'attendre à ce qu'il comprît bien les problèmes entrepreneuriaux.

Or, on sait maintenant, de science certaine, qu'il aspirait à la direction de l'École. On en trouve la preuve dans une note manuscrite, dont on retracera peut-être la destination en faisant l'analyse de sa correspondance. Quoique non datée, cette note fut écrite en 1941, après le retour au pouvoir du Parti libéral, puisqu'elle fait état des démarches de M. Laureys — dont on a vu précédemment comment il dut quitter la direction de l'École — et des intrigues partisanes pour le remplacement de M. Minville et le retour de M. Laureys.

Depuis longtemps la rumeur voulait que M. L. fut mal vu dans les milieux oppositionnistes de 1936. On le considérait comme un politicien. [...]. Personne n'y attachait d'importance. Mais au mois de juillet 1936, j'appris de sa bouche même les sentiments que M. Duplessis entretenait à l'endroit de M. L. et la première occasion me fut ainsi fournie de défendre mon directeur. Le chef de l'U.N. m'avait convoqué pour m'offrir, en présence de l'état-major du Parti, la candidature dans un comté de mon choix. Je refusai. Un de ses lieutenants m'invita, séance tenante, à participer à la campagne électorale dans l'arrière-garde. Je refusai encore. Raison: je ne voulais pas être mêlé ni de près ni de loin à la politique de parti. Au cours de l'entrevue, la [conversation tourna] sur M. L. et je pus me rendre compte que M. D. était bien renseigné sur l'administration de l'École, beaucoup mieux que je ne l'étais moi-même[240] à l'époque. Je tentai des explications qui visaient à exonérer mon directeur mais qui, je dois l'avouer, manquèrent leur objet. Les accusations de politicaillerie [primaient] tout simplement.

Depuis quelques années déjà, je disais à qui voulait l'entendre qu'advenant le départ de M. Laureys je serais candidat à sa succession[241]. *[...]*. À partir de 1936, tout en continuant de réaffirmer mon intention, j'ajoutais cependant que, pour une part, je ne lèverais jamais le bout du petit doigt pour provoquer ce départ.

Ce désir de Minville de devenir directeur de l'École n'était pas associé à une simple ambition carriériste, si légitime qu'elle eût pu être. Comme le laissent presque entendre les remarques émanant des milieux sociaux (notamment de Claude Ryan à l'occasion du décès de M. Minville) ou des milieux d'affaires.

Or, Minville aux H.E.C. était comme en mission, par rapport aux trois objectifs majeurs de toute sa carrière. Le premier, dans l'ordre chronologique, celui qui fut à l'origine de sa motivation la plus profonde, était l'épanouissement complet de la collectivité canadienne-française comme peuple. Il avait la conviction que l'économie était devenue la pierre d'achoppement qu'il était urgent d'éliminer dans l'évolution de la culture nationale au Canada français. Cette conviction lui venait de la pensée de ses deux grandes inspirations: la pensée nationale de Lionel Groulx et les directives d'Édouard Montpetit sur les

---

240. À ce moment-là, M. Duplessis n'était pas premier ministre, mais seulement chef de l'opposition en instance d'élections.

241. Le souligné est de l'éditeur.

orientations nécessaires vers l'économique du nationalisme canadien-français. C'est à l'École des Hautes Études Commerciales que les hasards de la vie le mirent en contact avec les deux hommes; en même temps que lui était communiqué, par l'atmosphère même qui y régnait, l'esprit des fondateurs de l'École, qui en faisait l'instrument privilégié d'épanouissement économique des Canadiens-Français.

À partir de là intervenait, par le biais de la pensée catholique sur la propriété, l'importance de l'homme d'affaires dans nos sociétés contemporaines. Pour que cela fût avéré, il fallait cependant dépasser, dans cette pensée, la conception capitaliste libérale de l'économique. L'homme d'affaires devait s'élever vraiment à la dimension de son rôle, où le terre à terre commercial, financier ou technique ne devrait être qu'instrumental. S'employer à former des jeunes à la vie des affaires bien comprise était à ses yeux une contribution fondamentale et enthousiasmante à l'édification d'un ordre social chrétien, le seul qui lui paraissait susceptible de bien répondre à des aspirations vraiment humanistes. C'était le deuxième objectif qui lui faisait trouver passionnante la fonction de directeur des H.E.C.

Du même coup — et c'était le troisième objectif —, il fallait faire comprendre aux milieux sociaux, intellectuels ou spirituels des années trente que le monde économique moderne en gestation avancée ne devait plus être perçu au niveau du petit commerce d'autrefois. Et qu'il ne s'agissait plus de mépriser plus ou moins les grandes affaires comme n'étant qu'une manifestation de «l'appât du gain», mais en attendre et en exiger des réalisations appropriées à une fonction sociale devenue éminente. Quelle autre tribune que celle que lui offrait la direction des H.E.C. pouvait mieux lui permettre de contribuer à ce changement des mentalités au Canada français?

Ainsi, Minville, autant avant qu'après sa nomination au poste de directeur, a été très conscient de la valeur de l'institution à laquelle il collaborait et qu'il a ensuite prise en main. Loin de s'y contenter d'un rôle purement administratif ou fonctionnel, au sens étroit du mot, il s'est minutieusement appliqué à explorer en profondeur la réalité et la signification du monde des affaires, à convaincre les hommes d'affaires de sa vision et à former dans cet esprit de futurs hommes d'affaires. Il a scruté les données du problème jusque dans les détails les plus concrets avec le double souci de concevoir un enseignement qui réponde aux besoins les plus immédiats du milieu des affaires, mais aussi dans un éclairage approprié à la haute mission sociale qu'à ses yeux cette fonction revêtait.

Le présent volume même témoigne déjà de l'énorme quantité de travail qu'il a accompli pour atteindre cet objectif. Mais il nous a lui-même confirmé cette réalité dans un rapport qu'il soumettait, dans les années cinquante, au groupe de personnes qui travaillaient à la préparation de la loi de 1957, loi visant à constituer l'École en «corporation» afin qu'elle puisse jouir de l'autonomie estimée nécessaire à son bon fonctionnement.

Pour en arriver à déterminer les structures [de l'École], nous avons dû entreprendre l'étude systématique du complexe professionnel des affaires et des exigences intellectuelles et morales des diverses fonctions qui s'y rencontrent. J'ai fait moi-même cette étude. De mes recherches, lectures, observations, échanges de vues avec des hommes d'affaires, avec des éducateurs, des psychologues, sont sortis divers articles et conférences qui finalement ont pris corps dans un volume *L'Homme d'affaires* et une brochure complémentaire *Le Chef d'entreprise*. Ces ouvrages ont été rédigés pour les jeunes gens des collèges qui, arrivés à l'âge du choix d'une carrière, sont tentés [d'aller] dans les affaires. Je crois que l'École des Hautes Études Commerciales est de toutes les écoles supérieures [du Québec] celle qui a fait le plus grand effort pour expliciter ses vues professionnelles et permettre aux jeunes gens que les carrières des affaires attirent de choisir en connaissance de cause. Partant de là nous avons réadapté nos structures. Selon le niveau intellectuel des deux grandes classes de fonctions qui s'exercent en étroite collaboration les uns avec les autres dans les affaires.

Or, au moment où se pose la question de la direction de l'École, en 1936, il y a déjà à l'intérieur, comme je l'ai exposé dans le numéro spécial de L'Action nationale[242] *consacré à Minville à l'occasion de son décès, un conflit de pensée entre un groupe de professeurs, dont Minville était sans doute la tête, et*

---

242. Juin 1976.

le directeur Laureys, sur l'orientation à donner à l'enseigne-
ment de l'École.

Celui-ci, européen, économiste de pensée libérale selon
les canons de l'époque, était au surplus spécialiste des ques-
tions de relations économiques internationales. Sa nomination
au poste de directeur avait correspondu à une certaine tendance
de ce côté chez certains de ceux qui avaient propagé l'idée de
fonder une école de hautes études commerciales au Québec. En
1904, Honoré Gervais, député à Ottawa, avocat membre du
bureau de Sir Lomer Gouin, avait prononcé un discours aux
Communes en ce sens. L'occasion s'était présentée lors de la
proposition d'une nouvelle politique canadienne de création de
consulats proprement canadiens à l'étranger[243]*. Et Honoré*
Gervais avait insisté sur l'idée que s'ouvriraient là des carriè-
res très intéressantes pour la jeunesse canadienne-française,
emplois pour lesquels elle n'était pas du tout préparée.

Dans cette ligne de pensée et pour ces fins spéciales, le
premier programme de l'École comprenait beaucoup de cours
préparant à ce type d'emplois: histoire du commerce (30 heu-
res), géographie commerciale et industrielle (270 heures), poli-
tique commerciale des principaux États (30 heures), étude des
produits commerçables (180 heures), droit maritime (30 heu-
res), droit des gens (15 heures), législation consulaire comparée
(15 heures), régime comparé des ports (15 heures), législation
douanière comparée (15 heures), exploitation commerciale du
navire (30 heures), construction et armements maritimes
(30 heures), étude des moyens de communication et de transport
(30 heures), enseignement des langues (français et anglais obli-
gatoires; allemand, italien et espagnol, facultatifs). Ce pro-
gramme fut révisé à partir de 1916, dans le but justement de
réduire à des proportions mieux équilibrées, quoique encore
bien marquées, les enseignements relatifs au commerce exté-
rieur. Mais l'esprit était resté, qui correspondait à la pensée du

---

243. À l'époque, le Canada, toujours colonie de l'Angleterre, réglait les problèmes de
cet ordre par l'intermédiaire des consulats britanniques.

nouveau directeur, Laureys[244]*: celle d'un pays, le Canada, vu à travers le Québec comme étant une puissance maritime, donc destinée à rayonner dans le monde entier par une activité exportatrice intense vers laquelle il s'imposait tout particulièrement d'orienter nos futurs hommes d'affaires.*

Surtout depuis 1927, à la suite de son article «Agir pour vivre»[245]*, Minville voyait tout autrement l'orientation qu'il convenait de donner à l'enseignement de l'École. Avant le commerce d'exportation, dont il ne contestait pas l'importance bien sûr, mais qui de toute façon portait surtout alors pour le Québec comme pour le Canada sur les matières premières, il fallait d'abord promouvoir le développement fondamental du Québec par les Canadiens-Français, selon l'optique et les objectifs mêmes des fondateurs de l'École. Pour Minville, en somme, le Québec n'en était pas rendu au point où l'exportation devait constituer le point d'impact d'une orientation de la pensée économique. En ce sens, il y avait dans l'École un sentiment que le directorat de M. Laureys, qui durait depuis près de vingt ans, appelait du renouvellement.*

Nous l'avons assez vu dans les sept premiers volumes de la présente série (section La vie économique*), Minville n'avait aucune tendance vers le socialisme de l'époque. Il croyait sans réserve à l'efficacité du régime de la propriété privée, donc à la nécessité de l'homme d'affaires comme pivot et promoteur du développement économique d'un pays, à condition qu'il accepte de s'insérer dans un régime économique où le libéralisme économique ne serait pas la norme régulatrice.*

Peut-être ne s'en est-il jamais aussi clairement expliqué, à la fois sur le plan de l'efficacité et sur celui de la légitimité, que dans une allocution prononcée à Paris, à l'occasion du soixante-quinzième anniversaire de l'École des Hautes Études Commerciales de Paris, où il représentait à la fois les H.E.C. de Montréal et le recteur de l'Université de Montréal. Après les hommages et les salutations d'usage, il déclarait:

---

244. La modification du programme s'était faite à la suite du départ du premier directeur, Auguste-J. de Bray.

245. *Cf.* vol. 1 de la présente collection.

Pour l'instant, je voudrais simplement, comme Canadien français, mêlé depuis bientôt trente-cinq ans à l'enseignement commercial supérieur et en relations habituelles avec le monde des affaires, exprimer ma grande satisfaction de ce qu'un congrès comme celui-ci, consacré à l'homme d'affaires et à sa formation, ait été convoqué, et de ce que l'initiative en ait été prise par la France.

Un peu partout dans le monde, mais surtout il va sans dire dans les pays industrialisés ou en voie d'expansion économique, on prend une sorte de conscience aiguë du rôle éminent de l'homme d'affaires dans la société moderne, et de l'effort à fournir pour lui assurer de mieux en mieux la haute formation intellectuelle, morale et humaine qu'exige de plus en plus l'exercice de ses fonctions. [...].

Si la formation de l'homme d'affaires en tant que type professionnel, c'est-à-dire en tant que maître des disciplines économiques et des grandes techniques en usage dans l'industrie, le commerce et la finance, est en soi une œuvre pédagogique hérissée de nombreuses difficultés, sa formation comme chef SOCIAL GARDIEN DE L'ENTREPRISE LIBRE ET RESPONSABLE DE L'UNE DES PLUS IMPORTANTES FONCTIONS DE LA VIE COMMUNE est plus difficile encore et plus urgente. CAR L'ORDRE ET LE FONCTIONNEMENT HARMONIEUX DE LA SOCIÉTÉ EN DÉPENDENT[246]. Il n'est probablement pas de branche de l'enseignement supérieur où le problème grave de la maîtrise technique et de la spécialisation professionnelle dans leurs rapports avec la culture générale et la formation humaine, se pose à la fois avec plus d'ampleur et plus d'acuité.

Et c'est précisément parce qu'il en est ainsi que je me réjouis pour ma part de ce que l'initiative d'un congrès comme celui-ci ait été prise en France, à l'occasion d'un événement comme le soixante-quinzième anniversaire de l'École des H.E.C. Car je suis de ceux qui pensent — et il m'est souvent arrivé de le dire à des Français qui me faisaient l'honneur d'une visite — qu'en des temps comme ceux que nous traversons et pour la formation d'un type professionnel et social aussi influent que l'homme d'affaires, la France et ceux qui dans l'enseignement sont les témoins et les interprètes de sa culture non seulement ont un mot à dire, mais ont à dire le premier.

---

246. Les petites capitales sont de l'éditeur, pour la mise en valeur du point soulevé.

En effet, sans trop s'en rendre compte, et en obéissant à ses impulsions créatrices dans les perspectives d'une fortune personnelle à édifier, L'HOMME D'AFFAIRES A ÉTÉ LE GRAND ARTISAN DES PROGRÈS TECHNIQUES QUI VALENT AUJOURD'HUI À L'HUMANITÉ DE SI PRÉCIEUX AVANTAGES. Sans son initiative industrieuse, nombre de découvertes scientifiques seraient demeurées dans les archives des laboratoires, réservées en quelque sorte à la contemplation intellectuelle des chercheurs, des spécialistes et des savants. L'homme d'affaires en a fait le pain quotidien de la multitude, et grâce doit lui en être rendue.

MAIS UNE ŒUVRE COMME LA SIENNE N'EST VALABLE QUE SI ELLE TEND SANS CESSE À PLUS DE FÉCONDITÉ ET PARVIENT À SES PLEINES DIMENSIONS. Or, comme tous les types professionnels, l'homme d'affaires est au service de ses semblables. Il n'a chance de demeurer comme animateur de l'économie et chef social que si les progrès techniques qui ont été les instruments de ses réalisations et de ses conquêtes économiques deviennent désormais des instruments de paix entre les hommes, et de cette prospérité spirituelle qui est la marque de l'homme et le signe authentique de toute véritable civilisation.

C'EST DONC À CETTE RÉVISION EN PROFONDEUR DE SES OBJECTIFS QUE LES CIRCONSTANCES ACTUELLES LE CONVIENT, À UN DÉPASSEMENT DE LUI-MÊME ET À UNE TRANSPOSITION DE SON ŒUVRE SUR LE PLAN SUPÉRIEUR DES VALEURS HUMAINES, DANS LES PERSPECTIVES D'UNE SOCIÉTÉ MEILLEURE À BÂTIR, D'UN MONDE PLUS FRATERNEL À ÉDIFIER. Selon quelle conception de l'homme et de l'ordre? C'est la grande question qui se situe au niveau des plus hautes préoccupations de notre époque, CAR DE LA RÉPONSE QUI LUI SERA DONNÉE DÉPEND, JE LE RÉPÈTE, L'ORDRE DE LA SOCIÉTÉ DE DEMAIN.

Le problème de la formation de l'homme d'affaires ainsi posé intéresse tous les peuples. Il intéresse en particulier ceux qui, nés eux-mêmes d'une conception humaniste de la vie, font large accueil au progrès matériel sous toutes ses formes, mais attachent cependant encore plus de prix à l'homme lui-même et à la pleine réalisation de son destin. La France est parmi eux la toute première. Elle doit précisément à la haute qualité de sa culture et surtout à son sens inné de l'humain d'avoir été et d'être toujours une des grandes puissances civilisatrices de l'histoire, une des grandes voies de la marche de l'esprit dans le monde.

Serait-ce trop, en des temps comme ceux que nous vivons, que d'attendre d'elle qu'elle invente le type d'hommes d'affaires qu'exigent les temps présents, c'est-à-dire un homme d'assez de vigueur intellectuelle et de vision pour faire du progrès matériel, objet de son activité, un authentique facteur d'ordre et de progrès humain, au sens complet du mot. La France a déjà tant donné au monde, que nous pouvons bien attendre ce nouveau don de son génie[247].

On le voit, Minville parle du régime de l'entreprise en même temps que des réformes qu'il convient d'y apporter comme de la seule issue *vraiment valable pour le bien de la société. D'ailleurs, il y a, dans toute son œuvre, assez de critiques fondamentales des solutions socialistes comme des solutions libérales pures pour être certain que ce n'est pas par distraction qu'il affirme ce qui précède sans y mettre de nuances; pour lui, «l'ordre de la société de demain» est relié au succès avec lequel le régime de l'entreprise se révélera capable d'une totale efficacité.*

Plus succinctement qu'à Paris, il le redira d'une façon plus nette dans une autre allocution prononcée à l'occasion d'une réunion, à Montréal, de l'Association des écoles de commerce du Canada:

En des temps comme ceux que nous traversons, de rapides progrès scientifiques, techniques et économiques et de profondes transformations sociales et politiques, toutes les branches de l'enseignement envisagent une tâche considérable et de lourdes responsabilités. Il s'agit de former dès aujourd'hui les cadres d'une société dont on discerne à peine les structures à venir.

Je me demande cependant si dans ces perspectives la tâche la plus lourde n'est pas celle qui incombe à l'enseignement commercial supérieur. Le rôle de l'homme d'affaires, industriel, commerçant ou financier, s'est considérablement élargi. Il est aujourd'hui à la fois l'artisan et le pivot de la révolution sociale à laquelle je viens de faire allusion. Il s'agit pour nous de recruter et de former le personnel de direction du commerce, de l'industrie et de la finance, c'est-à-dire les hommes dont dépendra demain la stabilité économique du pays et par suite, dans une large mesure, la paix sociale et politique[248].

---

247. *Op. cit.*, cf. ci-dessus, p. 17, n° 9.

248. Manuscrit: Allocution aux Écoles supérieures de commerce. Œuvres complètes d'Esdras Minville, Archives de la Bibliothèque Patrick Allen, École des H.E.C., Cahiers des manuscrits.

*Et dans une allocution d'accueil prononcée à l'occasion
d'une visite du cardinal Léger à l'École[249], il reprenait le même
thème en précisant cette fois que l'homme d'affaires n'est pas
seulement un rouage clé dans le système économique, mais
«l'un des maîtres artisans de l'ordre en voie d'édification»:*

Nous devons tous souhaiter voir se lever bientôt le jour où les
hommes d'affaires prendront eux-mêmes en main la direction du
mouvement qui conduit à l'adaptation sociale et humaine du
régime de la production et des échanges.

*Rappelons que, pour Minville, l'efficacité du régime de
l'entreprise est reliée à une organisation corporative du monde
des affaires, avec parité patronale et ouvrière, dans des corporations sectorielles, chapeautées par un conseil général inter-
corporatif, avec insertion dans le système d'un large secteur
coopératif[250]. Écrivant lui-même ces lignes en avril 1993, après
avoir assisté à l'écroulement complet du régime économique
des pays de l'Est européen et à l'éviction du pouvoir du tra-
vaillisme anglais et du socialisme français à cause de leur
incapacité de résoudre les problèmes économiques de leurs
régions respectives; le soussigné se demande si tout ce qui reste
ouvert à l'avenir du socialisme n'est pas, justement, de se
rallier à la doctrine sociale de l'Église catholique dans laquelle
Minville avait inséré ses propres analyses sur le besoin d'un
ordre, d'un plan d'ensemble pour la solution raisonnée des
problèmes économiques et sociaux soulevés par l'avènement et
l'évolution du capitalisme.*

*Cette liaison du corporatisme et du socialisme n'est pas
fortuite. Aux beaux temps de la pensée libérale intégrale, les
économistes classiques, tel Von Mises, rangeaient le corporatisme et la doctrine sociale de l'Église parmi les doctrines
socialistes, parce que le libéralisme de l'époque supposait une
économie fonctionnant sans aucune sorte d'intervention extérieure à la loi du marché[251]. Ce libéralisme-là a dû lui aussi,*

---

249. *Idem.* Le Cardinal Léger donnait ce jour-là une conférence sur «Le rôle social de
l'homme d'affaires».

250. *Cf.* vol. 2 de la présente série.

251. *Cf.* Von Mises, *Le socialisme.*

par la suite, mettre de l'eau dans son vin, pour se muer en un néolibéralisme qui pourrait corriger les insuffisances du libéralisme pur, sans toutefois mettre quelque entrave directe que ce soit à la liberté de mouvement des entrepreneurs. Ce qui a fait qu'au cours des années trente on a préféré le keynésianisme aux solutions corporatives qui émergeaient partout devant les désastres de la conjoncture du temps. Car le capitalisme lui-même n'a pas non plus réussi à établir un ordre social convenable et ne survit, face aux revendications humanistes, qu'à coups d'expédients qui suscitent sans cesse des remises en question.

Pendant ce temps, le socialisme lui-même évoluait vers ce qu'on appelait la social-démocratie, finissant par admettre la propriété privée sous contrôle social et finalement le mécanisme même du marché. L'espace qui reste à occuper dans le raisonnement économique sur les systèmes serait celui-ci: du côté capitaliste et libéral, d'un néolibéralisme converti à des interventions de type collectif qu'il voudrait le plus possible dégagées de l'État et mettant l'accent sur l'entreprise; ou, du côté socialiste, d'un socialisme plus décentralisé dans l'exercice du pouvoir, donc se rapprochant aussi de l'entreprise, d'une entreprise où les travailleurs auraient un mot plus important à dire. Toute formule du genre constituera nécessairement une «concertation organisée» qui pourra difficilement ne pas ressembler aux corporations de secteurs et de régions suggérées par Minville.

Ce long aparté était nécessaire pour faire comprendre la profondeur de pensée et de motifs qui ont inspiré le désir de Minville d'occuper la fonction de directeur de l'École. Il s'était donné dix ans pour imprimer l'élan vers une telle orientation dans le rôle de l'École.

À ce sujet, il s'était montré critique à l'endroit des longs règnes, comme celui de Laureys, estimant qu'après dix ans les renouvellements de fonction de ce genre ne sont pas désirables[252]*. Effectivement, au bout de dix ans dans la fonction de directeur, soit vers 1948, il avait songé à quitter ce poste et à*

---

252. *Cf.* ci-dessus, p. 53, n° 58.

rentrer dans les rangs du professorat. Mais l'École à ce moment était en plein dans la crise des événements résultant du régime administratif[253]. *Selon le témoignage que je puis moi-même apporter, Minville ne voulut pas alors la laisser en pareil état à son successeur. La continuation de son directorat allait lui permettre de prendre des initiatives pour régler la question.*

---

253. *Cf.* ci-dessus, p. 57 et suiv.

Premières déclarations[254]

Je suis d'autant plus heureux d'avoir accepté l'invitation de votre secrétaire de participer à ce congrès qu'elle me fournit la première occasion de paraître en public en ma qualité, encore toute neuve, de directeur de l'École des Hautes Études Commerciales de Montréal, et aussi de vous entretenir d'un sujet qui vous intéresse au double titre de chefs de famille et d'hommes d'affaires, à savoir l'institution d'enseignement que j'ai désormais l'honneur de diriger.

L'École des Hautes Études Commerciales, aux termes mêmes de sa loi organique, a pour objet de former des «hommes d'affaires instruits». Peut-être quelques-uns d'entre vous ont-ils relevé la même affirmation, reprise sous des formes plus ou moins différentes, dans les prospectus et les publications de l'École. Je me demande cependant si tous ensemble nous avons bien réfléchi à ce que portent de signification ces trois mots mis l'un à la suite des autres: hommes d'affaires instruits.

L'École des Hautes Études Commerciales, institution d'enseignement universitaire, a pourtant, comme la plus mo-

254. Allocution prononcée sûrement à l'automne 1938 et vraisemblablement au Congrès de la Chambre de commerce de Montréal. Manuscrit disponible dans les Œuvres complètes d'Esdras Minville, Archives de la Bibliothèque Patrick Allen, École des H.E.C., Cahiers de manuscrits.

deste institution d'enseignement, le double devoir d'instruire et
d'éduquer les jeunes gens qui la fréquentent. C'est dire qu'elle
doit s'attacher d'abord à former des hommes — des hommes
tout court au sens plein et magnifique du mot. Des hommes,
c'est-à-dire des êtres qui s'en iront dans la vie obéissant non pas
à des ambitions mesquines, égoïstes, au désir de s'assurer des
biens matériels aussi considérables que possible dans le moins
de temps possible, fût-ce au prix de la ruine des autres, mais à
des convictions profondes à la fois d'ordre moral, d'ordre social
et d'ordre patriotique.

Convictions d'ordre moral d'abord. Et vous êtes mieux
placés que quiconque pour en apprécier la suprême importance:
conscience professionnelle, droiture dans les procédés, qui savent garder l'action quotidienne de l'homme d'affaires dans les
bornes de la plus stricte honnêteté. Les Anglo-Saxons à qui l'on
se plaît à reconnaître un sens aigu des affaires ont popularisé un
axiome: *It pays to be honest.* Cela veut dire que l'honnêteté sans
détour, qui se refuse à aller aussi loin que les lois humaines
elles-mêmes le permettent parfois, mais s'en tient strictement
aux règles supérieures de la morale, est un des moyens les plus
fructueux dont dispose l'homme d'affaires, une partie importante, prédominante de son actif, puisque c'est sur elle que se
fonde sa réputation, que s'établit la confiance, laquelle, vous le
savez, est le principe même du succès en affaires.

Des convictions d'ordre social aussi. Nous vivons dans un
monde où groupes et individus sont en quelque sorte entraînés
dans des relations d'interdépendance de plus en plus étroites —
relations d'autant plus fructueuses qu'on sait mieux les accepter. De là naissent des responsabilités sociales qui s'ajoutent aux
responsabilités que tout homme porte envers lui-même et envers
ceux qui dépendent de lui immédiatement. Il n'est pas nécessaire de réfléchir longuement pour s'en rendre compte: la vie
des affaires est soumise aujourd'hui à des influences extra-éco-
nomiques qui peuvent parfois avoir sur elle une action décisive.

Bien comprendre cela, c'est une nécessité pour l'homme
d'affaires contemporain. Puis ayant bien compris, orienter son
action de telle façon qu'il s'acquitte de ses responsabilités sociales avec autant d'exactitude que de ses responsabilités pri-

vées, c'est son devoir. En d'autres termes, l'homme d'affaires doit entrer aujourd'hui dans la carrière dominé en quelque sorte par le désir de servir: servir ses intérêts personnels, c'est entendu, les intérêts de sa famille et de ceux qui dépendent de lui, c'est également compris, mais servir aussi la société à laquelle il appartient et à qui il doit une multitude d'avantages de tous ordres. Les temps semblent passés où une entreprise était classée bonne dès lors qu'elle était comme disaient les économistes «rentable», c'est-à-dire susceptible de produire des bénéfices en argent, quel que soit la nature des produits qu'elle livrait, des services qu'elle rendait. Désormais à la considération toujours nécessaire du bénéfice s'ajoute la préoccupation du rôle à jouer dans la vie et la prospérité sociale.

Des convictions patriotiques enfin. Nous vivons au Canada et dans cette partie du Canada qui s'appelle la province de Québec. Notre province est peuplée aux quatre cinquièmes de Canadiens français — majorité qui de son seul poids conditionne, qu'on le veuille ou non, l'économie de la province et même, dans une certaine mesure, celle du pays tout entier.

Il serait pour le moins maladroit de persister vis-à-vis de ce fait dans une attitude de refus et de continuer à prétendre, sous prétexte de largeur d'esprit, qu'il ne faut pas mêler le patriotisme aux affaires. Le problème consiste plutôt à nous mettre d'accord sur l'interprétation du fait. Or, vous le savez, la population canadienne-française la plus anciennement établie au pays, et désormais entièrement libérée de ses vieilles attaches européennes, a une conception de la vie, des croyances, des coutumes, des habitudes, des aptitudes différente de celle du reste de la population canadienne. Au surplus, ayant porté tout le poids de la mise en œuvre initiale d'un vaste continent et subi en cours d'existence des rigueurs de choix, elle n'a pas su s'enrichir. Enfin, ses aptitudes l'écartent de certaines formes d'organisation économique, l'inclinant davantage vers des formes d'exploitation où l'élément stabilité l'emporte sur l'élément spéculation et où le tempérament, la personnalité trouvent plus librement à s'exprimer. Elle se présente donc comme une entité sociale et humaine à part, exigeant un traitement à part.

Si l'on admet que la vie d'une nation, vie économique, sociale, politique, doit être organisée de manière que cette nation conserve son héritage moral et spirituel, sa culture, ses formes particulières de civilisation, s'épanouisse normalement dans le sens de ses innéités, les faits que nous venons d'énumérer nous dictent en quelque sorte l'attitude à observer dans la conduite de notre vie individuelle et sociale, de même que dans l'organisation de notre vie économique. L'expérience démontre en effet qu'aucun pays ne saurait parvenir à la véritable prospérité économique, stable, durable, s'il organise sa vie matérielle à rebours des aptitudes fondamentales et au détriment des biens supérieurs d'ordre intellectuel, culturel ou moral de la population.

Et vous voyez que le problème ainsi posé n'intéresse pas seulement la population canadienne-française considérée comme entité à part, qu'il n'intéresse pas non plus seulement la province de Québec considérée comme entité politique autonome, mais qu'il intéresse le Canada tout entier.

Quel est en effet le plus grand avantage du Canada, voire de la population anglo-canadienne considérée comme groupement à part? La présence dans la province de Québec d'une population asservie, dépendante de l'initiative des autres pour sa subsistance, ou la présence ici d'une population différente mais bien organisée, maîtresse de sa production et capable de nouer avec le reste de la population canadienne des relations d'échange fructueuses pour tout le monde?

L'idée de collaboration, sur laquelle on insiste beaucoup avec raison depuis des années, est bonne en soi mais elle doit être interprétée avec bon sens. La collaboration la plus fructueuse est celle qui se pratique sur le pied d'égalité entre les parties et non pas celle qui procède de bas en haut par la subordination forcée d'une partie à l'autre.

C'est ce dont nos hommes d'affaires d'aujourd'hui et de demain doivent se convaincre. Et c'est en s'inspirant d'idées bien définies sur ce point qu'ils pourront exercer, pour leur plus grand bien personnel et pour celui de la société et du pays, une action véritablement féconde.

Voilà brièvement résumées les quelques idées fondamentales que nous voudrions à l'École des Hautes Études Commerciales voir germer dans l'esprit des jeunes gens qui viennent chercher chez nous la préparation aux affaires: sens aigu et inaltérable de l'honnêteté, sens éclairé de la solidarité sociale, intelligence du patriotisme canadien-français et canadien tout court, qui sont au principe de leur formation et comme les ressorts essentiels de leur activité d'hommes d'affaires.

Le banquet Minville[255]

Vous avez bien raison de vous attendre à ce que mes premières paroles cherchent à vous exprimer ma gratitude très vive pour le témoignage d'amitié si beau, si émouvant que vous voulez bien m'apporter ce soir — et pour la gracieuse et si touchante pensée que vous avez eue d'associer à cet hommage ma femme.

S'il n'en eût dépendu que de moi, vous le savez bien, je me serais certes contenté de penser, tout en vaquant à mes occupations que, de l'aventure qui m'est arrivée en août dernier, vous vouliez bien vous réjouir et que, sans qu'il fût nécessaire de le proclamer, je pouvais compter sur votre appui, votre concours, votre amitié.

---

255. Le 17 décembre 1938, l'Association des licenciés de l'École des Hautes Études Commerciales tenait un banquet pour honorer M. Minville à l'occasion de sa nomination au poste de directeur de l'École. L'événement fut longuement rapporté dans *Le Devoir* du 19. Y prirent la parole, MM. François Vézina, président de l'Association; Onésime Gagnon, ministre des Mines et des Pêcheries à Québec; Mgr Olivier Maurault, recteur de l'Université de Montréal; Joseph Bilodeau, ministre de l'Industrie, des Affaires municipales et du Commerce; Jean Bruchési, sous-secrétaire (équivalent de sous-ministre), de la province de Québec; l'abbé Lionel Groulx; Florian Soucy, président d'une compagnie de pâtes et papier, ancien de l'École. La partie du compte-rendu du *Devoir* couvrant le discours de M. Minville fut publiée en brochure sous le titre de *Le banquet Minville*, avec préface d'Omer Héroux, rédacteur en chef du journal *Le Devoir*. Éd. Association des licenciés de l'École des Hautes Études Commerciales, Montréal, 1938.

Mais l'Association des diplômés de l'École des Hautes Études Commerciales, dont je suis depuis ma sortie de l'École — avec il est vrai des moments d'indifférence, voire d'infidélité, dont je me demande à cette heure si je ne devrais pas rougir —, l'Association a jugé que l'accession de l'un des siens à la direction de l'École des Hautes Études Commerciales était un événement dont il convenait de faire grand état[256]. D'où la manifestation de ce soir, vos paroles élogieuses et vos hommages. Que l'Association soit donc remerciée, et que soient remerciés avec une particulière cordialité les organisateurs de cette fête qui doivent déjà trouver dans le succès obtenu une partie au moins de leur récompense.

Merci à vous en particulier, mon cher président, collaborateur d'aujourd'hui, camarade de toujours, qui, à tant de titres, mériteriez d'être ce soir celui qu'on fête[257]. Vous avez voulu, en vous faisant l'initiateur et le porte-parole de cette réunion, ajouter une raison de plus à celles nombreuses que j'ai déjà de vous être attaché. Emportez donc l'expression de ma vive reconnaissance.

Quant à vous, M. le Secrétaire de la Province[258], que vous dirais-je? Si je suis ici en ce moment et si je suis ce que suppose la présence autour de moi de tant et de si bons amis, c'est d'abord à vous que je le dois. Vous m'avez confié la direction d'une des plus importantes écoles qui relèvent de votre juridiction. Quand on sait combien vous préoccupe l'enseignement à tous les degrés, combien vous en souhaitez le progrès, quel travail vous vous imposez pour que nos écoles, de la plus modeste à la plus opulente, répondent le plus tôt possible et le

---

256. C'était le premier Canadien français à la tête de l'École, les deux directeurs depuis la fondation, MM. de Bray et Laureys, ayant été des Belges, spécialement appelés de Belgique même pour remplir la fonction.

257. François Vézina, professeur aussi à l'École des Hautes Études Commerciales. Il était envisagé comme l'une des personnes à considérer pour la direction de l'École.

258. Le ministre Albiny Paquette, secrétaire de la Province, dont dépendait la nomination et qui avait dû s'excuser de son absence. Le Secrétariat de la Province était responsable du domaine de l'éducation, dont l'administration effective relevait d'un conseil d'évêques et de laïcs en nombre égal, le Conseil de l'instruction publique, sous la houlette d'un surintendant.

plus exactement à leurs fins et aux besoins de la population, on mesure toute l'étendue de la confiance que vous avez bien voulu placer en moi.

Cette confiance vous me l'avez accordée spontanément et vous y avez persisté en dépit des calamités dont, paraît-il, on vous annonçait la venue sur vous-même et sur la province[259]. Comment répondrai-je à un tel témoignage? Il ne suffit pas de vous remercier, ou plutôt il n'est qu'une manière de vous remercier, convenable pour moi, acceptable pour vous: c'est de m'appliquer à ma tâche avec l'attention, l'assiduité, la conscience d'un homme qui connaît ses responsabilités et les accepte intégralement. Si c'est là, comme je n'en doute pas, votre meilleure récompense, soyez assuré que je ne négligerai rien pour répondre à votre attente.

Merci aussi à Messieurs les Ministres qui ont bien voulu me faire l'honneur de prendre place à cette table; à l'Honorable M. Bilodeau[260] avec qui j'ai eu tant de plaisir à collaborer durant deux ans; aux Honorables MM. Auger[261] et Gagnon[262], qui m'ont toujours accueilli avec beaucoup de bienveillance et une charmante cordialité, et qui ont contribué si puissamment à certains projets dont je souhaitais depuis longtemps la réalisation dans mon pays d'origine, la Gaspésie. Merci encore à Mgr le Recteur[263] qui, depuis de nombreuses années déjà, veut bien s'intéresser à mes efforts, à mes modestes travaux et m'honorer de son amitié; à Messieurs les sous-ministres, Jean Bruchési, Ernest Laforce, Albert Rioux, bons conseillers et loyaux amis; à

---

259. M. Minville ne faisait pas l'unanimité pour l'accession à ce poste. Dans bien des milieux d'affaires, on le considérait comme un «sociologue», ce qui ne paraissait pas convenir à la direction d'une école de formation d'hommes d'affaires.

260. Ministre de l'Industrie, du Commerce et des Affaires municipales, dont Minville avait accepté d'être le conseiller technique et qui avait mis en cours l'inventaire des ressources naturelles que proposait ce dernier.

261. Ministre de la Colonisation.

262. Ministre des Mines et des Pêcheries. Futur ministre des Finances durant le second mandat de Duplessis; le premier ministre des Finances canadien-français dans un gouvernement du Québec depuis Honoré Mercier, c'est-à-dire depuis le début du xxe siècle.

263. Mgr Olivier Maurault.

mes collègues de l'*Action nationale* et de la Commission des Semaines sociales: M. l'abbé Groulx[264], notre maître à tous, c'est le cas de le redire, qui vient de prendre sur moi une revanche si longtemps attendue, M. Antonio Perrault, conseiller de la première heure et modèle de probité intellectuelle, le révérend père Archambault[265], qui force les autres à se multiplier parce qu'il est lui-même un bien étrange phénomène de multiplication, tous travailleurs et apôtres à qui revient le mérite de ce que j'ai pu accomplir de convenable dans ma carrière parce qu'ils en ont été les modèles et les inspirateurs; à Messieurs de la Saint-Jean-Baptiste et tout particulièrement au président et aux membres du Conseil de la Section Duvernay qui ont si aimablement prêté leur concours à cette fête; à Messieurs les professeurs jeunes et moins jeunes qui acceptent avec tant de bonne grâce, de loyauté, de sympathie agissante, l'autorité de celui qui hier encore était un compagnon de tous les jours et se fait gloire de l'être demeuré, et en particulier à notre doyen qui a bien voulu se faire leur interprète, l'éloquent et prestigieux M. Édouard Montpetit; à tous les anciens, mes camarades, et notamment aux anciens de la promotion de 1922 qui persistent dans ma mémoire comme la perpétuation d'une époque qui avait ses inquiétudes mais aussi ses joies; à Messieurs les étudiants, objets de notre part de tant de préoccupations et d'espoirs!

Merci enfin à tant de bons amis que je ne nomme pas parce qu'ils sont trop nombreux, mais dont la présence autour de moi m'est un si grand réconfort et un si précieux encouragement.

M. l'abbé Groulx, vous vous écriiez l'autre jour en commençant votre grand et beau discours du Monument national: «Que les temps sont donc changés!» S'il était permis de rapprocher le petit du très grand, je serais tenté de faire la même réflexion. Quand je vous vois ainsi groupés autour de moi, que je me rappelle ce que vous êtes, vous qui en somme venez des

---

264. Professeur d'histoire à l'Université de Montréal. Ex-professeur d'histoire du commerce à l'École des Hautes Études Commerciales.

265. Fondateur et animateur de la Commission des Semaines sociales et de l'École sociale populaire.

quatre coins de notre horizon social, je ne puis m'empêcher —
et vous me pardonnerez, j'en suis sûr, cette allusion — de
songer au temps, pas encore très éloigné, mais qui tout de même
déjà s'estompe, où gamins frustes, sans chapeau ni chaussures,
nous courions et gambadions des jours entiers sur la grève et
dans les champs et dans les bois, jours de fantaisie enfantine, de
soleil et de vent du large; et aussi à ce temps plus rapproché, où
enveloppés des rudes vêtements du pêcheur nous apprenions au
prix de lourdes et quotidiennes fatigues ce qu'il peut tout de
même en coûter parfois pour s'assurer l'indispensable bouchée
de pain de chaque jour.

Si je me dis qu'après tout, ce n'est pas un si grand désavantage qu'on incline souvent à le penser que de naître d'une
famille humble et sans ressources, quand on a des parents qui
vous mettent sous les yeux l'exemple tous les jours répété du
travail accepté comme un devoir aimé, comme une joie, de
probité, d'honneur, de foi et de... [*quelques mots incompréhen-
sibles*]. Messieurs, je vous remercie de tout mon cœur de tout ce
que vous avez fait et surtout de la gracieuse pensée que vous
avez eue d'associer à votre hommage ma femme et ma vieille
mère[266].

*   *

*

En accédant à la direction de l'École des Hautes Études Commerciales, quelles sont les idées que j'apporte, les projets que
j'envisage? La question a été posée en termes nets par le sympathique et très dévoué rédacteur (Deligny Labbé) des *Nouvelles de l'Association* dans la livraison même qui annonçait la
manifestation de ce soir.

À une pareille question, il est sans doute encore trop tôt
pour répondre avec précision. Des idées, il est en somme facile
d'en avoir. Encore faut-il, surtout lorsqu'il s'agit d'enseignement, matière complexe et délicate entre toutes, prendre le

---

266. Cette partie du texte n'était que brièvement résumée dans le compte rendu du
Devoir. Manuscrit dans les Œuvres complètes d'Esdras Minville, Archives de la
Bibliothèque Patrick Allen, École des H.E.C., Cahiers des manuscrits.

temps de les mûrir. Mais si je ne puis entrer dans les détails, je puis du moins vous indiquer l'essentiel, ainsi que l'esprit dans lequel je me propose d'agir.

Si je vous disais que j'accepte intégralement la succession qui m'est échue, que je suis décidé à continuer l'œuvre comme elle a été conçue et dans la ligne même où elle a été placée et développée depuis vingt-cinq ans, je ne vous révélerais pas ma pensée exacte. Je ferais même preuve d'un manque d'esprit critique, d'imagination créatrice, d'une sorte de volonté de m'installer dans l'inertie dont les plus fervents admirateurs de ce qui a été fait jusqu'ici à l'École seraient les premiers à me faire reproche.

MM. de Bray et Laureys

Deux hommes m'ont précédé à la direction de l'École des Hautes Études. Le premier, M. de Bray, a occupé le poste dès le début, en un temps où le public non averti ou, ce qui est plus grave, mal averti, se demandait encore ce qu'il pouvait bien attendre d'une institution si nouvelle dans notre enseignement supérieur. Non seulement il n'a pu compter sur les concours qui eussent été indispensables à l'accomplissement de son œuvre, mais il a dû faire face à des critiques nombreuses, amères et souvent injustifiées. De plus, il y avait guerre en Europe et, dans notre petit monde, inquiétude et angoisse. Il ne faut donc pas s'étonner si, travaillant dans de pareilles conditions, il n'a pu donner toute sa mesure ni accomplir, comme on dit, des merveilles.

M. Laureys a recueilli sa succession. Homme de ressources et d'énergie, discipliné et tenace, hanté par l'idée d'accomplir une œuvre durable, il a remis de l'ordre là où il en fallait, révisé et ajusté les programmes, amélioré et complété l'outillage, désarmé les critiques, groupé autour de l'École les concours indispensables et, autour de lui, des collaborateurs choisis parmi les figures dominantes de notre monde de l'enseignement, bref il a fondé solidement la réputation de l'École. Durant plus de vingt-cinq ans, dont vingt-deux passées à la direction, il a travaillé avec vigueur, avec méthode; et même si ses collaborateurs ne partageaient pas toujours ses vues et si, à l'extérieur, on n'approuvait pas toujours ses attitudes et ses décisions, il faut reconnaître qu'il a donné à cette œuvre le meilleur de lui-même, que chacun de ses gestes, chacune de ses démarches ont été calculés et accomplis dans ce qu'il croyait être le meilleur intérêt de l'École. Je suis d'autant plus à l'aise pour parler ainsi que, ce que je viens de dire, je l'avais déjà soutenu en des circonstances infiniment moins agréables.

Ces deux hommes méritaient donc que leurs noms fussent rappelés ce soir à votre souvenir, car ils ont été des initiateurs et des bâtisseurs.

Est-ce à dire que leur œuvre est parfaite, que rien ne doit y être modifié? Ce serait beaucoup prétendre — plus qu'ils ne prétendraient sans doute eux-mêmes. Dans ce qu'ils ont accompli il y a du bon, beaucoup de bon, je dirai même que la plus grande partie doit être conservée, et pour autant qu'il en dépend de moi, ce qui doit vivre vivra.

Œuvre perfectible

Mais comme toute œuvre humaine, la nôtre est perfectible. En cours de route, des initiatives ont été prises, une certaine orientation a été imprimée à l'enseignement, une certaine atmosphère a été créée dans l'École qui procédaient, à mon avis, d'une connaissance insuffisante de notre milieu, des besoins réels de notre population, ou qui, par suite des transformations survenues dans le monde et dans notre société, sont aujourd'hui périmées, dépassées, désuètes. Elles doivent être révisées. À cette tâche, je m'attacherai avec prudence, puisque, comme je le disais il y a un instant, il s'agit d'une matière délicate à laquelle est lié peut-être le progrès de toute une partie de notre jeunesse, mais aussi avec détermination. Je compte d'ailleurs sur l'assistance des professeurs, mes conseillers de tous les jours, dont quelques-uns ont été et sont restés mes maîtres, qui ont grandi avec l'École, à qui — messieurs, ne l'oublions pas — l'École doit dans une très large mesure d'avoir grandi. Leur expérience de l'enseignement, leur intelligence des besoins de notre jeunesse sauront, j'en suis sûr, me conseiller les solutions les plus justes, les mesures les mieux appropriées, et je ne doute pas que nos efforts conjugués ne se traduisent pour l'École et les jeunes gens qui la fréquentent par de nouveaux progrès, de nouveaux succès.

Collaboration du directeur et des professeurs

Cela étant entendu, quelles sont les idées qui dominent dans mon esprit, dont s'inspirera mon action? Il en est deux surtout que je voudrais souligner. En premier lieu celle de collaboration — de collaboration à l'intérieur et de collaboration à l'extérieur. De collaboration à l'intérieur et, il va sans dire, d'abord entre le directeur et les professeurs. Et je souhaite qu'ici le mot prenne dans vos esprits son sens le plus large et le plus riche.

Le directeur d'une institution d'enseignement, petite ou grande, modeste ou opulente, n'est pas, ne doit pas être une sorte de dictateur — et cela pour la raison bien simple que, quels que soient ses mérites réels ou présumés, quel que soit son prestige, il ne saurait prétendre résumer dans sa personne toute la lumière, posséder seul toute la vérité. Et quand il s'agit d'une école comme la nôtre, dont, d'une part, l'enseignement porte sur des matières nombreuses et complexes parce que mêlées à la réalité de tous les jours, cependant que, d'autre part, elle a cet avantage de compter dans son corps professoral quelques-unes des personnalités les plus fortes que notre société ait produites, la collaboration entre le directeur et les professeurs s'impose avec une nécessité encore plus évidente. Sans doute le directeur, investi de l'autorité, doit-il, dans l'ordre de l'exécution du moins, accepter toutes ses responsabilités. Comme administrateur, il doit voir à ce que les fonds qui lui sont confiés par le public servent avec le maximum d'efficacité et au moment opportun à la fin à laquelle ils sont destinés. Les exigences de l'administration peuvent donc l'obliger parfois à rejeter certaines propositions ou à retarder certains projets, par ailleurs désirables ou excellents. Mais dans l'ordre pédagogique, alors qu'il s'agit d'élaborer les formules les plus propres à assurer le progrès de l'École et à fortifier l'esprit et la personnalité des jeunes gens, je prétends qu'il ne saurait assumer seul toute la responsabilité, qu'il a le droit de demander, voire d'exiger, l'avis de ses professeurs.

Certes je n'ai pas à me plaindre du concours magnifique, émouvant même que les professeurs m'ont accordé jusqu'ici. Ils me l'ont offert, ils me l'ont donné avec une spontanéité, une générosité dont je tiens aujourd'hui à leur exprimer publiquement ma très vive reconnaissance. Mon plus grand désir, c'est que la collaboration, ainsi établie du premier coup, se continue dans le même esprit et avec le même enthousiasme pour le plus grand bien de l'École et de ses étudiants. Et dans la mesure où il dépend de moi qu'elle se maintienne et s'intensifie, vous pouvez compter sur mon entière bonne volonté.

Collaboration du directeur et des professeurs avec les étudiants

En second lieu, collaboration du directeur et des professeurs avec les étudiants. L'un des reproches les plus sérieux que l'on fait à notre enseignement supérieur, c'est qu'il ne sait pas ménager des relations assez suivies, des échanges de vues assez fréquents entre les professeurs et les étudiants. On a peut-être eu trop tendance, chez nous comme ailleurs, à s'installer dans une tour d'ivoire et, du sommet de cette tour, à laisser tomber sur les élèves une science parfois hautaine, presque toujours impersonnelle, comme si elle était destinée à des esprits dénués de toute caractéristique morale, culturelle, sociale et ethnique; et puis, le cours terminé, à rentrer chez soi libre de toute préoccupation quant aux résultats de son enseignement. On peut ergoter de façon très savante sur la fin des grandes écoles, prétendre que, leur raison d'être, c'est d'abord et avant tout le progrès de la science, la recherche de la vérité. Tout cela est fort bien, magnifique! Mais tant que les universités et les grandes écoles recevront des étudiants, je crois qu'une partie au moins de leur devoir les lie envers les jeunes gens qui viennent ainsi chercher chez elles, en même temps que le savoir, une règle de vie, et que les étudiants ont le droit de recevoir, même d'exiger que l'École ou l'Université leur donnent cela même pourquoi elles ont prétendu les amener chez elles.

Personnalité des étudiants

À l'École des Hautes Études Commerciales nous nous proposons de remédier à cela. Des mesures sont déjà prises à cette fin.

Les professeurs de l'École disposent maintenant de bureaux particuliers commodément accessibles. Non seulement ils ont la faculté de recevoir les étudiants, mais ils en ont le devoir. Des jours et des heures sont assignés aux visites. Les professeurs ont reçu instruction de fournir des explications sur les matières de leur ressort, et en outre d'interroger les étudiants sur tout ce qui peut révéler leur personnalité. Des dossiers en résulteront grâce auxquels il sera possible de juger un étudiant, de le conseiller d'une manière beaucoup plus intelligente qu'on ne saurait le faire d'après les seules copies d'examen. Nous visons une double fin.

1) Nous mettre en état, ainsi que je viens de le dire, de mieux orienter nos jeunes gens. Il arrive en effet que quelques-uns de nos diplômés éprouvent certaines difficultés à trouver leur voie à la sortie de l'École, et cela parce qu'ils ont du mal à faire la synthèse d'un programme composé de nombreuses matières dont le lien entre elles n'est pas toujours évident à première vue. Les conseils réitérés des professeurs seront d'un précieux secours aux indécis, aux tâtonnants.

2) Susciter entre les jeunes et les plus anciens des relations fructueuses pour les uns et les autres — relations qui pourront même avec le temps s'épanouir en une bonne et franche amitié, établissant ainsi un lien plus solide que le simple souvenir de classe entre les générations qui se succèdent devant nos tribunes.

Collaboration avec les anciens

Collaboration en troisième lieu avec les anciens, tous les anciens. Car s'ils ont quitté l'École depuis un plus ou moins grand nombre d'années, ils restent toujours du dedans, «de la famille» comme on a pris l'habitude de dire. Le succès de l'École est fait de celui de ses diplômés, et le succès de ses diplômés est bonifié par celui de l'École. Entendons-nous cependant. Nous sommes tous fiers du titre H.E.C. Mais je crois, pour ma part, qu'un titre en soi n'est pas grand-chose, que ce n'est pas le titre qui valorise l'homme, mais que c'est l'homme qui valorise le titre, en fait un objet de fierté. Or, vous le savez, pour atteindre à un succès capable de témoigner de la valeur de la formation qu'on a reçue et du titre qu'on porte, il n'est pas des milliers de recettes. Il n'en est qu'une, vieille comme le monde: le travail assidu, persévérant, poursuivi dans un dessein de perfectionnement personnel, en vue de ne laisser inculte et inutilisée aucune des ressources physiques, intellectuelles ou morales que l'on porte en soi.

C'est dans cet esprit que j'entends d'abord la collaboration de l'École avec les anciens, des anciens avec l'École: ne négliger aucun moyen propre à favoriser chez eux le perfectionnement individuel, l'avancement au sens le plus large du mot. L'École garde à leur disposition son outillage, son personnel — outillage et personnel qu'elle se propose de compléter aussi rapidement que ses moyens le lui permettront. Que les anciens sachent donc en bénéficier. Ainsi que vous le rappeliez naguère, M. le président, «le rayonnement de notre groupe, son influence dans les milieux économiques, industriels, commerciaux et financiers est fonction avant tout du rayonnement personnel de chacun de nous dans la sphère qu'il occupe». Le jour où des dizaines et des dizaines d'entre nous se seront imposés par leur valeur personnelle, par leur succès dans une branche ou dans l'autre de l'activité humaine, le titre H.E.C. se passera le plus aisément du monde de toute réclame verbale.

Des diplômés dans le Conseil de perfectionnement

Et comme gage des bonnes dispositions du nouveau directeur à l'endroit des anciens, ses camarades, voici qu'il se permet de vous confier un secret, peut-être deux. Vous n'en direz rien à personne, sauf à messieurs les ministres, quand vous en aurez l'occasion.

En premier lieu, j'ai demandé — et c'est à vous de dire aux ministres si une telle demande vous plaît — que désormais un, peut-être deux diplômés de l'École fassent partie du Conseil de perfectionnement. L'heure semble venue pour les anciens de dire leur mot dans la haute direction de l'École.

Emplois pour les finissants

J'ai demandé en outre — et c'est mon deuxième secret — que le gouvernement de la province, donnant l'exemple, s'engage, à certaines conditions, à retenir chaque année les services d'un certain nombre de nos nouveaux diplômés, en vue de leur faire

faire leur apprentissage dans les services de l'État où ils pourront le mieux utiliser les connaissances acquises à l'École. C'est encore à vous, et en particulier aux jeunes qui finiront en mai prochain, de dire si une telle demande vient à propos.

Et si le gouvernement veut bien donner un si bon exemple, eh bien! — et ceci n'est plus un secret — nous nous retournerons vers les grandes entreprises qui vivent de l'exploitation des ressources de la province et nous leur demanderons de l'imiter. Et, soit dit en passant, nous n'aurons nullement l'impression de solliciter une faveur. Car si la province paye pour préparer des jeunes gens à la carrière des affaires, il n'est que juste que les entreprises qui reçoivent de l'État le privilège d'exploiter nos ressources contribuent pour leur part et autrement que par l'impôt à cette formation. J'en appelle tout de suite à messieurs les industriels et commerçants qui ont bien voulu me faire l'honneur d'assister à cette réunion.

L'«autonomie» des écoles

Collaboration avec l'extérieur, ai-je ajouté. Et d'abord avec l'Université et les autres grandes écoles. Nos maisons d'enseignement souffrent d'un mal apparemment chronique que j'appellerai, pour employer le vocabulaire des médecins, l'*autonomite*. Chacune entend procéder comme si les autres n'existaient pas. Il en résulte des dédoublements coûteux, une sorte de morcellement, qui fait que des jeunes gens, quittant au même moment l'une ou l'autre des écoles ou facultés, ne se connaissent pas ou se connaissent à peine et, par suite, ignorent à peu près tout de la collaboration qui pourrait s'exercer entre eux dès leur entrée dans la carrière.

La collaboration n'est sans doute pas possible au même degré entre toutes les écoles et facultés. Elle n'en reste pas moins désirable entre toutes, surtout entre des institutions qui, comme l'École des Hautes Études Commerciales, l'École des sciences économiques, politiques et sociales[267], l'École poly-

---

267. L'enseignement des sciences économiques à l'Université de Montréal n'était pas encore, à ce moment-là, dévolu à une «faculté». L'École des sciences économiques, politiques et sociales n'était qu'une école du soir sur le modèle de Science Po à Paris. L'enseignement proprement économique y était plus sommaire qu'à l'École des Hautes Études Commerciales.

technique, les écoles d'agriculture, se partagent en quelque sorte le même domaine.

Elle est possible également avec les écoles techniques et certaines autres écoles spécialisées qui, pour n'appartenir pas au giron universitaire, forment cependant des jeunes gens qui seront demain les auxiliaires naturels des diplômés des écoles supérieures.

On comprend mal que ces écoles aient si longtemps vécu comme repliées sur elles-mêmes, tous rideaux tirés; qu'elles n'aient pas cherché davantage à savoir ce qui se passe chez les voisines et à entrer avec elles dans des échanges de vues fructueux pour elles-mêmes et pour la jeunesse étudiante.

Je suis convaincu que les directeurs des écoles que je viens d'énumérer et qui ont bien voulu s'associer à cette manifestation sont dans les mêmes sentiments et que désormais, entre leurs institutions et la nôtre, une collaboration de plus en plus étroite va s'exercer. Y a-t-il, par exemple, deux hommes mieux préparés à agir ensemble que l'ingénieur, chef à l'usine, et le comptable, l'administrateur, chef au bureau? Les deux se complètent et de leur coopération dans la carrière nous pourrions attendre plus et mieux que des succès personnels: le renouveau de notre vie industrielle et commerciale. J'en dirai autant des diplômés des écoles techniques.

Je souhaite également des relations plus suivies, une collaboration mieux entendue entre les maisons d'enseignement secondaire et les nôtres. Des échanges de vues fréquents me paraissent indispensables. Et c'est pour les amorcer, et avec l'espoir de les développer que j'ai commencé déjà une tournée des collèges de la province à la double fin de renseigner les finissants sur les carrières économiques, les qualités qu'il faut y apporter, l'esprit dans lequel on doit y entrer; et de rencontrer supérieurs et professeurs, de leur fournir les explications dont ils peuvent avoir besoin sur notre école, de les rassurer même sur nos sentiments et nos dispositions. J'ai déjà visité plusieurs collèges. Partout, je dois le déclarer, j'ai été frappé de l'esprit de renouveau, du désir évident de faire le mieux possible. Partout l'accueil a été splendide. Je continuerai donc.

Collaboration avec les hommes d'affaires

Collaboration, enfin, avec les hommes d'affaires. La Chambre de commerce de Montréal a été l'instigatrice de l'École des Hautes Études Commerciales. Depuis lors, entre les deux institutions les relations se sont maintenues très cordiales. Je voudrais qu'il continue d'en être ainsi, car les institutions ont une fin en soi indépendante de la personnalité des hommes qui momentanément les dirigent. Nous avons souvent sollicité le concours des hommes d'affaires. Peut-être, dans notre esprit, le mot de collaboration a-t-il eu tendance à prendre un sens un peu étriqué, qui pourrait se ramener à ceci: engagez nos diplômés comme nous les préparons et au moment où nous vous les présentons.

À mon avis, les hommes d'affaires ont le droit de s'attendre à mieux. Je ne vois pas pourquoi, par exemple, ils ne contribueraient pas, dans une certaine mesure — comme certains groupements professionnels le font déjà — à la formation pratique des jeunes gens dont ils seront appelés demain ou après-demain à utiliser les services. Après tout, cette école existe pour eux. Nos diplômés seront leurs auxiliaires et leurs successeurs. C'est pourquoi, durant les quelques semaines déjà passées à la direction de l'École des Hautes Études Commerciales, j'ai réfléchi longuement à une formule de collaboration précise que je me propose, avec l'assentiment de la Commission des études et des professeurs, de soumettre un de ces jours prochains aux hommes d'affaires.

Je suis convaincu d'avance — et les consultations que j'ai déjà obtenues de quelques-uns d'entre eux me confirment dans cette opinion — que je recevrai chez eux l'accueil le plus cordial, en même temps que les conseils les plus propres à la mise au point de notre propre institution. Car, voyez-vous, il n'est rien de tel que de se souvenir de temps en temps que, qui que nous soyons, nous ne sommes en dernière analyse que les modestes instruments d'une œuvre qui nous dépasse en ampleur et en hauteur, qui existerait sans nous et qui durera après nous. Cette œuvre, c'est le service de la nation avec toutes les grandes et nobles causes qui en procèdent. Quand on a un grain de cette modestie dans le cœur et dans l'âme, les tâches les plus ardues

sont allégées, et au surplus le vrai prestige et la gloire personnelle, pour ceux qui y tiennent, sont au bout.

Besoin de coordination des forces économiques

Ceux d'entre nous qui ont voyagé un peu dans la province, pris
contact tantôt avec un groupe et tantôt avec un autre, ont inter-
rogé, observé, se sont rendu compte qu'un peu partout il existe
un grand besoin de renouveau; que des efforts s'esquissent,
inspirés parfois des idées les plus généreuses, mais que ce qui
manque pour que tout cela se développe avec une vigueur, une
puissance proportionnée aux maux qu'il s'agit de corriger, c'est
la coordination.

Si toutes les forces, qui à l'heure actuelle s'émeuvent,
s'agitent, étaient unies dans un même mouvement et tendues
vers une même fin, j'ai la conviction profonde que la situation
économique de la province, actuellement si troublée, serait
bientôt redressée, et que les difficultés sociales qui en résultent
auraient du coup trouvé en bonne partie leur solution.

Il s'agit donc de sortir de son isolement, de rencontrer ceux
qui ont les mêmes pensées, les mêmes ambitions, les mêmes
désirs que nous, d'échanger des idées et, tombant d'accord, de
nous attacher ensemble à la réalisation de cette œuvre commune
dont je parlais il y a un instant.

Ajustement des programmes et Musée de la province

La deuxième idée qui inspirera mon action à l'École des Hautes
Études Commerciales, c'est celle d'une adaptation aussi exacte
que possible de notre enseignement à la situation, aux besoins,
aux problèmes de chez nous. Et cela semble assez normal, et au
surplus je crois cela très opportun, car je n'ai jamais cru personnellement à la science neutre, à l'enseignement qui ne tient
aucun compte du sujet à former.

Nous chercherons cette adaptation de deux manières.
D'abord par un certain ajustement des programmes, par exemple par un enseignement plus précis et plus détaillé de la géographie de la province; par la préférence accordée en comptabilité
aux problèmes que rencontrent nos maisons d'affaires; en tech-

nologie, aux procédés en usage dans les industries de la province, etc. Cela se faisait, cela se fera davantage.

En outre, avec le concours de l'honorable secrétaire de la province et de quelques-uns de ses collègues, nous prenons nos mesures pour créer au Musée une section de la province — sorte d'exposition permanente de toutes nos productions. J'ai déjà l'assurance de messieurs les ministres de l'Agriculture, des Terres et Forêts, des Mines et des Pêcheries que leurs ministères respectifs nous procureront à titre gracieux des collections complètes des produits naturels de la province; et de l'honorable ministre du Commerce qu'il nous aidera à obtenir, au fur et à mesure que nous pourrons les installer, des collections de nos diverses industries. Je profite de l'occasion pour les remercier au nom de l'École et au mien de leur si précieux concours. Nous disposerons ainsi d'une documentation complète sur les richesses de la province, leur utilisation, le parti qu'on en tire et qu'on pourrait en tirer. Ces collections, accompagnées de notes géographiques, économiques et technologiques constitueront pour nos étudiants, de même que pour toute personne désireuse de se renseigner sur notre province une source permanente de renseignements éminemment utiles.

Cours d'économie politique appliquée

Il entre enfin dans nos vues d'instituer aussitôt que les circonstances le permettront un cours qu'on pourrait dire d'économie politique appliquée et qui, complétant le cours d'économie politique actuel, portera sur les questions avec lesquelles nous devons tous compter, quelles que soient nos occupations: problème agricole, problème forestier, problème minier, problème des pêcheries, problème social sous ses divers aspects, rural et urbain, comme ils se posent chez nous, compte tenu de tous les facteurs qui les conditionnent: géographique, économique et humain — de telle sorte qu'à leurs connaissances théoriques de l'économie politique nos étudiants joignent une connaissance pratique du problème économique et social sous les divers aspects qu'il revêt dans notre province.

Allégement du programme; travail personnel de l'étudiant

J'ajoute que, selon le vœu depuis longtemps exprimé des professeurs, nous avons allégé un peu le programme, suspendant ou supprimant certains cours qui se présentaient trop évidemment comme cours de spécialisation, et que c'est notre intention de procéder en temps opportun à de nouveaux allégements — mais qu'en revanche nous voulons augmenter au maximum la part du travail personnel de l'étudiant, sous la direction immédiate des professeurs. Après tout, si nous visons à développer chez les jeunes gens l'esprit d'initiative, la débrouillardise, à leur donner une méthode de travail, il convient que nous cessions de nous substituer à eux et que nous leur fournissions l'occasion de travailler par eux-mêmes.

Cette réadaptation de l'enseignement suppose en outre le retour, comme idées inspiratrices, aux façons de penser, de concevoir, de sentir et de réagir, caractéristiques d'une population comme la nôtre dans les conditions de vie où elle se trouve. Je le disais il y a un instant: je ne crois pas à la neutralité comme atmosphère de formation intellectuelle. Nos jeunes gens seront forts de leur culture, de leur compétence technique; ils seront surtout forts des convictions que nous aurons su éveiller ou fortifier en eux. Nous voulons plus que des hommes de savoir, nous voulons des hommes de foi.

Ces convictions, elles sont de trois sortes — procédant toutes, en somme, du même principe et tendant toutes vers la même fin.

Convictions morales, sociales, nationales

Convictions d'ordre moral d'abord, appuyées elles-mêmes sur de solides convictions religieuses — car en toute chose il faut revenir à l'essentiel: sens éclairé, inflexible de l'honnêteté, conscience professionnelle, culte de l'honneur, respect absolu de la parole donnée; passion du travail accepté non comme une servitude, mais comme une grandeur, une dignité; discipline, ordre, goût de «la belle ouvrage», du travail que l'on fait bien pour le plaisir de le bien faire, désir de puissance et de conquête, pour le plaisir d'accomplir de grandes choses. Ce qu'il nous faut, ce sont des personnalités viriles qui ne se racornissent pas dans l'égoïsme, mais se déploient puissamment dans la volonté de servir. Et pour les former, rien de tel que les vieilles notions qui ont constitué de tout temps l'essentiel de l'éducation humaine et qui, en efficacité et en valeur de vie, l'emporteront toujours sur les recettes et les trucs que le monde moderne peut prétendre y substituer.

D'ordre social ensuite. Intelligence et préoccupation du bien commun. L'individualisme, c'est-à-dire l'inaptitude à collaborer nous a minés, affaiblis, parce qu'une certaine sorte d'éducation n'a jamais su le dompter, le neutraliser — dans un monde où force isolée est synonyme de faiblesse. Nous voulons éveiller chez nos jeunes l'esprit de solidarité et de collaboration, un sens aigu de la portée sociale de leurs moindres actes, et des responsabilités sociales qui s'attachent à leur qualité d'hommes instruits et d'hommes d'affaires. Nous voulons qu'ils sachent bien que la gêne, la pauvreté, la misère des autres ne sont indifférentes à personne, aux hommes d'affaires moins encore qu'aux autres puisque, pour eux, le triomphe de la justice sociale et ses conséquences: l'apaisement des haines et des rancœurs et le relèvement des niveaux de vie coïncident exactement avec leurs meilleurs intérêts.

Enfin, d'ordre national ou patriotique. Nous nous réclamons, parfois bruyamment, de la civilisation française. Cela signifie quelque chose ou cela ne signifie rien. Si cela ne signifie rien, admettons que nous avons perdu énormément de temps et gaspillé beaucoup d'argent depuis un siècle et demi. Mais si cela signifie quelque chose, eh bien! cela ne peut pas ne pas signifier beaucoup, jusqu'à nous dicter une règle de vie qui s'impose à la vie professionnelle et publique aussi bien qu'à la vie privée.

On est ce que l'on est, et dans le cas particulier des Canadiens français je ne vois pas qu'ils aient à rougir de ce qu'ils sont par l'origine, le tour d'esprit et la culture. Mais l'on n'est quelqu'un que si l'on accepte d'être pleinement soi-même. L'individualisme qui nous a minés sur le plan social nous a autant dire ruinés sur le plan national. Il faut le remplacer chez les jeunes générations d'où émergera l'élite de demain par l'esprit de solidarité, l'intelligence nette des devoirs patriotiques, un sens éclairé de la grandeur nationale et l'ambition d'y contribuer. Ce résultat, nous ne l'obtiendrons pas dans une école où l'enseignement se donne en français, nous l'obtiendrons dans une école où règnent une ambiance, un esprit français, un esprit patriotique.

Des initiateurs, des créateurs...

Et dans le cas particulier des jeunes gens de notre école nous voudrions que ces désirs, ces vouloirs, ces aspirations se fondent en une même ambition: celle d'être un jour dans le domaine si délabré de l'économique, des initiateurs, des créateurs d'entreprises, des entraîneurs et des chefs qui prendront sur leurs épaules robustes l'œuvre si importante et si nécessaire de la restauration. Ils trouveront chez les anciens de beaux exemples — ainsi ce parfait industriel, ce beau type de patron canadien-français que nous avons entendu tantôt, M. Soucy. Il y en a d'autres. Ils seront les continuateurs, les amplificateurs d'une tradition qui déjà s'amorce parmi nous. Car l'œuvre est immense et qui l'accomplira sinon ceux que leur formation prépare spécialement à cette tâche?

* *

*

Mesdames et messieurs, je m'excuse de vous avoir retenus si longtemps. Mais j'ai voulu qu'en quittant cette salle vous sachiez ce que déjà nous avons tenté de faire, ce que nous voulons entreprendre encore et surtout dans quel esprit nous entendons agir. Certes, ce n'en est pas un de sabotage, de destruction. La vie est trop courte pour l'occuper, la remplir de ces seules misères. C'en est un de large collaboration — je répète le mot pour la centième fois — avec tous ceux qui travaillent et veulent édifier quelque chose dont bénéficieront notre jeunesse, notre société, notre peuple, notre province; c'en est un de construction qui veut ajouter sa pierre, si modeste soit-elle, à l'œuvre des prédécesseurs, à l'œuvre commune; c'en est un, enfin, de progrès cherché à la lumière des grands principes qui régissent les sociétés humaines à toutes les époques et sous tous les climats mais à la lumière aussi des conditions de notre milieu et des exigences particulières de notre situation — de progrès dans tous les sens, et sur toutes les avenues de l'activité humaine. Nous sommes tout entiers au service d'une œuvre que nous voulons grande, prestigieuse, mais de la grandeur et du prestige de laquelle nous n'entendons être que les modestes et très loyaux artisans; et à travers l'œuvre, au service d'une cause que nous avons beaucoup aimée et déjà longuement servie, et que nous désirons servir encore avec plus d'amour et de dévouement que jamais — convaincus que la vie n'a de valeur, de fécondité, qu'elle n'a de sens que si elle se donne, que si elle se perd dans une pensée, dans une aspiration qui la remplit toute et la dépasse!

Ce qui peut surprendre dans ce discours, c'est la longue partie (plus de la moitié du texte) consacrée à la «collaboration» avec les divers partenaires en cause. C'est que c'était là, à ce moment, le besoin que ressentaient le plus les diverses personnes avec qui le directeur Minville entrerait en relation. M. Laureys était un ancien officier de marine, professeur sur un navire-école militaire, avant d'être engagé comme professeur aux H.E.C., puis promu à la fonction de directeur. Sa nomination au poste de directeur était survenue à la suite de conflits acrimonieux entre le premier directeur, de Bray, et le président du conseil d'administration de l'École, Isaïe Préfontaine. Il en était résulté dans l'École un état de désordre que les témoins de l'époque ont dit indescriptible.

L'allure militaire de M. Laureys, doué naturellement au surplus d'un caractère impérieux, avait alors bien servi le développement de l'École. Mais avec le temps, elle pesait de plus en plus lourd sur l'atmosphère des relations humaines à l'École. Un grand changement sur ce plan était attendu du renouvellement de la direction. M. Minville en garantissait l'avènement avec son arrivée.

L'École des Hautes Études Commerciales et l'Université de Montréal[268]

L'Université à la montagne! Une ère nouvelle commence pour la première de nos institutions d'enseignement supérieur. À l'inquiétude qui depuis dix ans voilait les esprits, à l'espèce de lassitude qui à la longue menaçait de paralyser les plus vigoureux élans, va succéder, tout le monde l'espère, la foi confiante dans un avenir fructueux. Bien installée dans un immeuble à la taille de sa mission et digne de son prestige, elle va pouvoir enfin déployer largement son essor et prendre place au premier rang des grandes institutions d'enseignement supérieur de la province et du pays.

L'École des Hautes Études Commerciales, affiliée dès ses débuts à l'Université, ne l'accompagne pas à la montagne. L'immeuble de la rue Viger suffit encore à ses besoins. De plus, son champ d'action et son organisation étant ce qu'ils sont, il vaut probablement mieux qu'elle demeure longtemps encore là où elle est établie, dans le quartier des affaires.

Mais entre les deux institutions il y a partie liée. L'esprit de collaboration qui a marqué les anciens jours, loin de se relâcher, inspirera plus profondément nous l'espérons les jours

268. *L'Action universitaire*, septembre 1942.

nouveaux. Il ne faudrait pas que l'éloignement de l'institution centrale du vieux quartier altérât en quoi que ce soit l'excellence de ses relations avec celles de ses écoles qui restent sur place. Au contraire.

Nous aurons plus que jamais besoin d'union dans l'effort, de communion dans la même pensée. Une œuvre de réfection immense nous attend, attend notre pays, notre peuple quand finira — plaise au Ciel que ce soit bientôt — le conflit qui depuis trois ans ravage le monde, y sème la ruine et la détresse. Une œuvre à laquelle les institutions d'enseignement supérieur ne sauraient rester indifférentes, à laquelle elles auront le devoir impérieux de participer selon leurs moyens et dans la ligne même de leur mission sociale et nationale: former des chefs ouverts aux exigences des temps nouveaux, donner des directives, préparer un programme d'action inspiré des intérêts supérieurs de notre société et de notre peuple et se rendre capable d'en assurer la réalisation. Mais l'action particulière de chacune d'entre elles devra procéder d'une même pensée ordonnatrice, d'un même corps de doctrine d'abord dans l'accord des intelligences et des volontés. C'est donc à une œuvre de large collaboration sur le plan de la pensée et de l'action que l'Université, établie désormais sur des bases matérielles fermes, doit convier les écoles et facultés associées sous son égide. D'avance notre humble concours lui est acquis.

L'École des Hautes Études Commerciales partage avec un certain nombre d'autres institutions universitaires l'enseignement des sciences économiques. L'effort de ses quelque trente années d'existence est déjà considérable. Outre son enseignement créé de toutes pièces et continuellement mis au point, elle a organisé des services: bibliothèque, Musée commercial et industriel qui sont un précieux acquis pour ses étudiants et pour le public. Elle ne demande pas mieux que d'intensifier cet effort, et d'autant plus que les besoins des années à venir s'annoncent à la fois plus nombreux et plus impérieux. L'enseignement, la formation d'hommes d'affaires instruits de leur métier et pénétrés du sens de leurs responsabilités de spécialistes de telle ou telle branche du commerce, de l'industrie et de la finance demeure il va sans dire sa grande préoccupation; elle ne néglige aucun moyen d'en accroître de plus en plus l'efficacité. Mais elle envisage aussi diverses initiatives qu'elle juge nécessaires au rayonnement de sa pensée et aux progrès de la population. Quelques-unes sont déjà amorcées. Ainsi les cours publics sur la province de Québec géographique, économique et humaine et les publications auxquelles ces cours donnent et donneront lieu; la création au Musée commercial et industriel d'une section de la province de Québec, point de départ de ce que nous souhaitons être un jour un centre de documentation économique à l'usage des étudiants, des hommes d'affaires et du public en général. Ces initiatives ont déjà éveillé l'intérêt et on a bien voulu nous dire qu'elles répondent à un besoin. Nous proposons de parfaire ce qui est commencé et, à mesure que les circonstances le permettront, d'amorcer d'autres entreprises, apparemment distinctes, mais en fait reliées aux premières et à tout l'organisme de l'École, selon un plan d'ensemble visant à faire de notre institution un centre de plus en plus important d'études, de recherches et de documentation.

Ce n'est certes pas le travail qui manque, tant dans le domaine qui nous est propre que dans celui où évoluent les autres institutions rattachées à l'Université de Montréal. Nous avons vécu comme peuple une existence difficile, traversée de multiples et dures épreuves dont nous subissons encore aujourd'hui les lointaines conséquences; les malheurs actuels du monde nous atteignent comme les autres étant donné les faiblesses de notre situation; enfin l'avenir s'annonce chargé d'exigences nouvelles. Réparer les insuffisances du passé, consolider le présent, préparer aux générations futures une existence meilleure que la nôtre, contribuer du même coup aux progrès bien compris: matériels, intellectuels et moraux de la société humaine, c'est un programme lourd, mais digne des plus hautes aspirations des institutions d'enseignement. L'Université de Montréal en assumera sans doute le fardeau avec détermination et avec amour. À l'aurore des temps nouveaux qui commencent aujourd'hui pour elle, nous formons le vœu que l'esprit de concorde et de paix l'enveloppe et qu'elle réalise pleinement la haute mission dont elle est investie parmi nous.

L'École des Hautes Études Commerciales et les problèmes du milieu canadien[269]

269. Extrait d'une allocution prononcée pendant la guerre entre 1940 et 1944, vraisemblablement, selon le ton, devant l'une de nos associations d'hommes d'affaires, plus spécifiquement peut-être la Ligue d'Achat Chez Nous. Œuvres complètes d'Esdras Minville, Archives de la Bibliothèque Patrick Allen, École des H.E.C., Cahiers des manuscrits.

Notes explicatives

Le texte qui suit parle sans doute par lui-même en termes de nationalisme, mais il fait en même temps partie d'un autre type de promotion que l'École a dû longtemps faire auprès des hommes d'affaires canadiens-français pour les inciter à se montrer plus conciliants envers l'embauche des diplômés de l'École des Hautes Études Commerciales.

Un des problèmes du développement de l'École fut en effet que le milieu des affaires canadien-français était en général constitué de petites et moyennes entreprises où les patrons, eux-mêmes créateurs et uniques propriétaires de leurs entreprises, craignaient d'embaucher des diplômés de trop haut calibre qui auraient, à leur avis, la prétention de leur donner des leçons[270].

Quand en 1927 une délégation d'hommes d'affaires de Québec demanda au gouvernement de subventionner la création d'une École de commerce à Québec, à l'Académie commerciale des frères des écoles chrétiennes, le premier ministre Taschereau leur répondit qu'avant de réclamer une autre école comme l'École des Hautes Études Commerciales de Montréal, ils pourraient commencer par employer plus largement les diplômés de cette dernière.

---

270. Voir à ce sujet le volume 9 de la présente série, *Les étapes d'une carrière*, p. 50.

Ceci n'est qu'un extrait d'un discours dont nous n'avons pas retrouvé l'ensemble. Mais pour qui a vécu les événements, il ressort clairement que c'est le point qu'elle abordait spécifiquement.

Nous faisons donc, à l'École des Hautes Études Commerciales, un grand effort pour améliorer notre enseignement, le rendre plus efficace, plus pratique, mieux adapté à la fin même pour laquelle l'École a été créée: 1) en éclairant mieux les jeunes gens, dès avant leur arrivée à l'École, sur les exigences de la carrière des affaires, non seulement les exigences intellectuelles, mais aussi et surtout les exigences psychologiques et professionnelles; 2) en continuant l'orientation à l'École même afin de diriger nos étudiants vers la ou les spécialités les plus conformes à leurs aptitudes, aux inclinations de leur tempérament; 3) en adaptant nos méthodes et notre enseignement aux besoins particuliers de notre milieu, en nous efforçant de former des hommes d'affaires aptes à réussir dans le milieu où ils sont appelés à déployer leur activité, c'est-à-dire la province de Québec et le Canada, et en perfectionnant les services auxiliaires de l'École (bibliothèque et musée) de façon à en faire des instruments de travail plus pratiques, mieux adaptés à nos besoins à nous.

L'École des Hautes Études Commerciales n'est d'ailleurs pas seule dans ce cas. Les autres grandes écoles — École polytechnique, École technique — font également un grand effort de perfectionnement.

La question qui se pose maintenant est celle-ci: À qui, en définitive, dans une province et dans un pays comme les nôtres, bi-ethniques, biculturels, profitera l'activité des jeunes gens qui, à l'heure actuelle, poursuivent leurs études dans nos grandes écoles? À qui, je veux dire à quel groupement social, à quel groupement national? La question n'est pas sans importance, car, l'expérience est là pour nous en instruire, il ne suffit pas que des jeunes canadiens-français poursuivent leurs études dans des institutions canadiennes-françaises pour nous assurer que leur savoir, leurs énergies, leurs travaux profiteront plus tard au groupement canadien-français. Pour avoir une telle assurance, il faudrait, en effet, que nous soyons sûrs que ces jeunes Canadiens français, au sortir des écoles, ne tomberont pas dans le vide, mais qu'ils trouveront chez les Canadiens français des cadres organisés pour les accueillir, les aider à s'installer dans la carrière et seconder leurs efforts, cadres sinon aussi puissants, du moins aussi prestigieux que ceux qu'ont dressés chez nous-mêmes les Anglo-Canadiens.

Le gouvernement de la province de Québec en créant, à coups de centaines de milliers de dollars, des grandes écoles et en les subventionnant chaque année à même l'argent des contribuables avait et a en vue sans doute de fournir chaque année, à un certain nombre de jeunes gens, les moyens de gagner leur vie, de faire un succès de leur carrière, mais il avait et il a surtout en vue la préparation d'équipes successives de jeunes hommes qui, plus instruits que la moyenne, assumeront le rôle de chefs dans leurs branches respectives, constitueront — pour employer un mot peut-être un peu prétentieux mais exact — une élite dont l'activité bénéficiera à la collectivité tout entière. Autrement, il n'eût pas été nécessaire de fonder des écoles canadiennes-françaises confiées à des Canadiens français. Il eût suffi de subventionner plus largement les institutions anglo-canadiennes qui déjà existaient chez nous.

Mais, vous le savez bien, ces jeunes gens, au sortir de l'École, ne sont pas prêts à jouer un rôle de chefs. Ils ont une formation théorique plus ou moins poussée, et que nous voulons de plus en plus forte. Mais ils doivent encore faire l'apprentissage de la carrière de leur choix, acquérir cette expérience pratique qui, seule, leur permettra de faire fructifier au maximum les connaissances acquises à l'École. C'est dire qu'en entrant dans la carrière ils ont besoin d'être encadrés, guidés, soutenus. Or, ils iront là où il leur paraît que ce concours leur sera le plus largement et le plus généreusement accordé.

Pour la première fois, l'année dernière, la Shawinigan Water & Power nous a envoyé son gérant visiter l'École des Hautes Études Commerciales et discuter avec nous des arrangements quant à l'engagement chaque année d'un certain nombre de nos diplômés.

Pour la première fois, l'année dernière, la compagnie Robert Simpson de Toronto nous a envoyé son gérant discuter avec nous d'un arrangement du même genre et cela, avec l'intention avouée de se servir de ces jeunes gens pour développer son commerce dans la province de Québec.

J'ai à mon bureau une lettre d'invitation d'un grand banquier de Montréal qui veut me présenter au président et au vice-président d'une maison d'affaires anglaise ayant son siège principal en Angleterre et une succursale dans l'Ontario, et qui désire également retenir les services d'un certain nombre de nos diplômés; pour la première fois, l'année dernière, le contrôleur du Canadien Pacifique est venu visiter l'École et nous offrir d'orienter vers les services spéciaux du Canadien Pacifique ceux de nos jeunes gens qui manifesteraient le plus d'aptitudes pour les études spécialisées: recherche économique, statistiques, etc.

C'est donc dire que, dans la mesure même où une grande école comme la nôtre améliore son enseignement, l'intérêt qu'elle suscite dans les milieux d'affaires anglo-canadiens grandit. Or, ces maisons, désireuses de retenir ainsi les services de nos jeunes gens, ont le soin cependant de faire un choix. Pour en dégager deux ou trois, elles demanderont d'en voir dix ou douze. En d'autres termes, elles veulent s'assurer les services des meilleurs, des plus brillants.

Tout cela est très bien si on se place au strict point de vue individuel des jeunes gens. Mais si l'on se place au point de vue des intérêts généraux de la collectivité canadienne-française, cela est-il si désirable? Car, encore une fois, je le répète, nos grandes écoles ont pour mission de préparer des générations successives de jeunes gens qui, par leurs travaux et leurs succès, contribueront à la restauration, au relèvement, au progrès économiques des Canadiens français. Si les Anglo-Canadiens retiennent ainsi, et de plus en plus, les services de nos diplômés, où sera le bénéfice pour nous?

Où sera en particulier le bénéfice pour vous, hommes d'affaires canadiens-français? De deux choses l'une: ou bien vous croyez que vos responsabilités d'affaires ne dépassent pas vos intérêts personnels, ceux de votre famille et ceux de votre entreprise, que vous êtes quittes dès lors que vous avez tout fait pour réussir vous-mêmes, assurer le confort des vôtres et le succès de vos entreprises. Mais dans ce cas, vous renoncez au droit d'exiger le concours de vos compatriotes, d'exiger qu'à avantages égaux ils vous accordent la préférence comme dans une famille on accorde la préférence aux frères.

Ou bien, vous sentez que, en tant que Canadien français, vous êtes solidaires de vos compatriotes et vous acceptez cette solidarité avec ce qu'elle peut comporter pour vous de charges et d'avantages; vous convenez que vous serez personnellement d'autant plus prospère que la population canadienne-française qui vous fournit votre clientèle sera elle-même plus prospère, mieux assise sur ses positions économiques. Dans le premier cas, c'est peut-être votre droit de refuser votre concours à vos compatriotes mais du fait même vous renoncez au droit d'exiger de vos compatriotes leur concours au développement de vos affaires personnelles. La concurrence entre vous et les entreprises similaires anglo-canadiennes, juives ou américaines établies chez nous se fera effectivement sur une base de prix et de qualité, en définitive de compétence personnelle; si vous êtes vainqueurs, tant mieux pour vous; si vous êtes vaincus, vous n'aurez de reproche à adresser à personne, pas plus à vos compatriotes qu'aux autres.

Dans le second cas, assumant vous-mêmes une part de responsabilité, vous avez le droit d'exiger que vos compatriotes vous aident. Je crois que c'est là l'opinion de la plupart d'entre vous, sinon de tous. En effet, marchands de Montréal, vous avez il y a quelques années lancé un mouvement, l'achat chez nous, qui, visant une fin immédiatement économique, exprime cependant une idée plus haute et plus large: celle de solidarité nationale. Vous avez reçu à ce sujet d'assez amers reproches. On vous a taxés de nationalisme mesquin, d'étroitesse d'esprit. Je ne crois pas, pour ma part, que vous méritiez pareil blâme. Vous n'avez fait, en somme, que ce que font autour de nous les autres nationalités. Vous n'avez fait que reprendre, par exemple, à votre bénéfice la campagne du *Buy British* menée en Angleterre avant la guerre de 1914, et dirigée spécialement contre le *Made in Germany*. Ou encore, la campagne menée en ces dernières années en faveur des produits de l'Empire et d'ailleurs consacrée par les accords inter-impériaux de 1932. Les reproches de nationalisme excessif portent donc à faux.

L'achat chez nous, j'en suis pour ma part, et pleinement. À deux conditions toutefois: 1) que l'obligation que, commerçants, vous faites au consommateur de vous accorder sa préférence, vous l'assumiez pour vous vis-à-vis du producteur; en d'autres termes, que l'achat chez nous fasse la chaîne complète, relie le consommateur au producteur et contribue ainsi à consolider tout notre organisme économique. Si un commerçant appartenant à la Ligue d'Achat Chez Nous m'expédiait des produits d'origine étrangère lorsqu'il y en a de similaires dans la province de Québec, je cesserais immédiatement de lui accorder ma clientèle; 2) que l'achat chez nous ait une valeur éducative, c'est-à-dire qu'il soit mené de façon que la population prenne l'habitude d'accorder spontanément, à qualité et à prix égaux, sa préférence aux compatriotes canadiens-français, sans qu'il soit besoin de la solliciter à cette fin. En d'autres termes, la campagne en faveur de l'achat chez nous doit être menée de telle façon que, d'ici quelques années tout au plus, nous n'ayons plus besoin de parler de l'achat chez nous, que cela soit devenu chez nos gens naturel.

Ceux d'entre vous qui ont fondé cette ligue, qui ont consacré au mouvement un peu de leur travail et de leur argent, ont raison, je pense, de se féliciter des résultats: ils ont fait un bon placement.

Mais, retenir la clientèle canadienne-française, la canaliser vers les maisons canadiennes-françaises, cela signifie beaucoup, cela n'est cependant pas tout. Il faut que l'achat chez nous élargisse ses vues et que de la Ligue d'Achat Chez Nous sorte une organisation capable de canaliser au bénéfice de la population canadienne-française toutes les énergies dont nous disposons, toutes les forces qui peuvent l'aider, contribuer à ses progrès dans toutes les sphères de l'activité. Et parmi ces forces de salut, en est-il de plus précieuses, qui méritent davantage l'attention de ceux qui occupent aujourd'hui des postes de commande dans l'une ou l'autre sphère d'action, que la jeunesse, la jeunesse instruite, celle des écoles techniques, des écoles de génie, des écoles de sciences, etc. Il faut qu'une organisation soit mise sur pied qui ait assez de prestige pour attirer ces jeunes gens, assez de vigueur pour les soutenir dans leurs débuts, assez de puissance pour leur permettre de pousser aussi loin qu'ils le peuvent le développement de leur carrière.

Une telle organisation est d'ailleurs nécessaire à bien d'autres points de vue. Ainsi, ces jours derniers, un commerçant de Montréal me demandait quels moyens les maisons d'affaires canadiennes-françaises pourraient bien prendre pour obtenir du gouvernement fédéral des commandes de guerre. Il paraît que la part faite aux maisons canadiennes-françaises est plutôt modeste et qu'il y a lieu de s'en plaindre. De moyens précis pour obtenir immédiatement de telles commandes, j'avoue n'en pas connaître, sauf le moyen traditionnel chez nous de la ficelle politique. Mais je crois connaître un moyen d'éviter qu'à l'avenir pareille situation ne se présente, et c'est que les hommes d'affaires canadiens-français se groupent de façon à former une force économique capable d'impressionner les pouvoirs publics ainsi que les organismes avec lesquels ils ont à traiter. Si vous voulez bien le remarquer, en effet, un certain nombre de Canadiens français, d'hommes d'affaires, occupent dans les hauts services fédéraux des situations de premier plan; certains d'entre eux y obtiennent même des différents ministères des commandes importantes et cela en temps de paix comme en temps de guerre. D'autres hommes d'affaires sont parvenus au conseil d'administration de grandes entreprises à caractère national: transport, etc. Mais si l'on y regarde d'un peu près, on se rend compte que la plupart de ceux qui ont ainsi bénéficié des faveurs des pouvoirs publics ou des grandes entreprises ont été choisis non pas tant parce qu'ils représentent une force économique capable de parler haut et fort que parce qu'ils représentent dans un parti ou dans l'autre une force politique. [...][271].

Vers la même époque, un manuscrit dont la destination n'est pas indiquée montre qu'il y a toujours des réticences dans le monde des affaires canadien-français qui en est encore, à ce moment-là, à l'entreprise familiale.

---

271. La suite du texte manque.

Les relations des hommes d'affaires et de l'École pourraient, nous semble-t-il, se développer davantage et prendre un tour plus pratique.

Nous constatons par exemple que les fils d'hommes d'affaires: marchands, industriels, financiers, établis à leur propre compte, ne représentent une année portant l'autre qu'une faible proportion de nos diplômés. Sans doute l'École existe pour tout jeune homme qui se destine à la carrière des affaires quelles que soient ses origines. Mais elle existe aussi et surtout pour les fils d'hommes d'affaires désireux de se préparer à remplacer leur père à la tête d'une entreprise. Une maison d'affaires: magasin, industrie ou bureau de courtage, qui permet à son propriétaire de vivre convenablement, d'élever et d'établir ses enfants, mérite d'être maintenue. Comme les hommes d'affaires ne sont pas plus éternels que les autres, ils devraient à notre avis profiter des avantages que leur offre l'École des Hautes Études pour se préparer des continuateurs. C'est une idée que nous énonçons en passant et sur laquelle nous espérons revenir un jour.

Dans le même ordre d'idées on peut se demander si les groupements d'hommes d'affaires ont fait tout ce qui est possible pour retenir dans leurs rangs les diplômés de l'École? Ils ont tenté par la Ligue d'Achat Chez Nous de reconquérir ce qu'ils considèrent être leur clientèle naturelle. Effort louable. Mais il est d'autres forces, dont ils devraient s'assurer le concours. Et la plus précieuse de ces forces c'est certainement la jeunesse instruite qui chaque année quitte les grandes écoles. Encore ici il y aurait lieu d'étudier les moyens à prendre pour aider cette jeunesse à s'établir et à se mettre ainsi en état de mieux servir[272].

---

272. *Cf.* référence ci-dessus, p. 22, n° 18.

L'École des Hautes Études Commerciales et l'effort de guerre[273]

Quand on parle d'écoles de commerce, on songe généralement aux institutions du degré primaire ou primaire supérieur qui préparent aux fonctions courantes, et la plupart du temps subalternes, des affaires. Mais s'il y a les écoles de commerce ainsi entendues, il y a aussi les autres, celles qui appartiennent au degré supérieur de l'enseignement et qui préparent aux carrières administratives et aux fonctions spécialisées des affaires. Ces institutions répondent à un besoin essentiel des sociétés modernes et cela, en temps de guerre comme en temps de paix. C'est à cette catégorie qu'appartient l'École des Hautes Études Commerciales, affiliée à l'Université de Montréal dont elle est, à toute fin pratique, la Faculté de commerce.

[...][274].

---

273. Ce texte date de 1943. Cela semble être un document officiel destiné à un organisme gouvernemental fédéral régissant l'effort de guerre canadien, sans doute par rapport au recrutement des jeunes pour l'armée. Manuscrit aux Archives de la Bibliothèque Patrick Allen, École des H.E.C., Œuvres complètes d'Esdras Minville, Cahiers des manuscrits.

274. Ici une couple de paragraphes décrivant les cours de l'École, selon ce qu'on retrouve plus détaillé à la page 93.

Nous ne reprendrons pas ici les arguments qui justifient la création et l'entretien en temps de paix d'écoles du type de l'École des Hautes Études Commerciales. Ces arguments sont connus. Quant à l'utilité de telles écoles en temps de guerre, il est facile de l'établir par les faits.

1) L'École des Hautes Études Commerciales de Montréal a ouvert ses portes en 1910 et décerné ses premiers diplômes en 1913. Elle compte aujourd'hui 640 diplômés. Or, à l'heure actuelle, sur ces 640 diplômés, 331 ou plus de 50 % participent activement à l'effort de guerre du Canada — et cela, sans que rien de particulier ait été entrepris pour les y engager, tout simplement parce que leur activité professionnelle, donc la formation reçue à l'École, est en étroite relation avec l'activité de guerre du pays. Une pareille proportion classe l'École parmi les institutions les plus utiles à l'effort de guerre du pays.

On trouvera ci-après la liste complète des diplômés de l'École mêlés à l'effort de guerre, avec indication de l'année de leur sortie de l'École[275]. Nous possédons à l'École même le dossier de chacun d'entre eux, de sorte que nous pouvons justifier amplement ce que nous devons nous contenter d'affirmer ici.

Sur ces 331 diplômés de l'École des Hautes Études Commerciales:

53   sont dans l'armée, la plupart avec une commission d'officier;

75   sont employés dans les industries de guerre, services techniques et administratifs;

29   sont affectés à la perception de l'impôt sur le revenu;

43   sont attachés à divers services fédéraux, dont 10 à des organismes spéciaux de guerre;

---

275. Suivaient, à la fin du texte, les listes des finissants des promotions 1939 à 1943, des licenciés de l'École enrôlés dans les forces armées du Canada, des licenciés employés à l'impôt sur le revenu, des autres licenciés au service du gouvernement fédéral, des employés dans divers organismes fédéraux de guerre, dans les industries de guerre, des licenciés travaillant pour les emprunts de la victoire, des licenciés comptables-vérificateurs, experts-comptables et stagiaires-comptables; et pour les cours du soir, des fonctionnaires du gouvernement fédéral, des étudiants employés dans les industries de guerre et des stagiaires-comptables.

12   sont attachés au service des finances de guerre;

13   sont établis comme comptables-vérificateurs et à l'heure actuelle sont plus ou moins mobilisés pour des fins de contrôle, etc.;

54   sont experts-comptables et appartiennent comme employés à des bureaux de comptables-vérificateurs, tombant par le fait même dans la catégorie précédente;

52   sont stagiaires-comptables avec l'autorisation expresse du Service sélectif; ils collaborent ainsi avec les comptables-vérificateurs aux travaux exigés par le gouvernement fédéral.

Les autres sont dans les affaires, établis à leur compte ou employés dans le commerce, l'industrie, le journalisme, l'enseignement, les services publics, le fonctionnarisme municipal ou provincial, etc. Les plus anciens diplômés de l'École dépassent aujourd'hui les cinquante ans. Quand ils ont choisi leur spécialité, il y a dix, quinze ou vingt ans, ils ne pouvaient entrevoir que le pays aurait un jour besoin d'eux pour un nouvel effort de guerre; ils sont donc dans le cas des médecins, dentistes, ingénieurs ou techniciens du même âge et de la même époque.

Quant aux plus récentes promotions, elles sont en forte proportion affectées aux œuvres de guerre:

Promotion de 1939:	22 sur 39
Promotion de 1940:	38 sur 51
Promotion de 1941:	27 sur 37
Promotion de 1942:	30 sur 40

Les diplômés de ces promotions sont sujets aux règlements du Service sélectif, et donc peuvent être mobilisés d'un moment à l'autre pour telle ou telle fin. Ceux qui ne sont pas encore mêlés aux œuvres de guerre y échappent jusqu'ici ou bien à cause de leur santé ou bien à cause des fonctions qu'ils remplissent dans la vie civile. Ainsi, sur les 17 diplômés de 1939 que nous considérons ne pas être affectés aux œuvres de guerre, 3 sont dans l'enseignement; 4 autres se sont établis dès leur sortie de l'École dans les entreprises de leurs familles; 2 occupent des situations dans le fonctionnarisme provincial. Les 8 autres occupent des situations diverses dans les affaires. Ainsi des autres promotions. Dans l'ensemble, les diplômés des dernières promotions sont, dans la proportion de 75 %, mêlés aux œuvres de guerre ou, dans le cas des stagiaires-comptables, dispensés par le Service sélectif lui-même, qui les considère comme étudiants pourvu qu'ils fassent comme tels leur entraînement militaire.

2) Outre ses cours du jour, l'École donne aussi des cours du soir. Les étudiants des cours du soir sont sujets aux règlements réguliers du Service sélectif. C'est donc dire que, quoi qu'il arrive, rien ne justifierait l'abandon, voire même la limitation de ces cours. Or, parmi les centaines de jeunes gens qui fréquentent les cours du soir, une bonne proportion appartient aux œuvres de guerre. Ainsi sur les 525 inscrits de cette année, 197 ou 33 ^{1}/$_3$ % travaillent soit dans les industries de guerre, soit dans les services fédéraux d'impôt ou de contrôle. Cela autant que nous pouvons en juger par les fiches d'inscription, car un bon nombre au moment de s'inscrire n'ont pas déclaré leur emploi. Quant aux autres, ils appartiennent à l'enseignement, au fonctionnarisme provincial ou municipal ou aux affaires en général. Ces jeunes gens viennent chercher à l'École un complément de formation générale ou professionnelle fort utile à l'exercice de leurs fonctions. L'École se trouve de cette manière encore à contribuer pour sa part à l'effort de guerre. Nous pourrions probablement dire la même chose des quelque quatre cents étudiants des cours par correspondance.

3) Encore une fois, tout cela s'est accompli sans démarches spéciales, en quelque sorte automatiquement, parce que l'enseignement de l'École prépare à des fonctions directement ou indirectement liées à l'activité de guerre.

*   *

*

Devant ces faits, on est tenté de conclure que non seulement une école comme l'École des Hautes Études Commerciales ne devrait pas, à cause de la guerre, être gênée dans son fonctionnement, limitée dans son recrutement, mais au contraire devrait être considérée comme très utile à l'effort de guerre et aidée dans le développement de son œuvre. Là-dessus nous sommes en parfait accord avec une opinion exprimée par le *Times Educational Supplement* du 24 janvier 1942 — opinion que les faits ci-dessus confirment d'ailleurs amplement.

Discutant l'enseignement universitaire en temps de guerre, le *Times* écrivait donc:

> And however slight may be the case for the pursuit of knowledge, as an end in itself, during a period of total war, there still remains the case presented by the fact that the demands of modern war do not end with the raising of large armies and the production of vast quantities of munitions, but ramify out into every branch of national and international life. A country engaged in total war has to produce factory workers, workers in the public services, scientific researchers, and a fighting army. Three of these needs are being faced, so far as an outsider can judge, with wholehearted determination and a considerable degree of clarity of aim. The fourth, that of workers in the public services, is not; and it is here that the universities would appear to have a peculiarly valuable contribution to make which at present they are, to say the least of it, hindered from making to the full.
>
> There would appear to be quite as strong a case for the granting of State bursaries to the university to boys and girls judged likely to make a contribution to the national effort in the field of what may be generally called the public services as there is for the granting of bursaries to those likely to become scientific researchers or technical experts.

La guerre terminée — elle finira un jour, et il faut souhaiter que ce soit le plus tôt possible —, nous n'aurons pas fini d'en porter le poids. Nous aurons à faire face à une œuvre de reconstruction dont il est bien difficile d'imaginer d'avance l'ampleur et les difficultés. À ce moment, tout autant que durant la guerre, nous aurons besoin d'effectifs nombreux de jeunes gens formés aux disciplines économiques, commerciales et administratives. Dans le même article dont nous venons de citer un passage, le *Times* fait allusion à l'après-guerre dans les termes suivants:

> Unless action is taken, and quickly, to provide a steady flow of young and able recruits into the non-technological public services, as well as into the technological ones, our war effort will be weak in a vital respect, and we shall be very gravely handicap-

ped in the great work of reconstruction which we must begin to undertake as soon as hostilities cease, or even before. If it be objected that the minds of young people fresh from the university could hardly be expected to possess the maturity required for executive positions in these services, the answer is that there are plenty of important subordinate positions demanding brains.

C'est le bon sens même. Et c'est avec ce même bon sens qu'il faut envisager aujourd'hui le problème si important de l'enseignement en temps de guerre.

* *
*

Quant au reste, nous ne demandons pas mieux que de coopérer encore plus efficacement, en tant qu'institutions d'enseignement, à l'œuvre de guerre et à la préparation de l'après-guerre. Si certaines adaptations sont nécessaires, nous sommes prêts à les étudier et à faire notre possible pour les effectuer. À cette fin nous nous tenons à la disposition des autorités. Mais nous demandons que notre œuvre soit reconnue et les services déjà rendus, appréciés à leur exacte valeur.

Mémoire sur l'enseignement des sciences économiques et sociales à l'Université de Montréal[276]
(1950)

276. Manuscrit. Œuvres complètes d'Esdras Minville, Archives de la Bibliothèque Patrick Allen, École des H.E.C., Cahiers des manuscrits.

Notes explicatives

Le texte de ce mémoire fut préparé à la demande des autorités de l'Université de Montréal, au moment où il fut question d'une façon formelle de transformer en véritable faculté, l'ancienne École ou Faculté des sciences sociales, économiques et politiques fondée en 1920 par Édouard Montpetit. Malgré l'existence de cette «faculté», le problème qui se posait était celui de la création d'une véritable faculté de sciences économiques. Même si Minville décrit la situation qui pose alors ce problème, peut-être le fait-il pour des initiés; donc d'une façon qui peut laisser perplexes des gens d'aujourd'hui, près de trois quarts de siècle plus tard.

Précisons donc que M. Montpetit n'avait pas cherché, en 1920, à créer une véritable faculté, qui lui apparaissait prématurée dans l'état des esprits au Québec relativement à l'économie et à la science économique, état d'esprit qui se trouve déjà fort bien caractérisé dans le présent volume par l'histoire de la fondation des H.E.C. Son école ou sa faculté, telle qu'il l'avait voulue, visait des fins d'éducation populaire: initier des esprits curieux du Québec, par des cours du soir, aux questions économiques et sociales, sans exigences très fortes à l'admission et avec l'appât d'un titre prestigieux: une licence en sciences politiques, économiques et sociales, qui a fait plus tard l'objet de bien des critiques.

*Mais critiques, et aussi historiens, ne se méfient pas tou-
jours suffisamment de l'anachronisme dans l'interprétation des
événements à distance. M. Montpetit, lui, jugeait d'une situation actuelle, en 1920, et visait des résultats pratiques, c'est-à-
dire l'efficacité selon les objectifs et les possibilités du moment.
La connaissance de l'ensemble du tableau, surtout quand
c'est d'expérience directe autant que de réflexion, m'amène à
penser que M. Montpetit avait vu juste par rapport à ce qu'il
voulait réaliser. En coordination avec la promotion des H.E.C.,
l'attrait de l'École de l'Université de Montréal a contribué
efficacement au succès de l'ensemble.*

*En tout état de cause, quand vint le moment de réaliser la
conversion de l'ancienne école en vraie faculté, c'est vers Esdras Minville que les autorités de l'Université se tournèrent.
C'est lui qui sera finalement chargé de la mise sur pied de la
faculté et il en sera le premier doyen. Il a beaucoup hésité avant
d'accepter cette lourde tâche car il ne pouvait être question
pour lui d'abandonner la direction des H.E.C. pour se consacrer uniquement à ce doyennat. J'eus avec lui à ce moment-là
de longues conversations sur ce sujet. Il ne se résigna à accepter que parce que l'archevêque de Montréal, chancelier de
l'Université, lui en fit un véritable devoir de conscience. Pourquoi? Comment? Je ne fus pas dans ces secrets-là. Mais l'affirmation du fait me fut donnée comme péremptoire.*

* *
*

L'enseignement des sciences sociales, économiques et politiques à l'Université de Montréal est dans la situation où serait
l'enseignement de la médecine si celui-ci était organisé en fonction non pas de la médecine générale, mais de telle ou telle de
ses spécialités: radiologie, épidermie, urologie, etc., et si chacune de ces spécialités tendait à enseigner la médecine générale
pour son propre compte. Cela, faute d'un centre où les grandes
disciplines de base seraient enseignées à la fois pour leurs fins
propres (formation d'économistes, de sociologues, de spécialistes des sciences politiques) et pour servir d'appui et de cadre à
leurs diverses spécialités (relations industrielles, service social,

administration, finance publique et privée, syndicalisme, coopératisme, etc.). Comment cette situation s'est-elle créée?

Depuis une quarantaine d'années, des enseignements spécialisés ont été organisés au fur et à mesure des besoins: enseignement commercial supérieur (avec ses propres spécialités), relations industrielles, service social — qui empruntent plus ou moins largement aux sciences économiques et sociales. Mais, faute d'un enseignement général des sciences économiques et sociales qui, tout en répondant à ses fins propres, leur aurait servi de centre de coordination, ces enseignements spécialisés se sont développés séparément, voire en concurrence, et ont tendu à instituer, chacun pour son propre compte et sous son angle particulier, l'enseignement des sciences économiques et sociales. Résultat: il existe aujourd'hui plusieurs écoles où l'enseignement de ces sciences est plus ou moins poussé, avec ce que cela comporte de dédoublements; mais il n'existe pas encore de centre où seraient formés les grands spécialistes (économistes, sociologues, etc.) dont a de plus en plus besoin une société qui évolue rapidement dans le sens de l'intégration, où les œuvres économico-sociales (syndicats ouvriers et patronaux, chambres de commerce, coopératives, œuvres d'assistance de toutes sortes) ne cessent de croître en nombre et en importance, où les entreprises industrielles et commerciales prennent les proportions de services publics et où l'administration publique élargit sans cesse son action et multiplie les fonctions. En un mot, à la fois *dispersion, dédoublement* et... *insuffisance.*

À l'Université de Montréal, cet enseignement se divise en deux grandes branches:

— I —
Faculté des sciences sociales, économiques et politiques

1) *Section générale* **(cours du soir)**

Objet: Diffusion des sciences sociales, économiques et politiques.

Conditions d'admission: 12e année primaire supérieure. En fait, de nombreuses équivalences ont été accordées, d'ailleurs sans règles fixes. Un grand nombre d'étudiants manquent de la préparation nécessaire.

Durée des cours: Trois ans — 180 heures par année; au maximum 540 heures; en fait, jamais plus de 510 ou 520 heures, soit moins que l'équivalent d'une année de cours dans une école régulière.

Diplôme: Licence en sciences sociales, économiques et politiques.

Nombre d'élèves: En 1949-1950: première année, 110; deuxième année (divisée en deux sections), 48; troisième année (divisée en cinq sections), 50.

Budget: Revenus provenant des élèves 10 585 $

Dépenses 17 450 $

Programme: À peu près toutes les matières du programme régulier d'une Faculté de sciences sociales, économiques et politiques: économie politique, philosophie et doctrine sociales, histoire des doctrines économiques, législation industrielle et sociale, géographie économique, sciences politiques, etc. Mais enseignement donné en abrégé: 25 heures de ceci, 10 heures de cela, etc. En deuxième année, le cours étant divisé en deux sections et en troisième année, en cinq sections, les élèves inscrits en nombre suffisant en première année ne sont plus, en deuxième année, et surtout en troisième, qu'en nombre insignifiant dans chaque section.

Appréciation: Enseignement de vulgarisation utile pour la diffusion des éléments de la pensée économique et sociale, mais nettement au-dessous du niveau universitaire, qu'on a eu tort de sanctionner par un diplôme égal à celui des facultés régulières; enseignement qui ne peut servir d'aucune manière aux deux sections spécialisées du jour.

2) *Section de service social*

Fondée en 1941 comme école indépendante. Installée en 1948 à l'Université comme Section de service social de la Faculté des sciences sociales, économiques et politiques.

Objet: Formation de «travailleurs sociaux» (*social workers*), c'est-à-dire de spécialistes des questions d'assistance et d'entraide.

Conditions d'admission: Baccalauréat. Des élèves possédant une préparation inférieure ont été admis dans le passé. Mais la Section s'en tient de plus en plus strictement au baccalauréat ou à des équivalences reconnues par l'Université.

Durée du cours: Deux ans, à raison de 350 à 400 heures d'enseignement et de 600 heures de stage par année.

Diplôme: Maîtrise en service social.

Nombre d'élèves: En 1950-1951: en première année, 23; en deuxième année, 30.

Budget: Revenus

Enseignement	9 650 $
Ministère de la Santé fédéral	3 000 $
Département de Psychiatrie de l'U. de M.	3 550 $
Total	16 200 $
Dépenses	17 080 $

Programme: Composé pour la plus grande partie de matières techniques et professionnelles: service social personnel, service social familial, bien-être de l'enfance, hygiène publique, administration des services sociaux, etc. Mais le programme comporte également un certain nombre de matières empruntées au programme régulier d'une Faculté de sciences sociales, économiques et politiques: économie politique, philosophie et doctrine sociales, sociologie, morale familiale, organisation communautaire, méthodes de recherches économiques. Cet enseignement, donné en abrégé, a tout au plus valeur d'initiation. Or, la formation professionnelle des «travailleurs sociaux» doit s'appuyer sur une solide formation économique et sociale. Ces spécialistes taillent en pleine étoffe humaine. Ils ont à traiter des cas de détresse individuels ou familiaux, d'origine morale, psychologique, sociale ou économique. Il leur faut connaître à fond et l'objet de leur activité et le milieu où ils l'exercent.

Appréciation: Comme centre de formation professionnelle, la Section se compare à n'importe quelle institution du
même genre au Canada et aux États-Unis. Mais le programme
de formation générale en sciences économiques et sociales est
insuffisant. Le cours devrait donc être porté à trois ans, la
première année étant consacrée à la formation générale en
sciences économiques et sociales. Et c'est ici que s'effectuerait
la coordination avec un enseignement général des sciences sociales et économiques. Si cette coordination n'est pas faite, la
Section tendra forcément à développer pour son propre compte
un enseignement qui n'est pas son objet propre.

3) *Section des relations industrielles*

Les écoles de relations industrielles sont apparues durant la
guerre comme réponse à un besoin existant depuis longtemps,
mais que l'effort industriel de l'époque rendait pressant.

Celle de Montréal a été créée d'abord comme cours spécialisé de l'École de service social, alors indépendante. Quelques
mois plus tard, en février 1945, elle s'installait à l'Université de
Montréal comme section de la Faculté des sciences sociales,
économiques et politiques.

Objet: Formation d'administrateurs du personnel,
d'agents des relations industrielles, de techniciens du service
social administratif et industriel.

Conditions d'admission: Baccalauréat. Jusqu'ici des équivalences nombreuses ont été accordées sans règles fixes.

Durée des études: Trois ans, à raison de 350 à 400 heures
d'enseignement par année et de deux jours de stage par semaine.

Diplôme: Maîtrise en relations industrielles.

Nombre d'élèves en 1949-1950:

Première année:	10
Deuxième année:	19
Troisième année:	17

Budget en 1949-1950:

Revenus provenant des élèves:	9 200 $
Dépenses:	31 327 $

Programme: La formule pédagogique des relations industrielles ne semble pas arrêtée: elle varie d'une université à l'autre. Elle emprunte nécessairement à d'autres branches de l'enseignement. En fait, l'administration du personnel est une spécialisation soit de l'enseignement commercial supérieur (administration), soit de l'enseignement économique général; la technique des relations industrielles est une spécialisation de l'enseignement économique et social général; le service social administratif et industriel est une spécialisation du service social. Il semble donc difficile d'élaborer un programme répondant aux trois spécialités ci-dessus sans dédoubler l'enseignement d'autres écoles.

Dans les universités où l'enseignement général des sciences sociales, économiques et politiques existe, les écoles de relations industrielles lui empruntent une partie de leur programme. Cet enseignement n'existant pas à l'Université de Montréal (les cours du soir sont trop élémentaires, et l'École des Hautes Études Commerciales est établie à trop grande distance), la Section a dû le créer pour son propre compte. Son programme (annexe C) comporte, pour la plus grande partie (la moitié, même les deux tiers) des matières propres à l'enseignement régulier d'une Faculté de sciences sociales, économiques et politiques: économie politique générale, théorie économique, économie appliquée (commerce international, théorie monétaire, etc.), histoire économique, philosophie et doctrine sociales; il emprunte aussi à l'École des Hautes Études Commerciales: comptabilité, statistiques, technologie. Depuis l'installation à l'Université de Montréal de l'École de service social, la Section de relations industrielles a laissé tomber les cours de service social administratif et industriel qu'elle avait institués. Son domaine propre s'étend à la législation industrielle et sociale, à l'histoire, à la théorie et la pratique du syndicalisme, à la pratique de la conciliation, de l'arbitrage, à l'économie du travail, à la psychologie du travail, au régime des salaires, etc.

Appréciation: Tel qu'il existe à l'heure actuelle, l'enseignement de la Section des relations industrielles semble à peu près satisfaisant. Mais si l'enseignement général des sciences sociales, économiques et politiques était organisé, la section se réduirait à quelques cours spécialisés et au stage. Au lieu d'un budget de 30 000 $, quelques milliers de dollars (une dizaine peut-être) lui suffiraient.

$$* \quad *$$
$$*$$

En résumé, au sein de la Faculté, les mêmes cours se donnent: 1) à des niveaux différents (cours du soir, cours du jour); 2) pour trois fins différentes (vulgarisation, service social, relations industrielles). Ces cours ne forment pas les grands spécialistes (économistes, sociologues, techniciens des sciences politiques) dont la société aurait besoin. Et dans l'état actuel des choses, la coordination entre eux est impossible. Donc, à la fois multiplication et insuffisance. Seule la création d'un enseignement général de base avec intégration des enseignements spécialisés permettrait d'éviter les dédoublements et de réaliser pleinement la fin de l'enseignement des sciences économiques et sociales.

— II —
L'École des Hautes Études Commerciales

[...][277]. Cette École est à la Faculté des sciences sociales, économiques et politiques à peu près ce que la Faculté de chirurgie dentaire est à la Faculté de médecine: elle la rejoint par la base, mais conduit à des spécialités qui lui sont propres.
    [...][278].

Appréciation

L'École a dû se constituer un personnel et un outillage. Durant la première période de son existence (1910-1922 environ), elle a surtout formé des auxiliaires du commerce: vendeurs, compta-

---

277. Dates de fondation et d'affiliation à l'Université déjà traitées ailleurs.

278. La partie supprimée donnait sommairement l'objet, les conditions d'admission, la durée des cours, le diplôme obtenu, le nombre d'élèves en 1949-1950, le budget, les programmes, toutes choses, sauf peut-être les budgets, dont il est abondamment question dans tout le reste du volume.

bles, etc. Durant la seconde, elle a relevé le niveau de son enseignement et s'est appliquée à former des techniciens des grandes fonctions spécialisées des affaires: comptables-vérificateurs (C.A.), publicistes, agents des relations extérieures et, depuis quelques années, spécialistes des mathématiques financières (en vue de l'actuariat). Elle est arrivée aujourd'hui à un point de développement où, tout en continuant à former les spécialistes [du milieu des affaires], elle doit s'efforcer de former des *administrateurs,* c'est-à-dire ce type de jeunes hommes d'affaires que les Anglais appellent «*young executives*» — et qui, après un certain nombre d'années d'apprentissage, peuvent accéder aux fonctions de direction (chefs de service, administrateurs, secrétaires, trésoriers, etc.).

Or, comme la fonction de chef d'entreprise prend de plus en plus d'importance, que les problèmes économiques et sociaux de l'entreprise ne cessent de croître en nombre et en complexité et que le champ de l'enseignement commercial s'étend en conséquence, le cours de l'École des H.E.C. devra être porté de trois à quatre ans, avec un réaménagement pédagogique qui mette en pleine valeur la formation économique et la formation professionnelle de l'étudiant. Et c'est ici qu'une certaine coordination avec l'enseignement des sciences sociales et économiques peut être utile, voire même nécessaire, si l'on vise à l'économie des ressources, nécessaire. Comment la réaliser et où?

— III —

Si l'on considère le nombre des problèmes économiques et sociaux qui, dans la société contemporaine, attendent une solution, et la multitude des fonctions qui nécessitent une formation économique et sociale, on peut dire que l'enseignement général des sciences sociales et économiques est en retard de trente ans dans la province de Québec — surtout dans la région de Montréal. Un tel enseignement, utilisant en le coordonnant ce qui existe et le complétant par la base, devrait être organisé à la Faculté [des sciences sociales, économiques et politiques].

La Faculté est-elle en état de l'organiser? Elle n'a pas de locaux. Déjà, pour loger le personnel actuel, il a fallu, l'automne dernier, subdiviser des bureaux. Toute extension posera un problème de logement. À l'exception d'un économiste et de quelques spécialistes en relations industrielles et en service social, elle n'a pas de personnel. Sauf un fonds d'ouvrages et de documentation confié à la Section des relations industrielles par le Bureau international du travail et un certain nombre de volumes à la bibliothèque générale, elle n'a pas de bibliothèque appropriée, ni de centre de documentation. En somme, la Faculté est à créer en partant d'éléments peu nombreux et épars.

Elle pourrait sans doute avoir recours à certains professeurs et à la bibliothèque de l'École des Hautes Études Commerciales. Mais les professeurs de l'École des Hautes Études ont leur besogne et pourraient tout au plus donner un minimum de temps — tel, par exemple, le directeur à l'heure actuelle. Au surplus, on ne monte pas une institution d'enseignement universitaire avec des professeurs à temps partiel. Quant à la bibliothèque, à cinq milles de distance, elle est trop éloignée pour constituer un véritable centre de travail et pour les élèves et pour les professeurs de la Faculté.

Dans l'état actuel des choses, si la Faculté trouvait les ressources nécessaires à son organisation, elle réaliserait la coordination des spécialités qui existent dans ses cadres, mais elle serait amenée à doubler en partie le personnel et l'outillage qui existe déjà à l'École des Hautes Études — et dans le cas de la bibliothèque, à la doubler sans espoir d'arriver jamais à l'égaler.

Une bonne bibliothèque et un centre de documentation sans cesse tenus à jour sont à une Faculté des sciences sociales, économiques et politiques ce que les laboratoires sont à une Faculté de sciences physiques et naturelles: l'outil principal. La bibliothèque de l'École des Hautes Études Commerciales représente une mise de fonds d'au moins deux cent mille dollars et quarante ans de travail. Elle n'est surpassée par aucune autre institution du même genre au Canada. Ce serait perte de temps et d'argent que d'entreprendre d'en constituer une semblable à l'Université. Mais comment éviter cela? En rapprochant les deux institutions? Est-ce possible? Deux façons de traiter le problème: l'une à longue, l'autre à courte échéance, la première définitive, la seconde temporaire.

L'École des Hautes Études Commerciales, depuis dix ans, fonctionne à pleine capacité. Plus un pouce carré d'espace disponible, ni pour l'administration, ni pour le personnel, ni pour l'enseignement, ni pour la bibliothèque (au surplus, cette bibliothèque, établie dans un ancien hôtel particulier, n'est pas à l'abri du feu — un incendie entraînerait une perte irréparable). Des agrandissements et des réaménagements s'imposent d'urgence, si l'on veut protéger le bel instrument de travail que la bibliothèque représente et permettre à l'École de répondre aux besoins croissants du public.

Le centre universitaire est en voie de création à la montagne. Dans dix, quinze ou vingt ans, ce sera chose faite et chaque faculté et école établie dans son giron bénéficiera de l'ensemble. Conviendrait-il de profiter du moment où l'École des Hautes Études doit pourvoir à son réaménagement pour l'installer elle-même proche de l'Université, dans un immeuble où la Faculté des sciences sociales, économiques et politiques viendrait elle aussi loger — constituant ainsi le centre d'enseignement économique général et spécialisé bien agencé et bien outillé dont la région de Montréal a besoin. L'École apporterait à l'Université sa bibliothèque et son outillage, l'avantage de sa présence, de son rayonnement; en revanche, l'Université fournirait à l'École sa maison des étudiants et ses services généraux, le contact de ses autres centres d'études et de recherches et son propre prestige. Ce serait la solution définitive.

Quant à l'immeuble actuel de l'École, le cours de préparation aux affaires suffirait à l'occuper. Ce cours correspond à un enseignement moyen de commerce et attire chaque année un très grand nombre d'élèves (de 650 à 700 le soir, dont près de la moitié est formée de diplômés des écoles primaires supérieures). Il y a tout lieu de penser qu'offert à la fois comme cours régulier du jour (deux ans) et comme cours du soir, il recruterait autant d'élèves que la maison peut en recevoir — car il répond évidemment à un besoin croissant.

Cependant, le déménagement à la montagne de l'École des Hautes Études Commerciales se heurterait très probablement à l'heure actuelle à une résistance déterminée. Les chambres de commerce ont toujours considéré l'École des Hautes Études

Commerciales un peu comme leur œuvre et tiennent à la conserver dans leur giron. Quant aux commerçants et aux hommes d'affaires de l'est de Montréal, ils s'emploient depuis une trentaine d'années à améliorer cette partie de la ville, et il faut reconnaître qu'ils y ont bien réussi: plusieurs institutions importantes ou se sont développées ou se sont installées dans le quartier (École polytechnique, École du meuble, École centrale d'arts et métiers; Palais du commerce, Terminus d'autobus; nouvelle annexe de l'Hôtel de Ville; grandes maisons d'affaires: Dupuis Frères, Langelier, Les Artisans Canadiens-Français, etc.). Ces hommes d'affaires et commerçants s'opposeraient sans doute avec vigueur au départ de l'institution d'enseignement à laquelle ils ont le plus raison de tenir. Au surplus, il faut le reconnaître, pour une école de commerce et des centres d'enseignement dont les élèves doivent faire des stages, et pour les cours du soir, le site actuel de l'École des H.E.C. est beaucoup plus commode que le quartier de l'Université.

Même si l'École des Hautes Études Commerciales, avec tout ce qu'elle peut offrir à l'expansion de l'enseignement économique, ne pouvait pas d'ici plusieurs années déménager à la montagne, y aurait-il avantage d'en rapprocher la Faculté des sciences sociales, économiques et politiques, voire même de l'établir dans ses locaux, si les agrandissements projetés et urgents sont réalisés? Solution à courte échéance qui serait peut-être, dans les circonstances actuelles, la plus pratique, pour un certain nombre d'années — le temps de permettre à l'Université de consolider ses positions et d'organiser convenablement ses autres facultés. Solution temporaire, mais de réalisation plus rapide et moins coûteuse.

Le réaménagement des locaux de l'École coûterait moins cher qu'une nouvelle construction à la montagne. La propriété comporte déjà en très grande partie le terrain nécessaire; l'appareil de chauffage, installé il y a trois ans, prévoit l'agrandissement. Les ailes à construire donneraient en grande partie sur une ruelle et pourraient ainsi être, comme architecture, de la plus grande simplicité.

Étant donné leurs fins respectives et les nombreuses spécialités auxquelles chacune conduit, les deux institutions devraient garder leur identité propre — quelle que soit la solution adoptée. Mais leur installation dans un même centre entraînerait cependant des économies sérieuses, tout en assurant un développement plus rapide et plus efficace de l'enseignement. Il n'y aurait sans doute pas forte diminution du personnel enseignant, car, d'une part, on ne peut rassembler dans une classe un nombre illimité d'élèves; d'autre part, même s'il s'agit de formation générale, il faut tenir compte de la spécialité vers laquelle s'orientent les étudiants. Mais la coordination sous un même toit de plusieurs branches du même enseignement permettrait d'employer plus complètement le personnel et de le placer dans de meilleures conditions de formation. Elle permettrait surtout de mieux utiliser l'outillage: administratif, technique, bibliographique, et cela tant aux cours du jour qu'aux cours du soir. L'intégration de la Section des relations industrielles laisserait disponible pour l'enseignement général la moitié au moins du budget actuel de la Section; l'amélioration de l'enseignement du service social pourrait être réalisée pratiquement sans frais.

Quant à l'enseignement général, la collaboration des deux institutions en assurerait l'organisation la plus efficace avec le minimum de dépenses.

Il y aurait donc lieu de confier à un comité le soin d'étudier toute la question: aménagement à la montagne ou aménagement rue Viger; conditions juridiques, financières, administratives et pédagogiques de la coordination. Ce comité pourrait être formé de représentants des gouverneurs de l'Université, de représentants du Secrétariat de la Province, d'un représentant de la Faculté des sciences sociales et d'un représentant de l'École des Hautes Études Commerciales[279].

---

279. Ce mémoire comportait des annexes détaillant les programmes de la Faculté des sciences sociales, économiques et politiques, de sa Section de service social, de sa Section de relations industrielles, de l'École des Hautes Études Commerciales, comme on peut les retrouver dans les annuaires de ces différentes écoles.

La préparation aux carrières de la fonction publique[280]

Considérations générales

La préparation à la fonction publique sur le plan académique a donné lieu, selon les pays, aux types d'enseignement les plus divers. Ainsi en Europe, les écoles d'administration publique ont traditionnellement mis l'accent sur les sciences juridiques, bien que l'on décèle depuis quelques années une nette tendance à intégrer de plus en plus les autres disciplines. Ailleurs ce sont les écoles de sciences politiques qui se sont préoccupées de cet enseignement, ou encore les écoles de sciences économiques ou d'administration des affaires. Les formules varient beaucoup d'un endroit à l'autre et même à l'intérieur d'un même pays comme les États-Unis. Il semble qu'on ait été préoccupé dans la plupart des cas, pour des raisons d'efficacité et dans la mesure où l'on voulait recourir à des institutions de niveau supérieur, d'intégrer l'enseignement de l'administration publique à des institutions bien établies qui avaient fait leurs preuves, qui

---

280. Manuscrit. Texte d'une conférence donnée au Congrès de l'enseignement secondaire, tenu à Montréal du 30 juin au 3 juillet 1947. Œuvres complètes d'Esdras Minville, Archives de la Bibliothèque Patrick Allen, École des H.E.C., Cahiers des manuscrits.

possédaient déjà un minimum de ressources intellectuelles pouvant être incorporé au programme de l'enseignement nouveau.

Comment le problème se pose-t-il à l'heure actuelle dans la province de Québec? Le gouvernement provincial, les municipalités et les corporations scolaires d'une certaine envergure éprouvent d'énormes besoins de personnel qualifié: ils veulent non seulement des spécialistes en une discipline déterminée, comme le droit, le génie, l'agronomie, etc., mais aussi des fonctionnaires maîtrisant les techniques proprement administratives. Ces seuls débouchés suffiraient à justifier l'organisation d'un enseignement spécialisé conduisant aux diverses carrières de la fonction publique. Une telle initiative aurait de plus l'avantage incontestable d'aider à la revalorisation de la fonction publique en montrant que l'acquisition de la compétence ouvre des perspectives intéressantes d'avancement. Mais le même enseignement pourrait éventuellement préparer à des carrières d'administrateurs pour les institutions semi-publiques d'enseignement, de bien-être, etc., au fonctionnarisme fédéral, voire même à celui des gouvernements de pays neufs.

Le problème dans le Québec

En ce qui concerne [le] Québec, on peut imaginer trois formules différentes à l'heure actuelle, donnant lieu chacune à l'utilisation d'une institution différente. On pourrait d'abord concevoir la fondation d'une école supérieure spécialisée dans la préparation aux carrières publiques. Il faudra bien un jour ou l'autre en arriver là. La prudence commande cependant de commencer plus modestement, à cause surtout de la pénurie de ressources intellectuelles, mais aussi sans doute de ressources matérielles. Ajoutons qu'au début en tout cas il serait assez difficile de recruter des candidats de valeur pour un cours très spécialisé. En effet, tant qu'une telle école n'aura pas fait ses preuves, les jeunes bacheliers ès arts hésiteront à s'engager dans une institution d'enseignement qui les pousse fatalement vers la fonction publique, à l'exclusion de toutes autres carrières. Étant donné la mentalité particulière de notre milieu encore fasciné par le prestige des professions libérales, et la rareté relative de bons candidats à l'enseignement supérieur, le plus sage est de prévoir une préparation polyvalente, orientant sans doute vers le fonctionnarisme mais ne fermant pas les portes en même temps vers d'autres débouchés.

Un deuxième type d'institution pouvant accueillir une école d'administration publique, ce sont les facultés de sciences politiques. Pratiquement cependant celles-ci sont fort peu développées à l'heure actuelle [au Québec] et cela est particulièrement vrai à Montréal. De plus, organiser une section ou une option «administration publique» représente pour elles un effort intellectuel surhumain, les obligeant à ajouter à l'enseignement des matières qui leur sont propres un ensemble de disciplines très diverses (administration, droit, finance, mathématiques, économie, géographie, histoire, comptabilité, etc.) représentant deux ou trois fois en heures de cours ce qu'elles possèdent déjà. Il convient d'ajouter qu'une école de sciences politiques, dans la mesure où elle fait partie d'une Faculté des sciences sociales, économiques et politiques, sera portée à mettre l'accent sur la formation théorique — sociologique et économique — alors que les besoins les plus urgents à l'heure actuelle se présentent pour des fonctionnaires rompus aux méthodes de gestion des services publics, à la solution de problèmes administratifs concrets. Ce qui n'exclut pas évidemment une formation théorique préalable.

Voilà pourquoi nous estimons que la solution actuellement la plus rationnelle, la plus prometteuse et la moins coûteuse, c'est d'intégrer la préparation à l'administration publique à une école existante préparant aux carrières administratives en général. Parmi les diverses institutions, dans leur état actuel de développement, les écoles d'administration sont les plus aptes à répondre rapidement aux besoins, avec le minimum de changements à leurs programmes. Ajoutons que, recrutant déjà un nombre assez considérable d'étudiants, elles sont mieux en mesure que d'autres facultés de détourner des carrières du secteur privé vers le secteur public un nombre satisfaisant de candidats.

Cette formule combinée d'école d'administration publique et privée se retrouve dans plusieurs universités américaines. Pour ne citer que quelques noms, mentionnons l'Université du Missouri, Temple University de Philadelphie, et la célèbre University Cornell, dont la Graduate School of Business and Public Administration organise un enseignement «fondé sur l'idée qu'une formation commune de base présente les plus grands avantages pour les futurs administrateurs privés et publics». Ainsi en *première année* les futurs fonctionnaires doivent suivre les cours communs suivants: sources d'information en matière administrative, introduction à l'étude de l'administration, administration du personnel, principes de comptabilité, problèmes comptables de la gestion administrative, problèmes économiques de la gestion administrative, finances, production et statistique. Ces cours doivent être complétés par du droit administratif et du droit constitutionnel. En *deuxième année*, aux cours communs suivants: introduction au droit des affaires, fonctionnement du gouvernement, entreprise privée et pouvoirs publics, s'ajoutent des cours de spécialité dans les domaines suivants: gestion agricole, administration municipale, administration fédérale, administration internationale, relations avec le personnel, finances publiques, transports.

Cette façon de voir, adoptée par plusieurs universités américaines, est justifiée par des raisons d'économie sans doute mais surtout à cause de ses avantages pédagogiques. Certains y voient d'ailleurs le reflet de la situation particulière du fonctionnaire aux États-Unis, qui ne considère pas sa carrière comme quelque chose d'absolument étanche, sans commune mesure avec les carrières de l'entreprise privée. Contrairement à ce qui se produit en Europe, les passages sont fréquents entre secteur privé et secteur public, et cela dans les deux sens. Dans cette perspective, une *certaine* formation commune présente incontestablement des avantages. Or nous estimons qu'ici au Canada nous retrouvons une situation analogue, du moins chez les Canadiens français. En d'autres termes, la seule façon pour l'État provincial de recruter *en abondance* des fonctionnaires compétents, c'est de risquer en même temps de les perdre un jour au bénéfice de l'entreprise privée. Mais le phénomène inverse pourra aussi se produire.

L'École des Hautes Études Commerciales

L'École des Hautes Études Commerciales pour sa part se trouve assez bien placée pour répondre aux exigences de la préparation aux carrières de la fonction publique et cela pour les raisons suivantes:

1) Ses cinquante ans d'histoire et l'influence intellectuelle incontestable qu'elle a exercée sur le milieu canadien-français sont une garantie de sa stabilité académique, qualité nécessaire pour le recrutement satisfaisant de candidats au fonctionnarisme supérieur.

2) La qualité de son enseignement est le résultat d'efforts patients pour réunir en une seule institution des ressources intellectuelles de valeur, représentées par un corps professoral nombreux (près d'une centaine de professeurs enseignant les disciplines les plus diverses, dont quarante professeurs de carrière), une bibliothèque exceptionnellement bien pourvue, un Institut d'économie appliquée qui publie, en particulier depuis trente-cinq ans, une revue qui est mentionnée dans les meilleurs répertoires bibliographiques internationaux.

3) Une bonne partie de l'enseignement actuel donné à l'École pourrait être avantageusement intégré dans le curriculum normal d'une école d'administration publique. L'orientation amorcée depuis quelques années vers l'économie appliquée peut être considérée comme une bonne préparation à l'établissement d'une option nouvelle axée sur les carrières publiques. Il y aurait évidemment certains cours à ajouter, en particulier en sciences politiques et juridiques. Mais les additions restent assez faibles par rapport à ce qui existe déjà et qui a subi l'épreuve du temps.

4) Même sans orientation particulière de ce côté, l'École a dans le passé, avec un enseignement moins avancé que l'enseignement actuel, fourni un nombre assez impressionnant de fonctionnaires dont certains ont atteint les postes les plus élevés dans ce domaine. C'est ainsi que des sous-ministres, des surintendants des assurances, des chefs de division, des agents commerciaux à l'étranger et une multitude de fonctionnaires de toutes sortes y compris des gérants de municipalité sont des licenciés de l'École des H.E.C.

Cela étant, quel genre de services l'École peut-elle offrir au gouvernement provincial dans la formation de fonctionnaires plus compétents?

Il convient d'abord de remarquer que déjà l'enseignement actuel de l'École prépare à plusieurs carrières spécialisées convenant plus particulièrement à certains départements gouvernementaux. C'est ainsi que l'option «comptabilité et contrôle» prépare aux postes divers de comptable, de contrôleur financier, de vérificateur, de cotiseur d'impôt. L'option «mathématiques appliquées» prépare à des carrières au ministère des Finances et chez le surintendant des Assurances. Quant à l'option «économie appliquée», qui prépare à toutes les carrières d'économistes, orientés vers la recherche, elle sera bientôt complétée par une quatrième année conduisant à un diplôme d'études supérieures en économie appliquée.

Mais en plus de ces carrières supposant la maîtrise d'une technique déterminée, les pouvoirs publics ont besoin d'individus préparés plus spécialement à l'administration et qui sont susceptibles d'assumer des tâches indifféremment dans divers ministères, régies gouvernementales ou compagnies de la Couronne. C'est ici que l'enseignement de l'École doit être complété de façon à correspondre de façon plus immédiate aux exigences de la fonction publique. Des notions de droit constitutionnel et administratif, de sciences politiques, d'organisation administrative de l'État doivent être ajoutées.

La préparation des fonctionnaires supérieurs peut être envisagée sous trois angles différents selon la catégorie d'individus à laquelle on s'adresse: les élèves réguliers de l'École, intéressés à se diriger vers la carrière publique, les diplômés d'université (ingénieurs, médecins, avocats, agronomes, géographes, psychologues, économistes) s'orientant vers des situations gouvernementales; les fonctionnaires déjà en place qui manifestent des aptitudes pour assumer des postes de responsabilité et qui ont besoin d'un complément de formation.

Cours s'adressant aux élèves réguliers de l'École

Le projet le plus facilement réalisable dans un avenir rapproché et sans sacrifier les standards académiques se présenterait de la façon suivante:

a)   Le cours d'administration publique s'intégrerait au curriculum actuel de l'École, dont il retiendrait les matières de formation générale. C'est ainsi que les deux premières années du cours seraient communes à tous les étudiants réguliers de l'École, comme c'est le cas actuellement, quelle que soit l'option qu'ils choisissent en troisième année. Cela comprend les cours suivants:

Première année	heures par semaine	**Deuxième année**	heures par semaine
Anglais	2	Administration	2
Assurances	$1/2$	Anglais	2
Comptabilité	4	Assurances	$1\,1/2$
Droit	2	Comptabilité	$2\,1/2$
Économie politique	4	Documentation économique	1
Géographie économique	2	Économie politique	3
Institutions financières	$1\,1/2$	Géographie économique	1
Législation industrielle	1	Marketing	2
Mathématiques	3	Mathématiques financières	2
Pratique des affaires	2	Organisation industrielle	2
Production industrielle	2	Prix de revient	2
		Statistique	3
	24		24

b)   En troisième année une option supplémentaire dite d'administration publique s'ajouterait aux options existantes (générale; gérance; contrôle; économie appliquée; mathématiques appliquées; finance). Les étudiants de cette option suivraient les cours communs à tous, soit:

Administration	2 heures
Économie de l'entreprise	2 heures
Contrôle financier	3 heures
Recherche opérationnelle	2 heures
Anglais	1 heure

et bénéficieraient des cours particuliers suivants:

Finances publiques	2 heures
Monnaie et banque	2 heures
Droit constitutionnel et administratif	2 heures
Sciences politiques I	2 heures
Administration du personnel	2 heures

c)   Une option de quatrième année pourrait être organisée (en cours du soir au début) qui ferait pendant à l'option d'économie appliquée et qui conduirait à un diplôme d'études supérieures en administration publique. Le programme pourrait être le suivant (équivalent de 5 heures par semaine pendant 30 semaines):

Organisation administrative de l'État

Politique économique

Problèmes administratifs

Systèmes politiques comparés

Il est évident qu'en dépit de son caractère alléchant un tel programme, pour attirer les meilleurs étudiants, devrait être assorti d'une certaine garantie que le gouvernement requerra leurs services. Il suffirait que le diplôme en question soit automatiquement reconnu comme une préparation académique adéquate. On pourrait imaginer le système de recrutement suivant: après la deuxième année du cours de licence, examen des candidatures au fonctionnarisme. Les candidats acceptés pourront s'engager dans les deux dernières années de leur cours, avec des bourses du gouvernement et en signant un engagement les obligeant à consacrer un certain temps au service de la province. Sinon, ils pourraient se dégager de leur obligation en remboursant les bourses d'études qu'ils auraient obtenues. Ce qui est important, c'est d'assurer une certaine sécurité à l'étudiant, étant donné qu'il se trouve par ailleurs fortement sollicité par l'entreprise privée. À remarquer que, la quatrième année se faisant en cours du soir, les étudiants peuvent donner la plus grande partie de leur temps comme stagiaires dans l'un ou l'autre des services gouvernementaux.

Cours destinés aux diplômés des autres facultés

Ces diplômés qui se destinent à faire carrière dans le fonctionnarisme pourraient être acceptés dans l'option «administration publique» aux conditions suivantes:

a)   Ils obtiendraient une équivalence pour les deux premières années de licence.

b) Ils seraient tenus de suivre les cours de l'option «administration publique» de troisième et quatrième années (à temps partiel) tout en travaillant pour le gouvernement au cours de cette quatrième année.

c) Ils seraient exemptés de suivre les cours communs de troisième année (10 heures par semaine), mais devraient suivre des cours de rattrapage leur permettant de se préparer avec avantage au programme de l'option d'administration publique.

Cours destinés aux fonctionnaires déjà en place

Moyennant certaines conditions d'admission à déterminer plus tard au point de vue âge, expérience, préparation académique, les fonctionnaires déjà en place pourraient suivre des cours de perfectionnement dans les disciplines administratives. Cet enseignement pourrait être donné soit en cours du soir ou en cours d'été, et évidemment avec des méthodes pédagogiques différentes, adaptées au caractère particulier des étudiants. À des cours théoriques de base, s'ajouteraient par exemple des groupes de discussion permettant l'échange d'expériences particulières. De tels stages d'études permettraient sans doute à des fonctionnaires de divers ministères (santé, travail, finances, travaux publics, etc.) de se connaître et d'établir des contacts qui leur seront éventuellement précieux.

Les matières dans lesquelles on pourrait puiser, selon les besoins particuliers du groupe d'études pourraient être les suivantes:

a) Droit constitutionnel et administratif

b) Notions d'économie politique

c) Finances publiques

d) Géographie économique et humaine

e) Notions d'administration

f) Organisation de l'État (fédéral, provincial)

g) Comptabilité publique

h) Relations avec le personnel

i) Analyse d'états financiers

Allocution à la présentation du projet de loi pour la «corporation» de l'École au Comité des «bills» privés[281] (1957)

1) Remerciements.

2) L'École dispense un enseignement commercial supérieur qui ne se donne dans aucune autre institution, sauf McGill, Sir-George-Williams à Montréal, les facultés de commerce de Québec et de Sherbrooke.

3) Depuis sa fondation, et surtout depuis une vingtaine d'années, l'École des H.E.C. a réalisé d'immenses progrès. D'une trentaine d'étudiants qu'elle comptait au début, elle en compte aujourd'hui 1 300, bien que deux autres écoles supérieures de commerce aient été depuis lors créées, pour répondre aux besoins de la jeunesse canadienne-française désireuse de s'orienter vers les affaires.

4) Du fait même de cette expansion, l'École a des besoins de deux ordres principaux:

---

281. Manuscrit. Œuvres complètes d'Esdras Minville, Archives de la Bibliothèque Patrick Allen, École des H.E.C., Cahiers des manuscrits.

a) *D'ordre matériel.* Son immeuble actuel ne répond déjà plus aux besoins. Or, on peut s'attendre, d'ici un petit nombre d'années, à un accroissement considérable du nombre des étudiants, et cela, à cause de l'augmentation de la population dans la région de Montréal, et de l'intérêt croissant de la jeunesse pour les études supérieures, notamment les études commerciales. Si on en juge d'après les statistiques générales de l'enseignement, les inscriptions devraient doubler ou à peu près d'ici dix ans.

Remerciements au Premier ministre de sa déclaration touchant le réaménagement de l'École dans un nouvel immeuble. Cela répond à un besoin immédiat, et qui ira rapidement s'intensifiant dans les prochaines années.

b) *D'ordre administratif.* La loi de l'enseignement spécialisé qui régit l'École à l'heure actuelle emprunte quelques-unes de ses dispositions à une loi de 1926, qui elle-même les empruntait à la loi organique de l'École en 1907. Ces dispositions ne correspondent plus à l'organisation actuelle de l'École et au niveau de son enseignement. Elles doivent être renouvelées et réadaptées.

Une institution aussi complexe, avec ses centaines d'étudiants, son personnel enseignant et son personnel administratif, ses services auxiliaires, a besoin, à l'intérieur même, d'une autorité qui puisse prendre sous sa responsabilité propre toute décision qui concerne le fonctionnement même de l'École et son développement. Cela est d'autant plus nécessaire que, comme nous l'avons dit il y a un instant, l'École est à l'aube d'une nouvelle ère d'expansion, tant au point de vue matériel qu'au point de vue académique.

c) De l'avis de tous ceux qui connaissent la situation, donc des professeurs, des anciens, de la Chambre de commerce de Montréal, de la Fédération des chambres de commerce de la province de Québec, il y a lieu, pour répondre aux besoins actuels et prochains de l'École, d'en confier, moyennant les dispositions nécessaires à la sauvegarde de l'intérêt public, l'administration à une corporation qui, formée d'hommes au courant des besoins du monde des affaires, pourrait collaborer au progrès de l'École.

C'est d'ailleurs le meilleur moyen d'assurer à l'École les collaborations extérieures dont elle a besoin, tout particulièrement de la part de ses anciens et des hommes d'affaires en général. Nous avons de bonnes raisons de penser que, pour peu qu'on leur confie des responsabilités, les anciens et les hommes d'affaires sont disposés à accorder à l'École leur pleine coopération, financière ou autre.

5) C'est dans cet esprit qu'a été préparé le projet de loi actuellement devant vous. Il cherche à répondre aux besoins présents et futurs de l'École par la coopération entre le gouvernement, les hommes d'affaires et le personnel enseignant. J'ai travaillé moi-même à la préparation de cette loi, et j'ai la conviction que, aux mains d'hommes de bonne volonté, elle produira les bons effets que nous en attendons.

Discours de clôture des fêtes du cinquantenaire, le 26 octobre 1960[282]

L'honneur revient, paraît-il, au directeur de l'École des Hautes Études Commerciales, de clore d'un mot cette soirée, qui elle-même couronne avec tant d'éclat trois journées d'étude, de réflexion, de fêtes et de cérémonies diverses.

Éminence,

Monsieur le Ministre,

Je suis heureux de me faire l'interprète de l'auditoire ici présent et de l'auditoire à l'écoute, pour vous remercier de l'honneur de votre présence et du bienfait de votre parole.

Les journées qui s'achèvent ont été pour nous, dont la vie est si intimement mêlée à celle de l'École, fort émouvantes, en vérité: on ne sent pas autour de soi tant de bienveillance et de sympathie agissante, sans en être profondément remué.

Ces journées nous ont fourni l'occasion d'un tour d'horizon, d'une vue d'ensemble. Et d'abord, d'un regard sur le passé, pour évoquer certains moments, difficiles ou heureux, mais significatifs de l'histoire de l'École, et en dégager les leçons pour le présent. Quelles que soient nos prétentions à l'originali-

---

282. Manuscrit. Œuvres complètes d'Esdras Minville, Archives de la Bibliothèque Patrick Allen, École des H.E.C., Cahiers des manuscrits.

té, nous sommes tous en effet des héritiers plus ou moins heureux, des continuateurs plus ou moins habiles. Pour évoquer
aussi, à travers les événements dont cette histoire est faite, la
figure d'un certain nombre d'hommes qui, précisément parce
qu'ils ont eu foi en son œuvre, ont donné à l'École le meilleur
d'eux-mêmes, et lui ont communiqué leur propre élan. À ces
hommes dont plusieurs, hélas, sont disparus, je voudrais de
nouveau rendre un hommage respectueux et les assurer, ou
assurer ceux des leurs qui peut-être en ce moment me font
l'honneur de m'écouter, de notre reconnaissance et de celle des
jeunes générations qui continuent de bénéficier de leurs travaux.

D'un regard aussi sur le présent et l'avenir, donc sur la
multitude des problèmes d'ordre matériel, intellectuel ou moral
qui composent le menu quotidien de tout homme qui travaille,
surtout si, par des temps comme les nôtres, il se livre à l'enseignement; en définitive, sur nos responsabilités personnelles à
l'égard de l'institution dont la garde nous est confiée, de la
jeunesse qui la fréquente, de la société qui attend de nous un
service. Ces responsabilités, je vous remercie, Éminence, Monsieur le Ministre, d'en avoir éclairé les voies.

Un long contact avec l'enseignement à tous ses degrés et
le monde des affaires m'a depuis longtemps convaincu que, de
toutes les formes d'enseignement supérieur, celui qui a pour
objet la formation de l'homme d'affaires, du chef d'entreprise,
comme nous pouvons l'observer aujourd'hui à la direction de la
vie économique, est un des plus difficiles et des plus complexes.

D'une part, les exigences proprement intellectuelles de la
carrière des affaires ne cessant de croître, de se multiplier et de
s'approfondir, les disciplines scientifiques qui, d'application
courante ou éventuelle dans la production, les échanges, les
transports, l'administration, etc., doivent concourir à la formation de l'homme d'affaires.

Et pourtant, telle n'est pas la donnée principale du problème. La culture intellectuelle n'a sa pleine fécondité que si elle
s'organise en une large pensée, sous l'empire d'une juste conception de la vie et de l'ordre.

On l'a dit et répété de tout temps, particulièrement ces
jours-ci: il ne s'agit pas seulement pour une école d'administra-

tion de former un technicien, ou un spécialiste de l'une ou l'autre des grandes disciplines du savoir, mais avant tout de former un type d'homme, une personnalité, et comme vous venez de le dire, Monsieur le Ministre, un chef social. Par le jeu d'événements dont il a été en grande partie l'agent, l'homme d'affaires est en effet devenu un des bâtisseurs de la cité. De l'idée qu'il se fait de lui-même et de son rôle dépend en grande partie l'ordre même de la société. Et nous savons déjà, à la seule observation des problèmes de toutes sortes qui naissent de la pratique des affaires et de l'évolution de l'économie, ce que cela signifie du point de vue du fonctionnement interne de la société.

Au surplus, et vous venez de le rappeler, Éminence, Monsieur le Ministre, le monde est en pleine révolution: nul ne saurait désormais échapper aux influences de toute sorte qui s'exercent à la fois de tous les points de l'horizon. La société contemporaine, au terme d'un laborieux cheminement, est aujourd'hui acculée à une double option fondamentale: l'une, sur le plan de la pensée, porte sur la conception même de l'ordre dont elle inspirera désormais sa vie; l'autre, sur le plan de l'action, porte sur l'attitude à observer à l'égard de la situation créée par le brusque avènement de ce qu'on est convenu d'appeler le tiers monde. Dans un cas comme dans l'autre, c'est l'avenir de la civilisation, peut-être de l'humanité, qui est en jeu.

C'est donc par rapport au début du siècle, dans des perspectives singulièrement élargies et passablement inquiétantes, que doit être envisagé à notre époque le problème de l'enseignement, surtout de celui qui se propose de former ceux qui demain rempliront dans la communauté des fonctions de direction, au plan économique, au plan social ou au plan politique. Les temps sont révolus où l'individu pouvait se contenter de la maîtrise des règles de pratique de son métier, et les peuples se comporter comme s'ils étaient les seuls artisans de leur propre destin. C'est d'abord à un approfondissement et à l'intégration en une haute et ferme pensée de leurs virtualités humaines, intellectuelles, morales et spirituelles que la conjoncture actuelle convie la génération présente et celles qui suivront.

Au cours de son premier demi-siècle, l'École des Hautes Études Commerciales a dû surmonter bien des obstacles, dénouer bien des difficultés. Si l'on en juge par ce qui se passe autour de nous, il semble bien que pour elle, pas plus que pour n'importe quelle autre institution d'enseignement, l'heure ne soit encore venue de la détente, du relâchement de son effort. En un demi-siècle, elle a réalisé une œuvre dont on a bien voulu, ces jours-ci, louer la valeur. Elle a bénéficié pour cela d'une multitude de concours — et à tous ceux à qui elle les doit, elle voue une profonde reconnaissance. Cette œuvre, il reste à la continuer, à la parfaire et à l'adapter aux exigences des temps présents — donc à accentuer, en le perfectionnant dans ses moyens, l'effort de la première étape.

Ce nouvel élan dans l'effort, l'École est prête à le fournir: je le dis avec autant plus de conviction que je sais être l'interprète fidèle d'une équipe maintenant nombreuse et expérimentée d'administrateurs et de professeurs, conscients de leur rôle et des conditions dans lesquelles ils sont appelés à le remplir. Mais comme par le passé, elle aura besoin du concours de tous ceux qui croient en la valeur et en l'efficacité de ses travaux. Ces concours, elle les sollicite avec confiance, et d'avance elle en exprime sa gratitude.

Monsieur le Maire, etc., les fêtes du cinquantenaire de l'École des Hautes Études Commerciales sont terminées, et avec elles un chapitre important de l'histoire économique et sociale de notre milieu. Au nom des administrateurs, des professeurs, des étudiants et en mon nom personnel, je vous remercie de vous y être associés; de votre présence à nos côtés, nous garderons un stimulant souvenir et une grande fierté. Demain, la vie reprend à son rythme normal, pour une nouvelle étape. Puisse la divine Providence combler de ses dons ceux qui la rempliront de leurs travaux et en élaboreront l'histoire.

Discours d'adieu[283]

Laissez-moi d'abord, comme il convient, vous exprimer ma vive gratitude du beau témoignage d'estime et d'amitié que vous voulez bien me donner ce soir et du magnifique cadeau dans lequel vous avez bien voulu lui donner forme concrète et permanente. Je garderai de tout cela un fervent souvenir. Laissez-moi aussi remercier M. le Président, Mgr le Recteur et M. le représentant du Ministre de la Jeunesse des bonnes paroles qu'ils ont eues à l'égard du jeune vieillard que je suis devenu, chacun à sa manière et avec ses mots propres, et des compliments qu'ils ont bien voulu faire de ce qu'ils ont eu la bonté d'appeler ma carrière, mon œuvre.

En les écoutant j'avais l'impression d'être moi-même une sorte de personnage, un Monsieur arrivé, et à qui il ne reste plus désormais qu'à se reposer sur un confortable coussin de lauriers. Impression réconfortante d'une manière puisqu'elle part de votre témoignage d'estime, mais d'une autre manière troublante, parce qu'elle oblige à un retour sur soi-même et à un effort de franchise avec soi-même. Il faudra bien que je me

283. Prononcé le 9 octobre 1962 à l'occasion d'un banquet organisé par le nouveau directeur, Roger Charbonneau en l'honneur de M. Minville. Manuscrit. Œuvres complètes d'Esdras Minville, Archives de la Bibliothèque Patrick Allen, École des H.E.C., Cahiers des manuscrits.

décide à devenir l'homme que ces messieurs ont cru voir en moi et que vous avez eu la bonté d'applaudir. Il y aura là de quoi occuper complètement mes années de retraite.

Passent les années, et passent aussi les hommes. Il y a eu quarante-trois ans en septembre, je m'inscrivais comme étudiant à l'École des H.E.C. Démarche importante puisqu'elle allait orienter ma vie entière. Or il se trouve que cette date importante dans ma vie personnelle coïncide avec un moment important aussi dans l'histoire de l'École. Au lendemain de la première grande guerre, 1919 marque en effet pour l'École une sorte de nouveau départ. Pour la première fois depuis sa fondation, elle accumule en première année un groupe nombreux de nouveaux étudiants venus des quatre coins [du Québec] — groupe plus nombreux que ne l'avait été jusque-là la population totale de l'École. L'élan ainsi amorcé continuera par la suite jusqu'à la sorte de débordement dont nous sommes depuis quelques années témoins. Il faut ajouter que, sur les 57 nouveaux venus que nous étions en 1919, 17 seulement ont persévéré jusqu'au diplôme. Ce qui prouve que la sélection n'était pas moins rigoureuse à l'époque qu'elle ne l'est aujourd'hui.

Cinq ans plus tard, en 1925, je revenais à l'École comme professeur à temps partiel aux cours du soir et aux cours par correspondance; en 1927 je m'y installais comme professeur de carrière, chargé principalement de la rédaction de *L'Actualité économique*, fondée deux ans plus tôt par Gérard Parizeau et un groupe de collaborateurs et devenue à ce moment-là organe officiel de l'École. Enfin en 1938, il y a eu vingt-quatre ans le 15 août dernier, j'étais promu à la direction. La quasi-totalité de ma vie active s'est donc passée, à des titres divers, dans les cadres d'une institution à laquelle nous sommes tous attachés. S'il fallait qu'au moment de quitter on ne puisse relever trace de mon passage, ce serait à désespérer de la valeur de mon travail et, en ce qui me concerne du moins, la réunion de ce soir n'aurait pas sa raison d'être.

Puisque cette réunion a pour objet de rendre hommage aux hommes qui passent, l'un qui sort de charge, l'autre qui y accède, je voudrais profiter de l'occasion pour rappeler à vos mémoires reconnaissantes le souvenir d'un certain nombre de nos devanciers qui ont été les véritables bâtisseurs de l'École et, par elle, à l'origine du grand mouvement de renouveau dont nous sommes aujourd'hui les témoins [au Québec].

Je mets d'autant plus de ferveur dans cette évocation que, dans notre milieu depuis quelques années, on parle et agit comme si le progrès était de toute nécessité une rupture avec le passé, comme si pour bâtir il fallait commencer par démolir, et comme si pour grandir les générations présentes il fallait abaisser celles qui les ont précédées sur les voies de la vie et de l'expérience. Le progrès n'implique ni rupture ni démolition. Au contraire, c'est le développement d'une tradition, l'enrichissement par le dedans d'une pensée qui s'est formée et développée au long des années, le renforcement d'une puissance d'action qui s'enracine dans l'acquis, dans l'œuvre des générations qui ont précédé.

Je pense d'abord aux précurseurs, hommes de pensée habitués à l'observation des phénomènes sociaux, hommes d'action rompus au maniement des affaires et qui ont compris qu'en tout temps et quelles qu'en soient les modalités, l'économie est œuvre d'hommes, à réaliser par des hommes pour les hommes. Longtemps d'avance ils ont formulé la seule solution que le Canada français devrait apporter au plus lourd et au plus complexe de ses problèmes collectifs: former des hommes capables de l'aborder selon les exigences nouvelles et d'ailleurs changeantes de la pratique des affaires, d'une part; selon les normes permanentes de la culture propre à une communauté donnée, d'autre part. Cette idée, ils ont tout mis en œuvre pour la répandre. Ils se sont attachés d'abord à la réforme de l'enseignement commercial comme il se pratiquait de leur temps. Mais ils n'ont pas tardé à se convaincre que cet objectif demeurait en deçà des exigences du présent et surtout de l'avenir, et que, pour répondre véritablement aux besoins à venir d'une société en pleine transformation, il fallait sans tarder [au Québec] un véritable enseignement supérieur des sciences économiques et administratives.

Ils ont travaillé au triomphe de cette idée, chacun dans sa sphère d'influence personnelle, mais surtout en collaboration dans les cadres de la Chambre de commerce de Montréal qui,

par eux et avec eux, est devenue l'initiatrice du haut enseignement commercial dans notre province. À soixante-quinze ans
d'intervalle, nous leur disons l'hommage de notre reconnaissance.

Je pense aussi aux réalisateurs, à ceux qui ont recueilli
l'idée des précurseurs et l'ont inscrite dans les faits, à Sir Lomer
Gouin qui, premier ministre de la province et mêlé lui-même
aux grandes affaires, était mieux en état que quiconque de
comprendre l'à-propos et la portée de la requête de la Chambre
de commerce, et le seul capable en définitive d'y donner suite.
Sir Lomer aimait dire de l'École des H.E.C. qu'elle était sa fille
aînée, son œuvre préférée; le premier conseil d'administration
et, notamment, le premier président, M. Isaïe Préfontaine, le
premier secrétaire général, M. Honoré Mercier, le premier directeur, M. de Bray, qui ont assumé la tâche difficile de mettre
l'École en marche: bâtir la maison, élaborer les règlements et
les programmes, assurer le recrutement. Je pense à la première
équipe de professeurs venus du dedans ou de l'étranger et notamment au plus illustre d'entre eux, à celui qui dans les locaux
inachevés a donné la première leçon, qui a été le créateur de
l'enseignement des sciences économiques [au Québec] et dont
la pensée a inspiré l'œuvre de l'École depuis sa fondation
jusqu'à nos jours, M. Édouard Montpetit. Qui d'entre nous
n'éprouve de la fierté de devoir quelque chose à ce type achevé
de l'homme de culture et du grand serviteur de la nation et du
pays.

Je pense enfin à ceux qui sont venus par la suite mettre la
richesse de leur savoir et le prestige de leur nom au service de
l'École et de la jeunesse, en particulier à Victor Doré et Lucien
Favreau, créateurs de l'enseignement professionnel de la comptabilité [au Québec], qui ont aussi assuré à nos compatriotes
l'accès à une profession qui jusque-là leur était autant dire
fermée; à M. Henry Laureys, homme d'initiative et d'énergie
qui au sortir des années difficiles du début a donné à l'École son
élan définitif; à Arthur Léveillé, merveilleux professeur de mathématiques qui devait devenir doyen fondateur de la Faculté
des sciences de l'Université de Montréal; au Dr Ernest Gen-
dreau, créateur de l'Institut du radium; à Jean Désy qui, ses

premières armes faites à l'École, devait se hisser au premier rang dans la diplomatie canadienne — et je m'en tiens ici à ceux qui déjà hélas sont disparus.

Ces hommes ont travaillé dans des conditions difficiles, dans un milieu que rien n'avait préparé à apprécier justement leur effort. Avec dévouement, un sens aigu du présent et de l'avenir, ils se sont attaqués aux obstacles et un à un les ont surmontés. Ils ont été aussi les grands artisans d'une œuvre dont nous sommes tous les bénéficiaires. À eux comme à leurs devanciers, nous disons l'hommage de notre gratitude. Et si pour ma part aux cours des trente-huit ans que j'ai passés à l'École, il a pu m'arriver d'ajouter une pierre à l'œuvre dont ces grands artisans ont jeté les fondations, je m'en glorifie et j'en remercie la Providence.

À ce modeste hommage aux hommes du passé, je voudrais en terminant ajouter un hommage et des vœux personnels aux hommes du présent et de l'avenir. L'École des H.E.C. n'a cessé depuis sa fondation de progresser et de s'accomplir. Elle est aujourd'hui une grande maison qui par sa vigueur intellectuelle et sa puissance de rayonnement intellectuel et social peut avec fierté se comparer à n'importe quelle institution du même genre du pays et à l'étranger. Or cette réussite ce n'est pas à un tel ou un tel qu'il faut l'attribuer mais à l'effort commun de tous ceux qui, à un titre ou à un autre, participent à sa vie. À ces hommes d'aujourd'hui dans les rangs desquels se prépare déjà la relève de demain, je voudrais au moment de quitter la direction exprimer ma vive reconnaissance du concours qu'ils m'ont apporté dans l'exercice de mes fonctions. Je le disais l'autre jour aux professeurs de carrière: nous avons vécu ensemble des années nombreuses, les unes difficiles, les autres plus sereines et réconfortantes, dans l'ensemble fructueuses puisque l'École des H.E.C., objet de notre attente, n'a cessé de grandir. Ces années, nous les avons vécues dans le respect et la confiance mutuels et dans l'amitié, si bien qu'un authentique esprit H.E.C. s'est créé, qui identifie aujourd'hui l'École comme une équipe, une communauté sinon de pensée — car il a toujours existé parmi nous des différences d'idées et de tendances d'esprit —, du moins de travail et de fin. Or cette équipe est certainement l'une des plus brillantes, des plus rayonnantes qui se rencontrent dans notre monde de l'enseignement: son prestige a depuis longtemps passé les frontières [du Québec]. Il suffit pour s'en convaincre de suivre les revues et journaux, la radio et la télévision, l'activité des groupements professionnels et des œuvres d'action intellectuelle et sociale. Aucun groupe n'est plus habituellement consulté sur toute espèce de sujet que les professeurs de l'École des H.E.C. Et au moment de me retirer, s'il est dans l'œuvre de l'École quelque chose dont je puisse réclamer le mérite et avoir la fierté, c'est d'avoir été sinon le seul, du moins comme directeur, l'un des principaux artisans de la formation de cette équipe. À ces professeurs, collègues d'hier, amis de toujours, je souhaite la pleine réalisation de l'extraordinaire dépôt de richesses intellectuelles et humaines dont le groupe forme la synthèse.

Un homme de haut calibre en prend maintenant la tête. Si ma mémoire est fidèle, Charbonneau est le premier diplômé de l'École à qui, comme directeur, j'ai offert une bourse d'études à l'étranger et que j'ai invité à faire carrière dans l'enseignement. Cela remonte à 1940 ou 1941. Il accède aujourd'hui à la direction en possession d'une belle formation académique qu'il a d'ailleurs continué d'enrichir et d'approfondir par la lecture, le travail personnel et les voyages, en possession aussi d'une déjà longue expérience et dans l'enseignement et dans les affaires. Il appartient à l'École par un long passé de collaboration à son œuvre, d'intégration à sa vie et par une vive pénétration des problèmes de tous ordres qui se posent à une institution de ce genre dans une conjoncture comme celle que nous connaissons. Qu'attendre d'un homme de ce calibre et que souhaiter si ce n'est qu'il fasse de ses fonctions un succès proportionné à ses mérites.

Mesdames et Messieurs, je m'excuse de vous avoir retenus si longtemps, je vous remercie encore une fois de votre gentillesse à mon égard et vous invite à continuer votre concours à une institution qui, par les temps que nous vivons, répond aux plus pressants besoins de la collectivité.

Merci et au revoir!

Les affaires
L'homme — Les carrières*

*   Volume paru aux Éditions Fides, 1965. Deuxième édition d'un ouvrage paru en 1945 sous le titre L'Homme d'affaires.

Présentation de l'auteur

Le présent ouvrage réunit deux études publiées antérieurement: l'une en 1944 — L'homme d'affaires[284]; l'autre en 1953 — Le chef d'entreprise[285]. Écrites en des moments et sur un ton différents, ces deux études se complètent, mais ne s'intègrent pas. La première, surtout psychologique et pédagogique, veut aider le jeune homme arrivé à l'âge de choisir un métier à se reconnaître en regard des carrières des affaires; la seconde, surtout philosophique et sociologique, s'adresse au grand public, qu'elle cherche à éclairer sur le type professionnel et le rôle social de l'homme d'affaires comme le connaissent de nos jours les pays économiquement les plus évolués.

Nous avons d'abord pensé les fusionner, mais il est vite apparu qu'elles ne sauraient entrer dans la même perspective et qu'il valait mieux conserver à chacune son objet et son ton primitifs. Après révision attentive et mise à jour sur certains

---

284. Fides, Montréal, 1944, 1945, 1949. Les cinq chapitres du livre avaient paru respectivement dans L'Actualité économique d'avril, mai, juin-juillet, août-septembre et octobre 1944.

285. Collection «Études du Service de documentation économique», École des Hautes Études Commerciales, 1953. Avant la publication de cette étude, les deux parties en avaient paru aussi dans L'Actualité économique de janvier à mars et avril à juin 1953.

points, nous reproduisons donc ici le texte intégral de la première version. Non cependant sans en avoir un peu modifié l'ordre: le premier chapitre de l'étude sur le chef d'entreprise devient la première partie du présent volume, et le deuxième chapitre, la troisième partie; quant au cinquième chapitre de l'étude sur l'homme d'affaires, il devient la quatrième et dernière partie du présent ouvrage. Cette disposition nous paraît donner une certaine unité à des textes assez dissemblables d'objets et de formes.

Nous espérons qu'ainsi rebâti ce modeste ouvrage continuera de rendre service à la jeunesse et à ceux que préoccupe le recrutement au Canada français d'une classe d'hommes d'affaires répondant à toutes les exigences de leur métier dans notre milieu et à notre époque.

Contenu de l'ouvrage

Notes explicatives

Le présent volume ne contiendra qu'une petite partie (environ le tiers) du contenu complet de l'œuvre telle qu'éditée chez Fides dans sa forme définitive de 1965, les deux autres tiers ayant été utilisés dans des volumes antérieurs. Il y avait à cela d'autant moins d'inconvénients que l'auteur lui-même indique, dans sa présentation, qu'il a construit le volume à partir de pièces détachées sans chercher à les fusionner.

Quant à nous, en tant qu'éditeur de l'œuvre complète de Minville, reconstruite par thème, nous devons préciser les points suivants:

1) *La première partie et les deux premiers chapitres de la deuxième partie appartenaient naturellement à la section sur* La vie économique; *et au volume 2, sur les* Systèmes et structures. *Ils y occupent une place majeure comme, en quelque sorte, la clef de voûte de la pensée de Minville sur les systèmes économiques.*

2) *La quatrième partie appartenait tout naturellement, dans la section sur* La vie sociale, *au volume sur* Le nationalisme canadien-français *au sujet duquel elle pose un problème crucial.*

Ce qui reste pour le présent volume, soit les chapitres III et IV, même s'ils ne sont pas en soi historiques, relève de l'analyse des rôles de l'École des Hautes Études Commerciales, et du type de formation qu'elle avait à donner à ses étudiants.

Quiconque tiendrait à lire l'ouvrage selon la description du contenu qui précède n'aurait qu'à suivre dans l'ordre:

Première partie —
    Cf *volume 2, pages 177-180, 55-72, 175 et 176.*
Deuxième partie —
Chapitre I —
    Cf *présent volume, page 491; volume 2, pages 142-156; présent volume, pages 492-494.*
Chapitre II —
    Cf *volume 2, pages 157-174.*
Chapitre III —
    Cf *présent volume, pages 497-527.*
Chapitre IV —
    Cf *présent volume, pages 529-547.*
Troisième partie —
    Cf *volume 2, pages 180-223.*
Quatrième partie —
    Cf *volume 12, pages 407-427.*

Avant-propos de la première édition de
L'homme d'affaires
(1945)

Depuis vingt-cinq ou trente ans, il s'est fait chez nous un gros effort pour détourner une partie de la jeunesse instruite des professions libérales vers les carrières techniques et commerciales. Non sans succès d'ailleurs, puisque nos écoles spécialisées ont vu croître d'une année à l'autre leurs effectifs, que de nouvelles ont dû être créées et que les plus anciennes envisagent pour bientôt des réaménagements et des agrandissements. Le mouvement semble donc lancé, le courant bien établi vers des carrières qu'il y a quelques années encore on qualifiait de nouvelles — bien que certaines d'entre elles soient vieilles comme le monde.

Mais avant de pousser plus outre et pour établir ce mouvement sur des bases saines, il conviendrait, nous semble-t-il, de revenir sur l'idée même qui l'a déclenché, et de nous demander si nous en avons jusqu'ici sondé suffisamment les exigences et si, en l'agitant pour elle-même, simplement parce qu'elle répondait à un besoin réel, nous en avons tiré tout le bénéfice désirable, davantage, si nous n'avons pas pris le risque de causer certains dommages en orientant à faux une partie de la jeunesse.

En effet, il ne suffit pas de remplir telles écoles de jeunes gens; il faut y conduire ceux qui sont aptes aux carrières auxquelles elles préparent. Or si les besoins sociaux peuvent éclairer la jeunesse arrivée au moment de choisir une carrière, être pour elle une indication, en revanche l'orientation d'un jeune homme se détermine pour d'autres motifs que les besoins sociaux eux-mêmes, et surtout pour d'autres motifs que le degré d'urgence d'un besoin social donné. Il ne suffit donc pas que telle situation sociale sollicite le concours immédiat d'un plus ou moins grand nombre de spécialistes pour que les autorités de toutes catégories se croient justifiées d'insister sans distinction auprès de la jeunesse, et pour qu'un jeune homme choisisse la carrière correspondante, tout simplement parce qu'on l'assure que le succès et l'avenir sont de ce côté.

C'est pourtant un peu ce qui s'est produit chez nous touchant les carrières économiques. Le besoin, personne ne le conteste, était réel et l'intention en tous points excellente. Il fallait provoquer un renouveau dans l'orientation de la jeunesse, créer un mouvement vers les carrières que notre société en pleine transformation ouvrait aux jeunes générations. Mais la nouveauté et la spécialisation mêmes des carrières qui s'ouvraient ainsi posaient le problème du choix des plus aptes. Peut-être n'était-il pas, pour des raisons diverses, opportun de s'y arrêter au début. C'était déjà une tâche assez lourde que de frapper l'attention, de créer l'opinion, de provoquer le mouvement. Quoi qu'il en soit et si excellents qu'aient pu être les motifs qui ont dans le temps inspiré l'action, il semble établi qu'une certaine proportion de la jeunesse a suivi le courant nouveau plus ou moins à l'aveugle, sans être en état de fournir elle-même les véritables raisons de son choix.

Eh bien, c'est ce qu'il s'agit désormais de corriger et c'est pour contribuer au redressement ou, si on le préfère, à l'assainissement du mouvement qui porte ainsi une partie croissante de notre jeunesse vers les carrières économiques — mouvement dont on ne saurait d'aucune manière, répétons-le, discuter l'à-propos — que nous avons entrepris cette étude sur les carrières commerciales, leur nature, leurs exigences. Nous sommes loin, et nous tenons à le déclarer tout de suite, d'avoir épuisé le sujet.

Peut-être en avons-nous saisi quelques-unes des données principales et pourrons-nous jeter dans la discussion certaines idées
utiles à de nouvelles études, à de nouvelles recherches. Nous
n'ambitionnons pas plus pour le moment.

* *

*

Le problème étudié dans cet ouvrage est important du point de
vue de l'homme mais aussi de la nation. On l'a dit et répété bien
des fois: si nous voulons comme peuple consolider nos positions, nous mettre en état de réaliser pleinement notre «vocation» nationale, donc de porter à leur plus haut degré d'épanouissement les valeurs de culture et de civilisation dont nous
sommes les dépositaires, il va nous falloir améliorer notre situation économique, parvenir à une autonomie assez large pour
nous soustraire, touchant l'une des nécessités les plus irréducti-
bles de nos effectifs humains, à la dépendance de l'étranger.

Or, ce redressement, ne l'attendons pas des peuples voisins
— notre cas échappe à leurs préoccupations — ni de la politique
seule, encore moins d'un miracle, mais d'abord et avant tout de
l'effort de nos esprits et de nos mains. Il sera œuvre d'hommes
adaptés par le tempérament, les dispositions profondes de leur
personnalité aux exigences des diverses fonctions de la vie
économique, et qui l'accompliront du fait même qu'ils atteindront au succès dans leurs propres carrières. Il nous faut donc
des hommes d'affaires: commerçants, industriels, financiers,
plus nombreux et plus puissants. C'est la première condition.
Mais si leur action doit avoir la portée nationale que nous en
attendons, il importe — et c'est la deuxième condition, aussi
vitale que la première — que ces hommes ne s'écartent pas, par
leur tour d'esprit, leur conception générale des affaires et de
leur rôle dans la vie sociale et nationale, des données de fond de
notre culture et de notre philosophie sociale.

Le problème économique, sujet à des solutions définies
quant à sa fin spécifique, n'est pourtant pas autonome. Il est un
des aspects du problème plus haut de la vie sociale et nationale
— et cela pour tous les peuples sans exception. Et c'est en
fonction de celui-ci qu'il doit être résolu, donc que doivent être

formés les hommes dont c'est précisément le rôle de le résoudre. Eh bien, la solution du problème économique ayant ses
exigences propres procédant de techniques d'application universelle, c'est par ses modalités variables qu'elle s'adapte au
cas particulier de chaque peuple; et c'est à découvrir celles qui
sont le plus en accord avec les intérêts nationaux que doivent
être dressés les hommes d'affaires.

Nous indiquons dans la IVe partie comment le problème
psychologique et pédagogique du recrutement et de la formation
des hommes d'affaires se rattache directement aux valeurs de
culture et de civilisation qui sont l'essence même de notre vie
nationale. Il s'agit aujourd'hui de corriger les mauvais effets
d'une fidélité culturelle qui, faute de s'interpréter elle-même
avec suffisamment de rigueur en regard des faits ou, mieux
peut-être, d'interpréter plus justement le milieu dans lequel elle
s'affirme en regard de ses propres exigences, a compromis l'une
des conditions de sa pérennité. Mais il faut prendre garde, en
modifiant l'interprétation, de ne rien abandonner d'essentiel —
car, du point de vue national, le relèvement économique qui en
résulterait serait plus désastreux que notre infériorité actuelle.

Répétons-le: l'étranger ne nous fournira ni solution ni
recette. Nous pouvons, nous devons même l'observer, lui em-
prunter certaines techniques et méthodes de travail — à la
condition que ces emprunts n'aillent pas jusqu'à forcer l'adaptation de l'homme, donc à la condition de les repenser nous-mêmes en fonction de notre personnalité, de nos besoins et de nos
moyens. La préparation aux affaires, par-delà l'initiation professionnelle et pour lui servir de fondement et de guide, doit
donc sans cesse ramener l'attention au problème économique
comme il se pose chez nous, dans notre milieu géographique et
humain. Faute de cette sorte de constante polarisation et de
dressage corrélatif des esprits, la multiplication des techniciens
de toute catégorie n'entraînera aucune conséquence vraiment
heureuse pour la nation. Celle-ci, en effet, est une synthèse, et
c'est en accord par l'esprit et la forme avec le tout que ses
diverses branches d'activité doivent être organisées. Si l'une
d'elles échappe à cette ordination parce que les hommes chargés
d'en assurer le fonctionnement ne savent ou ne veulent s'adap-

ter aux intérêts supérieurs de l'ensemble, tout l'édifice est compromis.

Et nous sommes ainsi ramenés, pour en souligner l'un des
aspects fondamentaux, au problème central de l'éducation, dont
nous parlons longuement au cours des pages qui vont suivre. Il
faut que nos hommes d'affaires, comme les autres classes sociales, aient le sens des intérêts nationaux, que spontanément ils
choisissent dans l'exercice de leur propre activité professionnelle la ligne de conduite la mieux adaptée à l'esprit de notre
culture et de notre civilisation, la plus conforme par conséquent
aux exigences de fond de notre vie nationale. Il ne s'agit pas
d'imiter tel ou tel peuple dont les succès semblent plus ou moins
éclatants. Il s'agit de bâtir nous-mêmes en toute originalité.
Question d'hommes, question d'éducation, qui, dans l'état présent de la science pédagogique et de la science économique chez
nous, demanderont de longs travaux de recherche et d'adaptation. Mais, rassurons-nous, ce sont les travaux de cette sorte qui
assurent la vigueur et la grandeur d'un peuple.

[Addition de 1963]

Ces lignes, écrites il y a près de vingt ans, conservent toujours
leur à-propos. Mais depuis lors, les conditions dans lesquelles
les jeunes s'engagent dans les affaires ont beaucoup changé.
Jusqu'à la dernière grande guerre, inviter un jeune homme,
diplômé d'un collège classique par exemple, à s'orienter vers
les affaires, c'était l'engager dans une sorte d'aventure qui
mettait tous les risques de son côté.

D'une part, ni dans les milieux de l'enseignement ni dans
le milieu social, les carrières des affaires ne jouissaient d'un
prestige proportionné à leurs exigences intellectuelles et à leur
importance sociale. Le fait pour un bachelier ès arts de s'y
orienter, surtout s'il avait été brillant élève, était facilement
considéré comme une déchéance, une sorte de gaspillage des
valeurs intellectuelles et morales que les études secondaires
avaient cultivées en lui.

D'autre part, le monde des affaires était peu ouvert aux
diplômés des écoles professionnelles: le jeune diplômé devait
découvrir lui-même l'emploi qui lui donnerait accès aux affai-

res — avec le concours de l'école où il avait fait ses études mais sans pouvoir compter sur l'accueil sympathique des employeurs eux-mêmes. Les plus débrouillards, les plus chanceux trouvaient plus ou moins vite à se caser — les autres devaient multiplier requêtes et démarches et attendre des semaines et des mois. Tous d'ailleurs débutaient dans les fonctions subalternes, au niveau des diplômés des écoles primaires.

La guerre et l'après-guerre ont forcé les grandes entreprises à renouveler leur politique à ce point de vue. Elles ont pris conscience du fait qu'elles sont œuvres de collaboration dont il faut assurer la permanence, découvrant du même coup l'importance du personnel dans leur fonctionnement. Elles ont instauré une politique de recrutement et de formation du personnel. Désormais, ce ne sont plus les diplômés des écoles de préparation aux affaires qui vont vers les entreprises pour y solliciter de l'emploi, ce sont les entreprises qui viennent vers les finissants des écoles professionnelles pour les inviter à joindre leurs rangs. Depuis quinze ou vingt ans, les grandes écoles n'ont jamais, d'une année à l'autre, assez de nouveaux diplômés pour répondre à la demande. Davantage, ces mêmes entreprises aident leur personnel jeune ou expérimenté à parfaire sa formation en suivant les cours de perfectionnement mis sur pied par les grandes écoles.

D'autre part, en ces toutes dernières années, la communauté canadienne-française a pris une vive conscience de la nécessité pour elle de s'assurer la maîtrise de sa propre économie. L'État provincial lui-même, qui naguère s'en remettait, selon la conception libérale, au jeu spontané des forces dites naturelles pour assurer le développement économique de la province, s'est découvert des responsabilités précises à cet égard. Plusieurs mesures ont déjà été prises en ce sens, d'autres sont annoncées: conseil d'orientation économique, société générale de financement en vue de stimuler le développement de l'industrie secondaire, politique de décentralisation industrielle et d'aménagement régional, légations économiques et culturelles à l'étranger, étatisation de l'industrie hydroélectrique, aide massive à l'enseignement à tous les niveaux, etc. On peut discuter l'opportunité ou les modalités de telle ou telle de ces mesures. Elles sont néanmoins toutes ordonnées à l'expansion de la province et à l'émancipation économique de la communauté canadienne-française.

Or rien de tout cela ne saurait s'accomplir sans des équipes nombreuses et incessamment renouvelées d'hommes compétents qui en assumeront la responsabilité et en feront leur œuvre. Déjà il y a pénurie de personnel et on sent le besoin d'activer la formation d'administrateurs, d'économistes, de spécialistes de toute étiquette. Les jeunes gens des écoles publiques et des collèges qui songent aux carrières des affaires, de l'administration publique ou privée, aux différentes spécialités qui s'y exercent, ont devant eux des perspectives immédiates et autant dire illimitées. Il ne s'agit plus comme autrefois de tenter une aventure mais de répondre à une demande pressante et d'importance vitale pour la collectivité. Souhaitons donc que les maisons d'enseignement et la jeunesse qui les fréquente saisissent bien le sens et la portée de la conjoncture actuelle et mettent tout en œuvre pour y répondre.

Janvier 1963

Première partie

L'homme et les affaires
Essai d'interprétation humaniste

*Voir le volume 2 de la présente collection,
pages 177-180, 55-72 et 175-176.*

Deuxième partie

Le candidat aux carrières des affaires
Orientation, formation

Chapitre premier
Le monde des affaires

Plaçons-nous dans la situation du jeune homme qui, arrivé à l'âge de choisir son métier, doit se définir lui-même en regard des fonctions diverses dont la société contemporaine lui offre le tableau. Comment les affaires se présentent-elles à lui? Non pas comme une profession au sens précis où on l'entend de la médecine, du droit ou du génie, par exemple, mais à la fois comme une grande fonction sociale et un complexe professionnel, l'un et l'autre extrêmement diversifiés. Un marchand, un industriel et un banquier sont des hommes d'affaires, mais de types professionnels et sociologiques nettement distincts. Le comptable, le statisticien, l'agent des relations extérieures exercent leurs professions dans le monde des affaires, mais ne sauraient, comme types professionnels et sociologiques, s'identifier ni au marchand ni à l'industriel.

Pour comprendre les caractéristiques professionnelles des affaires et, parmi les divers métiers qui s'y exercent, choisir celui qui convient le mieux à ses aptitudes, tout jeune homme doit donc se familiariser d'abord avec le milieu des affaires, essayer de le comprendre dans ses fins, ses structures, l'extrême diversité de ses modalités institutionnelles.

Le chapitre se divise ensuite en deux parties. La première partie concerne la multiplicité des domaines d'affaires et leur décomposition en genre d'affaires et en fonctions diverses.

Voir le volume 2 de la présente collection, pages 142-156.

* *

*

Au jeune homme placé en face du problème capital de son orientation, la vie économique offre donc un choix nombreux sinon facile. S'il s'y engage à bon escient, il n'a pas à craindre d'être un moment donné entravé dans le déploiement de son initiative et de sa personnalité. Quand il se sera élevé très haut dans une branche ou dans l'autre des affaires, il constatera que ses chances d'avancement n'ont pas diminué, qu'elles ont peut-être même augmenté dans la mesure où ses propres moyens d'action se sont multipliés et perfectionnés. Il n'est pas de branche d'activité où l'horizon s'élargit plus et plus vite. Dès que l'homme d'affaires parvient à dépasser les cadres de sa spécialité, le champ est virtuellement sans limite qui s'offre à son initiative. On le voit siéger au conseil d'entreprises aussi nombreuses que diverses, et son expérience est précieuse dans les œuvres sociales aussi bien que dans l'administration publique.

À une condition cependant, nous le répétons: d'apporter les qualités requises et de bien choisir sa voie dès le départ. Nous ne dirons donc pas aux jeunes gens de nos écoles et de nos collèges: «Le pays a besoin d'hommes d'affaires plus nombreux, plus instruits: orientez-vous vers le commerce, l'industrie ou la finance, l'avenir est de ce côté.» Nous leur dirons plutôt: «Orientez-vous selon vos aptitudes, les virtualités de votre tempérament, de votre caractère, de votre esprit. Celui-là sert le plus efficacement la société et le pays qui se réalise le plus complètement lui-même, c'est-à-dire qui se perfectionne selon la ligne profonde de sa personnalité. En affaires comme en toute autre branche d'activité, ce qui compte, c'est la qualité, non la quantité. Mais si, ayant bien réfléchi sur vous-mêmes, vous constatez avoir les ressources voulues, eh bien, n'hésitez pas: allez au commerce, à l'industrie, à la finance, à telle branche des affaires qui s'offrira immédiatement à vous. Vous ferez un succès de votre carrière et vous servirez d'autant plus efficacement la société que — c'est un fait — elle a plus grand besoin dans ce domaine d'initiateurs et de chefs.»

Le problème de l'orientation ainsi entendu se pose surtout, il va sans dire, à ceux à qui la richesse même de leur personnalité permet d'aspirer aux fonctions de direction ou à la maîtrise dans l'une ou l'autre des spécialités professionnelles des affaires. Quant aux fonctions courantes, elles ne sauraient les intéresser. Or c'est précisément parce que ces fonctions sont variées et d'accès facile qu'on est d'une façon générale si porté à considérer les affaires comme un domaine où n'importe qui peut s'engager sans risque, même avec chance de réussite. Mais il y a succès et succès, et on s'en fait aisément une pauvre idée. De plus, ce qui est succès pour les uns peut être faillite pour un autre. Personne, ni les intéressés comme individus, ni la société, ne peut s'accommoder du gaspillage des énergies humaines. Si tel jeune homme taillé pour les grands rôles s'enlise dans des fonctions subalternes, tout le monde y perd.

Dernière remarque et qui a son importance: les affaires étant le phénomène complexe que nous avons décrit, et la carrière des affaires ayant les exigences dont nous avons indiqué la nature, il est évident que les écoles, fussent-elles les mieux outillées, ne sauraient seules assurer complètement la préparation des jeunes gens qui s'y destinent. En premier lieu, les écoles ne créent pas la personnalité: elles la cultivent et, comme on l'a déjà fait remarquer, il n'est pas en leur pouvoir de «tirer une statue de marbre d'un bloc de plâtre». Si le jeune homme dispose de ressources psychologiques et intellectuelles, l'école l'aide à se découvrir, puis à se perfectionner dans la ligne de ses virtualités. C'est là son rôle, et c'est dans ce rôle qu'elle doit s'efforcer d'entrer, car c'est ainsi qu'elle rend véritablement service.

En effet, à moins de le retenir un temps indéfini ou, à l'inverse de tomber elle-même dans une spécialisation excessive au risque de stériliser la personnalité au lieu d'en provoquer l'épanouissement, l'école ne peut communiquer à un jeune homme toutes les connaissances techniques utilisables dans les affaires, ni même dans telle branche des affaires. Il n'y a pas de profession qui doit et devra toujours s'en remettre davantage à l'apprentissage. Au lieu donc de faire porter ses efforts sur l'impossible tâche de tout enseigner, l'école doit les orienter vers la mise en valeur aussi parfaite que possible des ressources dont le jeune homme a reçu le dépôt.

De leur côté, les employeurs, qui volontiers critiquent les écoles, doivent savoir eux-mêmes aussi exactement que possible ce qu'ils attendent du jeune homme qu'ils destinent à telle fonction. S'ils ne connaissent pas les exigences de la fonction, comment peuvent-ils juger l'employé qui s'en acquitte bien ou mal? Il y a injustice fréquente de la part des employeurs à exiger d'un employé des services qu'il ne peut rendre, alors qu'ils ne lui demandent même pas ceux dont il pourrait s'acquitter avec avantage, et à déprécier l'école où a été formé un employé dont ils n'ont pas su deviner la personnalité. Tout cela se clarifierait et s'améliorerait, nous semble-t-il, si on connaissait mieux les affaires comme champ d'activité professionnelle et si les jeunes gens qui s'y destinent prenaient le soin de s'assurer de leurs propres aptitudes.

Chapitre II
Les fonctions de direction

Voir le volume 2 de la présente collection, pages 157-174.

Chapitre III
Les fonctions professionnelles

Est-ce à dire que pour s'orienter vers les affaires un jeune homme doit nécessairement posséder toutes les qualités du chef d'entreprise? Nous reposons la question parce qu'elle est importante en elle-même et, aussi, parce que, en certains milieux, on pourrait être quelque peu effrayé des exigences des affaires comme nous les avons présentées. En fait, l'orientation vers les affaires ne se révèle jamais avec la rigueur tranchée et tranchante d'une démonstration mathématique. Les personnalités humaines et les fonctions professionnelles et sociales sont les unes et les autres nuancées à l'infini et l'adaptation de prime abord n'est pour ainsi dire jamais parfaite. Dans la plupart des cas, la pratique seule l'achève.

Dans les affaires comme dans les autres branches de la vie sociale, il y a des chefs et des auxiliaires — des auxiliaires de rangs variables, plus nombreux que les chefs, il va sans dire, mais dans l'ensemble aussi indispensables, puisque c'est de l'action combinée et des auxiliaires et des chefs que naissent les affaires et la vie des affaires. Celui qui n'est pas doué pour les fonctions de direction n'est pas nécessairement une personnalité de rang inférieur; il peut posséder tout ce qu'il faut pour réussir dans l'une ou l'autre des fonctions auxiliaires sans lesquelles,

encore une fois, les fonctions de direction elles-mêmes per-
draient une grande partie de leur efficacité. Or certaines de ces
fonctions auxiliaires représentent des carrières aussi lucratives
qu'utiles; d'autre part, répétons-le, elles sont souvent pour les
plus doués un palier, une voie large et sûre vers les fonctions de
direction.

Le jeune homme qui veut faire de l'une de ces fonctions
l'objet de sa carrière doit cependant s'y adapter lui-même et y
adapter son ambition. Son grand objectif sera alors de devenir
une autorité dans la fonction de son choix. Il opte, au début du
moins, pour une carrière technique spécialisée, et c'est par la
voie de la technique et de la spécialisation qu'il entend réaliser
sa carrière.

Nous avons regroupé les nombreuses fonctions auxiliaires
des affaires en fonctions spécialisées (ou professionnelles) et en
fonctions courantes (ou subalternes). Nous qualifions de spécialisées celles qui, d'une part, au sein même des affaires, affectent
un certain caractère d'autonomie et qui, d'autre part, correspondent à certaines aptitudes définies de l'être humain et peuvent
ainsi être objet d'orientation. Nous appelons courantes ou subalternes celles qui représentent le stage d'apprentissage des
fonctions spécialisées ou qui résultent simplement de l'application aux affaires de la division du travail.

Les fonctions spécialisées (ou professionnelles)

Les fonctions spécialisées sont assez nombreuses; de nouvelles
apparaissent d'ailleurs à mesure que les affaires évoluent. Elles
sont profondément différenciées mais, comme toutes les professions, elles ressortissent soit à l'un soit à l'autre des deux types
psychologiques qui partagent les individus. Nous pouvons donc
les diviser en fonctions relatives à l'administration (introvertis)
et en fonctions relatives à la vente (extrovertis). Dans le premier
groupe se rangent la comptabilité et la statistique, etc.; dans le
second, la vente, la publicité, etc. Étudions rapidement quelques-unes de ces fonctions.

— I —

La comptabilité est un art qui a pour objet l'enregistrement, la
présentation et l'interprétation des opérations d'affaires et la

communication des renseignements ainsi recueillis. Aucune maison de commerce, de si faible taille soit-elle, vraiment désireuse de suivre la marche de ses opérations, ne saurait s'en passer. Il lui faut périodiquement faire le point et au besoin rectifier ses positions. Une maison d'affaires sans comptabilité est comme un navire sans boussole[286].

Il existe deux grandes classes de comptables:

1) Les comptables d'entreprise parmi lesquels se distinguent trois types:

a) Le *comptable général* qui établit les plans comptables, surveille l'enregistrement effectué par les teneurs de livres avec ou sans l'aide de machines, présente les états, interprète les résultats et collabore à la préparation des budgets.

b) Le *contrôleur* ou *vérificateur interne*. Ses prérogatives sont définies par le conseil d'administration et il exerce ses fonctions indépendamment du comptable général qui n'a sur lui aucune autorité. Le contrôleur vérifie si tout se passe conformément au programme adopté, aux ordres donnés et aux principes admis par l'administration. Son travail est cependant sujet au contrôle du vérificateur externe.

c) Le *comptable de prix de revient* qui, dans l'industrie, le commerce ou les services, décompose les opérations d'affaires en leurs éléments premiers et les reclasse en vue de la détermination des coûts.

2) Le *comptable-vérificateur*. Le comptable d'entreprise est à l'emploi de l'entreprise; le comptable-vérificateur est délégué par les propriétaires. Il pratique la comptabilité selon une méthode qui lui est propre et à titre de contrôle. Il répond de l'exactitude des documents comptables, procède à des enquêtes, dépiste les fraudes; il conseille l'homme d'affaires sur la marche générale de son entreprise et très spécifiquement sur ce qui touche l'organisation financière et administrative[287].

---

286. La première édition ajoutait ici: les statistiques constatent que près des trois quarts des faillites dans le petit et moyen commerce sont attribuables à l'absence de comptabilité. Fait qui illustre bien l'importance, pour toute entreprise commerciale, d'une comptabilité bien tenue.

287. Toute cette nomenclature a été révisée, par rapport à la première édition, pour tenir compte de l'évolution même de la profession comptable.

Le comptable doit posséder les qualités ordinaires de l'homme d'affaires mais avec l'accent sur:

a) L'*esprit d'analyse*. Une opération d'affaires est généralement complexe: divers éléments s'y confondent qui, dans les livres comptables, doivent être reclassés dans leurs catégories respectives: matières premières, main-d'œuvre, frais généraux, transport, frais de vente, etc., dans le cas de l'industrie; coût d'achat, transport, assurance, entreposage, taxes de douane et d'accise, etc., frais d'administration et frais de vente dans le cas du commerce. Le comptable doit donc décomposer chaque opération et reclasser selon les règles de la comptabilité les divers éléments dont elle est faite. Ce travail exige parfois de difficiles analyses, des évaluations minutieuses, la détermination de moyennes dont l'application méthodique rapproche l'ensemble des opérations le plus près possible de l'exactitude.

b) L'*esprit d'ordre et de méthode*. La comptabilité a établi des règles dont l'application exige une attention constante. Le comptable doit suivre dans leurs multiples détails les opérations très nombreuses, parfois extrêmement complexes en elles-mêmes et toujours très enchevêtrées d'une entreprise, de manière à ne laisser échapper aucun des éléments indispensables à la représentation exacte de l'état des affaires à tout moment.

c) Au point de vue intellectuel, *l'aptitude au maniement rapide et exact des chiffres*. Jusqu'à l'avènement de la statistique et de la recherche opérationnelle, le comptable pouvait se contenter de l'aptitude au maniement rapide et exact des chiffres, sans recourir aux mathématiques avancées. Il n'en est plus ainsi aujourd'hui. L'emploi de la statistique et de la recherche opérationnelle se généralise dans les affaires, et la comptabilité elle-même emprunte de plus en plus à ces deux disciplines. Une solide formation mathématique est désormais nécessaire au comptable[288].

d) Enfin, si, comme cela se présente souvent, le comptable agit comme conseiller de l'homme d'affaires, *l'aptitude à ob-*

---

288. Les points *c*) et *d*) de l'édition initiale ont été remaniés et modernisés, combinés en un seul *c*), qui introduit l'usage des mathématiques et de la recherche opérationnelle en comptabilité.

server les phénomènes économiques, sociaux et politiques et à en prévoir l'incidence sur telle ou telle entreprise. Disons peut-être plus simplement qu'il doit être en état de suivre la marche des affaires en général et de telle ou telle branche en particulier.

Les fonctions et qualités du comptable que nous venons de définir indiquent déjà assez nettement quelle doit être sa formation — une bonne formation générale au niveau du baccalauréat[289].

Outre les qualités générales du comptable indiquées ci-dessus, le comptable-vérificateur doit posséder sur le plan psychologique une grande *faculté d'adaptation*. Il travaille en effet dans des conditions variables d'une entreprise à l'autre. Il doit savoir s'adapter aux exigences changeantes du travail lui-même et des conditions dans lesquelles il l'effectue. Sur le plan intellectuel, sa formation doit s'étendre à l'ensemble des techniques des affaires, qu'il s'agisse du commerce, de l'industrie, de la finance, des transports, de l'administration publique, et être assez approfondie pour s'adapter aux divers types d'entreprises où il est appelé à exercer sa profession.

Le comptable-vérificateur agissant comme conseiller de l'homme d'affaires doit posséder une connaissance parfaite de l'organisation interne, technique et administrative de l'entreprise, mais aussi de la branche des affaires à laquelle elle appartient, et de ses relations avec l'ensemble de la vie économique. [...][290].

De tous les spécialistes des affaires, les comptables sont de beaucoup les plus avancés au point de vue organisation professionnelle. Il existe dans la province de Québec des associations professionnelles groupant les diverses catégories de comptables:

---

289. À partir de 1970, le baccalauréat sera exigé comme condition d'admission à l'étude de la comptabilité en vue de la pratique de la vérification.
    Cette note est de Minville et indique qu'il y a eu des réimpressions et révisions de l'ouvrage au-delà de 1965.

290. Un paragraphe sur les comptables de prix de revient a été supprimé par Minville lui-même à la réédition.

a) *L'Association des comptables généraux* (C.G.A.) qui groupe les comptables pratiquant dans les entreprises privées ou les services publics. Cette association travaille au perfectionnement professionnel de ses membres, les protège et les aide par divers moyens. Les membres sont admis sur examen. Les diplômés des écoles supérieures de préparation aux affaires bénéficient de certains privilèges.

b) *L'Institut des comptables agréés du Québec* (C.A.) issu de la fusion, en 1946, de trois sociétés de comptables-vérificateurs. Tout comptable qui désire pratiquer comme comptable-vérificateur doit en faire partie. Conformément à sa loi organique, l'Institut réglemente l'exercice de la profession et organise lui-même ses propres examens d'admission. Certaines dispositions de la même loi déterminent expressément les conditions d'admission des détenteurs du baccalauréat en sciences commerciales ou de la licence en sciences comptables des universités de la province.

c) *La Société des comptables en administration et en prix de revient du Québec* (R.I.A.) — association professionnelle des comptables de prix de revient. Cette société, comme les autres associations, organise ses propres examens d'admission. Les diplômés de l'enseignement commercial supérieur bénéficient de certaines exemptions[291].

La profession de comptable offre, à l'heure présente, de belles perspectives. De plus en plus, commerçants et industriels sentent la nécessité d'une comptabilité bien faite, périodiquement vérifiée et tenue à jour. La multiplication des contrôles gouvernementaux nécessite un nombre croissant de comptables de toutes catégories. La profession est en pleine expansion, et il y a lieu de prévoir que, pour bien des années à venir, elle pourra assurer l'aisance et le progrès à tous ceux qui, doués des qualités et de la formation nécessaires, s'y engageront.

---

291. Les trois paragraphes qui précèdent ont été actualisés par l'auteur. Lors de la première édition, il y avait, outre les C.G.A., trois associations de comptables-vérificateurs: *Société des comptables agréés* (les C.A. du temps), *Corporation des comptables publics* (C.P.A.) et *Institut des comptables et auditeurs* (L.I.C.). Et aussi *Institut de gestion industrielle* (prix de revient).

— II —[292]

L'économiste est essentiellement un homme de science. Son rôle consiste à étudier l'activité humaine dans la sphère des opérations que chacun doit accomplir pour acquérir un revenu. Dans un monde où l'entreprise privée dispose seule de l'initiative ou domine en matière de production, la vie des affaires devient, par définition, le sujet des études économiques. L'économiste cherche à en dégager les lois; ce qui permet ensuite, au plan pratique, de guider les politiques, des entreprises aussi bien que des gouvernements en ce domaine.

Et c'est ainsi que la fonction d'économiste, au fur et à mesure que les progrès de sa discipline propre en rendaient plus évidente l'utilisation possible dans la direction des affaires, est devenue une carrière des affaires comme la comptabilité, l'actuariat, etc.

L'expression *économiste* est donc maintenant ambivalente. Le vocabulaire n'a pas forgé un terme spécial, comme celui d'ingénieur par rapport au physicien, pour désigner l'exercice de la fonction pratique par opposition à la fonction scientifique dans le domaine de l'économie. Dans ce dernier emploi, l'économiste tend à devenir l'auxiliaire le plus intime, le bras droit du chef d'entreprise; car de tous les auxiliaires qui entourent celui-ci, il est celui qui se situe davantage au cœur même de la fonction. Le chef d'entreprise fait l'économie; et l'économiste a pour mission de lui indiquer les moyens les plus rationnels de la faire, à la fois sur le plan général de la théorie et par l'étude des évolutions circonstancielles (conjoncture).

On a beaucoup discuté de la formation nécessaire à l'économiste, même au temps où celui-ci ne remplissait guère que la fonction scientifique. Sous ce jour, la formation philosophique et mathématique, combinée à l'étude des théories économiques proprement dites et de l'histoire de la pensée économique, a été et est encore considérée en bien des milieux comme la plus appropriée. C'est la tendance dominante de la formation écono-

---

292. L'économiste n'avait pas trouvé de place spéciale à l'édition initiale, *L'homme d'affaires*, c'est-à-dire en 1945.

mique dans le monde anglo-saxon, quoique avec plus de diversité dans les points de vue aux États-Unis. Sur le continent européen, la tendance a plutôt été de donner une base philosophico-historique, juridique et sociologique, puis, plus récemment, mathématique aussi, au doctorat en science économique. Mais un économiste français en particulier, M. Bertrand Nogaro, a déjà souligné, dans son ouvrage sur la méthode de l'économie politique, que le véritable économiste, puisqu'il doit étudier scientifiquement le monde des affaires, devrait aussi avoir une préparation administrative, technologique, géographique et comptable.

Ces considérations gardent toute leur importance pour ce qui est de la préparation des économistes se destinant à un travail d'ordre purement scientifique, soit dans l'ordre de la recherche, soit dans celui de l'enseignement. Comme il est probablement impossible de tout embrasser au moment de la formation d'un homme que sa discipline oblige à couvrir un champ si vaste, la discussion peut rester largement ouverte et irrésolue en faveur de l'une ou de l'autre option. Mais lorsqu'il s'agit de préparer l'économiste destiné à remplir des fonctions pratiques, et tout particulièrement dans l'entreprise, il ne paraît pas faire de doute que la formation économique, appuyée sur la formation administrative, comptable, juridique et statistique, après la base du baccalauréat classique, soit de beaucoup la formule supérieure.

— III —

La statistique est un art qui a pour objet le groupement méthodique des faits sociaux susceptibles d'évaluation numérique. Elle permet de suivre tel ou tel phénomène, de définir et de préciser une situation et, par des comparaisons dans le temps et dans l'espace, de tirer des conclusions pour le présent et pour l'avenir. Il n'est pas aujourd'hui une institution publique ou privée qui, pour sa gouverne, puisse se passer de la statistique, celle qu'elle dresse elle-même de sa propre activité ou celle que les gouvernements et des services spéciaux dressent de l'activité générale pour l'usage du public.

Bien que la définition de la statistique s'apparente quelque peu à celle de la comptabilité, le statisticien se distingue nettement du comptable.

1) Les faits qu'il compile ne lui sont pas fournis en quelque sorte tout préparés comme les opérations d'une maison de commerce. Il les recueille dans le mouvement de la vie quotidienne, selon des procédés divers mais qui peuvent en somme se ramener à deux: *a*) recueillir les faits un à un, les grouper sans les modifier et tirer les conclusions qui se dégagent du simple rapprochement; ou les soumettre à certains traitements mathématiques et les interpréter en conséquence; *b*) recueillir par sondage un certain nombre de faits et généraliser les conclusions au phénomène entier.

Le statisticien recourt à l'une ou à l'autre méthode, mais en en faisant varier l'application selon les variations mêmes des phénomènes à observer d'un milieu et d'un moment à l'autre. Un recensement exige la plus rigoureuse exactitude et demande une organisation plus ou moins puissante selon l'importance du dénombrement à entreprendre. Les monographies qui procèdent par sondages ne prétendent pas à la même rigueur, mais pour arriver au degré d'approximation nécessaire le statisticien doit préparer son travail avec d'autant plus de précaution que précisément il devra généraliser à l'ensemble des conclusions tirées de l'observation partielle du phénomène. Les statistiques économiques sont compilées à même des rapports dressés la plupart du temps spécialement, mais ces rapports eux-mêmes doivent être conçus de telle manière que les données provenant de sources indéfiniment variables puissent se comparer, etc.

2) Le mode de présentation autant dire unique dans le cas de la comptabilité varie à l'infini en statistique: tableaux dont les dispositions et l'agencement affectent les formes les plus diverses, courbes simples ou multiples, diagrammes, figures de toutes formes, etc.

3) Enfin, l'interprétation. Le comptable interprète les résultats d'après les techniques des affaires ou l'état du marché. Le statisticien, lui, soumet souvent les faits recueillis à des traitements mathématiques: il établit des rapports, des moyennes, s'efforce d'extraire en quelque sorte des chiffres le maxi-

mum de renseignements. L'actuaire en tire les tables de morta-
lité qui sont au fondement même de l'assurance-vie; des mêmes
chiffres, le statisticien tirera des conclusions économiques et
sociales. Le statisticien peut donc interpréter les faits sociaux à
la façon d'un mathématicien, à la façon d'un économiste, d'un
sociologue, voire d'un moraliste.

Outre les qualités de l'homme d'affaires qui sont en
somme les qualités usuelles de l'homme tout court, le statisticien doit posséder:

1) *Un sens extrêmement vif, puissant de l'observation.*
Nous l'avons vu, il tire de la vie courante les renseignements
qu'il compile et interprète. Il doit donc pouvoir discerner dans
l'enchevêtrement de la vie de tous les jours, circonscrire et
délimiter avec exactitude les phénomènes de plus ou moins
grande ampleur qu'il soumet à l'observation.

2) *De la méthode:* il ne saurait recueillir à coup sûr des
faits aussi nombreux et aussi fuyants que ceux de la vie économique et sociale s'il ne procédait avec une méthode rigoureuse
et renouvelée au besoin.

3) *De l'imagination,* afin d'adapter à la fois méthodes de
travail, présentation et interprétation.

4) *De l'esprit d'analyse,* pour décomposer les phénomènes
en leurs éléments premiers, en expressions numériques.

5) *De l'esprit de synthèse,* pour reclasser les données re-
cueillies et en tirer les conclusions particulières ou générales,
utilisables à telle ou telle fin d'ordre économique, social ou
politique.

6) Au point de vue intellectuel, il doit posséder de solides
aptitudes aux mathématiques; le bon statisticien est un mathématicien. De même, il doit *pouvoir assimiler les matières de
culture générale* qui le mettront en état d'interpréter avec toute
l'ampleur et la précision désirables les phénomènes humains
soumis à l'analyse.

Psychologiquement et intellectuellement, le statisticien est
un personnage considérable, supérieur à la moyenne. Comme
formation générale, il n'en saurait admettre d'autre que la formation secondaire, du type classique-philosophique, complétée
par une solide formation mathématique et sociologique. Le statisticien travaillant sur les phénomènes sociaux doit les aborder

avec assez de hauteur et d'ampleur de vue pour les saisir à la fois dans toute leur étendue et dans leur infinie complexité. Quant à la formation professionnelle, elle continue dans la ligne même de la formation secondaire par de fortes études de mathématiques, d'économie politique et sociale, avec, il va sans dire, les techniques de la statistique elle-même.

Les statisticiens sont relativement peu nombreux dans notre économie. Les gouvernements, les grands services publics, les banques, les sociétés d'assurances, certaines entreprises industrielles ont leur service statistique. Aux États-Unis, il existe en assez grand nombre des agences dont c'est l'objet de recueillir, pour le compte des maisons d'affaires et le public en général, des statistiques de diverses natures. Elles publient des bulletins, revues, etc., portant, du point de vue statistique, sur les sujets les plus variés et dont elles font le service à leurs abonnés.

Étant donné le tour que prend à l'heure actuelle l'évolution économico-sociale, le statisticien trouvera de plus en plus largement à s'employer. Ainsi, bon nombre des contrôles établis durant et depuis la guerre ne peuvent s'exercer sans statistiques, donc sans le concours de statisticiens. De même, nous vivons une ère d'expansion en assurances sociales; et qui dit assurances dit aussi statisticiens de toutes catégories. Enfin, si l'évolution économique continue selon le processus des dernières années, nous pouvons nous attendre à voir les affaires se concentrer de plus en plus en de très grandes unités à caractère de monopoles ou de semi-monopoles. Ces grandes entreprises, comme les gouvernements, les banques et les sociétés d'assurances, ont besoin de suivre aussi exactement que possible le mouvement des affaires dans leurs branches respectives, ainsi que l'évolution du monde économique. De ce côté-là également, il y a lieu d'entrevoir pour le statisticien de nouveaux emplois.

— IV —

L'actuaire est un statisticien spécialisé, et le personnage-clé de l'assurance[293].

---

293. En Europe, le mot «actuaire» a un sens plus large: il désigne celui qui applique les mathématiques à la finance. (Note de l'auteur.)

On peut classer les assurances en trois groupes: celles qui couvrent les risques de la personne (décès, maladie, accidents); celles qui couvrent les risques des biens (incendie, vol, sinistre maritime, etc.); celles qui couvrent les risques «sociaux» (chômage, accident de travail, etc.).

Les différents types d'assurances sont autant de spécialités des affaires. L'assurance-vie, l'assurance-incendie, l'assurance maritime sont bien différentes comme techniques, et l'homme d'affaires engagé dans l'une ou dans l'autre doit s'y confiner: on n'assure pas un bateau comme on assure une maison ou un homme.

Remarquons qu'il en est des assurances comme du commerce et de l'industrie. C'est un phénomène social qui prend forme concrète dans des entreprises plus ou moins importantes, résultant toutes du jeu combiné de diverses fonctions. Ce n'est pas l'entreprise ni le genre d'affaires qui sont objet d'orientation mais les fonctions dont ils résultent. On s'engage dans les assurances comme on s'engage dans le commerce: si les circonstances particulières de sa vie s'y prêtent; mais on choisit pour y entrer la fonction la mieux adaptée à son tempérament, à ses aptitudes.

On retrouve dans les assurances, avec les adaptations techniques nécessaires, les multiples fonctions des autres branches des affaires: comptabilité, statistique, vente, etc. Il en est cependant de propres aux assurances: l'actuariat et l'évaluation des dommages. De ces deux fonctions, seule la première peut être objet d'orientation proprement dite. L'évaluation des dommages est une spécialité qui recourt à l'application de techniques diverses et vers laquelle l'expérience seule peut orienter. Il ne saurait être question de l'étudier ici.

Les assurances doivent, dans l'évaluation des risques, s'appuyer sur des données certaines. On assure un homme jeune ou moins jeune. Il est certain qu'il mourra; à quel moment? telle est la question. Il s'agit d'évaluer ce risque, de déterminer une prime qui, payable pendant une période déterminée, protégera et l'assuré et l'assureur. On ne saurait évidemment évaluer chaque risque. On procède sur des grands nombres et on établit des moyennes qui, inexactes dans chaque cas individuel, sont justes dans l'ensemble, et permettent aux sociétés d'assurances de procéder comme si les primes demandées étaient ajustées à chaque cas individuel.

Calculer ces moyennes, déterminer le taux de la prime pour chaque catégorie d'assurés et établir les réserves nécessaires au bon fonctionnement de l'entreprise: telle est la fonction de l'actuaire. Il observe les lois naturelles régissant plus ou moins rigoureusement la vie humaine et les facteurs économiques et sociaux qui l'influencent. Son champ d'observation est donc très étendu et les données de l'observation sont loin d'être toujours facilement saisissables.

1) L'actuaire doit être hautement doué pour les *mathématiques*, capable de concentrer son esprit sur des problèmes extrêmement complexes, et en état d'interpréter exactement les données statistiques qu'il soumet aux transformations mathématiques.

2) Il doit être versé dans les *sciences économiques et sociales* qui le guideront à la fois dans la recherche et dans l'interprétation des renseignements statistiques.

3) Il doit connaître à fond les *techniques générales de l'assurance* et plus particulièrement de la branche d'assurance dans laquelle il est engagé.

L'actuaire est surtout employé dans l'assurance-vie; les syndicats d'assurance-incendie ou automobile recourent cependant aussi à ses services. Mais la formation de l'actuaire engagé dans cette branche de l'assurance diffère, au moins partiellement, de celle de l'actuaire engagé dans l'assurance-vie. L'un et l'autre doivent toutefois être versés dans les hautes mathématiques et les sciences économiques.

Un tel spécialiste doit, il va sans dire, appuyer sa formation professionnelle sur une forte culture générale du type secondaire, classique, philosophique et scientifique. Plus sa formation générale sera étendue, et plus avant il pénétrera dans sa propre profession.

Il n'existe qu'un groupement professionnel d'actuaires pour l'Amérique du Nord: la Société américaine des actuaires qui organise ses propres examens d'admission. Les actuaires canadiens en font partie. L'École des Hautes Études Commer-

ciales a été dans la province de Québec la première institution
d'enseignement supérieur à offrir des cours préparatoires aux
examens d'actuariat (1946). Depuis lors les facultés de sciences
de l'Université Laval et de l'Université de Montréal ont organisé de tels cours.

Avec la généralisation des assurances, le champ d'action
de l'actuaire ne cesse de s'étendre. Il y a donc pour le jeune
homme très doué pour les mathématiques d'excellentes perspectives de ce côté.

— V —

Depuis le début de la deuxième grande guerre, il s'est créé une
nouvelle branche des mathématiques appliquées: la recherche
opérationnelle. Celle-ci peut être définie comme une attitude
scientifique (ou mathématique) devant les problèmes posés par
l'économie ou l'administration. Pour donner un aperçu de son
champ d'application, il suffit de mentionner quelques-uns des
problèmes qui sont abordés par les praticiens: adaptation de la
production au matériel existant (par exemple: le choix des sources d'énergie dans la production de l'électricité) ou à la demande; problèmes de transport (par exemple: l'approvisionnement en charbon des centrales thermiques); problèmes
d'affectation, de choix d'itinéraires (par exemple: les relais de
télévision); problèmes relatifs aux phénomènes d'attente (pan-
nes de machines, aménagement de pistes d'aérodromes, appels
téléphoniques, etc.). En un mot, la recherche opérationnelle
cherche à rationaliser les décisions d'affaires, à réduire au minimum la part de l'intuition.

L'appareil mathématique nécessaire au praticien de la recherche opérationnelle est assez vaste. Il lui faut posséder
d'abord une bonne culture générale et une solide formation
mathématique: calcul des probabilités, statistique, etc. Il doit en
outre savoir s'adapter à des méthodes qui ne sont pas encore
enseignées régulièrement dans les universités et les grandes
écoles et où chaque année apporte des améliorations.

La recherche opérationnelle, bien que de création récente,
se répand très rapidement dans les affaires et on peut entrevoir
le moment où elle sera d'usage aussi généralisé que la compta-

bilité elle-même. Une bonne initiation à cette science nouvelle apparaît donc désormais nécessaire à tout jeune homme qui se prépare aux affaires et aspire aux fonctions de direction. D'excellents débouchés s'offrent à ceux qui désirent en faire une spécialité.

* *

*

Les autres fonctions administratives, plus ou moins nombreuses selon les entreprises, et plus ou moins techniques, résultent de la division du travail et ressortissent à la personnalité générale de l'homme d'affaires plutôt qu'à celle du spécialiste. Elles s'étagent des fonctions subalternes aux fonctions supérieures de chef de service ou de directeur général. Le jeune homme doué pour les affaires y accède, selon sa formation, à un point quelconque de la hiérarchie et, selon la richesse de sa personnalité, complète par l'apprentissage et l'étude personnelle son ascension vers les fonctions plus importantes. Au point de vue orientation, nous sommes ici, pourrions-nous dire, sur la voie principale — alors que les fonctions spécialisées se présentent plutôt comme des voies d'à-côté, autonomes en elles-mêmes, bien que pouvant déboucher aussi dans la voie principale et ainsi conduire au même but.

— VI —

La vente est une fonction essentielle des affaires — il n'y a pas d'affaires qui ne se réalisent par elle. Autrefois, on se contentait de présenter la marchandise. Aujourd'hui, on va plus loin: on s'efforce de convaincre le client que cette marchandise non seulement a de la valeur en soi, mais qu'elle répond à un de ses besoins et qu'il a le plus grand intérêt à se la procurer. Et pour faire surgir et grandir cette conviction dans l'esprit des individus et des foules, on met en œuvre des techniques variées, toutes fondées en définitive sur la psychologie, la connaissance poussée des hommes.

Il existe différentes classes de vendeurs: le commis de magasin, le commis-voyageur, le gérant des ventes; et des types spécialisés de vendeurs, selon les genres d'affaires: produits alimentaires, produits de consommation courante, automobiles, assurances, valeurs mobilières, etc., chacun ayant des particularités plus ou moins accentuées.

Le vendeur est d'abord et essentiellement un *psychologue en action*. Vendre, c'est convaincre. Et pour cela, le vendeur doit s'adapter à tous les types de clients qu'il rencontre. Donc, comme qualité maîtresse, *sens psychologique très vif*, et assez souple pour renouveler incessamment et spontanément méthodes d'approche et arguments selon les situations indéfiniment variables dans lesquelles peut s'effectuer la vente.

Le vendeur doit connaître *l'art de vendre*, non seulement dans son esprit, mais dans ses techniques, ses recettes multiples, toutes déduites de la psychologie. D'autre part, il doit *connaître la marchandise* — en elle-même, c'est-à-dire dans ses procédés de fabrication, ses avantages intrinsèques, ses usages plus ou moins variés, et par rapport aux marchandises similaires offertes sur le marché —, cela en vue de faire ressortir la supériorité de la sienne. Et il doit connaître sa marchandise non pas d'une connaissance tout intellectuelle, mais d'une connaissance qui va jusqu'à la conviction, qui emporte l'adhésion de la volonté en même temps que celle de l'intelligence. Le vendeur doit donc *être sincère* (c'est-à-dire croire fermement à tout ce qu'il dit de ses marchandises) et *enthousiaste*. Il doit *connaître de la même manière la maison qui l'emploie* ou dont il vend les produits: histoire, organisation technique et administrative; être convaincu de l'excellence de cette maison, de la haute qualité des services qu'elle rend. Le vendeur qui porte un doute dans l'esprit est privé de l'un de ses principaux stimulants. Insistons sur ce point. Vendre, ce n'est pas simplement décider quelqu'un à se procurer une marchandise contre paiement, c'est le satisfaire et gagner sa confiance. Tout commerce repose sur la clientèle, c'est-à-dire sur le client habituel, celui qui, ayant acheté une fois, achète de nouveau parce qu'il est satisfait. Le vendeur doit s'attacher son client — c'est la condition même de son succès. D'où l'extrême importance de la franchise, fondement de la confiance.

Bref, le vendeur doit avoir du *dynamisme*, de la *débrouillardise*, de l'*entregent*. Il est parfois placé dans des situations délicates dont il lui faut tirer le meilleur parti possible; il doit souvent pénétrer là où les portes sont soigneusement fermées et gardées, et non seulement y pénétrer, mais se faire accueillir. Donc, maîtrise de soi, sociabilité, bonne humeur, don d'intéresser, au besoin d'apaiser; belles manières, langage facile, de la plus grande précision si les circonstances l'exigent, facilement volubile dans d'autres cas. En un mot, esprit fin, souple, versatile.

Le métier de vendeur n'est peut-être pas aussi exigeant au point de vue formation intellectuelle que la statistique et même la comptabilité. Une bonne formation générale qui libère et porte à leur maximum d'efficacité les facultés de l'esprit est toutefois éminemment désirable sinon nécessaire. Il va sans dire, en effet, qu'un esprit cultivé obtiendra de l'art de vendre infiniment plus de rendement qu'un autre. Comme formation professionnelle, la psychologie en général et dans son application aux affaires, les techniques de la vente telles que dégagées et mises au point par l'expérience; une bonne connaissance d'ensemble des affaires comme technique, et du monde des affaires comme esprit et milieu social; enfin, une connaissance approfondie de la marchandise à vendre et de la maison à servir, s'il y a lieu.

Ce type général doit s'adapter selon les fonctions et selon les branches d'affaires.

De simple vendeur, il peut devenir *chef de service des ventes*. Pour remplir cette fonction, il lui faut, outre les qualités du vendeur proprement dites, le sens de l'organisation, c'est-à-dire un *sens éveillé de l'observation* qui lui permet de suivre l'évolution du marché et de découvrir toutes les occasions de pousser sa marchandise; une *imagination* assez souple pour s'adapter rapidement aux données de l'observation et assez fertile pour varier ses méthodes et procédés en conséquence; de l'*ascendant* sur ses collaborateurs pour leur faire accepter ses idées et partager ses enthousiasmes. La personnalité du chef de service des ventes se rapproche donc sensiblement de celle de l'homme d'affaires comme nous l'avons définie précédemment.

Le vendeur doit, il va sans dire, s'adapter au genre d'affaires. Le vendeur d'assurances, par exemple, agit en même temps comme *conseiller* de son client. Comme vendeur, il doit déployer les mêmes qualités et les mêmes initiatives que le vendeur ordinaire; comme conseiller, il doit être en état d'analyser selon toutes les exigences de la technique le cas du client et de lui suggérer les modes d'assurance appropriés à ses besoins. Ici ce n'est pas tant l'enthousiasme qui importe que le *don de s'adapter rigoureusement* au client — si bien que celui-ci éprouve l'impression que ce n'est pas tant une vente qu'un service qu'on lui propose.

Le vendeur d'assurances doit connaître, outre les techniques de la vente, celles de l'assurance et les bénéfices que l'assuré peut en attendre non pas d'une façon générale, mais dans la situation précise où il se trouve. Il lui faut donc gagner assez complètement la confiance du client pour que celui-ci consente à exposer sa situation, du moins à la laisser étudier. Cela s'applique à toutes les catégories de vendeurs d'assurances: vie, incendie, automobile, etc.

Les mêmes remarques s'appliquent *mutatis mutandis* aux vendeurs de valeurs mobilières, d'automobiles, etc.

Si le vendeur s'établit à son compte, il lui faut les qualités ordinaires de l'administrateur. Le *courtier* est en somme un chef d'entreprise spécialisé dans telle ou telle branche des affaires, comme le commerçant ou l'industriel. Sa formation doit être plus étendue et plus poussée que celle du simple vendeur. D'où l'utilité pour un vendeur de s'assurer dès le départ la formation générale de l'homme d'affaires.

Quand nous parlons de la vente comme orientation pour les diplômés de nos collèges, c'est évidemment soit la direction du service des ventes dans une entreprise privée, soit le courtage, que nous avons en vue comme objectif final de leur orientation — quand ils ont acquis l'expérience nécessaire. Il n'est peut-être pas indispensable d'avoir fait des études secondaires complétées par des études professionnelles du degré universitaire pour vendre des produits alimentaires, de l'assurance ou des valeurs mobilières, même pour remplir les fonctions de chef de service ou de courtier. En revanche, la gérance et le courtage sont l'objectif vers lequel doivent naturellement tendre ceux qui possèdent une telle formation.

* *

*

Conclusion d'une opération d'affaires, la vente n'en est cependant qu'un aspect. Pour vendre une marchandise, il a fallu ou bien la fabriquer — c'est le cas de l'industrie — ou bien l'acheter — c'est le cas du commerce. Les Américains appellent *merchandising* l'ensemble des opérations portant sur la marchandise, donc allant de l'achat à la vente. Or c'est un axiome dans le commerce qu'une marchandise bien achetée est aux trois quarts vendue. Le service des achats est donc pour le moins aussi important que celui de la vente.

Il peut arriver que dans une maison le même homme dirige à la fois les achats et les ventes. C'est le *merchandiser*, pour employer une désignation intraduisible. Le même fonctionnaire a aussi beaucoup à dire touchant la publicité. Dans les entreprises d'envergure, les trois services ont leurs chefs attitrés sous la haute direction du directeur général: chef du service des achats, chef du service de la publicité, chef du service des ventes.

Eh bien, si curieux que cela puisse paraître à première vue, l'*acheteur* est de la même famille psychologique et professionnelle que le vendeur. Il ne faut pas oublier, en effet, qu'il achète non pour l'usage — en ce cas la qualité et le prix seraient ses seules normes d'appréciation — mais pour la vente et, dans ce cas, à la qualité et au prix s'ajoute une troisième norme: la facilité de vente. L'acheteur achète en faisant mentalement la vente. Il lui faut donc le tour d'esprit du vendeur qui, en face d'une marchandise de prix et de qualité donnés, devine tout de suite quels arguments il invoquera pour la vendre. C'est d'ailleurs généralement dans le personnel des vendeurs que les acheteurs se recrutent.

Comme le vendeur et encore plus que lui, il doit connaître la marchandise, savoir en juger rapidement au point de vue prix, qualité, apparence, bref, en tout ce qui peut faciliter ou entraver la vente. Naturellement, il doit connaître aussi la maison elle-même, sa politique générale, ses pratiques habituelles de vente, sa clientèle, en un mot tout ce qui situe l'achat dans sa vraie perspective.

Comme le chef du service des ventes, le chef du service des achats doit posséder une formation appropriée à sa fonction.

Il joue dans l'entreprise un rôle important. Sans être à proprement parler un initiateur, il doit posséder de l'homme d'affaires
les qualités générales, psychologiques et intellectuelles. Une
bonne formation de base qui dégage et met en pleine valeur
toutes ses virtualités est donc nécessaire à l'épanouissement de
sa personnalité et au succès de sa carrière. Quant à la formation
professionnelle, elle comprend l'initiation aux sciences économiques et commerciales, la psychologie des affaires et l'art de
vendre, la technologie et les produits commerçables. Mais il
doit nécessairement, comme tout aspirant homme d'affaires,
demander à l'apprentissage le gros de sa formation professionnelle. L'école lui donne les principes généraux, la théorie; l'apprentissage lui en apprend l'usage.

Comme cette brève analyse permet de le constater, les
diverses fonctions de la vente sont un acheminement direct vers
les fonctions de direction, soit dans des entreprises déjà existantes, soit dans le courtage.

Il semble cependant que, d'une façon générale, les jeunes
gens désireux de s'engager dans les affaires hésitent à se lancer
dans la vente, même s'ils possèdent les aptitudes. Ils ont l'impression que le métier de vendeur est un métier subalterne qui
ne conduit pas très loin. C'est une erreur. Les débuts sont
généralement laborieux, il faut le reconnaître. Le vendeur doit
faire lui-même la preuve de son habileté et se contenter de
revenus plus ou moins élevés et plus ou moins réguliers. Mais à
mesure que la clientèle se forme, sa situation s'améliore et, s'il
est doué et travailleur, il ne tarde pas à s'assurer des revenus
souvent bien supérieurs à ceux dont bénéficient les comptables
ou autres techniciens des affaires. De toutes les fonctions des
affaires, la vente est celle qui laisse la plus large initiative et la
récompense le plus généreusement.

— VII —

Le publiciste appartient à la famille psychologique du vendeur.
Dans l'ensemble, mêmes qualités.

Mais au lieu d'agir sur les individus, il agit sur les foules
et, au lieu du discours, il se sert de l'imprimé et des grands

moyens que les techniques de diffusion mettent aujourd'hui à sa disposition (radio, télévision, cinéma).

1) Ce n'est pas tant l'individu que les groupements humains, les catégories sociales dont il doit savoir manier les réactions. Les hommes et les femmes ne réagissent pas de la même manière, n'obéissent pas aux mêmes motifs; les vieux et les jeunes non plus, ni les citadins et les ruraux, ni les hommes d'affaires et les consommateurs, ni les riches et les pauvres, etc. — chacune de ces grandes catégories comportant un nombre considérable de divisions selon les milieux, la hiérarchie sociale, etc. Le publiciste doit donc: *a*) parler à tous les groupes de façon à les intéresser tous; *b*) parler à chaque groupe le langage qui lui convient le mieux.

2) Au lieu du discours, il se sert de l'écrit, technique toute différente, et dont l'usage entraîne de fortes dépenses. D'où la nécessité de dire le plus dans le moins de mots possible, donc de le dire d'une manière si originale, si puissante, que quelques phrases aussi bien qu'un long discours déclenchent l'adhésion à la fois de l'intelligence et de la volonté. Cela suppose une connaissance parfaite de la langue dans laquelle le publiciste écrit, de toutes ses ressources et nuances.

Pour toucher les clients en perspective, il utilise la multitude des publications qui inondent le marché et il en crée de spéciales: catalogues, dépliants, notices, etc. Il lui faut donc connaître à fond les journaux et revues, le caractère de chacun, le milieu où ils circulent, l'étendue de leur circulation et leur influence réelle. Il doit, pour son propre compte, connaître à fond l'art de présenter textes et images, de façon à accrocher l'attention et engendrer la conviction. En un mot, il doit être familier avec tout ce qui est impression. Les mêmes remarques s'appliquent aux autres moyens de diffusion: cinéma, radio, télévision.

Ou bien il est à l'emploi d'une maison ou bien il dirige une agence. Dans le premier cas, il doit comme le vendeur connaître à fond la maison et ses produits, d'une part, la clientèle, d'autre part; et organiser ses campagnes de publicité selon les formes appropriées aux produits et à la clientèle. Comme dans l'organisation des campagnes de publicité il engage des sommes considérables, il ne doit rien ignorer des affaires en général, de celles de la maison en particulier, et tirer des fonds affectés à la publicité le maximum de rendement. C'est à cela d'ailleurs qu'on le juge. Dans la préparation de ses plans — choix des clients à toucher, des arguments à employer, des types d'annonces et des journaux ou revues à utiliser —, l'idée directrice doit être le maximum de rendement pour le minimum de fonds. Ce qui exige évidemment le maximum d'efficacité, donc d'efforts personnels de la part du publiciste, ce qui veut dire, dans son cas, le maximum d'originalité.

S'il dirige une agence, le problème ci-dessus est multiplié par le nombre de clients. De plus, il doit conquérir sa propre clientèle, c'est-à-dire convaincre commerçants et industriels que son agence est en état de leur faire vendre plus de marchandises. L'agent de publicité doit être en outre, comme le courtier, un praticien des affaires, un bon administrateur, etc.

La publicité est beaucoup plus exigeante que la vente proprement dite au point de vue formation.

Le publiciste doit posséder un grand *sens psychologique*, une *imagination* puissante et originale, un sens de l'observation toujours en alerte, un *goût* sûr allant jusqu'au sens artistique, car c'est par l'œil qu'il accroche l'attention d'abord. Il doit être un homme de *jugement* capable de choisir entre dix ou cent l'argument le plus fort et de le mettre en pleine valeur. Tout cela exige une culture générale étendue, notamment des moyens d'expression très riches soit dans une langue soit dans l'autre; puis, naturellement, toutes les techniques du métier.

Il n'existe pas à proprement parler d'organisation professionnelle des publicistes, mais des associations qui ont plutôt le caractère de groupements d'affaires comme l'Advertising Club, le Publicité Club et l'Association des agences de publicité.

La publicité, et d'une façon générale la propagande, est, semble-t-il, appelée à jouer un rôle de plus en plus important dans la vie économique et sociale. Les techniques de la propagande se multiplient et se perfectionnent de jour en jour. Au jeune homme doué des qualités voulues, ce secteur de l'activité commerciale et sociale ouvre des perspectives extrêmement intéressantes.

— VIII —

L'agent des relations industrielles est un spécialiste relativement nouveau dans les affaires, et d'ailleurs de caractère variable selon les pays et selon les entreprises. Les grandes industries mettent aujourd'hui sur pied un organisme spécialement affecté aux relations avec le personnel et les ouvriers. Selon la conception américaine de l'organisation industrielle, cet organisme comporte trois divisions:

a) La division du personnel qui règle les relations de l'ouvrier et de l'entreprise touchant l'embauchage, l'avancement, les changements de fonctions et les congédiements. Le chef du personnel dirige cette division.

b) La division des relations industrielles qui détermine les salaires, les conditions de travail, bref, les diverses questions ressortissant, d'une façon générale, à la convention collective de travail. Chef: le directeur des relations industrielles.

c) La division du service social qui cherche à assurer le bien-être physique, social et moral de l'ouvrier. Chef: le directeur du service social.

Selon la conception anglaise de l'organisation industrielle, les trois divisions sont fusionnées et le chef du personnel les régit. Selon la conception française, la division des relations industrielles est distincte de celle du service social.

Dans l'ensemble et quelle que soit la formule d'organisation, l'objet de ces divers services est de faire ressortir le côté humain du travail[294].

1) Étant donné l'objet de son service, le directeur du personnel est assimilable jusqu'à un certain point au *praticien de l'orientation professionnelle*. Il cherche l'adaptation de l'homme à la fonction. Il doit donc analyser celle-ci et choisir le travailleur selon ses aptitudes. D'un autre côté, comme il décide des engagements, des promotions et recommande même les congédiements, il doit avoir *l'autorité d'un chef*, savoir faire

---

294. R. P. Émile Bouvier, s.j., *Orientations nouvelles des relations industrielles*. Note de l'auteur.

accepter ses décisions à la fois par les employeurs et par les ouvriers eux-mêmes.

2) Comme qualités intellectuelles, il lui faut une *connaissance approfondie de l'entreprise et de ses techniques, des techniques de l'orientation professionnelle.*

3) Il doit être animé d'un *grand sens humain* afin que le travailleur ait l'impression que les tests et observations auxquels on le soumet sont ordonnés non seulement au rendement économique, mais aussi et même surtout à sa satisfaction personnelle. Ce sens humain est la première condition de l'ascendant du directeur du personnel sur ses hommes.

Le chef des relations industrielles doit d'abord: 1) être un *meneur d'hommes*; donc *sens psychologique aigu, faculté d'adaptation rapide, diplomatie*; tout cela cependant pratiqué moins dans l'esprit de l'homme d'affaires qui impose sa décision, que dans l'esprit de l'éducateur qui cherche à persuader; 2) *connaître à fond l'entreprise à laquelle il est attaché, dans ses techniques, dans ses conditions économiques et administratives*, afin d'être en état de juger par lui-même de la valeur pratique des demandes ouvrières; cela suppose d'abord une bonne connaissance d'ensemble des affaires; 3) être en outre spécialisé dans les *problèmes sociologiques du travail* en théorie et en pratique: lois ouvrières, techniques du syndicalisme, etc.; en un mot, il doit posséder une bonne formation économique et sociologique; 4) parce que c'est précisément l'objet de sa fonction de faire ressortir le côté humain du travail, être, comme le directeur du personnel, animé d'un *grand sens humain*.

Le directeur du service social doit posséder dans l'ensemble les mêmes qualités que les deux autres avec un accent spécial sur le *sens humain*, porté chez lui jusqu'à l'*apostolat*, et sur le *doigté*. Il doit posséder la même formation générale que les deux autres et en outre une bonne *connaissance théorique et pratique des techniques spécialisées du service social.*

Si les trois divisions sont fusionnées, le chef, qu'on appelle chef du personnel ou chef des relations industrielles, doit réunir dans sa personne les diverses aptitudes et qualités d'esprit, de caractère et de tempérament des trois.

Il s'agit ici d'une fonction tout à fait à part dans l'industrie, et donc d'un type d'homme nettement caractérisé. Étant donné la nature délicate de cette fonction, nous croyons que le candidat doit apporter d'abord une formation morale solide et une formation intellectuelle avancée, secondaire et du type classique, philosophique de préférence, couronnée elle-même par une formation professionnelle faite, d'une part, d'une bonne connaissance d'ensemble des affaires et de leurs multiples problèmes, d'autre part, de la sociologie et spécialement des problèmes sociologiques de l'industrie et du travail; enfin, des techniques particulières de l'orientation professionnelle et du service social dans l'industrie.

Quelles sont les perspectives d'avenir de la profession? L'agent des relations industrielles, nous l'avons dit, est un personnage relativement nouveau dans les affaires. La guerre et l'expansion industrielle dont elle a été l'occasion lui ont définitivement taillé sa place. Les demandes ont été et restent nombreuses pour les spécialistes de ce genre et il y a tout lieu de penser que loin de décliner elles croîtront, car le service social à l'usine, la «rationalisation» des relations industrielles se présentent comme un des éléments de solution du problème ouvrier. Si la profession malgré tout n'est pas encore nettement définie, elle est en bonne voie et nous croyons que pour la jeunesse d'intéressantes perspectives s'ouvrent de ce côté.

— IX —

Enfin, dans le même groupe psychologique, signalons deux personnages dont l'un, attaché à une entreprise, est une adaptation du vendeur et du publiciste; et l'autre, au service de l'État, participe plutôt comme économiste à la vie générale des affaires. Ce sont l'agent des relations extérieures et l'agent commercial.

*   *
*

L'agent des relations extérieures — le *public relation man* des Américains — est une sorte d'ambassadeur itinérant de l'entreprise. Il ne s'occupe directement ni de la vente ni de la publicité, mais il complète et le vendeur et le publiciste. Sa mission est de créer ou d'entretenir l'atmosphère la plus favorable à la maison, à ses chefs, à ses produits. Il rencontre les clients, tâche de découvrir leurs moindres motifs de mécontentement, de sonder leurs intentions, de deviner leurs désirs, de raffermir leur confiance et leur attachement; il entre en relations avec les hommes d'affaires susceptibles de devenir clients ou les groupements économiques ou sociaux où il est désirable que la maison soit connue sous le jour le plus favorable. Par tous les moyens directs et indirects, il s'efforce de prévenir les courants d'opinion adverses, de susciter au contraire des mouvements de sympathie, etc. Rien de ce qui crée le climat dans lequel une maison évolue ne lui est indifférent.

L'agent des relations extérieures doit naturellement posséder les qualités de son emploi:

1) un grand *sens d'observation* afin de ne manquer aucune occasion de servir les intérêts de sa maison, d'accroître son prestige, etc.;

2) les dons du *vendeur* et du *publiciste*, c'est-à-dire l'art d'exposer et de convaincre;

3) enfin, une *belle personnalité extérieure*, des manières agréables, de l'entregent, du doigté, en un mot les qualités de tempérament et d'esprit qui impressionnent le plus favorablement.

D'habitude, ce sont les chefs eux-mêmes qui s'occupent des relations extérieures. Mais certaines grandes entreprises, intimement liées par l'importance ou par la nature de leurs affaires à la vie sociale, confient ce soin à des spécialistes. Il s'agit là cependant d'une fonction exceptionnelle que nous ne saurions présenter comme un véritable débouché aux jeunes gens désireux de s'engager dans les affaires.

* *
*

L'agent commercial (que l'on désigne ici sous le nom de commissaire du commerce) est un fonctionnaire de l'État à l'étranger. Il a pour mission, comme chacun le sait, de travailler au développement des exportations de son pays.

Les règlements du ministère du Commerce à Ottawa définissent les devoirs et qualités du commissaire du commerce. Pour favoriser l'expansion du commerce canadien, il doit «se livrer assidûment à l'étude des conditions et des besoins du territoire dont il est chargé» en regard des sources canadiennes d'approvisionnement. Il ne doit pas se substituer aux représentants des entreprises privées ni engager le ministère dont il relève dans des opérations commerciales. Son rôle est «d'encourager le commerce» (non de commercer lui-même), de «servir de lien entre l'exportateur canadien et l'importateur étranger». En cas de malentendu entre les exportateurs et les consignataires, il peut «être appelé à agir comme intermédiaire». De même, dans l'exercice quotidien de ses fonctions, il est appelé «à faire rapport sur les transactions des agents, à inspecter les expéditions, à s'occuper des réclamations qui s'y rapportent, à fournir des renseignements sur les lois du Canada, notamment sur le commerce et l'immigration».

Les nominations de commissaires du commerce sont faites au concours par la Commission du fonctionnarisme. Le candidat doit avoir une bonne santé, une belle personnalité extérieure, des manières faciles et agréables, etc. Comme formation intellectuelle, on exige de lui la connaissance de la géographie générale du monde, des principes du change et du commerce étrangers, des mouvements et de la pratique du commerce international, des techniques générales du commerce d'exportation. Il doit s'exprimer dans une langue claire et précise et posséder de préférence une certaine expérience des affaires. Il doit connaître parfaitement les ressources du Canada, ses industries, etc. En résumé, le candidat doit posséder une formation universitaire avec spécialisation en sciences économiques.

La carrière de commissaire du commerce ou d'agent commercial à l'étranger offre des perspectives intéressantes. Le Canada est un pays exportateur; il doit diversifier le plus possible ses marchés étrangers et, à cette fin, maintenir un nombreux personnel de représentants. De plus, la province de Québec est entrée dans la même voie en ouvrant une agence à New York, à

Paris et à Londres. Il y a lieu d'entrevoir qu'elle aussi augmentera son personnel à l'étranger.

De belles et fructueuses carrières s'ouvrent donc de ce côté aux jeunes gens possédant une forte personnalité et que les études économiques, les voyages, la vie à l'étranger intéressent.

— X —

La fonction de secrétaire n'est pas à proprement parler une fonction spécialisée au sens où nous l'avons entendu jusqu'ici, c'est-à-dire pouvant être objet d'orientation en partant de telle ou telle aptitude personnelle spécifique. Néanmoins elle est d'une nature si particulière, elle nécessite un tel ensemble de qualités et ouvre si directement la voie vers les fonctions supérieures que nous croyons devoir en faire une mention spéciale.

On peut distinguer deux types de secrétaires: le secrétaire particulier et le secrétaire général (conseil d'administration, chambre de commerce, œuvre sociale, etc.).

Le secrétaire joue le rôle d'adjoint personnel de l'employeur; il participe à ses travaux et prend connaissance de ses affaires, même confidentielles. Il le libère des affaires courantes du bureau, des multiples besognes accessoires. Il sert d'intermédiaire entre lui et le public, assurant le triage des visiteurs, réglant les cas secondaires et ne réservant à l'employeur que les plus importants.

La nature de ses fonctions indique quelles doivent être ses qualités.

1) La *discrétion*: rien de ce qui, des affaires du bureau, vient à sa connaissance — et il a connaissance d'à peu près tout — ne doit être divulgué. Le patron doit pouvoir compter sur sa discrétion absolue.

2) La *souplesse*, le *doigté*: d'une part, pour s'adapter à la personnalité de l'employeur, exécuter le travail comme il le désire, prévenir au besoin ses volontés; d'autre part, pour traiter avec les clients ou visiteurs, régler avec eux telles ou telles questions, les écarter au besoin sans les mécontenter.

3) L'*ordre* et la *méthode* afin d'être à tout moment en état de répondre aux demandes de l'employeur, de trouver tel renseignement, de renouer telle affaire en suspens, etc.

4) Assez d'*initiative*, de *jugement*, de *sens des responsabilités* pour agir par lui-même quand il le faut et de la manière la plus conforme aux intérêts de l'employeur.

Comme on le voit, le secrétaire doit posséder, à un degré plus ou moins élevé, les qualités du chef: en fait, il est une sorte de chef en second qui, s'il possède la personnalité voulue, ne tardera pas à se hisser au premier plan.

Le secrétaire est par définition chargé de la correspondance. L'exécution matérielle et le classement de la correspondance sont les premiers services que l'employeur attend de lui. Mais s'il veut véritablement agir en secrétaire et non en simple sténodactylo, il doit être en état d'expédier lui-même la correspondance courante, de rédiger des lettres, des mémoires, des rapports, des articles et des discours d'après de simples indications, voire dans bien des cas de suggérer lui-même les thèmes à développer, les arguments à invoquer, etc. Il assume ainsi les responsabilités qui dépassent largement celles du sténodactylographe.

Il doit donc connaître parfaitement la ou les langues dans laquelle ou lesquelles se traitent les affaires du bureau, ne rien ignorer des affaires en général, de l'administration, et du genre d'affaires dans lequel il est engagé.

Une bonne formation générale, de préférence du type secondaire, est celle qui répond le mieux à sa fonction. Comme formation professionnelle, la sténodactylographie (il s'en servira tout au long de sa carrière), une bonne initiation générale à l'administration et à la pratique des affaires (comptabilité, correspondance, classement, etc.). L'apprentissage complétera et adaptera la formation scolaire.

Comme les employeurs ne sont pas nécessairement tous engagés dans les affaires, les jeunes gens désireux de s'employer comme secrétaires doivent s'orienter vers la branche d'activité la plus conforme à leurs goûts et à leur tempérament personnels: administration publique, œuvres sociales, action politique, etc. Les exigences de fond sont les mêmes dans chaque cas, mais l'adaptation professionnelle diffère.

Au secrétaire général, il faut en somme les mêmes qualités qu'au secrétaire particulier — avec des connaissances plus étendues en administration, pratique générale des affaires et naturellement une connaissance approfondie de l'institution elle-même. Le secrétariat général est en fait une fonction de direction. Même si le secrétaire a besoin pour agir de l'assentiment des administrateurs et ne fait qu'exécuter leurs décisions, en pratique, il influence et même oriente souvent les décisions en participant aux délibérations et en éclairant les administrateurs eux-mêmes sur le sujet à l'étude. C'est lui, en effet, qui recueille la documentation, prépare les dossiers, bref, met les administrateurs en état de se prononcer.

Dans certaines institutions, le secrétaire remplit les fonctions d'un directeur et doit en conséquence faire preuve des qualités d'initiative, de débrouillardise, de jugement, de diplomatie, etc., d'un chef. Pour accéder à la fonction de secrétaire général d'une institution d'une certaine importance, il faut donc des qualités personnelles assez semblables à celles du chef d'entreprise, mises elles-mêmes en valeur par une bonne formation scolaire et un apprentissage plus ou moins prolongé selon la personnalité du candidat.

Bref, la fonction de secrétaire, sans être une fonction spécialisée, est une voie un peu particulière d'accès aux affaires, sensiblement différente des voie ordinaires de l'administration et de la vente. Certaines personnalités ont intérêt à la choisir de préférence.

*   *

*

Il existe sans doute dans les affaires, outre celles que nous venons d'analyser, d'autres fonctions spécialisées ou à caractère spécialisé. Mais ou bien elles relèvent de la formation technique et scientifique — l'ingénieur, le chimiste, par exemple — ou bien empruntent plus ou moins à l'une ou à l'autre des techniques de la vente ou de l'administration dont nous venons de parler.

Les fonctions courantes

Les fonctions courantes: commis de magasin, voyageurs de commerce, sténo-dactylos, teneurs de livres, caissiers, préposés au classement, à la livraison, à l'expédition, etc., sont les plus diversifiées et celles qui absorbent le personnel le plus nombreux. Nous n'entreprendrons pas, il va sans dire, une analyse même sommaire de chacune d'entre elles. Il nous suffit d'ailleurs, pour les situer dans les perspectives exactes de notre étude, de rappeler:

1) qu'elles résultent pour la plupart de l'application aux affaires de la division du travail et ainsi ne sont pas en soi objet d'orientation, c'est-à-dire d'un choix correspondant à des aptitudes spécifiques;

2) qu'elles ressortissent cependant à l'un ou à l'autre des deux types psychologiques et à ce point de vue doivent être l'objet d'un choix selon la personnalité du candidat; tel échouerait comme teneur de livres qui réussirait comme commis-voyageur;

3) qu'elles représentent parfois le stage d'apprentissage des fonctions spécialisées et des fonctions de direction — d'où l'importance de se classer dès le début dans le groupe correspondant à son type psychologique et, dans toute la mesure du possible, dans telle fonction subalterne ouvrant la porte à une fonction professionnelle correspondant à ses aptitudes spécifiques: teneur de livres pour celui qui aspire à la comptabilité; commis pour celui qui aspire aux fonctions supérieures de la vente; sténo-dactylo pour celui qui veut devenir secrétaire.

Chapitre IV
La formation de l'homme d'affaires

De ce que nous avons dit précédemment des affaires comme champ d'activité professionnelle, de l'homme d'affaires et de sa personnalité, des fonctions auxiliaires et de leurs exigences, des diverses étapes d'une même fonction et de l'enchaînement des fonctions entre elles, deux conclusions préliminaires se dégagent:

a) S'il est possible, en somme, à n'importe qui de s'employer dans les affaires, seules y réussissent vraiment — c'est-à-dire parviennent aux fonctions de direction ou à la maîtrise des grandes fonctions professionnelles — les personnalités accordées aux exigences diverses du métier.

b) De toutes les professions, les fonctions des affaires sont celles qui, quels que soient la valeur et le degré de l'enseignement, comptent et devront probablement toujours compter le plus sur l'apprentissage comme moyen de formation.
   [...]295

Essentiellement, le problème ne diffère pas d'un pays à l'autre. En Amérique ou en Europe, il s'agit toujours de la

---

295. Nous insérons ici un paragraphe de l'introduction de la Conférence de Paris. *Cf.* référence, p. 17, n° 9.

formation d'un homme qui est devenu l'un des types sociaux les plus lourdement chargés de responsabilités de notre époque, mais qui se présente sous des dehors si variés qu'à première vue on se croirait en présence non pas d'un, mais de plusieurs types professionnels différents. Et pourtant, industriel, commerçant ou financier, de petite ou de grande taille, il s'agit toujours d'hommes dont l'activité concourt en dernière analyse à la même fin, et qui par suite, comme type professionnel, ont besoin essentiellement de la même formation. [...]

— I —

La première question qui se présente à l'esprit quand on réfléchit à la formation de l'homme d'affaires, c'est donc celle de l'orientation, c'est-à-dire, encore une fois, de la détermination des aptitudes en regard des exigences des affaires en général et de leurs diverses fonctions en particulier. Nous y insistons parce que tout se passe encore autour de nous comme si on ne soupçonnait pas cette nécessité première, ou comme si l'on pensait que l'instruction répond de tout, suffit à tout en elle-même. En fait, les qualités intellectuelles et l'instruction sont nécessaires, mais elles ne sont pas le facteur d'*orientation* le plus important. L'homme d'affaires est d'abord un homme d'action — dont les études sont orientées vers l'action. Nous l'avons écrit à maintes reprises au cours des pages précédentes, nous le répétons: ce sont les qualités psychologiques et morales qui lui confèrent sa physionomie — et qui expliquent le succès de tant de commerçants, d'industriels, de financiers montés aux premiers postes sans être jamais passés par les écoles supérieures, voire même secondaires.

Il n'existe pas d'avocat ou de médecin sans formation juridique ou médicale acquise à l'université. Pour ces deux types professionnels, le savoir, c'est le *métier.* Sans doute, nous connaissons de bons et de médiocres avocats, de bons et de médiocres médecins: et ce qui, à ce point de vue, distingue les médecins ou les avocats entre eux, c'est la personnalité, forte, débordante, conquérante chez les uns, sans relief ou faible chez les autres. Mais il se rencontre des hommes d'affaires sans diplômes: le savoir, ils l'ont acquis par l'apprentissage. Pour

eux, l'instruction ce n'est pas le métier, c'est l'*outil* — un outil
de plus en plus indispensable, chacun le reconnaît, dont la
qualité et la précision doivent être de plus en plus soignées, on
ne saurait trop le redire, mais un outil quand même, dont le
rendement dépend de la personnalité qui le manie. Les dons
intellectuels, le savoir ne sont pas à eux seuls un gage de succès
en affaires. Il y faut aussi et d'abord le tempérament, le tour
d'esprit, les dispositions psychologiques et morales grâce auxquels l'aspirant homme d'affaires ouvrira sa voie, complétant
au fur et à mesure sa formation intellectuelle, en corrigeant au
besoin les lacunes.

C'est donc à définir et à jauger la personnalité du jeune
homme que l'orientation doit s'employer. Or, les tests d'orientation, même multipliés, ne sauraient suffire à eux seuls: la
personnalité de l'homme d'affaires est trop complexe, et les
voies conduisant à la pratique des affaires, trop diverses. Ces
tests peuvent être utiles, voire nécessaires, mais comme complément à l'observation, organisée elle-même sur une longue période et selon les techniques éprouvées de l'orientation professionnelle. Il y aurait risque à prétendre avec certitude, par un
simple test, voire par une série d'épreuves plus ou moins mécaniques, que tel jeune homme possède les qualités générales de
l'homme d'affaires énumérées précédemment, et par suite qu'il
est doué pour les fonctions de direction, ou qu'il est plutôt apte
aux fonctions auxiliaires de la comptabilité, de la vente, etc. Des
conclusions de cette nature doivent découler d'observations
accumulées d'une année à l'autre et complétées elles-mêmes à
l'occasion par des examens spéciaux.

C'est pourquoi il serait hautement désirable que tout jeune
homme possédât dès l'école élémentaire sa fiche d'orientation,
où seraient notées, d'un mois à l'autre et d'une année à l'autre,
les diverses étapes de son évolution psychologique et intellectuelle, les diverses manifestations de sa personnalité en voie de
formation: les résultats scolaires, comportements au jeu, dans
les diverses organisations extra-scolaires, dans la famille, etc.
Ces observations continueraient, il va sans dire, au collège. Peu
à peu, par leur accumulation même et en se rectifiant les unes
par les autres, elles dessineraient le portrait psychologique,

intellectuel et moral du jeune homme. Le problème si important, mais dans l'état actuel des choses si difficile, pour un écolier de choisir une profession, en serait beaucoup simplifié.

Il ne nous appartient pas — nous n'en avons d'ailleurs pas la compétence — d'indiquer ici les mesures à prendre à cette fin. Plusieurs années d'expérience dans l'enseignement supérieur nous convainquent cependant de la nécessité d'une telle initiative. Pour l'individu, une fausse orientation est un malheur; pour la société aussi, car elle n'a pas les moyens de gaspiller ses énergies humaines. Le bonheur des hommes et le progrès de la collectivité exigent que chacun soit placé là où il peut se réaliser le plus complètement, donner le plus entièrement sa mesure. Tel n'est malheureusement pas toujours le cas, et nous connaissons tous nombre de jeunes gens qui, faute d'une bonne orientation, ont gâché ou risquent de gâcher en tout ou en partie leur vie. Si l'orientation professionnelle, entendue au sens le plus large, nous apporte les moyens d'améliorer la situation présente, nous avons le devoir de l'instituer.

Avec leur diversité de fonctions hiérarchisées depuis la pratique la plus élémentaire jusqu'à la plus haute spécialisation, les affaires, avons-nous dit, offrent à tout jeune homme la possibilité de s'y engager très tôt, avant même d'avoir atteint au plein épanouissement de sa personnalité (donc sans savoir s'il s'oriente à bon escient), et de s'en remettre quant à sa formation et à son avancement à l'apprentissage. En fait, il n'y a pas encore bien des générations, l'apprentissage était l'unique mode de préparation aux affaires et aujourd'hui encore, malgré les progrès de l'enseignement, il demeure un complément nécessaire de la formation scolaire. Le problème de l'orientation se présente donc sous un jour différent selon l'âge et le degré de formation du jeune homme.

Disons-le cependant tout de suite: un jeune homme ne saurait aujourd'hui songer aux carrières des affaires avant d'avoir terminé au moins ses études secondaires, au sens où on l'entend désormais dans les écoles du Département de l'instruction publique (11e ou 12e année). S'il quitte l'école à ce moment-là, sa formation intellectuelle ne lui permet guère d'aspirer à mieux qu'aux fonctions subalternes (commis de magasin ou de bureau, teneur de livres, etc.). Il est encore en pleine évolution physiologique et psychologique et sa fiche d'orientation (si toutefois il en possède une) ne fournit que d'assez vagues indications sur ses aptitudes spécifiques. L'apprentissage seul lui permettra de se découvrir lui-même en regard des exigences générales des affaires ou des exigences particulières de telle ou telle des fonctions qui peuvent lui être accessibles. Peut-être persévérera-t-il, peut-être devra-t-il se réorienter. S'il persiste, peut-être se stabilisera-t-il dans les fonctions inférieures, peut-être, s'il est doué, s'élèvera-t-il un peu dans la hiérarchie des fonctions administratives et professionnelles. Il est plus ou moins livré à lui-même et aux circonstances — à moins que l'employeur lui-même ou quelqu'un d'autre ne le découvre et ne le dirige.

Le cas du jeune homme qui a terminé ses études classiques (ou l'équivalent) se présente avec plus de netteté sinon de simplicité. Il a trois et même quatre années d'études de plus que son congénère des écoles publiques — donc plus de maturité d'esprit et une personnalité déjà mieux définie. Sa culture lui permet de s'analyser lui-même avec plus de pénétration et de juger ainsi de son adaptation plus ou moins parfaite aux multiples professions offertes à son choix.

Or, si à la rigueur il suffit à un diplômé de 12e année de s'employer dans les affaires, le détenteur d'un baccalauréat peut et doit aspirer à mieux. S'il s'y engage, ce doit être en vue de parvenir, après une certaine période d'apprentissage, à une fonction dont l'importance soit proportionnée à la richesse intellectuelle et humaine que lui-même représente. S'il se stabilise dans les fonctions subalternes, sa carrière est une faillite — car il donne moins qu'il n'a reçu. De deux choses l'une: ou bien il n'avait pas la personnalité voulue pour bénéficier pleinement d'études secondaires complètes — et cela pose un problème dont nous n'avons pas à nous occuper ici — ou bien il est orienté à faux. Et c'est pourquoi si une bonne orientation est importante pour tout jeune homme, elle l'est particulièrement pour le diplômé de collège qui, lui, a déjà plus engagé sur lui-même et de qui la société est en droit d'attendre plus que des autres. Bref, nous croyons que le détenteur d'un baccalauréat ou d'un diplôme équivalent qui s'engage dans les affaires doit posséder les qualités voulues pour accéder aux fonctions de direction, administratives ou professionnelles.

Sur quoi le jeune homme lui-même et ceux qui le conseillent peuvent-ils s'appuyer pour décider de son orientation vers les affaires? *Le sens pratique, le goût de l'action, et l'ambition de réussir dans la recherche du succès matériel et d'édifier une œuvre valable pour lui-même et pour la société* nous paraissent les dispositions d'esprit par quoi se révèle l'adaptation aux affaires. Sans doute elles ne suffisent pas en elles-mêmes. Mais si les autres qualités sont nécessaires au succès, elles ne sont pas l'indice d'une orientation: on peut les posséder sans se sentir pour autant attiré vers les affaires. Le sens de l'observation, l'initiative, le jugement, etc., sont la condition même du succès dans n'importe quelle profession. L'important, c'est que l'homme engagé dans les affaires s'y sente chez lui, dans son atmosphère, s'y livre avec goût et y trouve l'occasion même de son propre accomplissement. Il lui faut pour cela le tour d'esprit et le type d'ambition qui conviennent. S'il a, par exemple, le goût de la culture intellectuelle désintéressée; s'il se complaît dans la spéculation philosophique ou s'il n'aspire qu'à un minimum de bien-être et de sécurité matérielle, les affaires ne l'attireront pas, encore moins ne le retiendront, fût-il par ailleurs pourvu de tout ce qu'il faut pour y réussir.

Cette première indication obtenue — et nous laissons aux spécialistes le soin de dire comment s'y prendre —, une deuxième démarche s'impose: jauger la personnalité des candidats et les classer selon le classement même des fonctions qui s'offrent à eux dans les affaires.

1) Ceux qui possèdent les qualités du chef d'entreprise et qui, par conséquent, sont aptes aux fonctions de direction.

2) Ceux qui, bien doués au point de vue psychologique et intellectuel, manquent cependant de l'une des trois ou quatre qualités caractéristiques du chef d'entreprise et qui par suite doivent s'orienter vers les fonctions professionnelles.

3) Enfin, les personnalités de moindre envergure qui tout en possédant à un certain degré le tempérament et le tour d'esprit de l'homme d'affaires ne sont taillées ni pour l'une ni pour

l'autre des deux catégories de fonctions ci-dessus et à qui seules les fonctions subalternes sont accessibles. Répétons-le cependant, ces personnalités de second plan ne devraient pas se rencontrer parmi les diplômés de collèges ou d'institutions équivalentes.

Comme, d'une part, les diverses fonctions des affaires nécessitent un apprentissage plus ou moins long et que, d'autre part, elles ressortissent toutes à deux types psychologiques différents, il importe, pour éviter les déceptions et les pertes de temps, que le jeune homme débute dans une fonction appropriée à son tempérament. Une troisième démarche, effectuée dès le collège ou au début des études professionnelles, complète ou complétera donc l'orientation: la détermination du type psychologique de l'individu et son orientation selon le cas vers les fonctions administratives ou vers les fonctions de la vente.

On ne saurait, nous le répétons, arriver à pareils jaugeage et classement de la personnalité du jeune homme par la seule analyse des résultats scolaires, même complétés par des tests d'orientation professionnelle. Ils doivent ressortir d'une multitude d'observations accumulées durant plusieurs années et portant sur tous les aspects de la personnalité.

On peut se demander toutefois si le régime des écoles et des collèges permet assez aux écoliers de se manifester et si, en dehors des classes et des copies d'examens, les sources d'observation sont suffisantes. Si l'on veut obtenir de l'orientation professionnelle le maximum de rendement peut-être faudra-t-il encore assouplir les règlements, élargir la part de la liberté et de l'initiative personnelle, multiplier même pour les enfants l'occasion de se manifester selon les tendances profondes de leur personnalité. Comment deviner un jeune homme si son régime de vie l'oblige au repliement sur lui-même?[296]

---

296. À partir d'ici le chapitre de l'édition originale a été profondément remanié. Minville analysait les différentes orientations que pouvaient prendre les étudiants, dans notre régime d'autrefois, selon leur origine scolaire; le type de formation dont ils pouvaient se satisfaire ou auquel ils devaient se conformer selon les postes envisagés. Les changements survenus dans les structures du régime d'enseignement après 1960 rendaient ces analyses inactuelles au moment de la réédition. Quiconque trouverait de l'intérêt historique à en prendre connaissance pourra se

Si l'orientation professionnelle fonctionnait avec rigueur dans les écoles et les collèges, les candidats aux études supérieures de préparation aux affaires se partageraient entre les deux premiers groupes du classement indiqué ci-dessus. Et, en théorie, on pourrait imaginer un régime d'études professionnelles adapté à chacun de ces groupes, générales dans le premier cas, spécialisées dans le second.

En fait, il n'en est pas ainsi. L'orientation professionnelle n'en est pas encore au point où elle pourrait classer les jeunes gens avec la rigueur que nous venons nous-mêmes de supposer. D'une part, surtout au niveau des carrières intellectuelles, les types professionnels purs se rencontrent exceptionnellement: les personnalités polyvalentes sont les plus nombreuses. Ce qu'il s'agit de découvrir, ce sont les dominantes. D'autre part, les fonctions elles-mêmes, surtout dans les affaires, sont loin d'être autonomes, rigoureusement complémentaires: elles se chevauchent assez généralement, comme le révèle la brève analyse des fonctions spécialisées du chapitre précédent. Prétendre démontrer avec certitude que tel jeune homme de dix-huit ou dix-neuf ans fera sa carrière comme comptable ou statisticien, c'est, croyons-nous, demander à l'orientation professionnelle plus qu'elle ne peut donner.

C'est d'ailleurs déjà beaucoup de pouvoir établir que, étant donné les dominantes de sa personnalité, ses inclinations et ses

---

référer à l'édition originelle *L'homme d'affaires* aux pages 131 à 151.
De cette partie, il est probablement intéressant de rappeler le passage suivant:
«Et c'est pourquoi nous considérons les études secondaires, voire les études classiques, comme une excellente préparation aux affaires. Nous n'oublions pas l'étonnement, l'espèce d'ébahissement qu'une telle affirmation formulée un jour en public avait causé! À entendre les propos tenus de part et d'autre sur le problème si grave et si délicat de l'enseignement, on dirait que la notion même de la formation de l'homme — artisan du métier, artisan de la profession — a été perdue, et que seule subsiste celle de formation du technicien. Les chefs d'entreprise, certains chefs sociaux — qui devraient pourtant s'y connaître — voudraient apparemment que les écoles livrassent non des hommes aptes à maîtriser telles ou telles techniques appropriées à leurs aptitudes et à devenir avec le temps des maîtres et des chefs eux-mêmes, mais des spécialistes, des employés capables de remplir, dès la sortie de l'école, telle ou telle fonction de second ou de sixième ordre, sans les ressources intellectuelles et morales voulues pour les dépasser. Comme si le métier valait sans l'homme.» (*L'homme d'affaires*, p. 133)

goûts, un jeune homme a intérêt à s'orienter vers les affaires et à y chercher sa voie par la comptabilité, les mathématiques appliquées ou la vente. Peut-être se stabilisera-t-il dans l'une ou l'autre de ces spécialités; peut-être aussi, certaines aptitudes auxiliaires aidant et les circonstances indéfiniment variables de la vie jouant un moment donné en sa faveur, les dépassera-t-il pour accéder à des fonctions plus larges et plus hautes. Enfin, étant donné l'importance des fonctions spécialisées dans la vie des affaires — importance qui va croissant à mesure que celle-ci se rationalise —, il convient d'assurer à ceux qui les choisissent comme carrière une formation qui leur permette de s'y intégrer et de comprendre dans leur ensemble les problèmes de la direction. Il n'y a donc pas lieu de trop le regretter si, au moment de commencer ses études professionnelles, un jeune homme ne sait pas encore si oui ou non il se spécialisera — cette option peut se faire au niveau des études professionnelles elles-mêmes.

— II —

Cela étant dit, quelle formation professionnelle faut-il proposer aux jeunes gens doués pour les fonctions supérieures des affaires, administratives ou professionnelles? Seule, avons-nous dit, une authentique formation universitaire peut désormais satisfaire à leurs besoins. Les structures du régime de l'enseignement étant ce qu'elles sont dans la province de Québec, peuvent se présenter les deux catégories de candidats dont nous venons de parler: d'une part, les diplômés des écoles publiques, d'autre part, les détenteurs d'un baccalauréat.

Le candidat du premier groupe, s'il est assez doué pour aspirer aux fonctions supérieures, devra nécessairement continuer ses études de formation générale. Deux voies s'ouvrent à lui: *a*) s'inscrire dans un collège au niveau des belles-lettres et, en quatre années d'études supplémentaires, préparer un baccalauréat général lui donnant accès aux études universitaires; *b*) s'inscrire dans une école supérieure de préparation aux affaires et, en quatre années d'études, préparer un baccalauréat spécialisé, obtenant ainsi la faculté soit de s'engager immédiatement dans la carrière, soit de continuer ses études générales ou spécialisées au niveau supérieur.

La première de ces deux options nous paraît la plus recommandable. Plus, au moment d'entreprendre des études professionnelles de niveau universitaire, le jeune homme possède de formation générale: linguistique et littéraire, mathématique, scientifique et philosophique, mieux il est en état de dominer de telles études et d'en obtenir le maximum de fruits aux fins de sa carrière. Sans compter que ces années supplémentaires de réflexion et d'études lui permettent de se mieux connaître lui-même et de se mieux assurer de son orientation.

Mais si, d'une part, il est sûr de son orientation ou si, d'autre part, l'accès des collèges ne lui est pas possible ou si, enfin, il ne croit pas pouvoir continuer ses études au niveau universitaire, la seconde option pourra lui être avantageuse. À la condition de la considérer pour ce qu'elle doit être en réalité, à savoir d'abord et avant tout un complément de formation générale accompagné d'une certaine initiation aux disciplines de base de la formation professionnelle. Les études conduisant au baccalauréat en sciences des affaires doivent en effet assurer à l'étudiant:

1) Une culture générale comparable à celle du bachelier classique, c'est-à-dire une formation qui le rende le plus apte possible aux opérations fondamentales de l'esprit humain: aptitude à s'exprimer correctement à l'oral et à l'écrit dans sa langue maternelle (mode naturel d'acquisition du savoir et de formation de l'esprit); aptitude au raisonnement philosophique et au maniement des idées; intelligence du milieu de vie: géographie, histoire, régime des institutions de la vie commune, sociale et politique; sens éclairé de l'ordre et de la vocation humaine, formation morale et religieuse. Cet ensemble organique, traité moins en vue de l'élargissement des connaissances que de la formation de l'esprit constitue, répétons-le, l'essentiel de ce que tout jeune homme parvenu à ce niveau doit d'abord attendre de ses études.

2) Une formation professionnelle, économique et technique, permettant à celui qui ne veut ou ne peut pousser plus loin ses études de prendre de l'emploi dans les affaires et d'y faire un apprentissage fructueux: théorie et pratique des affaires,

comptabilité, sciences économiques, droit commercial et industriel, techniques de la production, de la finance, de la vente, etc.

Au détenteur d'un baccalauréat en sciences des affaires trois options s'offrent donc: *a*) prendre de l'emploi et, par le jeu combiné de l'apprentissage et des études personnelles, compléter le mieux possible sa formation; *b*) entreprendre des études spécialisées en vue de telle ou telle fonction professionnelle des affaires: comptabilité, actuariat, etc.; *c*) enfin, continuer ses études professionnelles de formation générale au niveau supérieur. Dans ce dernier cas, le détenteur du baccalauréat spécialisé s'identifie au diplômé des collèges classiques, sauf qu'à cause de ses études professionnelles antérieures il a sur celui-ci un peu d'avance. Quel régime d'études convient-il de proposer à l'un et à l'autre?

Leurs études antérieures leur ont déjà assuré la culture générale nécessaire comme fondement aux études universitaires, ainsi qu'une partie des connaissances qu'exige l'exercice des fonctions administratives ou professionnelles des affaires: langues, mathématiques, sciences, histoire, géographie générale et humaine, philosophie. Au niveau universitaire, le régime des études doit renouer ces connaissances et, par des travaux d'application à propos d'autres disciplines, en mettre en évidence la valeur professionnelle.

Lorsque, il y a un demi-siècle et plus, se sont organisées dans le monde les écoles supérieures de préparation aux affaires, le type professionnel de l'homme d'affaires comme nous le connaissons aujourd'hui était loin d'être complètement défini. Aussi peut-on dire qu'il existait autant de formules pédagogiques différentes que d'écoles. Il n'en est plus tout à fait ainsi; le type professionnel de l'homme d'affaires s'est précisé et, d'une école à l'autre, un certain accord est en voie de se réaliser sur la forme d'enseignement la mieux adaptée à ses besoins.

Il existe encore des différences quant à la durée des études, aux méthodes, à la composition et aux structures du programme, etc. Mais ces différences sont surtout attribuables aux structures du régime général de l'enseignement et à la philosophie de l'éducation dont celui-ci procède, variables d'un pays à l'autre.

Outre certaines matières auxiliaires comme la géographie, le droit, parfois la sociologie, le programme de la plupart des grandes écoles de préparation aux affaires se ramène aujourd'hui à quatre disciplines de base: sciences économiques, mathématiques, comptabilité et contrôle, disciplines proprement administratives. Chacune de ces disciplines a ses techniques propres et peut, si elle est approfondie pour elle-même, conduire à la formation d'un spécialiste: économiste, statisticien, actuaire ou praticien de la recherche opérationnelle, comptable, technicien de l'organisation.

Mais tel n'est cependant pas l'objet premier d'une école supérieure de préparation aux affaires. L'objet premier d'une telle école, c'est la formation d'un homme qui n'est le spécialiste d'aucune des disciplines figurant à son programme d'étude, mais qui les utilise toutes à ses fins propres: la direction d'une entreprise. Ces disciplines sont donc complémentaires et, dans une grande mesure, l'instrument les unes des autres.

Dans un milieu comme le nôtre, pas assez populeux ni assez puissant économiquement pour justifier l'existence parallèle d'écoles spécialisées, les écoles supérieures de préparation aux affaires doivent assumer la double tâche d'assurer simultanément la formation de futurs chefs d'entreprise et des grands spécialistes dont la vie des affaires exige le concours. Leur organisation pédagogique doit s'adapter à cette double fin.

Dans son agencement et son déploiement au long de la durée des études, le programme est axé sur l'entreprise, considérée à la fois comme unité de base de l'économie et centre professionnel des affaires. L'étudiant doit apprendre à la connaître en elle-même (structures, fonctionnement) et dans ses relations avec le milieu économique et social. Le régime des études embrasse d'abord l'ensemble des matières: une fois assurées les bases scientifiques de la formation professionnelle, il se subdivise en une série d'options, parmi lesquelles l'étudiant choisit selon ses aptitudes et les circonstances particulières de sa vie — amorçant ainsi une spécialisation qu'il pourra, sa formation générale achevée, parfaire par des études supplémentaires en vue d'une carrière, ou simplement utiliser comme mode d'apprentissage et de cheminement vers les fonctions administrati-

ves. Quelles que soient ses intentions, un minimum de spécialisation lui est utile. Il importe en effet qu'au début de sa carrière
tout jeune homme puisse rendre certains services spécifiques et
se classer ainsi à un titre défini dans le complexe professionnel
de l'entreprise. Le jeu des options répond à cette fin.

Au jeune homme qui opte pour une carrière de spécialiste,
les écoles, de leur seule initiative ou en collaboration avec les
professions organisées, offrent généralement la possibilité de
parfaire ses études et de s'intégrer dans la profession de son
choix (comptable-vérificateur, actuaire, économiste de l'entreprise, etc.). Le régime des études varie selon les spécialités et
conduit soit à un titre professionnel (C.A., actuaire), soit à un
doctorat (économie, mathématiques appliquées, etc.).

Celui qui n'opte pour aucune spécialité peut, s'il le désire,
préparer un diplôme supérieur ou un doctorat en administration.
Au surplus, depuis vingt-cinq ans, surtout depuis la fin de la
dernière guerre, la conviction s'est établie dans les esprits que
désormais les dirigeants d'entreprise ne peuvent et ne pourront
plus se contenter des connaissances acquises à l'école, quel
qu'en soit le niveau. Des cours de perfectionnement se sont
organisés partout dans les pays industrialisés ou en voie d'expansion économique. Ces cours s'adressent aux cadres moyens
et supérieurs, aux chefs d'entreprise eux-mêmes qui, du fait de
l'évolution rapide des techniques des affaires, éprouvent périodiquement le besoin d'une réflexion en profondeur sur les données de leur expérience en regard des disciplines fondamentales
de leur formation professionnelle. Nos grandes écoles sont en-
trées dans le mouvement et offrent de tels cours depuis plusieurs
années déjà.

À propos des aptitudes intellectuelles du candidat aux
carrières des affaires nous avons indiqué la place que les grandes disciplines énumérées ci-dessus doivent occuper dans sa
formation. Inutile d'y insister. Qu'on nous permette cependant
pour illustrer ce point de résumer ici des vues que nous expo-
sons plus au long dans la troisième partie de ce volume.

Diriger une entreprise, c'est en premier lieu l'organiser de
la base au sommet selon les techniques les plus éprouvées et la
tenir sans cesse à jour des progrès dans ce domaine. Les disci-

plines administratives et comptables entrent ici en ligne de compte. Or ces techniques sont nombreuses et, surtout à notre époque, en rapide évolution: techniques de la production, variables d'une branche à l'autre des affaires, et directement liées aux sciences physiques et naturelles, dont l'industrie moderne (y compris les transports et communications) est l'application; techniques de l'organisation et de l'administration du personnel, de la vente, de la finance, du contrôle, liées les unes à la psychologie et aux sciences de l'homme, les autres, surtout depuis l'avènement de la statistique et de la recherche opérationnelle, aux mathématiques.

Mais diriger une entreprise, c'est aussi la situer à tout moment dans le complexe économique d'une région, d'un pays, du monde. L'économie est une vaste réalité qui a ses lois et ses mécanismes propres. L'homme d'affaires en est l'agent actif, mais agit sans sa dépendance. Il lui faut observer la vie économique, en comprendre les mécanismes et les lois, en prévoir les tendances et deviner l'incidence sur sa propre entreprise des mouvements prévus. Sans être lui-même un économiste, il est un praticien des sciences économiques; il doit être en état de comprendre les travaux des économistes et de les utiliser aux fins de son entreprise[297].

Diriger une entreprise, c'est enfin la situer dans un milieu social donné et l'adapter, structures et fonctionnement, aux fins supérieures de ceux qui y participent et de la société. Prises dans leur ensemble, les affaires peuvent être définies comme un

---

297. La conférence de Paris (*Cf.* ci-dessus, p. 17, n⁰ 9) précisait ici:
«Par profession, l'homme d'affaires est aujourd'hui le pourvoyeur de la société en biens utiles, le principal dispensateur de l'emploi, et le principal créateur des capitaux nécessaires au renouvellement et à l'expansion de l'économie, à mesure que, dans un pays donné et d'un pays à l'autre, la population croît et que, sous la poussée des progrès techniques, les besoins se multiplient et se diversifient. L'homme d'affaires moderne est l'agent actif de l'économie. Et si, comme type professionnel, il n'est pas un économiste au sens précis où la science l'entend, sa fonction l'oblige néanmoins à observer sans cesse le complexe économique dans lequel son entreprise s'intègre, à en prévoir les variations et l'incidence sur ses propres affaires. Sans tendre à faire de lui un économiste, sa formation doit pourtant le mettre en état d'utiliser aux fins de l'entreprise les travaux des économistes.»

processus de relations humaines qui s'enchaînent et se renouvellent dans le temps et que l'on peut ramener à quatre types principaux: relations avec les clients, relations avec le personnel, relations avec les autres hommes d'affaires (concurrents ou non), relations avec les pouvoirs publics agissant pour et au nom de la société. Au temps du libéralisme, ces relations étaient censées être réglées automatiquement par le jeu des lois naturelles; l'homme d'affaires, assimilé à un rouage dans un vaste mécanisme, pouvait se contenter d'être un technicien expert, assez habile pour devancer la concurrence ou en parer les coups.

Il n'en est plus ainsi aujourd'hui; l'expérience a montré que du jeu sans contrôle des lois économiques naissent des situations sociales intolérables. Mais si le libéralisme comme système est dépassé, la liberté demeure comme attribut de la personne, et les exigences de la liberté comme fondement de l'organisation sociale et de la civilisation. Les lois économiques sont une réalité en face de laquelle l'homme d'affaires doit désormais se comporter comme l'homme de science et l'ingénieur à l'égard des lois de la nature: s'y soumettre pour les dominer et en discipliner le jeu. Et c'est à l'occasion de chacune des grandes classes de relations énumérées ci-dessus que se pose pour lui le problème de l'adaptation de son entreprise et du régime des affaires au bien général de la société. De son aptitude à se concevoir lui-même comme chef social et à mesurer ses responsabilités comme tel dépendent le sort de l'entreprise et de l'économie libre et l'ordre même de la société. Sa formation sociale procède donc d'une philosophie, d'un certain sens de l'ordre. Ce qui lui est demandé, c'est d'être attentif à la portée sociale de son activité professionnelle, et de l'organiser de telle manière qu'en toutes circonstances la justice en soit la norme régulatrice.

La formation de l'homme d'affaires est une formation professionnelle. Elle doit donc: *a)* communiquer à celui qui y aspire l'ensemble des connaissances nécessaires à l'exercice éventuel de son métier et le mettre en état de les parfaire par lui-même au fur et à mesure que ces connaissances se renouvellent et se développent; *b)* lui apprendre à les utiliser à des fins professionnelles, c'est-à-dire à l'administration d'une entreprise ou à l'exercice de telle ou telle des grandes fonctions auxiliaires des affaires. Cette formation doit donc être à la fois théorique et pratique et, en elle-même et par l'utilisation des connaissances acquises antérieurement, correspondre aux trois aspects technique, économique et social de l'activité de l'homme d'affaires.

Comme le praticien de n'importe quel métier, l'homme d'affaires doit avoir la maîtrise des règles de pratique de son art. Au début de sa carrière, il exerce des fonctions plus ou moins élevées qui lui permettent de se rompre à l'usage des techniques de la production, de la vente, de l'administration du personnel, du contrôle, de la finance, etc. Parvenu à la direction, il doit les posséder suffisamment pour pouvoir, sinon les pratiquer lui-même, du moins utiliser efficacement les services de ceux qui les possèdent. Or, comme ces techniques, ainsi que nous l'avons rappelé, varient d'une entreprise à l'autre et qu'au surplus elles sont en constante évolution, la seule formation qui ait valeur permanente, ce n'est pas celle qui porte sur des modalités techniques transitoires mais celle qui s'efforce de faire saisir le principe scientifique dont ces techniques dérivent, et met le candidat aux carrières des affaires en état d'en suivre indéfiniment l'évolution[298].

L'enseignement pratique prend des formes variables selon le degré de formation des élèves, les disciplines, le niveau de

---

298. Dans la conférence à Paris précitée, Minville disait:
   «Comme tous les types professionnels, l'homme d'affaires est d'abord un technicien, rompu au maniement des règles de pratique de son métier. Or, les techniques en usage dans les affaires sont nombreuses, complexes et, au surplus, en constante et très rapide évolution: techniques de la production, variables d'une branche d'affaires à l'autre et directement liées aux sciences physiques et naturelles dont l'industrie moderne est l'application; technique de la vente, de la finance et du contrôle, de l'administration, liée, d'une part, à la psychologie, d'autre part à l'organisation scientifique et par celle-ci, surtout depuis l'avènement de l'électronique et de la recherche opérationnelle, à la statistique et aux mathématiques. Mais, technicien, l'homme d'affaires ne l'est pas selon l'acceptation courante du mot, en ce sens qu'il n'est pas un praticien des techniques en usage dans les affaires, mais plutôt un usager de la compétence professionnelle de ceux qui en ont fait une spécialité. Par ses fondements et son contenu scientifique, sa formation doit le mettre en état sinon de participer à l'exercice des techniques, du moins de parler le langage des spécialistes, de comprendre, suivre, coordonner et, au besoin, stimuler leurs travaux.»

l'enseignement: travaux d'application en classe ou à domicile, conférences de révision et «séminaires», forums et discussions de «cas», selon la méthode désormais en usage dans les écoles d'administration. Le tout en vue d'emmener l'étudiant à faire la synthèse de son programme d'études, à perfectionner sa méthode de travail, à cultiver en lui et le jugement et l'esprit de décision.

(...)[299].

Pour ceux qui sont chargés de la formation du jeune homme qui sera dans quelques années chef d'entreprise, cette initiation dans des perspectives particulières aux techniques est une tâche difficile et qui, du point de vue pédagogique, pose de sérieux problèmes — notamment le problème, commun d'ailleurs à toutes les formations professionnelles, de la conciliation de la compétence technique avec les exigences supérieures de la formation professionnelle intégrale et de celle-ci avec les exigences plus élevées encore de la formation humaine tout court[300].

*   *

*

À quel âge un jeune homme devrait-il avoir terminé la formation professionnelle dont nous venons d'indiquer les données principales? Nous posons la question parce que longtemps dans notre milieu les jeunes n'ont pu accéder aux études universitaires qu'à un âge anormalement avancé. Il y a eu amélioration en

---

299. Le passage qui suit provient de la Conférence de Paris.

300. En conclusion de cette conférence et par rapport, justement, aux sources d'inspiration pour vaincre les difficultés, M. Minville avait dit: «En dépit du très grand effort des dernières années, nous du Canada français, savons qu'il nous reste encore beaucoup à accomplir. Et c'est pourquoi nous considérons comme un si grand avantage de pouvoir, sans négliger l'expérience des écoles américaines, compter sur la collaboration amicale de vos propres écoles. Car dans les perspectives où nous nous plaçons, le problème principal de l'enseignement supérieur de préparation aux affaires, ce n'est pas la formation de bons techniciens, voire même de bons administrateurs, c'est la formation de véritables chefs sociaux, et donc la conciliation d'une authentique formation professionnelle avec une non moins authentique culture générale. Et s'il est un pays où cette conciliation peut être réalisée, c'est [bien la France].»

ces dernières années, mais il y a encore beaucoup à faire. Pour le candidat aux carrières des affaires, le problème est grave. Tout compte fait, la première grande étape de sa formation professionnelle devrait être terminée vers les vingt-deux ou vingt-trois ans. Les exigences de l'apprentissage le veulent ainsi.

Toute profession nécessite un apprentissage plus ou moins prolongé dont l'un des objets est le perfectionnement technique. Mais les affaires sont particulièrement exigeantes à ce point de vue: *a)* parce qu'elles sont si complexes et si diversifiées dans leurs techniques mêmes qu'aucune école ne saurait répondre entièrement à leurs besoins; *b)* surtout parce que, beaucoup plus que l'initiation à l'habileté technique, elles exigent une adaptation de l'homme, une sorte de lente et profonde maturation de la personnalité. L'homme d'affaires, l'initiateur, le chef émerge lentement des divers types d'auxiliaires qu'il doit être durant la première phase de sa carrière. Nous l'avons vu en effet, l'homme d'affaires évolue dans sa carrière d'un mouvement inverse à celui de l'homme de profession dans la sienne: il débute par l'exercice de fonctions subordonnées et limitées et s'achemine graduellement vers des postes de direction où il parviendra et régnera surtout par ses qualités d'homme, mises en pleine valeur par l'étude, la réflexion personnelle et l'expérience. Eh bien, c'est à cause de cela que l'apprentissage est nécessaire et c'est parce qu'il est lent qu'il doit commencer aussitôt que le permettent des études bien organisées et judicieusement réparties dans le temps.

* *
*

Nous nous en sommes tenus jusqu'ici aux fonctions supérieures des affaires et à l'enseignement correspondant. Nous n'ignorons pas cependant que, surtout depuis quelques années, les fonctions subalternes sont elles-mêmes en pleine évolution et qu'ainsi, au niveau inférieur et moyen, apparaissent de nombreuses fonctions nouvelles, techniques et hautement spécialisées. Par exemple, le maniement des machines électroniques et des appareils divers dont on se sert de plus en plus dans les bureaux. Vers ces fonctions peuvent s'orienter chaque année un grand nombre de jeunes gens ayant l'esprit des affaires mais incapables, pour une raison ou pour une autre, d'accéder à l'enseignement et aux fonctions supérieures. Tant dans l'intérêt de la jeunesse que dans l'intérêt du monde des affaires, l'enseignement doit répondre à ces besoins nouveaux. Les écoles supérieures tentent depuis plusieurs années déjà d'y satisfaire par leurs cours du soir, mais cette formule ne saurait suffire en elle-même.

On peut donc souhaiter la création prochaine d'une branche commerciale de l'enseignement technique qui, se recrutant au niveau de la 10e ou de la 11e année des écoles publiques, s'attacherait à former le personnel technique très diversifié dont les affaires ont désormais besoin. Remarquons que ces fonctions peuvent elles aussi être une carrière en elles-mêmes et pour un certain nombre un mode d'entrée dans les affaires et de cheminement vers les fonctions supérieures. On peut même concevoir que, pour certains sujets particulièrement doués, la formation acquise dans les écoles techniques donne accès à l'enseignement supérieur.

Troisième partie

Le chef d'entreprise: type professionnel

Voir le volume 2 de la présente collection, pages 180-223.

Quatrième partie

Les Canadiens français et les affaires

Voir le volume 2 de la présente collection, pages 407-427.

Table des matières

LA PROMOTION DE L'ÉCOLE

LE CORPS PROFESSORAL

LES PREMIERS RÉSULTATS

ESDRAS MINVILLE
directeur de l'École des Hautes Études Commerciales

L'ÉCOLE DES HAUTES ÉTUDES COMMERCIALES
ET LES PROBLÈMES DU MILIEU CANADIEN

MÉMOIRE SUR L'ENSEIGNEMENT DES SCIENCES ÉCONOMIQUES ET SOCIALES À L'UNIVERSITÉ DE MONTRÉAL (1950)

LES AFFAIRES
L'homme — Les carrières

Achevé d'imprimer
en mai 1994 sur les presses
des Ateliers Graphiques Marc Veilleux Inc.
Cap-Saint-Ignace, (Québec).